SECCIÓN DE OBRAS DE HISTORIA

Serie
Historia Crítica de las Modernizaciones en México

El cardenismo, 1932-1940

Historia Crítica de las Modernizaciones en México

Coordinadores generales de la serie

CLARA GARCÍA AYLUARDO,
División de Historia, CIDE

IGNACIO MARVÁN LABORDE,
División de Estudios Políticos, CIDE

Coordinadora administrativa
PAOLA VILLERS BARRIGA, CIDE

Asistentes editoriales
ANA LAURA VÁZQUEZ MARTÍNEZ, CIDE
ADRIANA VÁZQUEZ MARÍN, CIDE

El cardenismo, 1932-1940

Coordinador
SAMUEL LEÓN Y GONZÁLEZ

5

Primera edición, 2010

Esta publicación forma parte de las actividades que el Gobierno Federal organiza
en conmemoración del Bicentenario del inicio del movimiento de Independencia
Nacional y del Centenario del inicio de la Revolución Mexicana.

Distribución mundial

Revisión editorial: Paola Villers Barriga

Diseño de portada: Paola Álvarez Baldit

Imagen de portada: Fermín Revueltas, *Jalado de rieles* (1934),
Colección Centro Escolar Revolución

Índice

Siglas

AGN	Archivo General de la Nación.
BUAP	Benemérita Universidad Autónoma de Puebla.
Cela	Colegio de Estudios Latinoamericanos.
CIDE	Centro de Investigación y Docencia Económicas.
CIESAS	Centro de Investigaciones y Estudios Superiores en Antropología Social.
Colmex	El Colegio de México.
Colmich	El Colegio de Michoacán.
Conaculta	Consejo Nacional para la Cultura y las Artes.
Conacyt	Consejo Nacional de Ciencia y Tecnología.
CTM	Confederación de Trabajadores de México.
FCE	Fondo de Cultura Económica.
FCPyS	Facultad de Ciencias Políticas y Sociales, UNAM.
IIA	Instituto de Investigaciones Antropológicas, UNAM.
III	Instituto Indigenista Interamericano, UNAM.
IIS	Instituto de Investigaciones Sociales, UNAM.
INAH	Instituto Nacional de Antropología e Historia.
INEHRM	Instituto Nacional de Estudios Históricos de las Revoluciones de México.
INI	Instituto Nacional Indigenista.
Instituto Mora	Instituto de Investigaciones Dr. José María Luis Mora.

IPN	Instituto Politécnico Nacional.
PNR	Partido Nacional Revolucionario.
PRI	Partido Revolucionario Institucional.
PRM	Partido de la Revolución Mexicana.
Promexa	Promotora Mexicana de Ediciones.
SDR	State Department Records (archivo diplomático de los Estados Unidos).
Segob	Secretaría de Gobernación.
SEP	Secretaría de Educación Pública.
SNTE	Sindicato Nacional de Trabajadores de la Educación.
SRE	Secretaría de Relaciones Exteriores.
UAEM	Universidad Autónoma del Estado de Morelos.
UAM	Universidad Autónoma Metropolitana.
UAM-A	Universidad Autónoma Metropolitana, Unidad Azcapotzalco.
Umich	Universidad Michoacana de San Nicolás Hidalgo.
UNAM	Universidad Nacional Autónoma de México.

Cárdenas y la construcción del poder político*

SAMUEL LEÓN Y GONZÁLEZ**

*A mis gratos compañeros de vida, Samuel,
Santiago y Guadalupe*

Los 200 años de nuestra Independencia y 100 de la Revolución, dieron motivo a que Ignacio Marván y Clara García Ayluardo, convocaran a un nutrido grupo de investigadores para efectuar una reflexión que ubicara históricamente las experiencias de cambio y modernización que ha vivido nuestro país, a la luz de las perspectivas actuales; es decir, en el contexto de la crisis por la que estamos atravesando. A este proyecto de los centenarios lo titularon acertadamente Historia Crítica de las Modernizaciones en México.

De todos es sabida la importancia que han tenido las sucesiones presidenciales en el país. Tal vez valga la pena empezar a reflexionar acerca del principio de la Revolución: sufragio efectivo, no reelección. Sólo mentes ingenuas podían considerar que éste fue el componente determinante para que estallara el movimiento armado; este lema o demanda contenía verdades a medias,

* Agradezco a Eduardo Martínez Saavedra, Genaro Borrego Estrada y Mario Zertuche por sus comentarios que contribuyeron a mejorar este trabajo. A Francisco y Arturo Galindo Musa por haberme permitido consultar su biblioteca.
** Profesor titular de la Facultad de Ciencias Políticas y Sociales de la Universidad Nacional Autónoma de México, adscrito al Centro de Estudios Políticos.

es decir, el problema del sufragio efectivo fue postergado, no resuelto, al grado de que hasta 1946 se emitió una legislación electoral que se podía considerar como moderna. El otro aspecto que sí resultó central fue el de la no reelección, al grado que la esclerosis del antiguo régimen no sólo se expresó en el inmovilismo político de la clase dirigente, sino en el tiempo que el caudillo oaxaqueño se mantuvo en el poder. Después de la Revolución surgió de nueva cuenta el problema: para 1928 el nuevo caudillo pretendió reelegirse. Y merced a un asesinato fue como sobrevivió el principio de la no reelección en toda nuestra historia moderna.

El nuevo orden se construyó con base en la unicidad de la organización política; a nuestro sistema se le identificó de manera mecánica con estas cuatro consideraciones: el presidencialismo, la Constitución, el partido único y la organización con apoyo de las masas. Sin embargo, un análisis histórico simple nos puede revelar la gran cantidad de dificultades y dilemas que se les presentaron al conjunto de los actores encargados de la construcción del aparato y de la multiplicidad de las formas de hacer política.

El cardenismo justificó y realizó su proyecto en las denominadas demandas colectivas que se presentaron en el movimiento revolucionario. Su presente y su futuro se dieron a partir de una idea de modernización y cambio. Ese momento relevante de nuestro pasado inmediato nos permite recuperar el papel no sólo de un personaje o de un pequeño grupo, sino también de una diversidad de actores colectivos.

La experiencia nacional que podemos recuperar de esos años es el ordenamiento de las formas de hacer política y la creación de una infinidad de instituciones. Éstas no se moldearon sólo desde arriba, sino también desde abajo. Por ello, al reflexionar sobre esta etapa y su contribución a la historia política del México contemporáneo, sólo podríamos entenderla, en toda su riqueza y complejidad, como una etapa de conflictos y de cambios, y no como una historia lineal, siempre determinada a partir de la voluntad de los grupos dominantes. Precisamente la peculiaridad del periodo que pretendemos analizar es que se trató de un momento de quiebre en todos los órdenes donde se construiría un mito que dura hasta nuestros días y es el proyecto de visión nacional que se presentó en esos años. Los choques y cambios siempre fueron superados a través de la construcción de una política de alianzas y coaliciones de diversos sectores con el Estado revolucionario; ese proyecto de modernización lo iban a construir y compartir tanto el liderazgo de Cárdenas como una infinidad de grupos sociales que convergieron en la instrumentación de diversas políticas.

Cárdenas, el grupo cardenista, la organización de los burócratas, de los obreros y de los campesinos, los indígenas, los liderazgos, los movimientos de oposición al proyecto, la educación, el manejo de la economía, el enriquecimiento de nuestra política exterior, así como la creación de una multiplicidad de instituciones, son parte de los temas que abordamos en el volumen 5 de la Historia Crítica de las Modernizaciones en México. Junto con mis colegas Marcos T. Águila, María Guadalupe Farías Mackey, Felipe Remolina Roqueñí, Eduardo Nava Hernández, Javier MacGregor Campuzano, Martha Loyo y Jorge Márquez Muñoz. En este esfuerzo trataremos de explicar de qué manera durante este sexenio se experimentaron profundos cambios sociales, políticos y económicos en todos los órdenes. Fue un momento de ruptura y de modernidad, en el que se conjugaron múltiples alianzas y coaliciones de una infinidad de actores de la sociedad mexicana. Se construyó una nueva política interna, se dio un nuevo contenido a la economía, a nuestra política exterior y lo que resultó más interesante, un momento de inclusión de actores sociales que pretendieron un nuevo proyecto de país. El Estado asumiría un rol hegemónico de dirección y de gran fortaleza. Lo ocurrido después de esta administración corresponde a otros estudiosos explicarlo. Nuestra pretensión ha sido la de concentrarnos en las acciones ocurridas durante el periodo del presidente Lázaro Cárdenas del Río.

Hace décadas lo señalé y ahora lo reitero: "antes de 1934 todos fueron antecedentes y, después de 1940, consecuencias". No es pretensión de los autores de este tomo reflexionar sobre el movimiento encabezado por Lázaro Cárdenas y verlo desde la actualidad como una utopía regresiva. El cardenismo dio respuestas inmediatas a los grandes problemas nacionales, pero es una interpretación errada la de quienes consideran que los problemas del país se originaron entonces, y no que fueron las omisiones de las posteriores administraciones las que frenaron ese proyecto de país. Ahora bien, sin duda la condición necesaria para instrumentar ese proyecto era, antes que nada, la construcción de un *poder político nacional*, y éste es precisamente el tema que abordaré en las páginas que siguen.

Al tema

Una de las grandes dificultades, finalizada la lucha armada, fue la dispersión de la nación. Explosión de movimientos revolucionarios en diversas regiones del país, una sociedad en armas que construyó un nuevo ejército, desaparecido ya el porfirista, el cual habría de verse como una institución altamente politizada y que, por sus escisiones, representó uno de los mayores obstáculos para la centralización política; ejemplo de ello fueron los frecuentes levantamientos armados: 1920, 1923, 1927, 1929 y 1938.

La Revolución obligó a un proceso de desmantelamiento del poder central. Ello propició el surgimiento de líderes, caudillos y nuevos caciques por todas las regiones del país. Así, el mapa de los hombres fuertes estuvo compuesto por personajes como: Rodríguez Triana y Manuel Pérez Treviño en Coahuila, Rodrigo

M. Quevedo en Chihuahua, Carlos del Real en Durango, Melchor Ortega en Guanajuato, Rodolfo Elías Calles en Sonora, Matías Ramos en Zacatecas, Emilio Portes Gil en Tamaulipas, José Guadalupe Zuno en Jalisco, Adalberto Tejeda en Veracruz, Saturnino Cedillo en San Luis Potosí, Tomás Garrido Canabal en Tabasco, Abundio Gómez y Carlos Riva Palacio en el Estado de México o Lázaro Cárdenas en Michoacán.

Todos ellos adquirieron fortaleza al sobresalir por su capacidad para promover la cohesión local y el desarrollo de las organizaciones sociales regionales, que en su mayoría se expresaron en partidos políticos locales; ésta era la base de sustentación de un poder central débil. Tal escenario se fue construyendo durante toda la década de los veinte y principios de la de los treinta del siglo pasado.

Con el último informe presidencial de Plutarco Elías Calles, la Revolución arrojaba un resultado con el que debía contar el país: un régimen no delimitado, ni legalizado, de gobierno dual, de Ejecutivo de dos cabezas, como lo señalará José Manuel Puig Casauranc. De un lado, un poder formal encabezado por el presidente de la República y, de otro, un poder real dirigido por el jefe máximo de la Revolución, el general Calles. El bicefalismo empezó el 1º de diciembre de 1928.

Aquí surge una interrogante importante: ¿cómo inicia el general Cárdenas su carrera de ascenso y fortalecimiento personal?

La carrera militar

Lázaro Cárdenas del Río nació el 21 de mayo de 1895 en Jiquilpan de Juárez, Michoacán. Muchos de sus biógrafos nos relatan que en 1909 ingresó a trabajar en la Oficina de Rentas y empezó a perfeccionar su hermosa caligrafía "izquierdilla" que usará por el resto de su vida. Posteriormente se incorporó como aprendiz en la imprenta La Económica. Cabe recordar que en junio de 1913 la Revolución entra en Jiquilpan. Pedro Lemus, un lugarteniente del jefe revolucionario en ese estado, general José Rentería Luviano, ocupa la ciudad y encarga a la imprenta La Económica la publicación de un manifiesto, del cual sólo tenemos registro que llevaba el título de "Mexicanos", firmado por el propio general Rentería y que requerían la edición de 5000 ejemplares en un solo día, en ello participa el joven Lázaro. Días más tarde una columna de rurales repelen a Lemus y recuperan Jiquilpan. Los huertistas acuden a la imprenta, confiscan los impresos y queman el archivo. Este hecho llevó a doña Felicitas, madre de Lázaro, a sugerirle refugiarse en la hacienda de la Concha en Apatzingán, donde su tío materno, José María del Río, era el administrador. Sin embargo, percibió los impulsos de su hijo y le señaló: "no vas con José María, sé que te vas a la Revolución", y así ocurrió el 3 de julio de 1913.

En julio de 1913, por su experiencia como impresor, oficinista y escribiente se logró incorporar al estado mayor del general Guillermo García Aragón como encargado de la correspondencia. Así inicia su carrera militar. En julio de 1914 asciende a capitán primero por méritos en campaña; participó en la gran batalla de Orendáin, Jalisco, librada por Álvaro Obregón. El 11 de septiembre asciende a mayor. El 14 de enero de 1915 obtiene el grado de teniente coronel y en octubre del mismo año, el de coronel. En este año participó en los combates de Agua Prieta, Sonora, y en la toma de la plaza de Nogales. El 17 de noviembre ingresa a la Columna Expedicionaria de Sonora.

En 1917 combate a Villa en Durango y en Nieves derrota a Martín López. De 1915 a 1920 interviene en los combates de las huastecas en contra de Manuel Peláez Gorrotechegui, Lárraga y Gorozave, mercenarios de las compañías petroleras, y en 1920 secunda el Plan de Agua Prieta. Ya en mayo había obtenido el grado de general brigadier.

Para junio de 1920 va a ocurrir un hecho muy relevante en la carrera política y militar del general Cárdenas: se le nombra jefe de Operaciones Militares de Michoacán. Resulta que esta figura, la de jefe de operaciones, era de vital importancia para el centro, ya que en estos jefes y en su desempeño recaía el equilibrio o la posibilidad de debilitar el poder de los gobernadores. Paralelamente a su desempeño militar, el general Cárdenas ocupa el cargo de gobernador sustituto, en cuya calidad emite una ley de salarios mínimos para el estado. Por otra parte, encarrila como gobernador a su maestro y amigo Francisco J. Múgica. A fines de ese año se va a Sonora como Jefe de la Primera Brigada.

En 1921 es nombrado jefe de Operaciones Militares en el Istmo de Tehuantepec. Su carrera sigue en ascenso. En 1922 regresa a su estado natal y se enfrenta a una situación muy complicada: su amigo el gobernador Múgica había entrado en conflicto directo con el centro debido a su radicalismo con el reparto agrario, por su anticlericalismo y por la aplicación de una ley del trabajo considerada muy avanzada para su época. En 1923, como Jefe Militar en Michoacán, recibe instrucciones para custodiar a Múgica en su traslado a la Ciudad de México y en el trayecto le es entregado un telegrama del general Álvaro Obregón que decía: "Suyo de hoy enterado que el Gral. Francisco J. Múgica fue muerto al pretender ser liberado por sus captores". Cárdenas no se dio por enterado y propició el escape de su amigo.

A finales de 1923 estalló la rebelión de Adolfo de la Huerta; Cárdenas resulta gravemente herido en Tamazula, Jalisco, donde es atendido por el doctor zacatecano Rafael Estrada, y de ahí se traslada a Nayarit. En 1925 asciende a general de brigada y es nombrado Jefe de Operaciones en las Huastecas y en el Istmo. En 1927 ocupa el cargo de gobernador interino de Michoacán y fue requerido para controlar las rebeliones en las Huastecas; posteriormente, en 1929, participa en el combate en contra de otra asonada militar, esta vez encabezada por José Gonzalo Escobar, con su llamado "movimiento renovador"; en esa participación acumula los méritos suficientes para llegar a la cúspide de su carrera militar; el 11 de mayo de 1931 es promovido al grado de general de división.

Varias son las consideraciones que podríamos formular en relación con la carrera militar del general Cárdenas. Por un lado, destaca su percepción de una realidad donde imperaba la incertidumbre, opta por incorporarse a la Revolución, tiene una gran claridad al concentrar su participación en la principal institución política de esa época, el ejército. Esa carrera es la que le permite tener un amplio conocimiento de la situación del país, debido a su presencia en diversas regiones, y la que le va a permitir efectuar una lectura política de diversos estados de la República. Vale la pena recordar de nueva cuenta que el papel de los jefes militares en las regiones era determinante para la incipiente fuerza del centro; estos personajes eran los cónsules de la Revolución. Destaca la forma en que el general Cárdenas logra fortalecer su relación con el que sería el hombre fuerte del país, el general Calles. Justo ha sido el señalamiento, que corrobora una gran cantidad de biógrafos del dirigente michoacano, en el sentido de que dos de sus maestros marcaron su vida: en política, Plutarco Elías Calles, y en cuanto a su ideología y proyecto de nación, que provenía de la Constitución de 1917, Francisco J. Múgica. Por último, Lázaro Cárdenas logra construir su perfil de hombre fuerte en su estado natal, Michoacán.

La región

Sin duda las instituciones coloniales estuvieron muy arraigadas en un enclave económico relevante para la metrópoli; tanto su riqueza minera como su abundante mano de obra fueron elementos centrales para el establecimiento de una sociedad tradicional y conservadora. Sin embargo, la propia ubicación geográfica del estado de Michoacán lo conformó como un lugar de tránsito entre el norte y el centro del país. No sería exagerado afirmar que la destacada intervención de varios michoacanos en el movimiento revolucionario se debió a esa circunstancia geográfica.

Michoacán fue una de las entidades en donde los grupos vinculados al centro porfirista quedaron sumamente debilitados; ahí la construcción del poder local fue lento; políticos frágiles, como el general Gertrudis Sánchez, José I. Prieto, el general Alfredo Elizondo y el ingeniero Pascual Ortiz Rubio fueron los que ocuparon sucesivamente la gubernatura del estado. Michoacán no fue cuna de ninguno de los ejércitos revolucionarios, ni tampoco aportó contingentes significativos a las distintas fuerzas en disputa, más bien fue una zona de alta participación contrarrevolucionaria, como lo indican los casos de José Inés Chávez García o Jesús Cíntora y José Altamirano, que operaron en todo el estado y no representaron más que la expresión de un creciente bandolerismo. En este escenario cobra importancia la forma en que Lázaro Cárdenas se incorpora a la Revolución y su permanente presencia en el estado, como Jefe de Operaciones Militares y sus interinatos como gobernador.

Va a ser en 1927 cuando el general Cárdenas acepta su postulación como gobernador de su estado natal, por un periodo de cuatro años, de 1928 a 1932. En un principio su fortaleza provenía de su participación en el movimiento revolucionario y su vinculación cada vez más estrecha con el general Plutarco Elías Calles. Pero aquí debemos insistir en la gran influencia de Francisco J. Múgica, ya que de esta relación se derivó toda una posición ideológica. Cárdenas se involucraba y tenía empatía con respecto al contenido social y liberal de la Constitución de 1917.

Cárdenas inicia lo que iba a ser su laboratorio con la prepara-

ción de una campaña basada en una intensa gira como candidato
en la que recorrerá todo el estado; don Raúl Castellano me dijo
que el lema que planteó en todo su recorrido fue el de "subordinar el interés personal al bien colectivo".

El 15 de septiembre de 1928 asume el cargo de gobernador.
Con claridad meridiana, su proyecto y programa de gobierno se
concentraron en cuatro aspectos fundamentales, a saber: la aplicación y fomento del reparto agrario, la promoción de la organización social, el establecimiento de un sistema educativo al que
toda la población tuviese acceso y la construcción de obras materiales.

El flamante gobernador ya no requería de la presencia de un
jefe militar debido a que él mismo representaba al centro y, a la
vez, construía su poder local con sus bases sociales de apoyo.
Será en enero de 1929 cuando, en la ciudad de Pátzcuaro, se logra fundar el brazo político local del general Cárdenas: la Confederación Revolucionaria Michoacana del Trabajo; fue su primer
secretario general el profesor Adalberto Coria Cano. En realidad,
esta organización tendría las funciones de un partido político
local; lo mismo ocurrió en el resto de los estados de la República; puede mencionarse los casos de Portes Gil y el Partido Socialista Fronterizo, Adalberto Tejeda y su Liga Campesina o de
Tomás Garrido Canabal y su Partido Socialista Tabasqueño, entre otros.

Organizaciones sociales de masas o partidos políticos regionales se imponían en todos los estados de la República; en ningún caso se conformó una organización paralela, competitiva; se
trataba de partidos únicos. Así, la región influiría y determinaría
al centro. La idea de conformar un partido político que aglutina-
ra a los revolucionarios de entonces tenía su fundamento en experiencias regionales. Si consideramos 1917 como el año en que
finaliza la Revolución, tenemos que ésta tardó 12 años en construir su organización política nacional; es decir que fue en el

Partido Nacional Revolucionario (PNR) donde confluyeron todas las organizaciones políticas regionales.

Los resultados que arrojaba la experiencia michoacana eran reveladores; en sus cuatro años de gobierno el general Cárdenas logró, entre otras cosas, dotar de tierras a 181 pueblos en beneficio de 141 663 ejidatarios. Promulgó leyes que amparaban el derecho de los trabajadores del campo a cultivar tierras ociosas o sin explotar por parte de sus propietarios. Fortaleció la escuela única; fundó las escuelas técnico-industriales con el objetivo de vincular la educación con la esfera productiva. Por último, creó el Instituto de Investigaciones Sociales y Económicas con la intención de darle una mayor racionalidad a la instrumentación de sus políticas. Todos esos cambios fueron posibles con el apoyo de la Confederación Revolucionaria Michoacana del Trabajo. En septiembre de 1932 el general Cárdenas concluyó su periodo como gobernador.

Si bien fortalecía su poder a nivel local, nunca descuidó su relación con el centro.

El centro

Fue práctica común en esos años que los gobernadores en funciones pudieran ocupar cargos paralelos determinados por el propio centro. Así, del 15 de octubre de 1930 al 28 de agosto de 1931 el general Cárdenas desempeñó el cargo de presidente del Comité Ejecutivo Nacional (CEN) del PNR. Del 28 de agosto al 14 de octubre de 1931 fungió como secretario de Gobernación. Terminó sus funciones de gobernador y el 1º de noviembre de 1932 asumió la Jefatura Militar de Puebla y el 2 de enero de 1933 ocupó el cargo de secretario de Guerra y Marina.

La milicia, la región y el centro son tres pilares que explican la fuerza que había adquirido nuestro personaje, pero falta otro:

El mediador

Para 1931 se habían hecho explícitas las pretensiones políticas del general coahuilense Manuel Pérez Treviño de obtener la candidatura del PNR a la presidencia de la República.

A principios de octubre crecieron las presiones para que el presidente Pascual Ortiz Rubio renunciara. El día 1º el general Cárdenas se entrevistó con el general Calles, quien le informó que Pérez Treviño renunciaría a la presidencia del CEN del PNR por no estar de acuerdo con la política del señor presidente.

Al día siguiente, en su casa de las Lomas de Chapultepec y en presencia del general Saturnino Cedillo, del senador Gonzalo N. Santos y del general Cárdenas, Manuel Pérez Treviño confirmó las versiones de que un amplio número de políticos pretendía crearle una crisis al presidente y al secretario de Guerra y Marina, el general Joaquín Amaro.

En ese ambiente el general Amaro mantenía una actitud inflexible al grado de presionar al presidente Pascual Ortiz Rubio para que adoptara actitudes enérgicas en contra de sus opositores y del propio general Calles.

Gracias a los buenos oficios del general Cárdenas se llegó a una suerte de arreglo. Nuestro personaje pudo reunir en la casa del general Amaro al general Juan Andreu Almazán, Estrada, Montes de Oca, Aarón Sáenz y al doctor Cerizola, subsecretario de Educación en ausencia de José Manuel Puig Casauranc. Ahí Cárdenas propuso la renuncia de todos los generales que formaban parte del gabinete de Ortiz Rubio para evitar un levantamiento, así como que fuera el propio Jefe Máximo de la Revolución, el general Plutarco Elías Calles, quien ocupara el cargo de secretario de Guerra y Marina.

A esta propuesta accedió el presidente Ortiz Rubio. Dejaron el gabinete: Cedillo de Agricultura, Amaro de Guerra y Marina, Almazán de Comunicaciones y el propio Cárdenas de Gobernación. Superado ese riesgo de confrontación, el general Cárdenas escribió: "el causante de esta crisis fue el Gral. Pérez Treviño, la víctima, el Gral. Amaro".

Ésa fue una salida política para evitar otro brote de violencia; a fin de cuentas todo concluyó con la renuncia del presidente Ortiz Rubio. El general Abelardo Rodríguez asumió la presidencia de la República para concluir el periodo de la administración en 1934. Sin embargo, el aparato seguía operando con un Ejecutivo de dos cabezas.

Los hombres del general

Si algún interés o preocupación especial tuvo el general Cárdenas fue la cuestión agraria; ahí radicaba una de las principales causas de la desigualdad social, del pasado y del presente, según su lectura. Para él tenía prioridad la distribución de la tierra y la sustentación al respecto se encontraba en el proyecto de nación plasmado en la Constitución de 1917.

Por supuesto que en cuanto al tema agrario los revolucionarios de entonces tenían percepciones diferentes, las cuales no vamos a abordar aquí; sin embargo, vale la pena destacar que en la construcción de los poderes políticos locales los campesinos fueron un actor sumamente relevante y que su participación dependía del reparto de las tierras. Muchos fueron los políticos locales que le dieron importancia a lo anterior, y precisamente fue con esos caudillos con los que el general Cárdenas mantuvo una estrecha vinculación; aquí podríamos recordar sus relaciones con varios gobernadores y hombres fuertes en diferentes regiones, como Agustín Chico Arroyo en Guanajuato, Saturnino Cedillo en San Luis Potosí, Emilio Portes Gil en Tamaulipas, Saturnino Osornio en Querétaro o Bartolomé Vargas Lugo en Hidalgo. Ésta fue, a la postre, una red de intereses comunes de gran utilidad para los fines del caudillo michoacano. En el otro extremo se veía un bloque opuesto radicalmente a la distribución de tierras, el cual no sólo no compartía la visión de que se instrumentara el reparto agrario, sino tampoco la de que se implantara el ejido. En este polo brillaba el general Pérez Treviño.

Por otro lado, debemos resaltar que los primeros que trataron de construir organizaciones políticas con tintes nacionales, en el sentido geográfico, no fueron los dirigentes políticos, ni el propio general Calles con el PNR, sino los trabajadores y los campesinos. En 1923 se va a organizar la Liga de Comunidades Agrarias en el estado de Veracruz, cuyo objetivo era darle cauce al reparto agrario y, a la vez, se estructuró como una organización política local que se convirtió en el brazo político del coronel Adalberto Tejeda. Con el nacimiento de esta organización empezaron a surgir ligas campesinas en otros estados de la República. El 31 de mayo de 1933, en San Luis Potosí, dirigentes campesinos y hombres fuertes de las regiones, como Saturnino Cedillo, Gonzalo N. Santos, Marte R. Gómez y Emilio Portes Gil, entre otros, fundaron la Confederación Campesina Mexicana (CCM), la organización campesina más fuerte y representativa del país, pues tenía presencia en 24 estados de la República. Este hecho es importante porque fue precisamente ahí donde un dirigente vinculado a lo que podríamos llamar ya la corriente cardenista, el profesor Graciano Sánchez, va a quedar al frente de la CCM como secretario general. Aquí sólo vale la pena mencionar que con ese carácter de secretario general Graciano Sánchez participó en la segunda convención del PNR.

Los cardenistas empezaban a hacerse presentes. Valga mencionar a algunos de los más importantes, como Ignacio García Téllez, Heriberto Jara, Francisco J. Múgica, Raúl Castellano, Agustín Leñero, Silvano Barba González y Gabino Vázquez. De lealtades militares, generales como Miguel Henríquez Guzmán, Vicente González Fernández, Francisco Martínez, Arturo Bernal o el coronel Manuel Núñez, y posteriormente, Andrés Figueroa y Manuel Ávila Camacho.

En este círculo se inició la precampaña a la presidencia de la República; la táctica seguida, según nos relataba don Raúl Castellano, fue la de establecer y fortalecer la candidatura del general Cárdenas a nivel nacional mediante la formación de cuadros leales, y a la vez tender puentes con las organizaciones regionales. El operador político de Cárdenas fue el licenciado Ignacio García Téllez. En ningún momento se tuvo la pretensión de ocupar la Secretaría de Organización del PNR, abocada a esas tareas, sino que se procedió a formar una organización autónoma y, para ello, se creó el Centro Director Cardenista. Su director, don Ignacio, logró una amplia penetración entre los grupos regionales, pretendiendo que la candidatura fuera nacional y no dependiera del poder de los hombres fuertes locales.

Don Raúl Castellano y algunos amigos fundaron el periódico *La Nación*, que se repartía gratuitamente, y en él se hacían comentarios favorables a las políticas que instrumentaría Lázaro Cárdenas en caso de lograr primero la candidatura y, después, la presidencia. Se logró elaborar un padrón de partidos políticos y Comités Centrales pro Cárdenas en cada zona. También fue tarea la promoción de la precandidatura en los periódicos de provincia.

El destape

El 3 de mayo de 1933, Lázaro Cárdenas envía una carta al hombre fuerte del país, Plutarco Elías Calles, a través del licenciado Antonio Villalobos. Calles se encontraba en la finca El Sauzal en Ensenada, Baja California, propiedad del general Abelardo Rodríguez; en el comunicado, el michoacano le señalaba que el propio Villalobos le haría una consulta, ya que se le "... informaría de un caso de carácter político, que se me presenta y sobre el que no podré resolver si antes no conozco su opinión". Es de suponer, ya que no encontré ningún documento que contuviera la respuesta del general Calles a la carta, que Cárdenas había obtenido la venia de Calles para que el 15 de mayo, a las 12:00 hrs., el michoacano presentara su renuncia como secretario de Guerra y Marina; renuncia que justificó "... en vista de que se ha iniciado en distintos sectores del país un movimiento muy sensible de opinión tratando de exaltarme a la categoría de presunto candidato para la Presidencia de la República".

Debido tanto al trabajo político de los cardenistas —los apoyos regionales de caudillos y organizaciones de masas— como al propio general Calles, el jueves 8 de junio aparece publicada la renuncia de Manuel Pérez Treviño a la presidencia del Comité Ejecutivo Nacional del PNR, en el periódico *El Nacional*, reconociendo su derrota al señalar que "por la precandidatura del C. Gral. Lázaro Cárdenas se ha decidido ya una mayoría visible en los contingentes del partido".

Rumbo a la segunda convención nacional del PNR

A partir de junio, el general Cárdenas incrementa sus recorridos por el país, durante los cuales percibe sus grandes problemas y sus demandas, buscando interlocución con organizaciones, liderazgos y con algunos hombres fuertes de las regiones. Mencionaré, por ejemplo, la larga entrevista que sostuvo con el coronel Adalberto Tejeda para tratar de convencerlo de que apoyara su candidatura dentro del PNR. Independientemente de los lazos de amistad y sus coincidencias en cuanto al proyecto agrario, el líder veracruzano fue muy claro: distanciarse del PNR y mantener su candidatura independiente a la presidencia de la República, debido a que muchos políticos, como era el caso de Manuel Pérez Treviño, José Manuel Puig Casauranc, Luis L. León, Melchor

Ortega, Riva Palacio y demás socios, sólo pretenderían apoderarse de la Asamblea de la Convención del PNR para imponer un plan de gobierno claudicante respecto de los principios de la Revolución. Según el coronel Tejeda, él tendría que mantener esa actitud de independencia para no perder la estimación de los grupos radicales que encabezaba.

Precisamente, en 1933 aparece una apología de Amado Chavarri Matamoros sobre el Jefe Máximo, titulada *El verdadero Calles. Jefe de la Revolución Mexicana y hoy por hoy el hombre fuerte del continente por antonomasia*. En una parte de este trabajo apreciamos que todos los revolucionarios de entonces se vieron comprometidos a dar su opinión sobre el general Calles. No deja de ser interesante la de Tejeda, quien inicia diciendo que, por el exceso de correspondencia que despachar, no había dado la respuesta que se le solicitaba, pero luego añade:

> siento manifestarles que mi modestísima actuación no me pone en condiciones de merecer figurar en el libro que se proponen editar sobre las maravillas del macrocosmos en el universo de nuestra política, frente al cual me conformo por el momento con el modesto papel de observador, usando para ello mis escasos conocimientos astronómicos, esperando atento los fenómenos que han de nutrir nuestra experiencia, afirmándonos en nuestras condiciones de racionalidad por medio del análisis de los mismos.

Y concluye señalando: "mucho desearía que esta negativa tan justificada, no cause a Ustedes desagrado y si así fuera, les ruego aceptar mis excusas".

Este testimonio resulta revelador del grado de tensión que algunos revolucionarios mantenían ya con respecto al general Calles. Tejeda había transitado a la oposición e independientemente del respeto que le observaba a Cárdenas se distanciaba no sólo de Calles, sino del propio PNR.

Definida la fecha y el lugar para llevar a cabo la Segunda Convención Nacional Ordinaria del PNR, del 3 al 6 de diciembre de 1933 en la ciudad de Querétaro, se procedió a integrar una agenda que podríamos sintetizar en tres grandes rubros: la reorganización del PNR, la discusión y elaboración de un plan de gobierno de seis años y la postulación de su candidato a la presidencia.

Instalada la Convención, con respecto a la reorganización del organismo se llegó a los siguientes acuerdos: modificar los estatutos y la estructura del Partido, al declararse la disolución de los partidos y agrupaciones regionales que habían sido parte de él; definir nuevas funciones y crear nuevas organizaciones con dos propósitos: lograr una mayor centralización y ampliar e incluir una mayor representatividad. Se aceptó una nueva composición del Comité Directivo Nacional. Al Comité Ejecutivo Nacional se le incluyeron los bloques parlamentarios. Se crearon las secretarías de Acción Política, de Acción Educativa, la Deportiva y la de Salubridad, y se le asignaron nuevas funciones a la Secretaría de Organización.

En cuanto a la elaboración de un plan de gobierno y debido a la práctica de la no reelección, desde 1928 Obregón había argumentado que su administración de cuatro años (1920-1924) había sido breve y debido a que hubo de enfrentar la gran rebelión militar de 1923, no había podido obtener resultados y avances con respecto a las demandas que originaron el movimiento revolucionario. Independientemente de la ampliación del periodo presidencial de cuatro a seis años, el país entró en una larga etapa de inestabilidad política generada por el asesinato del general Obregón. Los dos años de interinato del primer presidente civil, el licenciado Emilio Portes Gil, obedecieron a la necesidad de convocar a elecciones para un periodo de cuatro años. En dichas elecciones resultó triunfador un débil político michoacano, el ingeniero Pascual Ortiz Rubio, quien sólo duró dos años en funciones. El general Abelardo Rodríguez fue el encargado de concluir la administración del cuatrienio en 1934. La debilidad del presidencialismo mexicano se explicaba claramente por la fuerza política del Jefe Máximo.

En relación con el plan de gobierno, al cual se le bautizó con el nombre de Plan Sexenal, se discutieron y consideraron, entre otros, los siguientes aspectos: activar la agricultura y reorganizar y promover el campo; resolver el problema del trabajo y de las relaciones laborales, que ya tenían un marco regulatorio con la Ley Federal del Trabajo emitida en 1931; reorganizar la economía nacional; reactivar las comunicaciones y las obras públicas, amén de los proyectos educativo, de salubridad, de gobernación, del ejército, de relaciones exteriores y de obras para las comunidades. Los debates sobre cada uno de los rubros se vieron muy encontrados, principalmente los referentes al reparto agrario y la educación.

Respecto al Plan Sexenal podríamos señalar que, si uno de los gobiernos posrevolucionarios iba a formular un programa social acompañado de diversas reformas, ése fue el del general Cárdenas.

El último gran tema sería el de la postulación del candidato a la presidencia de la República. Cárdenas llegó a la Convención provisto de todos los amarres. Avalado por su carrera militar, por su fuerza en Michoacán, por su relación con el centro, por la infinidad de cargos públicos que había desempeñado, por su liderazgo entre los hombres fuertes de los diversos estados de la República, por haber obtenido el apoyo del general Calles y, fundamentalmente, por haber logrado el control de la Confederación Campesina Mexicana y haber impuesto en su dirección a un dirigente agrario que actuaba ya como un cardenista. Esta corriente se había asentado con la formación del Grupo Director pro Cárdenas.

La candidatura del PNR era clara: Lázaro Cárdenas del Río.

La campaña

Pensar en temas de historia nos remite necesariamente a tres consideraciones fundamentales: *el tiempo*, o sea, la duración del hecho que vamos a analizar, asociado con el *espacio* y con los *actores* que podríamos elegir. Este periodo nos remite a un dato en el que es necesario que un lector contemporáneo reflexione: se trataba de un país predominantemente agrario y con una población que apenas llegaba a los 17 millones de habitantes, aproximadamente.

Lo anterior es importante para comprender por qué siempre se ha destacado la campaña del general Cárdenas como la más intensa ya que recorrió todo el territorio y se mantuvo en contacto con la mayoría de los grupos sociales. En seis meses, de enero a junio, recorrió 27 611 kilómetros por todos los medios: 11 827 en avión, 7 294 en ferrocarril, 7 280 en automóvil, 735 en barco o barcas y 475 a caballo, aunque nos faltaría considerar sus recorridos a pie, los que fueron posibles gracias a los hábitos del general. Como me lo platicaba don Raúl Castellano y después lo corroboré con varios actores políticos de la época, Cárdenas dormía poco y antes de ir a descansar se recluía a escribir. Acostumbraba llevar una libreta consigo en la que apuntaba durante sus recorridos datos generales y, por las noches, ya con lujo de detalle, lo ocurrido cada día. Para saber de ello es fundamental el obsequio que el general nos dejó: tener acceso a esas notas. La revisión y publicación de ese diario se lo debemos a nuestra Universidad y al maestro Gastón García Cantú.

Vale la pena detenerse en el testimonio de don Miguel Ángel Velasco relativo a la campaña del general Cárdenas. En ese tiempo Velasco dirigió dos importantes huelgas en el estado de Michoacán, las de los peones de las haciendas de Lombardía y Nueva Italia, en las que los trabajadores habían logrado la victoria, pero a un alto precio, pues cuatro de ellos fueron abatidos a tiros por las guardias blancas que trataron de romper el paro. El general Cárdenas, que entonces recorría el país ya como candidato a la presidencia, condenó este crimen en un telegrama que dirigió a los hacendados. Y tal vez desde entonces, según Velasco, concibió o reafirmó su propósito de expropiar esas haciendas con todo y maquinaria, instalaciones hidráulicas y ganado para entregarlas a sus peones.

Quien se interese en el tema podrá consultar una excelente publicación que se tituló *La reseña gráfica de la campaña del C. Gral. de División Lázaro Cárdenas,* patrocinada por las principales empresas del país de aquellos años. Ahí se presenta una serie de detalladas descripciones de sus visitas como candidato a cada estado de la República.

Podríamos dejar al propio Cárdenas sintetizar su lectura de los principales problemas del país, los cuales había detectado durante su campaña a la presidencia, estado por estado, pero por cuestiones de espacio remitimos al lector a los *Apuntes* editados por la UNAM.

Si queremos encontrar una coherencia entre el Plan Sexenal de gobierno aprobado en la Convención del PNR de 1933 y la campaña presidencial, esa coherencia se nos muestra en las notas del general Cárdenas. Se trata de cinco temas fundamentales en el México de aquel entonces. El primero, referido a los requerimientos de infraestructura en materia de comunicaciones. En segundo lugar, la cuestión de las tan necesarias obras hidráulicas y el esbozo de los temas agrario, laboral y educativo.

Los contendientes

Siendo presidente del Comité Ejecutivo Nacional del PNR, el general Cárdenas sostuvo una polémica con el licenciado Luis Cabrera, uno de los principales ideólogos del carrancismo y que, como periodista, usó los seudónimos de Juan Tenorio y Blas Urrea. En su alegato Cárdenas hizo una reflexión que nos parece fundamental para entender la política del México posrevolucionario: invitaba a los grupos conservadores o a aquellos que eran francamente reaccionarios, según él, a organizarse políticamente y medir sus fuerzas, a todo lo largo de la vida nacional y competir con la organización política de la Revolución, el PNR.

El señalamiento es importante porque, una vez que finalizó la lucha armada, un nuevo orden político inició su construcción a nivel regional, con organizaciones o partidos políticos únicos, los que vendrían a ser la parte sustantiva para crear un partido político en todo el territorio, 12 años después de haberse promulgado la Constitución de 1917. A esa organización política no la acompañaron contrapesos organizativos, pues entrábamos a una etapa de la historia caracterizada por una suerte de linealidad política. Sin embargo, para las elecciones de 1934 hubo algunos contendientes.

Tres fueron los candidatos opositores al PNR. Destacamos primero la limitada participación del general Antonio I. Villarreal. Oriundo del estado de Nuevo León, se había destacado inicialmente como un político radical, anarquista, desde su participación en 1906 como secretario del Comité Organizador del Partido Liberal Mexicano en San Luis, Missouri. Desde 1910 se adhirió a la Revolución y en 1913 fue uno de los activos participantes en la reapertura de la Casa del Obrero Mundial, clausurada por Victoriano Huerta en 1913. Presidió la Soberana Convención Revolucionaria en 1914 y, posteriormente, se hizo carrancista. Fue designado gobernador de su estado y más tarde se desempeñó como secretario de Agricultura durante los gobiernos de Adolfo de la Huerta y Álvaro Obregón. A partir de 1923 se inician sus desaciertos, ya que se suma a la sublevación delahuertista, en 1927 apoyó a Francisco Serrano y después, en 1929, se unió a la rebelión escobarista. Logró crear una organización llamada Confederación Revolucionaria de Partidos Independientes, que lo postuló como candidato a la presidencia para la elección de julio de 1934, pero su campaña fue marginal.

El segundo contendiente fue el ingeniero y coronel Adalberto Tejeda, quien se había incorporado a la Revolución en 1913. Independientemente de sus cargos militares, fue diputado, senador y gobernador de su estado natal, Veracruz, de 1920 a 1924. Secretario de Estado durante la administración del general Calles, en Comunicaciones y Obras Públicas y en Gobernación. Mantuvo fuertes lazos con el campesinado y siempre sostuvo una posición radical con respecto al reparto agrario. Sin duda fue gracias a él que se logró la creación de la Liga de Comunidades Agrarias. Repitiendo como gobernador, de 1928 a 1932, contó con una amplia base social de apoyo entre el movimiento campesino. Se opuso a la creación del PNR y mantuvo un distanciamiento permanente con el general Plutarco Elías Calles. Fue a través de una coalición de partidos de izquierda como lanzó su candidatura a la presidencia de la República en 1933-1934.

La tercera candidatura fue la que presentó el Partido Comunista de México (PCM), que venía de un periodo de clandestinidad desde 1929. Su secretario general, Hernán Laborde, originario de Veracruz y que en los años veinte había ingresado al PCM, se destacó como un organizador obrero. Por su origen, organizó a los trabajadores ferrocarrileros del Sur-Pacífico en la Confederación de Transportes y Comunicaciones, antecedente de lo que vendría a ser el primer sindicato nacional de industria, el Sindicato Nacional de Trabajadores Ferrocarrileros de la República Mexicana. Promovió y dirigió la célebre huelga de este gremio durante 1926-1927. En 1929 sustituyó a Rafael Carrillo Azpeitia en la Secretaría General del Partido Comunista. Independientemente de que esta organización se mantuvo clandestina hasta 1935, su apuesta fue por contender en este proceso electoral y, como era de suponerse, su participación fue simbólica.

La jornada electoral se llevó a cabo el 1º de julio de 1934. Ese día, en la ciudad de Durango, Cárdenas depositó su voto para presidente de la República a favor de Tomás Garrido Canabal, gobernador de Tabasco. Se trató de una jornada pacífica, sin incidentes y con una alta participación.

Es pertinente presentar los resultados electorales de este proceso:

	Lázaro Cárdenas	*A. Villarreal*	*A. Tejeda*	*H. Laborde*
Aguascalientes	19 250	800	9	1
B. California, T. N.	9 336	153	115	2
B. California, T. S.	7 073	2	1	0
Campeche	15 601	2	0	0
Coahuila	64 399	3 078	1 331	37
Colima	7 880	403	31	0
Chiapas	74 026	0	0	0
Chihuahua	70 662	11	92	23
Distrito Federal	142 067	1 998	1 801	109
Durango	50 482	1	171	0
Guanajuato	160 707	2 477	615	1
Guerrero	71 268	12	1	0
Hidalgo	88 397	6	0	0
Jalisco	133 338	112	1 104	0
México	133 354	121	165	2
Michoacán	143 735	1 536	158	0
Morelos	27 050	60	5	0
Nayarit	31 719	2	1	0
Nuevo León	54 090	9 350	410	198
Oaxaca	162 750	2	79	0
Puebla	165 600	890	300	28
Querétaro	34 790	10	175	2
San Luis Potosí	104 450	3	75	1
Sinaloa	59 772	2	1 435	1

Sonora	33 400	0	0	0
Tabasco	43 140	0	0	0
Tamaulipas	50 500	1 440	6	35
Tlaxcala	29 768	62	51	2
Veracruz	159 281	716	7 689	97
Yucatán	62 786	377	8	0
Zacatecas	14 329	771	172	0
Totales	2 225 000	24 395	16 037	539

Independientemente del apabullante triunfo del general Cárdenas, es interesante destacar que en algunos estados de la República los contendientes no obtuvieron un solo voto. La maquinaria política que se estructuró a nivel nacional no tenía contrapesos. La propia derecha se encontraba ausente en el escenario político que hemos descrito; se iniciaba así el largo recorrido de una linealidad política.

Fue hasta el 12 de septiembre de 1934, a las nueve de la mañana, después de terminadas las labores de las juntas encargadas del conteo electoral, cuando se elaboró la declaratoria donde se señalaba lo siguiente: "es Presidente Constitucional de los Estados Unidos Mexicanos para el periodo comprendido entre el primero de diciembre de 1934 y el treinta de noviembre de 1940, el señor General de División Lázaro Cárdenas".

La Comisión presidida por el presidente de la Cámara de Diputados, erigida en Colegio Electoral, recibió dos memoriales, uno suscrito por el Comité Local del Partido Nacional Antirreeleccionista de Ciudad Madero, Tamaulipas, y otro por el Partido Socialista de Izquierdas, en donde hacían diversas consideraciones sobre la validez de las elecciones presidenciales, y concluían con una solicitud de nulidad de las mismas porque, en su concepto, se habían cometido violaciones a la Ley Electoral. Debido a que no se acompañaron de pruebas que justificaran sus apreciaciones, la Gran Comisión no consideró pertinente tomar dichos memoriales en cuenta.

Por lo anterior, la Comisión tuvo el encargo de poner a consideración de la Cámara de Diputados el siguiente decreto:

Art. 1º.- Son válidas las elecciones de Presidente de la República celebradas el 1º de julio del presente año.

Art. 2º.- Es Presidente Constitucional de los Estados Unidos Mexicanos, para el periodo que comienza el 1º de diciembre de 1934 y termina el 30 de noviembre de 1940, el C. Lázaro Cárdenas.

Art. 3º.- El C. Presidente Electo, de conformidad con lo dispuesto en el Art. 83 Constitucional, se presentará ante el Congreso de la Unión a otorgar protesta de Ley el 1º diciembre del corriente año.

SALA DE COMISIONES DE LA CÁMARA DE DIPUTADOS DEL H. CONGRESO DE LA UNIÓN. México, D. F., a 12 de septiembre de 1934. El Presidente, Dip. Neguib Simón. El Secretario Francisco López.

No fue sino hasta el 25 de noviembre de 1934, y por bando solemne promulgado en toda la República, que se hizo la proclamación del nuevo presidente de los Estados Unidos Mexicanos, el C. general Lázaro Cárdenas, para el periodo 1934-1940.

La protesta del general Cárdenas como presidente de la República no se llevó a cabo en el recinto de la Cámara de Diputados, sino en el Estadio Nacional en la colonia Roma, ante 30 000 espectadores.

De la presidencia débil al Ejecutivo fuerte

El reto más importante al que tendría que enfrentarse Cárdenas y una multiplicidad de actores, era el de superar el grave problema del país: su dispersión. México debería ser un país organizado y para ello se requería de darle contenido a un principio de los movimientos armados, esto es, las revoluciones sirven para concentrar y centralizar el poder o no sirven para nada. El reto para los dirigentes revolucionarios y para los grupos sociales mayoritarios era construir un poder político nacional, en el sentido de una integridad territorial con participación social, para darle viabilidad al proyecto revolucionario, o sea, la realización de las grandes demandas que dieron origen al movimiento. Fueron los años de la construcción de un régimen que tardaría en integrar la gran pluralidad de actores sociales extremadamente heterogéneos que habían hecho su revolución. Fue precisamente durante los años de la administración cardenista que los grupos sociales mayoritarios convergieron con las visiones que tenía el gupo en el poder y, además fueron más allá al brindarle contenidos de mayor profundidad a las ideas originales del proyecto de Cárdenas.

Se trataba de construir una hegemonía política, no de imponerla. Y se construyó a través de acuerdos, alianzas y coaliciones que progresivamente le abrieron a esa sociedad una perspectiva nacional. Se trataba, entonces, de superar los grandes obstáculos, como fueron las sublevaciones armadas y los poderes políticos locales, para construir un poder político nacional; en ese proceso se dio la confluencia de un dirigente, de su grupo y de las clases y capas sociales.

Finalizada su campaña, Cárdenas contaba ya con una lectura compendiada y jerarquizada de lo que él consideraba los grandes problemas del país: por un lado, la histórica escasez de agua y la necesidad de poner en marcha grandes obras hidráulicas así como la construcción de caminos debido a nuestra accidentada geografía que hacía inaccesibles las relaciones de región a región. Esos requerimientos fueron registrados por Cárdenas detalladamente, estado por estado de la República, en sus *Apuntes*, los que concluye con una síntesis de lo que vendría a ser su "proyecto de país", en el que destacan cuatro temas: la cuestión educativa, su anticlericalismo, el combate a los centros de vicio y la prioridad concedida al trabajo colectivo.

Independientemente de la experiencia de Cárdenas como gobernador de Michoacán, las propuestas expresadas en el Plan Sexenal de gobierno y aprobadas en la convención del PNR —los grandes temas, como el de la política indigenista, el reparto agrario, la instrumentación del proyecto educativo, la política de nacionalizaciones o el nuevo rol de nuestro país en el ámbito internacional merced a la política exterior, entre otros— fueron construidas por una multiplicidad de actores a lo largo del sexenio. La lectura de ese presente, la percepción de retos y la aplicación de políticas para la solución de problemas, acompañadas de la creación de instituciones, se fue dando a través de una política de alianzas, acuerdos y coaliciones. La instrumentación de los cambios no se moldeó sólo a partir de un personaje o de un pequeño círculo, también fueron determinantes los actores sociales, que en mucho contribuyeron y le imprimieron sus peculiaridades a lo que después vendríamos a comprender cómo "el proyecto cardenista".

Un hecho que en ese momento había pasado de alguna manera inadvertido podría explicar los propósitos de Cárdenas de centralizar el poder político en manos del Ejecutivo. Este hecho tuvo su origen en una iniciativa presentada por él, a través del PNR, relativa a la reforma de los artículos 73, 94, 95 y 97 de la Constitución, y que fue apoyada por los congresos locales de Michoacán, Tabasco, el Distrito Federal y Oaxaca. Con esta iniciativa, presentada por el político cardenista Luis I. Rodríguez, se pretendía reformar los artículos que instituían y reglamentaban la función jurisdiccional en lo que respecta a la integración a los órganos del Poder Judicial de la Federación, Distrito Federal y Territorios. Con ello se logró modificar la organización del Poder Judicial con la supresión de la inmovilidad de los magistrados de la Corte y se instrumentó un mandato de sólo seis años en el cargo. Si se consulta el Diario de los Debates de la Cámara de Diputados de fecha 12 de septiembre de 1934, año del periodo ordinario de la XXVI Legislatura, tomos I y II, se podrá constatar que lo que se obtuvo fue una pérdida de autonomía de los jueces por la injerencia adjudicada al Ejecutivo al momento de postular a los nuevos ministros.

Días antes de la toma de posesión, el 22 de noviembre de 1934, renunciaron todos los ministros de la Suprema Corte ante su presidente, a fin de dejar en libertad al nuevo mandatario para escoger a los que integrarían el alto Tribunal. Para el 24 de noviembre el Senado aprobaba el proyecto de reformas a la Constitución, se cumplía la voluntad del general Cárdenas, en el sentido de que él deseaba nuevos ministros y una total renovación de los miembros de la Judicatura.

El 1º de diciembre de 1934 Cárdenas tomó posesión como presidente de la República, e inicia su administración con la integración de un gabinete que de inmediato muestra las limitaciones del político michoacano: un buen número de miembros del mismo eran proclives a Calles. Lo mismo le ocurrió con la imposición del gobernador de Zacatecas, el general Matías Ramos, como presidente del PNR.

En los estados de la República prevalecía una infinidad de hombres fuertes que mantenían su poder político local, lo que denotaba la ausencia de un proyecto de carácter nacional en el que hubiesen convergido los contenidos del cambio y la modernización. Así, más de la mitad de los gobernadores y casi una mayoría de los militares eran de filiación callista. El mismo fenómeno se presentó en la composición del Poder Legislativo federal.

La nueva administración se inició con un hecho de suma gravedad. El segundo día de gobierno, el 2 de diciembre, Cárdenas le dio instrucciones al procurador del Distrito y Territorios Federales para que procediera de inmediato a clausurar un casino conocido como el Foreign Club, propiedad del ex presidente y general Abelardo Rodríguez; hecho que significaría el total rompimiento con la administración anterior. Independientemente de que este último había apoyado la candidatura del michoacano, ello no lo eximía de cumplir con una promesa de campaña: cerrar las casas de juego. Se trataba de un casino donde cantaba Pedro Vargas y al que concurría una gran cantidad de políticos de la época. Según el embajador de los Estados Unidos en nuestro país, Josephus Daniels, "esa noche los dados y las cartas corrían profusamente por todas partes, al igual que todos los implementos de los juegos de azar; mientras en algunos de los salones se efectuaban fiestas elegantes en otros se desplumaba a los incautos". Lo grave de la situación es que don Raúl Castellano invadió la jurisdicción estatal del Estado de México, y de la misma Procuraduría General de la República. En ese acto se violaba la legalidad. Más adelante insistiremos en este problema.

El día 19 de diciembre, el general tuvo un acuerdo con su secretario de Agricultura y hombre fuerte de Tabasco, Tomás Garrido Canabal. Éste le comentó que un grupo de sus amigos había derribado una imagen católica que se encontraba a la entrada de la ciudad de Cuernavaca. Cárdenas le previno de no alentar esos actos porque acarrearían graves consecuencias a la nueva administración. La pretensión de Garrido era trasladar la dinámica de un conflicto que ocurría en un espacio local, Tabasco, al ámbito federal. El 30 de diciembre tuvo lugar un hecho lamentable para la administración cardenista, cuando feligreses católicos que salían de una misa oficiada en la parroquia de Coyoacán fueron agredidos por un grupo de choque promovido por Garrido, los "camisas rojas"; de tal agresión resultaron asesinados seis católicos. La idea era volver a tensar la relación con el clero. Estos acontecimientos nos revelan la fragilidad de la nueva administración del Ejecutivo de dos cabezas descrita por Puig Casauranc, el bicefalismo político. De un lado un poder formal representado por el Ejecutivo y, del otro, el poder real ejercido por el general sonorense.

Desde el momento en que finalizó el movimiento armado, el desafío fue construir y dar respuesta a la cuestión nacional. Iba a ser relevante que los actores sociales mostraran su capacidad de vinculación en el conjunto del país. Sin duda los primeros logros no provinieron del grupo gobernante, sino más bien desde abajo; es decir, de los obreros y los campesinos.

Iniciada la crisis política de 1928 con el asesinato del general Obregón, uno de los efectos más importantes fue el desmoronamiento de la Confederación Regional de Obreros Mexicanos (CROM), que representó 10 años de esfuerzos de los trabajadores por organizarse a nivel nacional. La dispersión obrera empezó a superarse gracias a la participación de diversas organizaciones sindicales que van a lograr la creación de agrupaciones de carácter nacional, como fue el caso de la Confederación General de Obreros y Campesinos de México (CGOCM), dirigida por Vicente Lombardo Toledano.

Cabe destacar que en la construcción de estructuras de representación fueron los obreros industriales los actores principales; por sólo mencionar un caso: el nacimiento del primer sindicato nacional de industria en enero de 1933, el cual pretendía que se igualaran las condiciones de trabajo para todos los ferrocarrileros, a través de un contrato colectivo. Con ello se iniciaría la idea de la fusión de las diversas empresas del sector. Primero fueron los ferrocarrileros, después los petroleros, los electricistas y los mineros los que lograron organizarse a nivel nacional.

Es en este tema donde podríamos rescatar la aportación de los trabajadores mexicanos a la cuestión nacional; serían ellos los que lograran imponer estructuras de representación nacional a los poderes políticos locales y, a la vez, quienes demandaran la unificación de las empresas por sector. El mejor ejemplo de esto es que la primera nacionalización fue la de los ferrocarriles, en 1936, y que la mayoría de las tensiones y los cambios de solución a la cuestión petrolera no fueron novedosos, ya que se habían presentado durante toda la evolución del conflicto laboral en ferrocarriles, y aquí nos referimos a la construcción y aplicación de un contrato colectivo para regular las relaciones entre empresas y trabajadores, lo que terminó siendo una necesidad política y laboral, debido a la reticencia de las empresas. Esta reticencia condujo a que la única manera de uniformarlas fuera a través de su nacionalización. Este proyecto fue cimentado desde abajo.

Lo mismo ocurrió en el caso de los campesinos. La intención de organizarse a nivel nacional fue previa a la fundación del PNR, en 1929, y el mejor ejemplo para demostrarlo es la constitución de las ligas campesinas desde mucho antes del ascenso del general Cárdenas al poder.

A todo esto, insistimos en que el proyecto que se iba a construir durante la década de los treinta le daría un contenido a los anhelos sociales del movimiento armado, y que la elaboración del mismo no fue producto de un líder, el general, de una élite, los cardenistas, o de actores colectivos, como fueron los trabajadores y los campesinos, sino de las alianzas de todos los actores mencionados.

Si algo caracterizó los seis meses y 11 días de la nueva administración fue el activismo de los trabajadores.

La crisis, las limpias y la hegemonía

Ese México se distinguía no sólo por la polarización, sino también por la atomización de la sociedad; el reto era lograr pequeñas, medianas o amplias unificaciones de grupos sociales a través de alianzas. Paradójicamente, no existían puntos de confluencia y por ello la Revolución tenía frente a sí grandes obstáculos para construir un *pacto nacional*. Algunos miembros del grupo gobernante pugnaron y constataron en sus regiones que el establecimiento de acuerdos, alianzas y pactos sólo era posible con la inclusión de las masas en política.

Otros sectores plantearon la necesidad de una nueva revolución; sin embargo, lo que no comprendieron es que se encontraban con una sociedad que ya había hecho su revolución y lo que buscaba era el cumplimiento de sus objetivos.

El 11 de junio de 1935 fue el momento que condensó y permitió aplicar soluciones al ordenamiento político de la Revolución mexicana. En gran medida, si no es que determinantes, fueron los grupos y sus demandas sociales los que permitieron solucionar el problema de la conducción política del país. Para muchos analistas sólo fue la voluntad gubernamental la que manipuló a la sociedad para cumplir sus objetivos. Nosotros pensamos al revés, se trató de una sociedad que demandaba y proponía, haciendo constantemente una política de alianzas, con lo que mostró una profunda vocación estatal. Los sectores mayoritarios de la sociedad estuvieron identificados con el Estado posrevolucionario, y aun dispuestos a fortalecerlo; la condición que ponían era la satisfacción de sus demandas. Las declaraciones de Plutarco Elías Calles, del 11 de junio de 1935, constituían una amenaza a la forma en la que Cárdenas conducía al país; ésa era forma, pero fondo era su radical oposición al movimiento sindical. Eran los trabajadores, con sus demandas, organización y movilización, quienes iban a permitir a las diferentes corrientes del grupo gobernante definir sus posiciones.

Los cardenistas se movieron con rapidez. El día 12, Cárdenas anotaba en su diario:

> ... a las veintitrés horas se presentó en Palacio, Froylán Manjarrez, Director del Periódico el Nacional, informándome que el General Matías Ramos, Presidente del Comité del Partido Nacional Revolucionario le envió para su publicación, declaraciones que el General Calles dio al Lic. y Senador Ezequiel Padilla, hablando de

la situación política del país y atacando la actitud de las organizaciones obreras. Llamé al General Ramos y le hice conocer la responsabilidad que contraía por no haberme dado a conocer dichas
declaraciones que sí publicaron Excélsior y El Universal. Le anun-
cié la situación a que orillaban los ataques que provocarían para el
propio General, y por último que las explotarían los políticos enemigos del gobierno y aduladores del General Calles. Le manifesté
que debía plantear desde luego su renuncia de presidente del PNR.
Así lo hizo.

Cárdenas iniciaba las purgas y las limpias en el propio PNR;
seguiría el gabinete, los gobernadores, el Legislativo, el ejército y
el propio Jefe Máximo de la Revolución mexicana, el general Plutarco Elías Calles.

El 17 de junio de 1935 Cárdenas renovaba el gabinete que
había nombrado el 17 de diciembre de 1934; el objetivo era desplazar a los callistas. Los cardenistas tenían ya el control del aparato gubernamental.

Desde la presidencia del PNR, el licenciado Emilio Portes Gil,
ex presidente de la República y hombre fuerte de Tamaulipas, se
erigió en el ejecutor de las purgas contra los legisladores y gobernadores que eran desleales al Ejecutivo. Los cardenistas que no
eran mayoría en la Cámara de Diputados electa en 1934 habían
formado lo que llamaron "el ala izquierda", y lo mismo ocurriría
con la Cámara de Senadores. Con el cambio en el PNR, ese grupo
tomó una gran fuerza política, al grado de erigirse en el encargado de desconocer a buena parte de la representación política electa
en el país, tanto en el Poder Ejecutivo como en el Legislativo.

Durante 1935, por desaparición de poderes, mediante licencias forzosas o por coincidencias de los calendarios electorales
en varios estados, los cardenistas impusieron gobernadores; tal
fue el caso de Coahuila, Colima, Querétaro, Tabasco y Tamaulipas. El 16 de diciembre de 1935 Cárdenas anotaba:

Hoy fueron desconocidos por el Senado de la República los poderes locales de los estados de Sonora, Sinaloa, Guanajuato y Durango.

El propio Senado designó al gobernador de Sonora, el general brigadier Jesús Gutiérrez Cazares; al de Sinaloa, el coronel Gabriel Leyva; al de Guanajuato, el licenciado Enrique Fernández Martínez, y al de Durango, el Sr. Gral. Ceniceros.

Los cambios de gobernadores se prolongaron durante 1936 en Chiapas, Nuevo León, Oaxaca y Yucatán. Agreguemos a lo anterior la coincidencia con elecciones en Aguascalientes, Campeche, Chihuahua, Jalisco, Morelos, Puebla y San Luis Potosí. El cardenismo lograba enterrar a los poderes locales, a la vez se iniciaba el tejido de una nueva representación política formal e informal, con el predominio de un poder: el Ejecutivo.

Las acciones iniciadas contra los callistas el 11 de junio permitieron que el "ala izquierda" en el Congreso de la Unión se fortaleciera instantáneamente, a pesar de no contar con la mayoría. Salidas permanentes de diputados y senadores durante 1935, por ejemplo; Cárdenas anotaba en diciembre: "el Senado desaforó en sesión de hoy a los representantes senadores Francisco Terminel, Cristóbal Bon Bustamante, Manuel Riva Palacio, Elías Pérez Gómez, Manuel Bandála, elementos de agitación sediciosa alrededor del General Calles". Así, los cardenistas pasaban a dominar y conducir el aparato político a raíz del enfrentamiento de junio de 1935.

Como lo habíamos señalado, el 17 de junio el general Cárdenas nombró al nuevo gabinete, habiendo logrando la remoción del secretario de Guerra y Marina, el callista Pablo Quiroga, sustituido por un cardenista, el general Andrés Figueroa, quien a su vez nombró como subsecretario al general Manuel Ávila Camacho. Otro cambio fundamental en el ejército lo constituyó el nombramiento del general Heriberto Jara como inspector general, y precisamente de él iban a depender administrativamente las jefaturas de operaciones militares del país, así como las compras de todos los pertrechos; desde este puesto se iniciarían las remociones de los jefes de zona vinculados al "jefe máximo". Fue en junio de 1935 cuando se inició la renovación radical del viejo aparato militar. Para centrar el control territorial, se nombró a un destacado cardenista como jefe de la policía del Distrito Federal, el general Vicente González Fernández. El control político que adquirió Cárdenas posibilitó el conjunto de políticas de lo que después vendría a ser el proyecto cardenista.

El apoyo: de abajo para arriba

A todo lo anterior podríamos agregar que uno de los hechos más importantes ocurridos en estos enfrentamientos fue la iniciativa obrera de crear el Comité Nacional de Defensa Proletaria. Aquí destacaron tres elementos: el primero fue que, con la inclusión de casi todos los sindicatos que existían en el país, los trabajadores lograban ordenar y disciplinar su presencia geográfica en todo el territorio nacional. En segundo lugar, la clase obrera, con la creación de esta organización, se convertía en un interlocutor con representación que le iba a permitir integrar el conjunto de sus demandas y obtener para las mismas soluciones favorables. Y, en tercer lugar, fue gracias a ese ordenamiento como la administración pudo iniciar y construir una sólida política de alianzas respaldada por un actor nacional. No fue sólo el control cardenista de la fuerza militar desplegada con sus nuevos y fieles jefes de zona en toda la República (valga el ejemplo del nombramiento para ese cargo en Tabasco del general Miguel Henríquez Guzmán para controlar y subordinar el poder local de Garrido Canabal), sino la presencia física con el establecimiento de consensos de los trabajadores y campesinos organizados, y con ello la posibilidad de instrumentar la política de movilizaciones que dejaría en claro que las decisiones de la administración eran apoyadas por los trabajadores.

A raíz de esos acontecimientos, el cardenismo hacía la gran contribución al sistema político mexicano: el Estado construía un poder político nacional hegemónico. Vale la pena aclarar que esa hegemonía no se identificó mecánicamente con la fuerza, pero sí con el control del aparato violento por parte del nuevo Ejecutivo, y con ello lograba desplazar la figura incómoda del hombre fuerte. Lo importante era que esa hegemonía no fue impuesta, sino que se conquistó mediante una política de alianzas que le abrió una perspectiva nacional al conjunto de la sociedad, haciéndola avanzar rebasando el poder fáctico de Calles y los poderes políticos locales. La construcción de esa hegemonía, que incluía la coerción y el consenso de los diversos actores sociales, requirió de la actividad de los trabajadores urbanos y rurales, es decir, demandó su absoluta participación y su autoorganización.

Tanto los actores colectivos —fundamentalmente la clase obrera— como el grupo cardenista y el propio general Cárdenas tenían una lectura política correcta: a partir de la crisis de junio de 1935 el camino era claro: las masas organizadas eran la fuente del poder político.

En ese proceso se iba definiendo un cambio fundamental, la autoorganización de los actores, como fue el caso de la central campesina creada en 1933, la Confederación Campesina Mexicana (CCM), y posteriormente de la Confederación Nacional Campesina (CNC), la creación de los sindicatos nacionales, el frente obrero de 1935 con el Comité Nacional de Defensa Proletaria (CNDP) y la Confederación de Trabajadores de México (CTM) de 1936, entre otros. Cárdenas comprendió que tolerar y promover esa organización en ascenso, con sus propias demandas, resultaría la palanca fundamental para suprimir el dualismo político y, a la vez, desterrar a los poderes políticos locales. Se trataba de un centro que adquiría un poder progresivo que se reflejaría posteriormente en la transición del Partido Nacional Revolucionario (PNR) al Partido de la Revolución Mexicana (PRM); se iba a pasar del partido de partidos al partido de sectores.

El establecimiento del nuevo orden político tendría que superar los conflictos a través del fomento de las organizaciones sociales y de las alianzas que éstas lograron establecer con la administración.

El segundo gran conflicto político, después del enfrentamiento de junio de 1935, se presentaría en febrero de 1936 con los empresarios de Monterrey. Al igual que en el primero, los trabajadores fueron los causantes. Como lo señalaba Cárdenas, la huelga de la fábrica La Vidriera de Monterrey es el primer movimiento espontáneo y de sobra justificado que realizan los obreros de aquella ciudad. Resultaba un despropósito que los empresarios de Nuevo León convocaran a un movimiento de huelga de consecución para derrocar al gobernador. De la misma manera fue la de propagar que se trataba de un movimiento comunista y, como medida extrema, amenazaron con abandonar sus empresas.

De ese conflicto Cárdenas formuló los famosos 14 puntos que sintetizaron la política laboral del régimen y respecto de los cuales haríamos varias consideraciones. El presidente aprovechó el problema para formular una crítica al fantasma del comunismo inventado por los empresarios, señalándoles que más daño que los comunistas han hecho a la nación los fanáticos que asesinan a profesores; fanáticos que se oponen al cumplimiento de las leyes y al programa revolucionario, y que, sin embargo, para no tensar más los conflictos políticos, el gobierno se había visto obligado a tolerarlos.

Otro señalamiento fue que lo ocurrido con la actitud patronal no se circunscribía al caso de Monterrey, sino que había tenido ramificaciones en centros importantes de la República como La Laguna, León, Distrito Federal, Puebla y Yucatán. También les informó que los empresarios que pretendieran retirarse de la ac-

tividad económica deberían entregar las empresas a sus trabajadores o al gobierno. Por todo lo anterior la administración cardenista fue intolerante con respecto al pretendido paro de los
empresarios. El ascenso de la organización obrera y a unos días
de que se llevara a cabo el congreso para fundar la central única
nacional de trabajadores, la CTM, debería ser el mejor ejemplo
para que los patrones se organizaran también a nivel nacional. El
Estado definiría su proyecto con la asistencia de los factores de la
producción, es decir, el capital y el trabajo. Sin duda el gobierno
era ya el árbitro y regulador de la vida social.

El régimen lograba subordinar a los empresarios y a la vez
presentaba un Estado surgido de la Revolución que tenía ya
como referencia una sociedad, no utópica, y que empezaría a instrumentar una serie de reformas que cimentaban un proyecto y
modelo de país.

Los liderazgos

Toda la convulsión política generada por los cambios originados
en junio de 1935 arrojaba un interesante resultado: a principios
de 1936 aparecían con claridad los nuevos liderazgos en toda la
representación política y social nacional.

En primer lugar, destacaba la figura del general Cárdenas;
como bien lo había señalado Vicente Lombardo Toledano, Cárdenas era el hombre que había levantado de la confusión y la
duda a la Revolución mexicana, aplicando un programa basado
en la inclusión de las masas en la política, y dándole continuidad
a lo que también Lombardo había definido como la teoría de las
tres revoluciones que fueron las que definieron a la nación mexicana, las de 1810, 1857 y 1910; tres revoluciones populares enla-
zadas por la demanda de la tierra. Por ello, la cuestión del reparto
agrario vendría a ser uno de los aspectos sustantivos del periodo.
Cárdenas incrementaba su liderazgo, pero más que nada su pre-

tensión era el fortalecimiento del presidencialismo como institución, ya que para él era una obsesión que la construcción y ejercicio del poder recayera en esa institución. Tal vez una reflexión del general Cárdenas podría ilustrar lo anterior: "En el gobierno una sola fuerza política debe sobresalir: la del Presidente de la República, que debe ser el único representante de los sentimientos democráticos del pueblo" (*Apuntes*, t. I, p. 440). A ello se agregaba la élite o grupo cardenista que le iría dando los contenidos a la aplicación de las diversas reformas que el régimen iba instrumentando, destacando que dentro de esa élite llegó a haber visiones encontradas entre sí respecto a decisiones fundamentales, como fue el caso, por ejemplo, de algunos miembros del gabinete que se opusieron radicalmente a la política del exilio que llevó a cabo la administración; sin embargo, siempre mantuvieron la disciplina para con las decisiones tomadas por el general Cárdenas.

También resaltó que en la dinámica de las organizaciones sociales se desplazó a los viejos liderazgos y aparecieron nuevos, en el caso de los campesinos, con dirigentes como Graciano Sánchez, Enrique Flores Magón o León García, entre otros.

En lo que se refiere a los dirigentes obreros, éstos se fueron fortaleciendo desde antes de la llegada de Cárdenas a la presidencia de la República. Sin duda el caso más destacado fue el de Vicente Lombardo Toledano, a quien Cárdenas siempre consideró como el destacado intelectual y organizador de la clase obrera nacional. Gastón García Cantú insistió en que la Revolución mexicana había tenido dos grandes ideólogos: Luis Cabrera y Vicente Lombardo Toledano. Con respecto al segundo, la creación de la Confederación General de Obreros y Campesinos de México, en 1933, fue uno de los mayores éxitos organizativos de una clase obrera hasta entonces dispersa; destacaron además sus aportaciones en materia de legislación social, reforma agraria, organización política, educación, promoción de las comunidades indígenas y presencia política en América Latina. También realizó la mejor publicación antifascista latinoamericana, la revista *Futuro*.

Destacaron asimismo los trabajadores industriales que constituyeron sindicatos únicos y contribuyeron a la contratación colectiva. En 1933 se crea el primer sindicato nacional de industria, el de los ferrocarrileros, con dirigentes como Juan Gutiérrez, Alfredo Navarrete o Salvador Rodríguez. De los electricistas, hay que mencionar a personajes como los ingenieros Francisco Breña Alvírez y Manuel Paulín. De los mineros, a Agustín Guzmán Vaca, Andrés Cruces, Carlos Samaniego o Enrique Díaz de León. También se podría destacar a los dirigentes petroleros.

A esa larga lista podríamos agregar a las representaciones de agrupaciones de trabajadores como los textiles, tipógrafos, azucareros, de artes gráficas, cinematografistas o del magisterio, y otra franja de dirigentes que se originaron en sindicatos de empresas o de servicios y en quienes, paradójicamente, recaería más adelante la burocracia sindical contemporánea: Fidel Velázquez, Fernando Amilpa, Alfonso Sánchez Madariaga, Blas Chumacero y Luis Quintero. También destacaron los dirigentes comunistas que en esa época sí provenían del medio obrero, como fue el caso de don Miguel Ángel Velasco, Hernán Laborde, Valentín Campa, Pedro Morales o Consuelo Uranga. En todo esto tenemos un buen ejemplo de que fue en los trabajadores en quienes el general Cárdenas encontró el poder social para llevar a cabo su obra política.

Del desorden al orden

No sólo surgían nuevos dirigentes sino también nuevas organizaciones. A esto deberíamos agregar las modificaciones que se dieron a nivel regional y en la representación formal, la votada, como fueron los casos de los congresos locales, los gobernadores, los diputados federales, los senadores, el gabinete o el propio Ejecutivo, como ya lo destaqué anteriormente.

A partir de la crisis política de junio de 1935, se iniciaron de manera rápida y desordenada las remociones de gobernadores y políticos con cargos; en algunos casos hubo coincidencias con los calendarios electorales vigentes a nivel local y estatal, lo que permitió el cambio de presidentes municipales, de algunos congresos locales y, también, de gobernadores. A ese cambio tenía que establecerle un orden respaldado por una estructura política que diera cabida a toda la nueva representación; se aproximaba un acontecimiento sumamente importante: las elecciones federales de 1937 para renovar la Cámara de Diputados.

Después de la expulsión del país del general Calles, junto con Luis N. Morones, Luis L. León y Melchor Ortega, el 10 de abril de 1936, el Partido Nacional Revolucionario se presentaba ya como una organización política cien por ciento cardenista y en la que se incluía a buena parte de las organizaciones políticas emergentes y sus nuevos liderazgos, los que empezaban a cubrir la totalidad del territorio nacional. Ello marcaba a ese proceso político: se construía una sola estructura política que impondría la representación y procesaría las diferencias habidas en su interior, pero, lamentablemente, no aparecieron los contrapesos de fuerzas sociales y políticas capaces de competir en el terreno de la representación. Una izquierda débil pero tenaz, después de cinco años de persecución y clandestinidad que, iniciada la administración cardenista, participó como actor y contribuyó en la construcción de las nuevas organizaciones sociales y políticas, como en el caso de diversos sindicatos nacionales, de los frentes obreros o de agrupaciones campesinas, y que simpatizó con la instrumentación del conjunto de las políticas cardenistas. Del otro lado, nada, es decir, fue lamentable la marginación de las organizaciones conservadoras, las que no tuvieron la capacidad para construir una organización que le diera opciones a una sociedad políticamente tan activa, pero, paradójicamente, con una profunda carga estatal; una sociedad que había hecho su revolución y lo que reclamaba era la cristalización de sus demandas precisamente en estos años.

El 20 de agosto de 1936, el licenciado Emilio Portes Gil le presentó a Cárdenas su renuncia a la presidencia de PNR. Llegaba la hora de poner en la dirección del partido a un cardenista químicamente puro. El 4 de septiembre el jalisciense Silvano Barba González ocupó la presidencia del partido e integró en su equipo a destacados cardenistas, como Esteban García Alba, Wenceslao Labra, Gilberto Bosques, Antonio Mayés Navarro, Gilberto Flores Muñoz o al agrarista Arnulfo Pérez. La responsabilidad de todos ellos era clara: desmontar la estructura de caudillos locales y de fuerzas regionales e imponer una nueva estructura nacional. El mismo día publicaron un importante manifiesto definiendo su estrategia política: fijar las pautas de la nueva alianza política entre el Estado y los trabajadores urbanos y rurales.

De una parte, se consolidaban las emergentes organizaciones sociales y, de la otra, el Estado, a través del partido, establecería un gran pacto político con la incorporación de las mayorías, de ahí la importancia del cambio del Partido Nacional Revolucionario al Partido de la Revolución Mexicana, es decir, del partido de partidos al partido de masas. Se imponía, dentro de este mismo, una verticalidad en el conjunto de los sectores, y esa verticalidad vendría a ser la que disciplinaría al nuevo instituto que, para 1938, era ya el brazo político del nuevo Ejecutivo. A fin de cuentas, se asistía a la consolidación de un presidencialismo por encima del resto de los poderes. La absoluta pérdida de autonomía del Poder Judicial, la injerencia del Ejecutivo con los estados de la Federación, al grado de las continuas remociones de gobernadores y diputados locales, o de la invasión jurisdiccional de la Procuraduría del Distrito Federal en diversas entidades del país. Esa subordinación se vería igualmente en el Poder Legislativo federal con la remoción de diputados y senadores.

Los nuevos liderazgos que desplazaron a los anteriores no lograron su ascenso mediante prácticas directas de votación. Este emergente poder político nacional se construyó desde abajo, con las organizaciones recién creadas y sus representantes y con el apoyo del grupo cardenista y el Ejecutivo federal. Además de la aportación del general Cárdenas a un presidencialismo fuerte, está la de haber sentado las bases que imposibilitarían la reelección en el país. La institucionalidad iba a ser destino manifiesto. El caso mexicano y la contribución personal del general Cárdenas en nada se equiparan a los llamados populismos que se dieron en América Latina. Y ésa fue tal vez una de las más grandes aportaciones del político michoacano, que a la fecha sigue vigente.

Esta herencia del cardenismo al sistema político estuvo cobijada por una concepción muy peculiar del general respecto de la democracia. La idea que expresó Cárdenas en el mensaje transmitido por 51 radiodifusoras en cadena nacional, el día 8 de diciembre de 1938, nos permitirá explicar lo anterior:

> ... la Revolución ha venido afirmando los principios básicos de la democracia que descansan en la mejor distribución de la riqueza, en la elevación del nivel de vida humana, en la igualdad de oportunidades de cultura y de acceso al poder de las mayorías trabajadoras. De nada sirvió hablar del Gobierno del pueblo y para el pueblo cuando las clases productoras carecían de tierras, de protección en su trabajo, de escuelas para sus hijos y sólo se les llevaba a los comicios para dar apariencias de origen popular a las oligarquías de terratenientes, capitalistas e intelectuales que detentaron los destinos de la República.

Todos los esfuerzos del Estado tendrían que concentrarse en la aplicación de sus políticas para fortalecer la igualdad.

Con una representación social y política, que quizá no se reunía en el país desde los días del Congreso Constituyente de 1917, y con la asistencia de las fuerzas organizadas que participaron en los procesos de cambio del cardenismo, se dio comienzo en el Palacio de Bellas Artes a las 12 horas del 30 de marzo de 1938 a la Asamblea Constituyente del nuevo instituto de la Revolución: el Partido de la Revolución Mexicana.

La conformación y el ejemplo del nuevo orden político se concluían pocos días después de lo que fue la última gran reforma cardenista, la expropiación petrolera del 18 de marzo de 1938. En realidad el conjunto de los cambios llevados a cabo durante la administración de Cárdenas no llegaron a tres años; se dieron del 11 de junio de 1935 a finales de marzo de 1938. Así se logró construir un nuevo poder político a nivel nacional.

Los cambios y las transformaciones que se dieron durante la administración del general Cárdenas pretendieron cimentar una modernización del país por medio de acciones concretas, arraigándose en la cultura política que aún subsisten. A lo largo de este volumen analizamos la cuestión agraria, la política indigenista, la participación de los trabajadores, el grupo cohesionado de los cardenistas, la situación de la economía mundial y nacional, el proyecto de industrialización y el control de los sectores estratégicos, la forma en la que se actualizó y modernizó nuestra política exterior, los grupos de oposición a ese proyecto o las temáticas referidas al nuevo partido, al corporativismo y al presidencialismo. Sea ésta nuestra contribución a la reflexión de una historia crítica de las modernizaciones en México.

Entrevistas

Rafael Carrillo Azpeitia
Raúl Castellano
Juan Gutiérrez
Miguel Ángel Velasco

Raíz y huella económicas del cardenismo

Marcos T. Águila*

> El momento de sobrevivir es el momento del poder.
>
> Elías Canetti

> Lo vimos pasar nosotros por aquí (a Lázaro) y dicen que de ahí entró a Guadalajara. Dicen que ahí ascendió a coronel, luego a presidente de la República y luego fue virrey, fue su último cargo.
>
> María Grimaldo Magallón, jiquilpense

Entre los rasgos particulares del impacto de la Gran Depresión de 1929 en México estuvieron su aparición *temprana*, su impacto *profundo* y su relativa *brevedad*. Algo semejante se puede decir sobre el fenómeno cardenista: emerge *temprano* en la provincia michoacana bajo el callismo, conquista la presidencia y la independencia política frente a la "sombra del caudillo" Calles para darse a la tarea de una actividad febril de reformas económicas e institucionales *profundas* en el *breve* lapso de unos tres años y comienza a declinar a partir de su clímax asociado a la expropiación petrolera de marzo de 1938 hasta la controvertida elección

* UAM-Xochimilco.

de 1940, cuando la moderación política y la retórica sobre la unidad nacional define el tono de los nuevos tiempos y coloca al general Manuel Ávila Camacho en la silla presidencial. Y sin embargo, el cardenismo, como la depresión, dejó surcos profundos en la identidad nacional mucho más allá de la década de 1930. En este capítulo sostendremos que ambos fenómenos están interrelacionados: que los efectos de la Gran Depresión se encuentran en la *raíz* del cardenismo. El programa cardenista (y el Plan Sexenal es una buena aproximación al mismo) contó con la buena estrella de una economía de nueva cuenta en crecimiento. Ello facilitó la evolución de la práctica cardenista en el terreno económico, principalmente entre 1934 y 1936, y permitió sortear la recesión de 1937-1938. Hacia el final de sexenio, la gestión cardenista pudo reclamar con legitimidad una marca estructural, una *huella* u horma para el crecimiento económico futuro de México. El desarrollo económico de México fue marcado al menos durante medio siglo (entre los años treinta y los ochenta del siglo XX), por la *huella* del cardenismo.

Antes de exponer *raíz* y *huella* del cardenismo en algunos ámbitos escogidos de la economía mexicana, vale la pena apuntar el carácter polémico que rodea la evaluación de la experiencia cardenista en general. La personalidad y perfil ideológico del general Lázaro Cárdenas se encuentran entre los más controvertidos de la generación que encabezó el proceso de institucionalización de la Revolución mexicana. Lo mismo se puede invocar opiniones que le adjudican la debacle de las aspiraciones del pueblo mexicano durante el mandato presidencial de Cárdenas, como la del jefe sinarquista Salvador Abascal Infante; que juicios en que se le señala como el máximo líder en la transformación revolucionaria de México, como sostuvo Jesús Silva Herzog, intelectual y antiguo colaborador. Consideremos ambos puntos de vista.

Abascal refirió en una de las entrevistas que los esposos Wilkie realizaron a protagonistas destacados de la época inmediata

posrevolucionaria, que la obra cardenista era, en síntesis, "anti-
mexicana y traidora":

> No me explico cómo yo pude haber olvidado los gravísimos males
> que Cárdenas le había causado a México... Su escuela socialista; su
> persecución a la Iglesia...; (su) destrucción de la riqueza heneque-
> nera de Yucatán y de la riqueza agrícola de otras regiones del país;
> (sus) furibundos ataques a la propiedad y a la iniciativa privada; (la)
> impunidad de multitud de crímenes de sangre; (la) burla del pueblo
> en las votaciones, en fin, el haber puesto las bases sólidas del comu-
> nismo en México, tanto en lo espiritual como en lo material.[1]

En contraste con esta visión, Jesús Silva Herzog, a la distancia de cuatro décadas de la finalización del sexenio cardenista,
escribió en uno de sus libros de carácter autobiográfico:

> El General Lázaro Cárdenas ha sido el mejor presidente de México
> en el curso de este siglo... Fue un revolucionario luchando con las
> armas en la mano desde su primera juventud y fue un revoluciona-
> rio en el poder. Jamás ha traicionado sus principios, más bien se
> han acendrado con el correr del tiempo. Su preocupación, su hon-
> da preocupación por mejorar las condiciones de vida de las grandes
> masas de la población, jamás lo han abandonado. Sembrador de
> ideales, las semillas que ha arrojado al viento fecundarán la entraña
> de la patria en el próximo por venir.[2]

No es mi intención mediar y señalar que la experiencia cardenista se encuentra en algún punto entre estos dos extremos,

[1] Opinión de Salvador Abascal Infante a James W. Wilkie y Edna Monzón Wilkie, en
James W. Wilkie y Edna M. Wilkie, "Introducción", en *Frente a la Revolución Mexicana.
17 protagonistas de la etapa constructiva. Entrevistas de historia oral*, vol. III, UAM, México, 2002, p. lxxvii.
[2] Jesús Silva Herzog, *Una vida en la vida de México*, Siglo XXI/SEP, México, 1986,
p. 230 (Segunda Serie de Lecturas Mexicanas, núm. 49).

que por su naturaleza se "tocan", es decir, coinciden en identificar al cardenismo con un proyecto de transformación radical y "socializante" para México. La investigación reciente muestra, por otra parte, que existieron numerosos "cardenismos", atendiendo al carácter particular y condiciones de las regiones y estados del país, circunstancia que, pese a su riqueza, apenas y será considerada en este trabajo.[3] Más bien me interesa destacar la importancia de los condicionamientos de carácter "estructural", especialmente económicos, que pusieron límites al voluntarismo personal implícito en las opiniones citadas (esto es, que las posturas asumidas por el general Cárdenas eran únicamente un factor, aunque sin duda muy importante, en el complejo juego de fuerzas económicas y sociales de la época). A mi entender, no habríamos conocido el cardenismo radical de tinte socializante de la segunda parte de aquella década, el "cardenismo rojo", sin mediar el impacto directo e indirecto de la Gran Depresión.[4] Doy por descontado que tampoco México habría vivido dicha etapa sin el antecedente de la Revolución mexicana. En realidad, propongo *sumar* el impacto de la depresión al de la revolución, para

[3] Por ejemplo, Adrian Bantjes, "Cardenismo: Interpretations", en Michael Werner, *Encyclopedia of Mexican History: History, Society and Culture*, Fitzroy Dearborn Publishers, Chicago, 1997, y también, *As if Jesus walked on Earth*, Scholarly Resources, Wilmington DE, 1998; Mark Wasserman, *Persistent oligarchs. Elites and Politics in Chihuahua, México 1910-1940*, Duke University Press, Durham, 1993; Alan Knight, "Cardenismo: Juggernaut or Jalopy", *Journal of Latin American History*, núm. 26 (1994), pp. 73-107; Alan Knight, "Popular Culture and Revolutionary State in México, 1910-1940", *Hispanic American Historical Review*, vol. 74, núm. 3 (1994), pp. 393-444; Paul Friedrich, *The Princes of Naranja*, University of Texas Press, Austin, 1986.

[4] Entre los precursores de este punto de vista se cuentan Miguel Ángel Calderón, *El impacto de la crisis de 1929 en México*, FCE/SEP/80, México, 1982; Arnaldo Córdova, *La aventura del Maximato*, Cal y Arena, México, 1995 y *En una época de crisis, 1928-1934*, Siglo XXI, México, 1980 (La Clase Obrera en la Historia de México); Nora Hamilton, *México: Los límites de la autonomía del Estado*, Era, México, 1983; Friedrich E. Schuler, *Mexico between Hitler and Roosevelt: Mexican foreign relations in the age of Lázaro Cárdenas*, University of New Mexico Press, Albuquerque, 1998; Marcos T. Águila, *Economía y trabajo en la minería mexicana. La emergencia de un nuevo pacto laboral entre la Gran Depresión y el Cardenismo*, UAM, México, 2004.

llegar a comprender mejor la *raíz* del fenómeno cardenista. Pero no basta con llamar la atención sobre este vínculo. Es necesario establecer el alcance de la gestión cardenista en sí. Hacia este objetivo, como señalamos atrás, en este capítulo procuraremos establecer la *huella económica* que las reformas cardenistas impusieron al desarrollo de la economía y la sociedad mexicanas en el periodo de consolidación posrevolucionaria.

El camino propuesto es recorrer seis ámbitos en los que se puede identificar la influencia de la depresión sobre los cambios de énfasis e incluso quiebres de sus trayectorias anteriores, durante el cardenismo: *1)* las relaciones internacionales favorables, *2)* el agrarismo ineludible, *3)* la cuestión laboral urgente, *4)* el proyecto de industrialización y la voluntad nacionalista en acción, *5)* las políticas financiera y hacendaria activas, y *6)* la institucionalización civilista orientada hacia el llamado "estado de bienestar". Por supuesto que, en el contexto de un capítulo, la revisión de estos puntos procura ser analítica y no pretende ser exhaustiva sino apenas ilustrativa, por lo que incurrirá en muchas simplificaciones, aunque esperamos rehuir esquematismos y procuraremos apoyarnos en fuentes directas e indirectas confiables. El "patrón" de exposición que habrá de repetirse será la consideración de cada ámbito de análisis en tres momentos: antes de la depresión, bajo el callismo; enseguida, la influencia de la acción cardenista y por último en su continuidad o ruptura con el desarrollo económico subsecuente; es decir, en su raíz, desarrollo y huella.

Cárdenas, en su trayectoria previa a alcanzar la presidencia mostró un claro sentido de realidad política que le permitió sobrevivir a las múltiples purgas al interior de las facciones de los revolucionarios. Y la *sobrevivencia* es acaso la característica central del poder (la capacidad de eludir la muerte por más tiempo que los demás, y si fuese posible, hasta ser el último y el *único*).[5]

---

[5] Elías Canetti ha teorizado magistralmente este fenómeno. Escribe, por ejemplo: "Aquel al que le sucede sobrevivir así con frecuencia es un *héroe*. Es más fuerte. Tiene

Es posible que entre los historiadores exista algo semejante a un consenso —suceso extraordinario— acerca de la naturaleza pragmática en el comportamiento político del general Cárdenas. Desde luego, pragmatismo no es sinónimo de oportunismo, es decir, no se niega que Cárdenas tuviese un programa político propio qué defender y es verosímil afirmar que intentó ponerlo en práctica a escala local en su etapa como gobernador de Michoacán y hasta cierto punto después, en los múltiples cargos públicos que desempeñó con posterioridad a su sexenio: rasgos de dicho programa fueron los relacionados con el peso otorgado hacia la colectivización en la reforma agraria y el soporte en infraestructura y crédito a la misma; el proyecto nacionalista de industrialización (relacionado asimismo con la política agraria y el pleno control de la política energética); la elevación del horizonte cultural del pueblo mediante la prioridad puesta en la educación pública básica y la orientada a la técnica; así como el control nacional de las riquezas naturales y materias primas y sectores estratégicos (petróleo, electricidad, ferrocarriles) como garante de la soberanía de México, entre los principales. Los métodos políticos para avanzar en este programa, por lo demás, tuvieron fundamentalmente un carácter tradicional, es decir, Cárdenas no evadió sino que hizo gala de habilidad política para el manejo de relaciones clientelares, al mismo tiempo que fomentó la organización de los trabajadores, aprovechando sus tendencias autónomas, siempre en combinación con las cupulares.[6] Nadie duda, pues, del olfato político del michoacano, lo mismo para hacer

más vida dentro de sí". Y, más adelante, refiere un juicio de Plutarco sobre César: "César ha combatido contra tres millones de enemigos, mató un millón, hizo prisionero a otro tanto... Pero este antiguo juicio también es característico por la ingenuidad con que todo es atribuido exclusivamente al general", en Elías Canetti, *Masa y poder*, Muchnik Editores, España, 1982, pp. 224 y 227 [1960].

[6] Por ejemplo, Christopher R. Boyer, *Becoming Campesinos. Politics, Identity, and Agrarian Struggle in Postrevolutionary Michoacán, 1920-1935*, cap. 6, Stanford University Press, Stanford, California, 2003, donde se aborda la fundación de la Confederación Revolucionaria Michoacana del Trabajo (CRMDT) al inicio de la gubernatura de Cárdenas en

avanzar su programa, que para frenarlo aún antes de cubierto su periodo presidencial.

Ahora bien, retornemos a nuestra preocupación inicial: ¿de qué manera la Gran Depresión influyó en los ritmos y posibilidades de implementación de la política cardenista?, y segundo, ¿cómo la política cardenista en acción impactó al desarrollo económico posterior?

Las relaciones internacionales

La geografía ha impuesto a México una relación especial, de importancia decisiva, con su vecino del norte. Hay quienes incluso plantean como una fatalidad ineludible la dominación de los Estados Unidos sobre el territorio de México y sus habitantes. No obstante, la Gran Depresión abrió un espacio de independencia relativa y un acercamiento ideológico favorable para el avance del programa cardenista. En una entrevista realizada en 1955 por John Foster Dulles al licenciado Luis Montes de Oca (ex secretario de Hacienda durante el callismo y director del Banco de México con Cárdenas, a quien pidió su renuncia para sumarse a la campaña de Almazán), éste afirmó categórico que de no haber sido por Franklin D. Roosevelt "Cárdenas hubiera enfrentado los asuntos de manera totalmente distinta".[7] Montes de Oca implicaba en su respuesta que los programas sociales de Cárdenas se hubiesen reducido a reformas menores respecto de la tendencia de los anteriores gobiernos subordinados al callismo.

Para tener una idea del contraste operado en las relaciones entre los dos países vale la pena recordar las posturas del embajador James R. Sheffield a mediados de los años veinte sobre el

su estado natal; el proceso, hasta cierto punto, sirvió de antecedente tanto del PNR como de la futura CTM; véase también Alan Knight, "Cardenismo: Juggernaut...", *op. cit.*, pp. 96-98.

[7] Entrevista de J. F. Dulles con L. Montes de Oca, *J. F. Dulles Papers*, vol. IV, núm. 30 (10 de septiembre de 1955), p. 3.

gobierno que presidía Plutarco Elías Calles. En una de las numerosas cartas dirigidas al entonces rector de la Universidad de Columbia, Nicholas Butler, y sin recurrir al menor recato a fin de
esconder sus prejuicios raciales, Sheffield escribió: "Hay muy
poca sangre blanca en el gabinete —es decir, es muy delgada. Calles es armenio e indio; Sáenz, ministro de relaciones exteriores,
es judío e indio; Morones tiene más sangre blanca pero no por
ello es mejor..."[8] Después de la categorización del gabinete mexicano en términos raciales, Sheffield pasa en su carta a una suma
de juicios y acusaciones políticas. El gabinete de Calles estaría
formado, salvo pocas excepciones, por personajes "malos y corruptos", mientras que sus aliados más cercanos serían del "tipo soviético y laboral extremo", mientras que "la bebida, el juego y la
inmoralidad" serían las características dominantes del equipo.[9]
Con semejantes prejuicios Sheffield condujo, hasta su sustitución por Dwight Morrow en 1927, una diplomacia abiertamente
hostil hacia el gobierno mexicano y presionó de modo permanente a favor de una intervención armada, como una medida de
legítima defensa hacia los intereses económicos y políticos estadunidenses en México.

En contraste, influenciado por la política del "Buen Vecino"
que la administración de Roosevelt propuso para América Latina, el embajador Josephus Daniels representó una diplomacia
casi enteramente opuesta a la de Sheffield, una diplomacia amistosa, "en mangas de camisa", como escribió el propio Daniels. En
una de las reiteradas invitaciones que Daniels hiciera a su amigo
el influyente periodista Walter Lippmann para que lo visitara en
México, en enero de 1938, Daniels intentaba convencer a Lipp-

[8] James R. Sheffield a Nicholas Murray Butler, *Papeles de JR Sheffield, Colección de Manuscritos de la Universidad de Yale*, Caja 5, fólder 48 (Ciudad de México, 17 de no-viembre de 1925). Citado también en Robert Freeman Smith, *Los Estados Unidos y el Nacionalismo Revolucionario en México 1916-1932*, Extemporáneos, México, 1973, p. 347 (al terminar la carta Sheffield sugiere a Butler deshacerse de ella).
[9] *Idem.*

mann de realizar el viaje, al afirmar que México representaba en esos momentos "el más interesante laboratorio social" en el mundo.[10] En otra carta a Lippmann, Daniels discute en tono confidencial su desacuerdo con las inclinaciones crecientemente conservadoras del presidente Roosevelt asociadas a las presiones de los intereses de las grandes compañías, y concluye: "yo pienso que debemos destruir los monopolios o los monopolios nos destruirán".[11] Es éste el tono que impregna el trato de Daniels hacia los grandes intereses petroleros estadunidenses tanto en los Estados Unidos como en México. Es este extremismo liberal de algunos *newdealers*, a la izquierda del propio Roosevelt, en el que pudieron apoyarse indirectamente las relaciones internacionales de México durante el cardenismo, como Laurence Duggan, asistente de Asuntos Políticos; el secretario del Tesoro, Henry Morghentau, y el secretario de Agricultura Henry Wallace, entre otros, además de la propia esposa de Roosevelt, Eleanor.[12] Pero, ¿habría habido este sesgo hacia la reforma del Estado estadunidense sin el impacto de la Gran Depresión? Difícilmente. Escribiendo en conexión con la expropiación de los recursos petroleros en México, desde una perspectiva comparativa internacional, el especialista George Philip señaló, tal vez exagerando un poco, que "el cardenismo había sido una criatura del *New Deal*..."[13] Acaso con mayor confianza puede decirse que *la Gran Depresión fue al New Deal, en los Estados Unidos, lo que la política del Buen Vecino al cardenismo, es decir, esencial.*

En su libro sobre las relaciones internacionales durante los años de la presidencia de Cárdenas, Friedrich Schuler propone

---

[10] J. Daniels a W. Lippmann, *Papeles de W. Lippmann en la Colección de Manuscritos de la Universidad de Yale*, Caja 66, fólder 567 (10 de enero de 1938).

[11] J. Daniels a W. Lippmann, *op. cit.* (30 de noviembre de 1937).

[12] Friedrich E. Schuler, *op. cit.*, pp. 38-39.

[13] George Philip, "The Expropiation in Comparative Perspective", en Jonathan C. Brown y Alan Knight, *The Mexican Petroleum Industry in the Twentieth Century*, University of Texas Press, Austin, 1999, p. 174.

una interpretación similar sobre el carácter estratégico del acercamiento entre el *New Deal* y el cardenismo, en particular cuando analiza la política de compensación frente a la expropiación petrolera. Cárdenas procuró deslindar los intereses de las compañías petroleras estadunidense de las británicas y del propio gobierno de Roosevelt, lo que permitió fragmentar el frente de oposición a la nacionalización y pospuso la liquidación de los compromisos a futuro, a fin de lograr mejores condiciones para México. Éstas se presentaron más adelante, cuando la segunda Guerra transformó las reservas petroleras de México en zona de interés estratégico para los Estados Unidos y presionó al gobierno estadunidense a cerrar filas con los aliados hemisféricos. Fue entonces que los pagos por indemnización petrolera fluyeron, así como los ligados a la renegociación de la deuda pública, como se discutirá más adelante. La suspensión de pagos de esta última, que coincidieron con los años de la Gran Depresión en México y en la mayor parte de América Latina, condujo a una negociación extraordinariamente favorable para los deudores. En los años cuarenta México era ya una nación amiga y confiable para la futura expansión de las empresas multinacionales en la región.[14]

Otro ejemplo de acercamiento económico en que los intereses del gobierno cardenista y el de Roosevelt convergieron es el de la *política platista* ensayada con energía por el gobierno estadunidense a partir de 1934, como medida para detener la deflación inducida por la Gran Depresión. Henry Morgenthau, el secretario del Tesoro y otros economistas heterodoxos promovieron una Ley de Compras de Plata, en julio de 1934 (tras un acuerdo gestionado con los principales países productores del metal blanco, en la Conferencia de Londres de 1933), orientada a ampliar sustancialmente la existencia de metálico en la circulación de su deprimido mercado interno. La cifra objetivo para su

---

[14] Véase por ejemplo Victor Bulmer-Thomas, *The Economic History of Latin America since Independence*, cap. 8, Cambridge University Press, Cambridge, 1994.

reserva metálica en plata era de 1 200 millones de onzas, mientras que la producción mundial de 1934 apenas alcanzó 196 millones.[15] Esta magnitud de la demanda de plata estimada de los Estados Unidos, imposible de satisfacer en el corto plazo, trajo el efecto esperado: un rápido ascenso del precio de la plata entre 1933 y 1935, y un impacto dinamizador en la circulación de las demás mercancías. Al propio tiempo, esta política significó para México un *boom* de sus ingresos por exportaciones de plata, que pasaron de 11 a 57 millones de dólares entre 1932 y 1935. En ese año dicho monto por exportación de plata representó 27% de las exportaciones totales de México a los Estados Unidos, mismas que crecieron rápidamente en forma paralela (de 53 a 120 millones de dólares).[16] Otro tanto ocurrió con las importaciones de maquinaria y equipo. En suma, la "conexión" en torno a la plata se transformó en el principal tema de colaboración comercial entre ambos países durante el ascenso de la política reformista de Cárdenas y Roosevelt. No resulta casual que en torno de las negociaciones de suma positiva, se fraguara una amistad entre Morgenthau y Eduardo Suárez, el arquitecto de la diplomacia financiera mexicana desde la Secretaría de Hacienda. Dicha amistad contribuiría también a dividir el frente diplomático estadunidense en su ofensiva en contra de la expropiación petrolera de 1938. Así, pese a que como respuesta a la expropiación petrolera, desde el Departamento de Estado, que coqueteaba con las empresas petroleras, Cordell Hull logró que se cancelara el compromiso de compra obligatoria de plata a México, Morgenthau y Suárez fraguaron un esquema que permitió continuar con el flujo plata-dólares.[17]

---

[15] Tomado de Allan Seymour Everest, Morgenthau, *The New Deal and Silver. A Story of Pressure Politics,* Nueva York, 1950, y citado en Paolo Riguzzi, *¿Reciprocidad imposible? La política del comercio entre México y Estados Unidos, 1857-1938,* Instituto Mora/El Colegio Mexiquense, México, 2003, pp. 257-263.

[16] *Ibidem,* p. 259.

[17] Eduardo Suárez, *Comentarios y recuerdos (1926-1946),* Porrúa, México, 1977, pp. 187-189.

La segunda Guerra Mundial transformó radicalmente el ambiente internacional en que se desenvolvió el cardenismo en las postrimerías del sexenio y el inicio del avilacamachismo. En los años siguientes al inicio de la segunda Guerra determinó una influencia dual: la condición de aliados incondicionales de los Estados Unidos y la de proveedores de materias primas y productores de un número creciente de productos manufacturados para el mercado interior. El periodo conocido como Industrialización por Sustitución de Importaciones (ISI) fue "modelo" indisociable del impacto de la Gran Depresión en América Latina. Dicho impacto estuvo mediado por una verdadera "lotería" de las mercancías de exportación, según la afortunada expresión de Díaz Alejandro.[18] En términos comparativos, México no salió mal librado de la crisis (en relación con países prácticamente monoexportadores, como Cuba o Chile). Ahora bien, pese al tono de moderación política y anticomunismo de los nuevos tiempos, dicha industrialización sustitutiva tuvo en México una impronta inconfundible de la gestión cardenista, por los factores que se mencionarán a continuación: reforma agraria, reforma laboral, proyecto industrializador nacionalista y reforma hacendaria e institucional.

El agrarismo

Como se sabe, el callismo había logrado frenar sustancialmente el reparto agrario, sobre todo después de la caída de Portes Gil de la presidencia; no obstante, unos cuantos años después, el gobierno cardenista estaba en plena campaña a favor de la colectivización ejidal. ¿Cómo se puede comprender este cambio decisivo de rumbo? En general debemos combinar tres factores: la

---

[18] Véase Rosemery Thorp (ed.), *Latin America in the 1930s: The Role of the periphery in World Crisis*, The MacMillan Press, Nueva York, 1984. El primer capítulo, publicado poco después de su muerte, es el de Carlos Díaz Alejandro. (Hay traducción del FCE.)

presión social campesina, la debilidad económica y política de los antiguos propietarios frente a la caída de los precios y los mercados internacionales y la voluntad estatal por modificar la estructura agraria del país; sin embargo, no es arriesgado afirmar que estos tres componentes de la explicación se vieron a su vez favorecidos por la Gran Depresión, particularmente en las zonas de agricultura comercial.

Abordemos en primer término las condiciones económicas de México al iniciar los años treinta. Al inicio de la década, alrededor de una quinta parte del producto interno mexicano estaba compuesto de bienes agrícolas o ganaderos (aquella parte de los bienes agrícolas comercializables, ya que la mayor parte de la población rural practicaba el autoconsumo en alguna medida y dicha producción no pasa, por su propia naturaleza, a la estadística oficial). Minería y petróleo, sumados, alcanzaron cifras cercanas a 9% del producto nacional en 1929, participación que se reduce a alrededor de 7% en los años finales de la década de los treinta; en tanto, los sectores manufacturero y público incrementan significativamente su participación dentro del conjunto de la actividad económica, pasando de 11 a 15% entre 1929 y 1940, y de 5 a 7%, respectivamente, para las mismas fechas. De ahí el énfasis que se ha puesto, por ejemplo, en los trabajos de Enrique Cárdenas tanto en el proceso de industrialización inducida por la Gran Depresión, como en la elevación de la gravitación de la influencia estatal sobre el conjunto de las actividades económicas, aunque ésta fuese todavía notoriamente limitada si se le compara con estándares modernos.

El mecanismo de transmisión de la Gran Depresión se produjo a grandes rasgos así: el ojo del huracán se encontraba en el comercio exterior. El volumen de las exportaciones se contrajo 37% entre 1929 y 1932, y el impacto de esta caída fue magnificado por el deterioro de los "términos de intercambio" (que es la relación del índice de precios de las exportaciones con el de las importaciones) en aproximadamente 21% adicional, llegando a reducir en 50% la capacidad de compra de las exportaciones mexicanas durante la fase más aguda de la crisis. De la caída de las exportaciones se siguió un fenómeno de depresión económica, desempleo y miseria en las zonas exportadoras (la depresión tuvo en México un marcado sesgo regional, que empata hasta cierto punto con la "versión" o forma de manifestación local del cardenismo a nivel local); igualmente se produjo una caída abrupta de la recaudación fiscal, que impactó al conjunto del aparato estatal y forzó el incumplimiento de sus compromisos externos. Esto último, como veremos, tuvo efectos ambiguos, no exclusivamente negativos, sobre las finanzas públicas.

Consideremos el caso de la agricultura. La mayoría de los productos agrícolas fueron afectados por la crisis, aunque de manera especial aquéllos cuyo principal mercado era el externo, como el algodón, el henequén y el café. En cuanto al maíz y el frijol, los alimentos básicos de la población mexicana, la evolución de su producto estaba vinculada esencialmente a factores internos y sus precios se elevaron en algunas regiones debido a dos cosechas desastrosas en 1929 y 1930,[19] agudizando la situación de privación y miseria de miles de campesinos. Entre los factores de restricción de la producción interna, sin duda el aspecto más relevante era la inestabilidad política derivada de la inseguridad de la tenencia de la tierra. En junio de 1930, el general Plutarco Elías Calles hizo sus famosas declaraciones en contra del agrarismo: "tenemos la obligación de confesar los hijos de la revolución que el agrarismo... es un fracaso... La felicidad de los hombres del campo no consiste en entregarles un pedazo de

---

[19] *México Económico, 1928-1930. Anuario estadístico de la Oficina de Estudios Económicos de los Ferrocarriles Nacionales de México*, reeditado por la UNAM, Mexicana, México, 1989, pp. 19-24 y 34-35 (Colección Clásicos de la Economía). En esta publicación se muestran los motivos de la aparente paradoja de alza en ciertos precios agrícolas (maíz y frijol) contra la declinación en otros (café, algodón, henequén, chicle).

tierra... Si el ejido es un fracaso, es inútil ampliarlo... debemos de un vez por todas definir el valor de la propiedad". El reparto indiscriminado de tierras —realizado "a diestra y siniestra"— habría fomentado la inseguridad del pequeño agricultor.[20]

Poco después, el presidente Ortiz Rubio apoyaría francamente las palabras de Calles en favor de las inversiones privadas en el campo, para evitar "la inquietud y la desconfianza". En un congreso campesino organizado ex profeso en Guanajuato, el representante personal de Ortiz Rubio señaló que la reforma agraria en su etapa de reparto debía quedar liquidada en diciembre de ese mismo año, mientras declaraba a Morelos, el Distrito Federal, Tlaxcala, Aguascalientes y San Luis Potosí territorios libres de toda posible afectación.[21] Por su parte, los comunistas denunciaban el hecho de que Calles y otros políticos se habían transformado en ricos terratenientes, mientras los campesinos habrían recibido "piltrafas de malas tierras".[22] En este punto hubiera sido muy difícil vislumbrar la radicalización del proceso de reforma agraria, que caracterizó al cardenismo, pero el impacto de la depresión habría de modificar la correlación de fuerzas y contribuiría a dar un nuevo impulso al reparto ejidal.

En varios cultivos, la caída de los precios habría de nulificar la elevación del volumen producido (una de las respuestas de los agricultores ligados al comercio exterior), como en el azúcar, cuyo precio era, en 1931, 42% inferior al del promedio en el quinquenio 1925-1929, el del café (-12%), del maíz (-23%), y el trigo (-41%).[23] Por lo que respecta al crédito, el mismo se encontraba sencillamente congelado. Mientras el tipo de interés bancario promedio era de 12%, el privado, no bancario, alcanzaba

---

[20] *Examen de la situación económica de México 1925-1976*, Banamex, México, 1978, pp. 93-94.

[21] "No se dará más tierra", *El Machete*, núm. 182 (junio de 1930), p. 1.

[22] *Idem.*

[23] *Examen de la situación económica de México 1925-1976, op. cit.*, núms. 73-74 (octubre-noviembre de 1931), p. 9.

más de 60%.[24] La inestabilidad política derivada de la crisis en varias zonas era un hecho de importancia innegable. Incluso en regiones donde el conflicto agrario no parecía haber sido tan agudo al inicio de la Revolución, como Guanajuato,[25] la amenaza de violencia no dejó de manifestarse. Por ejemplo, en junio de 1932, en una propiedad vecina a León, en una zona productora de trigo, el dueño tuvo que abandonar la opción de levantar la reducida cosecha con la maquinaria que poseía para el efecto, ya que unos 200 jornaleros sin trabajo lo presionaron para que los empleara. En Jaral del Progreso, "la cosecha está siendo trabajada con maquinaria, pero solamente teniendo hombres cuidando las máquinas día y noche protegiéndolas de ser quemadas".[26] En general, campesinos y jornaleros armados, reporta el cónsul estadunidense Shaw desde San Luis Potosí, obligaban a los granjeros a entregarles trigo para poder, primero, venderlo, y después comprar maíz y así poder sembrar el año siguiente. Los agraristas, todos armados, "han estado tomando las cosas en sus propias manos últimamente y actuado en forma del todo arbitraria".[27] En el caso de Michoacán, donde Cárdenas había ensayado como gobernador durante la crisis (1929-1932) la creación de una confederación de trabajadores rurales (en su gran mayoría) y urbanos (un pequeño segmento), la Confederación Revolucionaria Michoacana del Trabajo (CRMDT), como brazo político de su gobierno, la cruzada agrarista adquirió un cauce un tanto más ordenado, que incluyó la lucha por la organización sindical en haciendas azuca-

---

[24] *Ibidem*, p. 73.

[25] "El hecho de que el agrarismo no sea tan vehemente en Guanajuato como en otras partes, lo atribuye nuestra sucursal (del Banco Nacional) a que los jornaleros no padecen allí las miserias que en otros lugares, lo que ha contribuido a que los campesinos no acepten las doctrinas que han tratado de imbuirles...", en *ibidem* (septiembre de 1925), p. 35.

[26] Shaw al secretario de Estado, Reporte desde San Luis Potosí, 3 de junio de 1932, SDR, 812.50/177.

[27] *Ibidem*, p. 5.

reras, germen de la futura expropiación, y el impulso a la dotación ejidal.[28]

Más adelante, el estado de ánimo de desesperación y rebeldía, agudizado por la crisis y por el creciente flujo de repatriados que eran expulsados desde los Estados Unidos, tendría el efecto de un caldo de cultivo para los programas de reparto. Es verdad que la demanda por tierras tenía su antecedente fundamental en la presión rural durante la Revolución armada, pero es un hecho que la derrota política y militar de los caudillos campesinos más importantes (Zapata y Villa) y la nueva postura antiagrarista de la administración federal, habían introducido un *impasse* a la reforma. Con la Gran Depresión —y esto fundamentalmente en vinculación con los cultivos comerciales de exportación—, *la tierra perdió valor, y facilitó los proyectos de expropiación.* Como ha resaltado Hans Tobler:

> Esta nueva política (la cardenista) se vio favorecida por las consecuencias económicas de la depresión mundial de los años treinta, que también afectaba a los sectores hasta entonces sacrosantos de la agricultura comercial: "hecho que reducía mucho los costos de oportunidad de las transferencias de tierras en comparación con lo que habrían costado si se hubieran mantenido una prosperidad general y precios agrícolas elevados".[29]

No parece casual que la geografía de las grandes afectaciones ejidales cardenistas coincidan con zonas de agricultura comercial al menos parcialmente orientadas a la exportación: el algodón en

---

[28] Para un análisis de la CRMDT, sus avances y limitaciones, Christopher R. Boyer, *op. cit.* Otro importante estudio crítico es el de John Gledhill, *Casi Nada. A Study of Agrarian Reform in the Homeland of Cardenismo*, caps. 2 y 4, University of Texas Press, Austin, Texas, 1991.

[29] Hans W. Tobler, "Los campesinos y la formación del Estado revolucionario, 1910-1940", en Friedrich Katz (comp.), *Revuelta, rebelión y revolución. La lucha rural en México del siglo XVI al siglo XX*, t. 2, Era, México, 1988, p. 170.

Cuadro 1. *Regiones y cultivos en tierras expropiadas para ejidos, 1936-1938*[a]

Región	Has/ejidat.	Fecha	Cultivos	Hectáreas	Edijatarios
La Laguna	12.88	1936	algodón, trigo	447 516	34 743
Yucatán	9.88	1937	henequén	336 000	34 000
V. del Yaqui	24.54	1937	algodón, trigo	53 000	2 160
Los Mochis	15.71	1938	azúcar	55 000	3 500
Lombardía y Nueva Italia	29.74	1938	arroz, ganado	61 449	2 066
Totales	12.46			952 965	76 469

[a] Cuadro elaborado a partir de Dana Markiewiks, "Ejido Organization in Mexico, 1934-1976", UCLA, Los Ángeles, 1980; reproducido en Enrique Cárdenas (comp.), *Historia Económica de México*, vol. 5, FCE, México, 1994, p. 152 (Lecturas, núm. 64).
FUENTE: Salomón Eckstein, *El Ejido colectivo en México*, FCE, México, 1966 (Cálculos propios).

La Laguna y el Valle del Yaqui, Sonora; el henequén en la península de Yucatán, el azúcar en Los Mochis. Este proceso ha sido claramente expuesto, entre otros, en el estudio de Salomón Eckstein, de donde provienen las cifras del cuadro 1.

En otros casos, cuando la producción se orientaba preferentemente hacia el interior de México, la crisis favoreció la concentración de tierras, el desplazamiento de algunos viejos propietarios por aventureros o "revolucionarios", así como, a semejanza de los casos vinculados al algodón y el henequén, hacia permitir experimentos de organización cooperativa de la producción en algunos ingenios.

Tal vez el caso más notable de la experiencia a favor del colectivismo ejidal fue el de La Laguna. Allí, el grado de modernización en muchas haciendas permitió la presencia de importantes contingentes de jornaleros a sueldo, que laboraban, sobre todo en la temporada de pizca, al lado de campesinos con tierra. La región se caracterizó por esta dualidad en la naturaleza de la fuerza laboral, entre jornaleros temporaleros sin tierra *(bonanceros)*, que contrataban las grandes haciendas y constituían una amplia mayoría de la fuerza laboral entre julio y noviembre, y algunos núcleos campesinos de pequeña propiedad dentro de la zona. Con el impacto de la depresión (las hectáreas cultivadas cayeron de 132 000 en 1926, a menos de 44 000 en 1932), miles de jornaleros deambulaban por los campos sin oportunidad de emplearse. Los dueños de las haciendas podían considerar ofertas por estas tierras que en lo inmediato sólo reportaban pérdidas. Se creó un ambiente de desesperación y rebeldía en el que llegaron a prosperar células del Partido Comunista.[30] La presión social entonces adquirió dos posibles alternativas, la organización de los jornaleros como sindicalistas del campo, con contratos laborales que defendieran salarios y prestaciones, o bien, la solución del reparto ejidal colectivo, que es la que favorecía Cárdenas y la que llegó a implementarse.[31]

De tal suerte, el reparto agrario en La Laguna tuvo un claro vínculo con el impacto de la Gran Depresión, y el experimento social en esa región con el resto de los proyectos agrarios del cardenismo. En otras zonas el impacto no fue tan directo, ni las soluciones implementadas podían ser transferibles, pero la atmósfera política general asociada a situaciones límite que exigían soluciones radicales se mantuvo y fijó un perfil común para la impetuosa y hasta cierto punto precipitada acción agraria, llena de lagunas formales y de expectativas acaso idealistas de este vibrante periodo de la reforma agraria en México.

Cardenismo y reforma agraria se volvieron, desde entonces, sinónimos. Además, en los espacios de la reforma que se asenta-

---

[30] Barry Carr, *Marxism and Communism in 20th Century Mexico*, University of Nebraska Press, Lincoln, Nebraska, 1992, pp. 92-97, y *El Machete Ilegal*, varios números.

[31] Everardo Escárcega López, "El principio de la Reforma Agraria", en *Historia de la Cuestión Agraria. El Cardenismo: Un parteaguas histórico en el proceso agrario*, vol. 5, Siglo XXI/CEHAM, México, 1990, pp. 124-146. Escárcega hace un recuento pormenorizado y con simpatía por la solución cardenista al problema.

ban en regiones con fuerte presencia indígena, cardenismo e indigenismo se volvieron indisociables, este último como esfuerzo público de incorporación del indígena a la vida económica a través del ejido y de la educación federal "socialista" en los pueblos. Esta asociación, sin embargo, no fue necesariamente exitosa. Tal vez el aspecto más característico del programa cardenista consistió en su vocación por elevar el horizonte económico y social del campesino y el indígena. Esta aspiración, sin embargo, sólo adquiere concreción a través de una compleja red de acciones políticas que se vieron favorecidas por los efectos de la depresión: caída del valor de las tierras, debilidad relativa de los terratenientes, disponibilidad campesina hacia la organización "dirigida" en el contexto del aumento de la autonomía relativa del estado.

Dada la magnitud de la transferencia de tierras ocurrida en un lapso tan breve, así como la heterogeneidad de las condiciones de los diversos cultivos y regiones, sería ingenuo suponer que la convivencia entre la emergente "pequeña propiedad" y el ejido colectivo en expansión fuese tersa. Abundan testimonios en el sentido de que el reparto agrario, llevado adelante a marchas forzadas, *a trompicones* por decirlo de alguna manera, y en buena medida bajo la presión de las autoridades gubernamentales, trajo consigo un desorden productivo mayúsculo en muchas haciendas y grandes propiedades. Abundan ejemplos de este tipo en Yucatán, Puebla, Tabasco, Sonora, Michoacán, etc. Posiblemente el caso más notorio sea el de las haciendas henequeneras, donde los cardenistas habrían provocado el "desmembramiento de unidades agrícola-industriales en operación",[32] pero desde luego no fue el único. En la tierra michoacana misma se cuenta con un estudio detallado y de largo plazo de la hacienda de Guaracha, cuyo título expresa con nitidez su pesimismo respecto del pro-

---

[32] Gilbert M. Joseph, *Revolución desde afuera. Yucatán, México y los Estados Unidos, 1880-1924*, FCE, México, 1992, pp. 328-329 [1982].

greso social alcanzado por el campesino: "Casi Nada".[33] Gledhill
y otros han mostrado que el reparto realizado en esta región
fue en muchos casos contra la oposición expresa de los beneficiados. Muchos peones acasillados de las grandes haciendas no
aprobaron el reparto por motivos diversos, desde los religiosos
hasta los concernientes al paternalismo propio del latifundio.
Entrevistado hacia el final de su vida, el campesino Nicolás
Díaz Madrigal (nacido en 1893) recuerda: "Yo no quise agarrar
tierras porque los padres de ese tiempo explicaban que el que
agarrara estaba 'descomulgado', se condenaba. Y como nosotros
éramos persinaditos de arriba abajo, muchos resolvimos no
agarrar la tierra..."[34] Don Nicolás, sin embargo, consigna que
"los que no agarraron tierras, no alcanzaron ni sal para un
aguacate".[35] Este último testimonio refleja el proceso de recon-
centración de la tierra que sucedió al reparto, el "neolatifundismo"
y los procesos migratorios internos y externos que consigna
Gledhill, para quien el proceso en su conjunto fue un "fracaso
espectacular".

Gledhill reconoce, sin embargo, que el cardenismo se construyó a partir de la existencia de "aspiraciones y agravios genuinamente populares", pero pronto éstos se confrontaron con la tradición
de los liderazgos caciquiles locales y la maquinaria estatal, que habrían forzado a que "los de abajo" experimentaran la transformación agraria como "arbitrariedad, corrupción y caciquismo".[36] No
obstante, el propio Gledhill concede que la solución "estatista" *a la
Cárdenas* era la única "históricamente viable".[37] Acaso uno de los
efectos más graves en el terreno económico fuese el deterioro de

[33] John Gledhill, *op. cit.*
[34] Guillermo Ramos Arizpe, y Salvador Rueda Smithers (coords.), *Jiquilpan, 1920-1940
Memoria Pueblerina*, Centro de Estudios de la Revolución Mexicana "Lázaro Cárdenas",
México, 1994, p. 523.
[35] *Ibidem*, p. 524.
[36] John Gledhill, *op. cit.*, pp. 37 y 66.
[37] *Ibidem*, p. 63.

las unidades productivas de origen porfiriano que sucedieron al reparto. Otro informante de Jiquilpan (el pueblo natal de Lázaro Cárdenas), Amadeo Betancourt (nacido en 1907), y simpatizante del general Cárdenas, lo expone así:

> Quiero hacer una aclaración, que se la hice al Señor Lázaro Cárdenas, que fue la siguiente: nunca, nunca fui partidario de las comunidades agrarias porque en aquella época la hacienda de San Antonio era un verdadero vergel, a los arroyos nunca se les agotaba el agua, clara y transparente... y después cuando ese lugar se convirtió en comunidad agraria, acabaron, echaron abajo los árboles, corte parejo, unos para extraer la madera con la que hacen los palillos de los cerillos, aquí, en la fábrica de cerillos de Jiquilpan; otros, por ejemplo el palodulce, para hacer postería para cercas de alambre y otros para leña y vender la leña en los pueblos circunvecinos. Entonces arrasaron por completo aquello y después de haber sido un vergel quedó convertido en un páramo, en un desierto.[38]

Testimonios puntuales semejantes abundan en relación con el deterioro y aún la destrucción de las antiguas unidades productivas porfirianas, pero el desprender de ellos el fracaso "estructural" de la reforma agraria cardenista sería abusivo, por distintas razones. En primer lugar, porque tomada en su conjunto la reforma agraria elevó la producción de la mayor parte de los cultivos a lo largo de las décadas de 1940 y 1950. Entre 1940 y 1950 la producción nacional de azúcar se multiplicó por dos (es decir, subió 200%), así como la del arroz; la de maíz se elevó alrededor de 130% y la de frijol 250%, lo que muy probablemente favoreció una mejor alimentación en el campo, en particular por la vía no consignada de la producción para el autoconsumo; la producción de algodón se multiplicó por cuatro. En contraste, cabe señalar

---

[38] Guillermo Ramos Arizpe y Salvador Rueda Smithers (coords.), *op. cit.*, p. 532.

que la cosecha de henequén se mantuvo estancada y la de café apenas se elevó 20% en toda la década de los cuarenta.[39] Durante la siguiente década el crecimiento agrícola fue aún más pronunciado. Se insistió entonces en la asociación agricultura-industria como un círculo virtuoso en que la primera (bajo su carácter de sector exportador) proporcionaría las divisas necesarias para las importaciones de tecnología y equipo urgentes para el desarrollo de la segunda. En un estudio detallado que compara la productividad de predios privados y ejidales a partir de los datos censales de 1930 a 1960, escrito en 1968, el investigador Folke Dovring concluyó diciendo: "es completamente claro [...] que la reforma agraria de ninguna manera ha perjudicado el desarrollo económico de México".[40]

Sin embargo, los nubarrones de la futura insuficiencia agrícola ya despuntaban entonces. Ello estaba asociado a dos políticas que no tuvieron nada de cardenistas, adoptadas por los regímenes que le sucedieron. La primera fue la progresiva reducción del monto del crédito productivo al ejido (los flujos adquirieron poco a poco la naturaleza de subsidio al consumo) y la segunda el control de precios a los productos agrícolas, en especial del maíz y del frijol, que contribuyeron a que la producción de granos básicos perdiera sentido comercial. Se trataba de dos pinzas que terminarían por estrangular las posibilidades del desarrollo productivo de una agricultura colectivista sana.[41] Adjudicar al programa cardenista de los años treinta dichas políticas y sus resultados sería tanto como asumir que Michael Jackson, al enve-

---

[39] Véase Nafinsa y Presidencia de la República, *50 Años de Revolución Mexicana en cifras*, Cultura, México, 1963, pp. 52-55.

[40] Folke Dovring, "Reforma agraria y productividad: El caso mexicano", *Investigación Económica*, vol. XXVIII, núms. 11-112 (junio-diciembre de 1968), pp. 167-188. Reproducido también en el libro coordinado por Leopoldo Solís (ed.), *La economía mexicana*, t. I, núm. 4, FCE, México, 1973 (Lecturas del FCE).

[41] Véase por ejemplo Edmundo Flores, "La significación de los cambios del uso de la tierra en el desarrollo económico de México", en Leopoldo Solís (ed.), *op. cit.*, pp. 19-33.

jecer, habría de tener una nariz respingada. La política agraria cardenista, como la nariz de Jackson, fueron objeto de profundas cirugías a lo largo de más de 30 años. Su fisonomía dejó de formar parte de su naturaleza. Habría que desvirtuarla hasta borrar, tanto como fuese posible, la huella de la orientación agraria del cardenismo.

La cuestión laboral

En lo que respecta a la cuestión laboral, es fácil establecer el contraste entre la política callista de control de las movilizaciones obreras, con el franco apoyo e incluso estímulo que recibieron dichas movilizaciones (huelgas, paros, tortuguismo, marchas), especialmente al comienzo de la administración cardenista. ¿Cómo entender el cambio? Otra vez es necesario remontarse a una combinación de factores, como la presión obrera "desde abajo", la debilidad relativa de los fabricantes nacionales y las compañías extranjeras, así como la voluntad estatal en favor del trabajo (siempre bajo la lógica de un apoyo político recíproco). Y de nuevo, se observa una asociación clara entre estos factores y el impacto de la Gran Depresión. El recorte forzado de trabajadores y las negociaciones que se establecieron para pactar disminuciones de salarios y de jornadas o días laborables, realizadas en los momentos más álgidos de la crisis, permitieron que, una vez sorteados los efectos más perniciosos de ésta, las nuevas negociaciones obrero-patronales tuvieran éxito para los trabajadores. Si tomamos un ejemplo de la minería, la tendencia puede apreciarse con claridad.

En 1931, la compañía estadunidense El Potosí Mining, como la generalidad de las empresas en el sector, solicitó la aprobación gubernamental para efectuar una reducción de personal, un ajuste a la baja en los días laborables por semana y un recorte salarial de 20%, bajo el criterio de que era la única manera de evitar un cierre total.[42] Tras una intensa discusión con los trabajadores y autoridades federales y locales, la Potosí Mining logró una reducción de 10% en los salarios (8 y 6% para las categorías más bajas), el paso de una semana laborable de tres días y un recorte que según sus propios reportes pasó de 1 224 trabajadores en nómina, a 1 000. También se firmaron contratos individuales de trabajo para las dos terceras partes de los obreros, por exigencia de la nueva Ley Federal del Trabajo, recién aprobada.[43] Dos años después, en agosto de 1933, las condiciones del mercado habían mejorado a tal punto, que la propia empresa ofreció retornar al nivel salarial previo al recorte y a una semana de trabajo estándar de cinco días. El volumen de empleo, sin embargo, no se restableció de inmediato. El Potosí contaba en 1933 con 734 trabajadores en nómina (apenas 60% del inicio de la década), lo que le permitía "jugar" con una nómina que pesaba mucho menos en los costos totales que dos años atrás.[44] En su informe anual, la empresa hacía notar que los mineros y sus familias habían llegado a sufrir de malnutrición por la restricción del número de días de la jornada a la semana y la reducción salarial directa. La observación se hace no con un espíritu altruista, sino asociada a la casi inmediata mejoría en la eficiencia en el trabajo que provocó la restitución de las condiciones anteriores a la crisis. Como la propia empresa registra, corría el momento de unos traídos y llevados "new deals".[45]

Desde la perspectiva de la administración cardenista, el interés a favor de la organización sindical tuvo un doble carácter: por

---

[42] El Potosí Mining Company, *Informe Anual de 1931 dirigido al Sr. W. J. Quigly, Presidente de la Howe Sound Co.* (27 de enero de 1932), p. 13 (Serie Completa de Informes anuales de la Compañía entre 1931 y 1939, disponibles en la Biblioteca Nettie Lee Benson de la Universidad de Texas en Austin).

[43] *Ibidem*, p. 107.

[44] Un caso análogo se estudia en detalle para la Compañía Real del Monte, en Marcos T. Águila, *Economía y trabajo...*, *op. cit.*, pp. 128-144.

[45] El Potosí Mining Company, *op. cit.*, 1933, p. 13.

una parte, favorecía directamente las condiciones de vida y trabajo de obreros y empleados; por otra, garantizaba que el nuevo
gobierno pudiese contar con la simpatía de los sindicatos, en
particular a partir de la formación de la Confederación de Trabajadores de México (CTM), que vio la luz en 1936. Pero claro está,
la CTM no cayó del cielo como un rayo sin mostrar avisos. De
nueva cuenta, el caso de la minera El Potosí Mining Company es
ilustrativo. En el año de 1934, recién tomara posesión el presidente Cárdenas, las actividades de organización de base de los
obreros en esta compañía y en todo el sector minero del territorio nacional se extendieron y profundizaron. En su informe de
1934, el Potosí refiere cómo organizadores sindicales del distrito
de Pachuca, hombres "muy brillantes" *(hombres de considerable
inteligencia e ilustración en temas laborales),*[46] recorrieron y lograron impulsar con éxito la firma de contratos colectivos y sec-
ciones del sindicato minero nacional (el Sindicato de Trabajadores Mineros, Metalúrgicos y Similares de la Republica Mexicana,
STMMSRM) en Fresnillo, Sombrerete, San Luis Potosí y las minas
de carbón de Nueva Rosita. Hacia septiembre llegaron a Chihuahua y consiguieron nuevos contratos colectivos en tres seccio-
nes de la compañía Asarco (American Smelting and Refining
Company); así como en la San Francisco Mines de El Oro. En
Santa Eulalia, sin embargo, el gobernador de Chihuahua apoyó a
un sindicato local (Sindicato Industrial de Mineros del Norte),
para evitar perder el apoyo sindical regional frente al centro. El
Potosí jugó con esta división entre los Mineros del Norte (grupo
mayoritario en su distrito) y los delegados de Pachuca, otorgó
de manera unilateral un aumento salarial hasta establecer un mínimo de tres pesos diarios al trabajo en la superficie y de 3.50
pesos en el interior de la mina, todo con tal de evitar el "día dia-
bólico" en que tuviesen que oponerse a un contrato colectivo.[47]

[46] El Potosí Mining Company, *op. cit.,* 1934, p. 14.
[47] *Idem.*

Ese día no tardó mucho en llegar. En febrero de 1935, el STMMSRM, a través de su sección 12 y el sindicato de los Mineros del Norte y otras pequeñas agrupaciones demandaron un nuevo contrato colectivo con el apoyo de las autoridades federales del trabajo, frente a lo cual, la empresa hubo de ceder, en marzo de 1935, la firma del nuevo contrato. El 23 de noviembre de ese año, el sindicato de Mineros del Norte organizó una huelga general que duró tres días. La empresa no concedió nuevas ventajas para los trabajadores, pero como lo señala en su informe, el futuro de sus problemas laborales no parecía muy brillante, sino más bien "difícil" y de "considerable ansiedad".[48] Entre 1931 y 1935 se había producido un vuelco considerable en la correlación de fuerzas locales y nacionales. En sus conclusiones de 1934, el administrador de El Potosí Mining escribe que el nuevo gobierno de México es "decididamente socialista" y con un tendencia marcada a "transformarse en comunista".[49] Sin duda, las demandas de asistencia en nuevos renglones asociados a mejores estándares de vida para los obreros, la compañía tuvo que ceder durante los años subsecuentes (vacaciones, aguinaldo, gastos en seguridad social, mejoría en las escuelas disponibles en el distrito). En 1938, la compañía no duda un momento en calificar a Cárdenas como "virtualmente un Dictador".[50]

Vale la pena dar un paso atrás en el tiempo para establecer la *asociación* entre la experiencia de la lucha social de los trabajadores mexicanos durante la Revolución de 1910-1920 y los cambios operados en la organización sindical y la instrumentación de las leyes laborales en el cardenismo. Jeffrey Bortz se ha encargado de enfatizar la presencia de un componente obrero importante, decisivo para el futuro institucional del país, en la rebeldía del trabajo desde los años finales del Porfiriato hasta los años veinte. Él

---

[48] El Potosí Mining Company, *op. cit.*, 1935, p. 12.
[49] El Potosí Mining Company, *op. cit.*, 1934, p. 19.
[50] El Potosí Mining Company, *op. cit.*, 1938, p. 12.

ha demostrado una continuidad de las luchas, sobre todo de los obreros textiles, en la formulación de los códigos estatales sobre el trabajo, que precedieron a la promulgación de la Ley Federal del Trabajo (LFT) en 1931 (se promulgaron alrededor de 90 codificaciones legales entre 1917 y 1929, si se consideran aspectos relativos a tribunales de trabajo, obligaciones de indemnización empresarial por accidentes, decretos sobre departamentos u oficinas estatales para asuntos laborales, etcétera).[51] Algunos códigos estatales, como los de Veracruz o Tabasco, se inclinaron definitivamente a favor del polo laboral de las relaciones industriales. En otras zonas, la inclinación era a la inversa, como en Nuevo León. De ahí la presión federal por alcanzar un arreglo, desde los tiempos obregonistas, y el avanzado intento de Portes Gil, detenido en 1929.

En su momento, la LFT fue el cuerpo de reglamentación laboral más avanzado de América Latina. Es inevitable asociar la cercanía cronológica entre la aprobación de la Ley Federal del Trabajo y el impacto de la depresión. No es que se trate de una asociación directa, ya que sin los antecedentes de resistencia obrera en las fábricas, la organización sindical clandestina, las huelgas ilegales, las victorias parciales que impedían el despido indiscriminado, establecían salarios tipo y restringían la extensión y ritmo de la jornada laboral, que se conquistaron a lo largo de muchos años, sencillamente no habría prosperado el perfil de dicha ley.[52] No obstante, la coincidencia entre la depresión y la

---

[51] Felipe Remolina Roqueñí, *Evolución de las instituciones y del derecho del trabajo en México*, Junta Federal de Conciliación y Arbitraje, México, 1976, p. 33.

[52] Jeffrey Bortz, *Revolution Within the Revolution. Cotton Textile Workers and the Mexican Labor regime, 1910-1923*, Stanford University Press, Stanford, California, 2008. Del mismo autor puede consultarse: "The Genesis of Mexico's modern labor regime: The 1937-39 Cotton Textile Convention", *The Americas*, vol. 52, núm. 1 (1995), pp. 43-69; "Without any more law than their own caprice: Cotton Textile workers and the challenge to factory authority during the Mexican revolution", *International Review of Social History*, vol. 42, núm. 2 (1997), pp. 253-288; "The legal and contractual limits to property rights in Mexican industry during the revolution", en J. Bortz y S. Haber, *The Mexican*

ley federal de 1931 tampoco es aleatoria, refleja la postura defensiva tanto del polo obrero, debilitado por la desocupación, como del capital privado, afectado por la caída del mercado, que facilitaron que se aprobase el proyecto estatal, rechazado apenas unos años atrás.[53] Ahora bien, la ley se aprobó durante el callismo, bajo la presidencia de Ortiz Rubio y sin una discusión amplia previa entre las partes (motivo que había detenido la propuesta de Portes Gil en 1929), pero sólo adquirió el valor de letra viva en la etapa cardenista, en especial en lo que respecta al derecho de huelga. Igualmente, la implementación del salario mínimo obligatorio a nivel nacional, hubo de esperar hasta 1934 para que se presionara seriamente a los patrones a respetar sus montos. De hecho, el nivel de los nuevos salarios mínimos para 1934 se fijó a niveles muy altos en relación con la productividad de muchas industrias y de la agricultura, lo que constituía un política explícita en el sentido de elevar los estándares de vida generales de la población más necesitada, acorde con las promesas del Plan Sexenal, en particular en lo que se refiere al salario mínimo rural.[54] Si se mide en relación con la proporción del salario mínimo legal

---

Economy 1870-1930. Essays in the economic history of institutions, revolution and growth, Stanford, Stanford University Press, 2002, pp. 255-288. Para un punto de vista contradictorio a esta interpretación, véase Nicolás Cárdenas García, "La revolución en los minerales", en Inés Herrera Canales (coord.), *La Minería mexicana. De la Colonia al siglo xx,* Colmex/Instituto Mora/Colmich/UNAM, México, 1998, pp. 205-239. Nicolás Cárdenas enfatiza el carácter economicista del movimiento laboral en la Revolución.

[53] Un recuento histórico e interpretación legal de esta etapa en Graciela Bensusán, *El modelo mexicano de regulación laboral,* cap. III, Plaza y Valdés, México, 2000. Véase también el artículo antes citado de Felipe Remolina Roqueñí, *op. cit.,* y coautor póstumo de este libro.

[54] En relación con la aparcería rural, agrícola y pecuaria, el Plan Sexenal se comprometía a legislar en el primer año de gobierno para el cumplimento de las obligaciones planteadas en la Ley Federal del Trabajo en todos los gobiernos estatales, lo que incluía: habitaciones gratuitas que reuniesen las condiciones higiénicas indispensables, la extracción de madera de los montes de la finca que trabajes, la asistencia médica y farmacéutica gratuita, el corte gratuito de los montes para uso doméstico, así como el uso del agua, entre otros compromisos; véase Primer Plan Sexenal, en Enrique Cárdenas (comp.), *Historia Económica..., op. cit.,* p. 73.

promedio exigido y el monto del PIB per cápita en pesos, el primero es casi *el doble* que el segundo, lo que representó que la fijación del mínimo era más una *meta a alcanzar* en muchas regiones que una realidad económica inmediata. Así, en muchas negociaciones el salario mínimo se volvió prácticamente el salario general de muchas ocupaciones.[55]

En un amplio reporte sobre la política salarial, a mediados de 1936, Genaro Vásquez, jefe del Departamento Autónomo del Trabajo, aconseja a Cárdenas "con urgencia",

> consolidar la implantación del salario mínimo, para conducirla por cauces firmes y fecundos y para hacerla una línea de murallas que impida la depresión del mínimo de existencia de los trabajadores no calificados, y al mismo tiempo que incremente el poder adquisitivo de las grandes masas en forma orgánica y susceptible de desarrollos futuros, contribuya a la mejor regulación de la economía nacional y a la unificación económica de la República.[56]

Grandes eran las expectativas alrededor de la política de salarios mínimos. En distintos momentos, la *Memoria* especifica que no sólo se trata de fijar salarios mínimos "altos", sino que se requiere "lograr una alza general de salarios [...] que reconozca a la masa de trabajadores como objetivo máximo de la actividad social y no como elemento inerte".[57] Y más adelante: "La campaña a favor del salario mínimo no es sino la primera fase de una acción gubernativa encaminada a lograr una elevación general de los salarios".[58]

En general, fue en el gobierno de Cárdenas cuando la política

---

[55] Peter Gragory, *The Myth of the Market Failure*, John Hopkins University Press, Baltimore, 1986.

[56] Genaro V. Vásquez al Presidente Gral. Lázaro Cárdenas, en *Memoria "El Problema del Salario Mínimo en 1936"*, Departamento del Trabajo, México, 26 de agosto de 1936, pp. 3-4.

[57] *Ibidem*, p. 7.

[58] *Ibidem*, p. 8.

a favor de la creación de grandes sindicatos de industria y contratos de ley pudo prosperar. Debe señalarse, asimismo, que hacia el final de la gestión cardenista los impulsos a favor del trabajo se detuvieron bruscamente, pero el "estirón" había sido dado ya. Puede argumentarse que la política laboral del cardenismo constituyó uno de los ejes de su proyecto económico y social. En el año de 1955, un autor de quien no puede presumirse simpatía por el proyecto cardenista, experto en temas monetarios, Gilberto Moreno Castañeda, lo resume así:

> El régimen proclamó como una meta la reivindicación de los trabajadores. Todo lo que constituye ahora el arsenal de su defensa encontró entonces su plena realización: Los tribunales especializados del trabajo; el sindicalismo; las centrales obreras incorporadas a la política; la contratación colectiva; la cláusula de exclusión; el salario mínimo; la protección contra la invalidez y del despido; todo, en fin, surgió entonces como una cristalización súbita, abatiendo intereses creados y extendiéndose con el más genuino método revolucionario.[59]

Aunque esta evaluación contiene un grado de exageración, resume la atmósfera del momento. Este mismo autor, dentro del ámbito de su competencia profesional, recoge el importante dato de la separación del contingente de los trabajadores bancarios del conjunto de la clase trabajadora organizada, bajo el argumento del carácter estratégico de la actividad crediticia. Cárdenas aprobó un *Estatuto Especial* para las relaciones de trabajo con el Sector Bancario, "sustrayéndolo de la observancia de la LFT" al impedir legalmente su organización sindical, contratación colectiva y derecho a huelga. Los conflictos obrero-patronales se dirimirían al

---

[59] Gilberto Moreno Castañeda, *La moneda y la Banca en México*, Universidad de Guadalajara, Guadalajara, 1955, p. 148.

margen de los tribunales ordinarios del trabajo y con la intervención directa de la Secretaría de Hacienda.[60]

No fue ésta la única medida contradictoria del michoacano dentro del terreno sindical. Otra de gran relevancia fue la decisión de transferir la administración de los Ferrocarriles Nacionales de México, recién nacionalizados, al Sindicato Nacional de los Trabajadores Ferrocarrileros, dando origen a la llamada *Administración Obrera* de los ferrocarriles. La nacionalización se produjo en junio de 1937 y la decisión de encargar al sindicato la administración del sistema se tomó en mayo de 1938. El experimento finalizó junto con el sexenio, en diciembre de 1940, bajo la noción de un "completo fiasco". Las precarias condiciones en que se presentó el intento de administración desde la esfera de los de abajo no podían haber sido más comprometidas, ya que la nacionalización se realizó a una empresa casi en quiebra, endeudada, desorganizada y con compromisos comerciales y tarifas subsidiadas. Bajo estas condiciones era sólo cuestión de tiempo para que hicieran crisis las contradicciones evidentes entre la función del sindicato como organismo de defensa de los intereses económicos de sus agremiados y el papel de administrador de una empresa pública que opera en el marco de una economía mercantil privada. El nudo gordiano del conflicto de funciones en que estaba sumido el sindicato se presentó en el tratamiento del tema de tarifas, particularmente las de transporte de minerales, que constituían el mayor volumen de carga. Como señala Gustavo López en su investigación sobre el tema, Cárdenas se opuso al ajuste hacia arriba de las tarifas hacia las empresas mi-

---

[60] *Ibidem*, pp. 302-306. Dentro de su balance en General laudatorio ("fue un gran mexicano") sobre la actividad política del general Cárdenas, Valentín Campa recoge este episodio en sus Memorias: "(Cárdenas) Lanzó el decreto funesto y anticonstitucional de prohibir la sindicalización de los empleados bancarios, convencido de que el incremento de los recursos de la banca privada era necesario para el desarrollo de la economía del país" (*Mi testimonio. Memorias de un comunista mexicano*, Ediciones de Cultura Popular, México, 1978, p. 271).

neras y ganaderas para no ampliar la confrontación en curso con los intereses petroleros. Con ello, garantizaría el declive de los ferrocarriles nacionalizados y dejaría que la Administración Obrera apareciera como responsable de los platos rotos: "La incapacidad de la Administración Obrera de modificar el sistema de tarifas evidenció sus limitaciones en el manejo efectivo de los asuntos de la empresa. Como organismo descentralizado podía tener autonomía administrativa, pero seguía dependiendo del Ejecutivo Federal en lo referente a la política general de los ferrocarriles".[61] El aumento de los accidentes y la creciente falta de disciplina en el trabajo orillaron a finalizar el experimento de autogestión iniciado y terminado "desde arriba".

A pesar de todo, durante el cardenismo en su etapa de radicalismo y reformismo acelerado, la política salarial y de empleo *no fueron meramente un residuo* de la política económica, como sucede en la gran mayoría de los gobiernos conservadores modernos, sino que formaron parte integral e incluso prioridad de la misma. El fomento a la ampliación del empleo y del salario se condicionaron a la orientación de la producción hacia el mercado interno, con el énfasis puesto entonces hacia la industrialización del país. En el caso del cardenismo, se procuró de manera consciente favorecer la *elevación del piso salarial* (lo opuesto a la noción de "competitividad por costos"),[62] aunque la sombra de la inflación limitó sus avances.

Entre los principales instrumentos de esta política se conta-

[61] Gustavo López Pardo, *La Administración Obrera de los Ferrocarriles Nacionales de México*, UNAM/El Caballito, México, 1997, p. 133. Véase también Emma Yanes Rizo, "*Me matan si no trabajo y si trabajo me matan*", en *Historia de la Comunidad Tecnológica Ferroviaria en México, 1850-1950*, INAH, México, 2000.

[62] Por contraste, la situación de los gobiernos de México desde la apertura económica impulsada en los años ochenta y en particular el gobierno de Zedillo (1994-2000), lo reflejaron de modo preciso: sólo habrá empleo si hay crecimiento económico, y habrá crecimiento económico si los salarios son "competitivos", esto es, si se mantienen estructuralmente bajos. Tal es el programa no escrito del proyecto maquilador (que no difiere en lo esencial con el proyecto que encabezara el presidente Vicente Fox, a través del entonces

ba la aplicación y generalización de la vigencia del salario mínimo como piso de las remuneraciones y la implementación del
código laboral de 1931, que por la vía de las prestaciones (jornada máxima y pago de horas extraordinarias, vacaciones, definiti-
vidad en el trabajo, derecho a una vivienda y a una jubilación) así
como la libertad sindical, fortalecieron al movimiento obrero y
con éste, el salario. Por ejemplo, según los estudios de Jesús Silva
Herzog sobre las condiciones de vida y trabajo de los petroleros
y otros trabajadores industriales entre 1934 y 1937, la jornada de
trabajo se había reducido de 48 horas semanales a 46.5 horas y
hasta 44, principalmente en las instalaciones de la compañía El
Águila; además, ya operaba en la industria la resolución presidencial sobre el descanso obligatorio del séptimo día, lo que significó un aumento proporcional automático de 16.66% en el
pago de cada día laborado.[63] En el caso del recorte de la jornada de
trabajo típica de 12 a ocho horas, para el caso de la industria textil,
Aurora Gómez Galvarriato ha realizado un estudio detallado del
proceso en la planta Santa Rosa de la importante empresa CIDOSA
en Orizaba, en donde el ajuste de la jornada se produjo rápidamente: de 12 a 11 horas diarias de jornada en 1907, de 11 a 10
horas en enero de 1912, de 10 a nueve horas en agosto de 1915 y
de nueve a ocho horas en mayo de 1917, apenas después de la
aprobación de la Constitución de aquel año.[64] Pero éste no fue un
caso típico. En todo caso muestra la continuidad de la lucha por

secretario de Trabajo Carlos Abascal Carranza, hoy fallecido, e hijo de Salvador Abascal,
jefe histórico del sinarquismo a quien citamos en la primera nota de este capítulo).

[63] Jesús Silva Herzog, "Salarios y previsión social", en *El petróleo en México*, cap. VI,
México, 1941, pp. 190-198, reproducido en *El Petróleo en México*, t. II, 50 Aniversario de
Pemex, México, 1988.

[64] Aurora Gómez Galvarriato, *The Impact of Revolution: Business and labor in the
Mexican textile industry, Orizaba, Veracruz, 1910-1930*, tesis de doctorado, Harvard University, 1999, pp. 440-441. Como apunta la autora, el hecho de que se produjera una tendencia internacional hacia la reducción precisa de 12 a ocho horas del día laboral sugiere
también un ajuste tecnológico y una previsión de la administración industrial para pasar
de dos a tres turnos al día en aquellas fábricas que trabajaban de manera permanente.

las demandas obreras a lo largo de las décadas de 1910 a 1930, en que los destacamentos más avanzados de trabajadores servían de ejemplo y acicate para nuevas oleadas de movilizaciones laborales.

Un vehículo fundamental para la aplicación de los preceptos legales y los derechos de los obreros fue la figura de los inspectores federales del trabajo, que durante el cardenismo operaban como agentes ideológicos del gobierno reformista y la administración general del Departamento Autónomo del Trabajo.[65] Estos inspectores hacían "pinza" con otros *intermediarios decisivos* del programa cardenista, como los maestros y los jóvenes agrónomos, verdaderos "extensionistas" rurales.[66] Así, pese a que el nivel salarial real dejó de crecer a partir de 1938, con la aceleración de la inflación que trajo consigo la segunda Guerra Mundial, los estándares establecidos en los contratos colectivos quedaron como una referencia alcanzable, como una meta realista para otros grupos de trabajadores, la economía moral del trabajo había logrado dar un salto cualitativo en la fijación social de "mínimos aceptables" de vida. No debe exagerarse, sin embargo, el mejoramiento alcanzado. Según un reporte de la General Motors en sus operaciones en México, escrito en 1942, se señala: "Cuando uno observa los estándares de vida y las condiciones de trabajo del trabajador promedio de México, la reacción común es de sorpresa sobre la posibilidad de que pueda ofrecer tanto trabajo viviendo en espacios hacinados, sucios y sin calefacción, con frecuencia mal comidos e insuficientemente vestidos".[67] La misma fuente empresarial reporta, sobre las tendencias salariales entre 1935 y 1940, un incremento de 44% en promedio para el sector manufacturero (unos 240 000 trabajadores hacia el final de la década

[65] Marcos T. Águila, *The Great Depression and the origins of cardenismo in Mexico. The Case of the mining sector and its workers*, cap. 5, tesis de doctorado, Universidad de Texas, Austin, 1997.

[66] Everardo Escárcega López, *op. cit.*

[67] A. W. Ellis, Managing Director, Coordinador, General Motors Overseas Operations, *Economic Survey of Mexico*, octubre de 1942, p. 52.

de 1930).[68] La tendencia salarial en los años cuarenta, en cambio, acusó una fuerte declinación.

Una orientación adicional de la política laboral cardenista fue la *reducción de la brecha o abanico salarial* asociada a la elevación de las condiciones de vida y consumo del obrero y del trabajador rural, en lo que sería el inicio del proceso de rápida urbanización, especialmente en la Ciudad de México. En la segunda mitad de los años treinta, tras el impacto de la crisis, se puso énfasis en la ampliación paulatina de la ocupación y el empleo, pero con un piso salarial más elevado y una movilidad social ascendente para los recién contratados (perspectiva ligada al proyecto de industrialización). Uno de estos "saltos" era el de la recontratación de ex jornaleros para puestos de entrada en minas y fábricas.[69] El crecimiento del empleo, asociado a la recuperación económica a partir de 1933, se hizo viable tanto por la fuerte declinación sufrida durante la crisis, como por la capacidad ociosa heredada de una estructura industrial basada en tamaños de planta mayores a las necesidades locales.[70] De cualquier forma, el horizonte tecnológico de la industria hacía que las ocupaciones predominantes fuesen las de baja calificación.[71] De hecho, según una fuente interesada y fuera de sospecha de manipulación estatal de cifras, el promedio de trabajadores por establecimiento se redujo en promedio de 29 a 20 trabajadores para la economía

[68] *Ibidem*, cuadro 5. La estimación se realizó en dólares a la paridad de 4.86 pesos por dólar.

[69] *Ibidem*, cap. 4.

[70] Véase Enrique Cárdenas, *La industrialización mexicana durante la Gran Depresión*, cap. 5, Colmex, México, 1987. Sobre la capacidad ociosa en la industria, Stephen Haber, *Industria y Subdesarrollo. La industrialización de México, 1890-1940*, Alianza, México, 1992 [1989], pp. 18-19.

[71] Un cálculo para la compañía minera de Real del Monte y Pachuca, en 1937, indica que los trabajadores de niveles salariales bajos (1.25 a 3.00 pesos al día) y medios (3.10 a 4.75 pesos al día), representaron 77.5% de la fuerza laboral de esta gran empresa minera, con más de 7 000 trabajadores en su nómina, véase Marcos T. Águila, "Los mineros de la Real del Monte frente a la Gran Depresión y el Cardenismo", en Marcos T. Águila y Alberto Enríquez Perea (coords.), *Perspectivas sobre el Cardenismo: Ensayos sobre trabajo, política y cultura en los años treinta*, UAM, México, 1996, p. 151.

en su conjunto, entre 1935 y 1940. Dentro de esta tendencia general, había comportamientos discordantes, expresión de cierta intensificación del trabajo y aumento de la productividad, como en los establecimientos ligados a la industria textil, donde los promedios del personal ocupado para el mismo periodo fueron 64 y 104 trabajadores, es decir, un incremento significativo, mas todavía dentro de una escala modesta.[72]

El impacto sobre los costos salariales de la política a favor de alcanzar mayor bienestar para el trabajador contenía una importante y aparente paradoja: de una parte se obtuvieron aumentos en los ingresos individuales y al mismo tiempo se logró mantener la nómina salarial prácticamente estática en muchas negociaciones. El secreto de esta paradoja fue el ajuste asociado al empleo. Si se analiza un caso concreto, como el de las nóminas salariales de la empresa El Potosí Mining Company a lo largo de los años treinta, se observa que, en efecto, medido en términos de un índice, la nómina salarial total de esta compañía minera apenas y cambia si se consideran los puntos extremos del periodo: entre 1929 (100) y 1939 (110). En contraste, el promedio salarial se mueve en este lapso de 100 a 180, es decir, casi se duplica. En números redondos el salario promedio pasa de cinco pesos diarios en 1930 a nueve pesos diarios en 1939 (se calculó a pesos contantes de 1929).[73] Las alzas son más modestas si se considera en el trabajo al interior de la mina, que sólo crece de cuatro a 5.50 pesos contantes por día durante la década. La clave de la paradoja es que entre 1929 y 1932, la nómina salarial bajó a menos de la mitad, por la combinación de recortes salariales, reducción pactada de la jornada laboral a tres días de la semana, así como el despido de trabajadores. La recontratación de mineros

---

[72] General Motors Overseas Operations, *op. cit.*, cuadro 5.

[73] El Potosí Mining Company, *Informes Anuales entre 1929-1939, desde Chihuahua, México, a la Matriz en Nueva York* (disponibles en la Biblioteca Nettie Lee Benson de la Universidad de Texas en Austin). Cálculos propios.

posterior a la crisis fue llevada a cabo con precaución para mantener los costos salariales relativamente controlados, en la perspectiva de que las mejoras contractuales serían irreversibles. En julio de 1933, El Potosí Mining decidió por su cuenta resarcir los recortes salariales y la jornada laboral anteriores a la crisis (es decir, pasar de tres a cinco días laborales). La administración reconocía entonces que —"indudablemente"— bajo las condiciones de recortes salariales y jornada reducida a lo largo de dos años, "los hombres y sus familias habían sufrido mucho de malnutrición, como resultado de un ingreso semanal insuficiente. En el contexto (in the light of) del *New Deal*, no sólo en los Estados Unidos sino en México, así como en otros países, éste es un punto que debe recibir atención y todo posible control y observación en el futuro", señalaban en su informe de 1934.[74]

En 1935, el administrador general de El Potosí expresa en su informe anual que las relaciones con las autoridades locales no han sido tan tersas como en años anteriores, debido a que su administración "ha rechazado aceptar sin discusión varias demandas exorbitantes e injustas" de parte de los sindicatos. Entre dichas demandas se encontraba, por ejemplo, el establecimiento de ciertas "escuelas especiales de carácter socialista", que deberían ser sufragadas enteramente por la compañía, incluido el pago de maestros seleccionados por la Secretaría de Educación Pública. Nuevos inspectores del trabajo estarían obligados a supervisar que todos y cada uno de los trabajadores estuviese enterado de sus derechos según la ley federal.[75] En otra región minera apartada del centro, Santa Rosalía, el cónsul estadunidense A. F. Yepis, reporta a su gobierno que los trabajadores de la compañía francesa de El Boleo, "nunca daban una respuesta en conexión con su trabajo sin antes consultar la ley. Pareciera que cargaran

[74] El Gerente General a J. Quingly, El Potosí Mining Company, *Informe Anual* 1933 (27 enero 1934), p. 13

[75] *Ibidem*, 1934 (31 de enero de 1935), p. 12.

constantemente una ley en su bolsillo".[76] En fin, que al plantearse
el Estado hacer vigentes ciertos preceptos de la ley del trabajo,
las empresas se enfrentaban con cambios insospechados acerca
del ejercicio pleno de lo que concebían como el derecho de propiedad simple y llano, es decir, el derecho a decidir el ritmo de los
procesos laborales, el nivel de remuneraciones, así como la contratación y el despido de trabajadores a voluntad del empleador.

De tal suerte, lo que pudiéramos llamar herencia perdurable
del cardenismo en este rubro fue la convicción de que el modelo
de crecimiento económico de México no tenía por qué recurrir a
la reducción salarial como instrumento de fomento a la inversión sino, por el contrario, que el impulso a la demanda efectiva
por la vía del crecimiento sostenido del empleo y el salario, constituían la vía adecuada para alcanzar un mayor desarrollo, *à la
Keynes*. El notable planificador de la industrialización mexicana,
Gonzalo Robles, lo expone así:

El hombre interviene en la industria como creador y también
como consumidor; así, una población numerosa, próspera y culta,
ofrece ventajas de primera cuenta para el desarrollo industrial y
que éste reclama a su vez, una masa de trabajadores laboriosos, sa-
nos, cuidadosos y disciplinados y, entre ellos, una *élite* de obreros
calificados y de contramaestres capaces y responsables, especializados en diversas actividades de la industria.[77]

Aunque lejos de esta población trabajadora ideal, Robles sostenía que el camino asociado a los bajos salarios como fuerza
impulsora de la rentabilidad y las exportaciones para México era

[76] A. F. Yepis al Secretario de Estado C. Hull, Guaymas, 26 de noviembre de 1934, citado en Marcos T. Águila M., *Economía y Trabajo...*, *op. cit.*, pp. 143-144. Para una reflexión
sobre la influencia de los inspectores de trabajo en el cardenismo, véanse pp. 153-165.
[77] Gonzalo N. Robles, "Obstáculos a la industrialización en los países latinoamericanos", en *Ensayos sobre el desarrollo de México*, FCE/Banco de México, México, 1980,
p. 40.

un camino contraproducente y contrario a las experiencias derivadas de la Revolución mexicana: "Los bajos jornales como consecuencia de una política egoísta y parcial, constituyen un gravamen impuesto a un solo sector de la sociedad, a la que lesiona indirectamente, restando mercado a la propia industria que se trata de estimular".[78]

Por último, quisiera plantear en este apartado una hipótesis por explorar en la investigación sobre los motivos del freno relativamente abrupto de las reformas sociales del cardenismo en el ámbito laboral. Probablemente esto tenga que ver con el crecimiento y la transformación estructural del empleo que, al ampliarse, trajo consigo un cambio en lo que pudiera llamarse la "conciencia media" de los nuevos trabajadores sindicalizados. Una parte de la experiencia de lucha sindical y política del proletariado que venía de los veinte y treinta se "campesinizó", al incorporar a sus filas a migrantes rurales recién llegados a la realidad del mundo fabril. Una estimación sobre población sindicalizada en 1940, la sitúa en 878 000 personas, contra 294 000 en 1930, es decir, recoge el dato de que la población sindicalizada se *triplicó* en una década, ritmo no alcanzado en ningún otro momento posterior (de hecho, la población sindicalizada se redujo a 817 000 en 1950, pese al rápido crecimiento industrial que caracterizó a los años cuarenta).[79] Así, el crecimiento del empleo y su mayor organización, a través de la ampliación de la sindicalización, uno de los grandes logros del cardenismo, se levantaría también como uno de sus límites. Más aún. Si se reduce el universo a los trabajadores de las manufacturas, el incremento del empleo entre 1935 y 1940 no es tan dramático: el número de trabajadores se eleva de 200 a 240 000, es decir, 20%.[80] Me parece que ésta es una

[78] *Ibidem*, p. 44.
[79] Guadalupe Rivera Marín (coord.), *El mercado de trabajo; relaciones obrero patronales*, FCE, México, 1955 , p. 84.
[80] General Motors Overseas Operations, *op. cit.*, cuadro 5.

de las razones "estructurales" por las cuales el personaje que pasó a sintetizar el pacto laboral en México en el largo plazo no fue Vicente Lombardo Toledano, el aliado de Cárdenas, sino Fidel Velázquez, uno de sus opositores más sagaces. Fidel fue un gran "sobreviviente", es decir, un gran político, un hombre de poder. No en balde fue autor de aquella frase emblemática entre la clase política mexicana: "el que se mueve no sale en la foto". "Inmóvil", como efigie, tuvo algo de "cardenista".

Otro factor de peso en la declinación del activismo sindical, por supuesto, fue el cambio de orientación ideológica del régimen a lo largo de los años cuarenta, que de manera tímida, primero, y decidida, más tarde, transitaron de la defensa de la política de nacionalizaciones, a la de privatización; de la simpatía por medidas socializantes, al anticomunismo vulgar; de la defensa legal de los derechos laborales de los trabajadores, al castigo ejemplar a las huelgas y en favor del sacrificio "patriótico".[81] Estas transformaciones estructurales en el ambiente político y en la nueva composición de la clase trabajadora inducen a pensar en un legado corporativo cardenista en la etapa de consolidación de la industrialización por sustitución de importaciones. Sin embargo, la herencia cardenista en este ámbito es ambigua: por una parte, funda una memoria de rebeldía y movilización exitosas, por otra parte, el liderazgo de las nuevas organizaciones sindicales crecidas de manera un tanto artificial se desliza hacia la antidemocracia, el economicismo y la subordinación política al gobierno, hacia el *charrismo*, en una palabra. Pero éste no era un resultado fatal. Conspiraron en su favor la debilidad política de la izquierda, la inmadurez de la mayor parte de los nuevos proleta-

---

[81] Kevin J. Middlebrook, *The Paradox of Revolution. Labor, the State, and Authoritarianism in Mexico*, John Hopkins University Press, Baltimore, 1995, capítulos 3 y 4. En conexión a la importancia de las simpatías gubernamentales para la acción sindical, véase Edward Shorter y Charles Tilly, *Strikes in France, 1830-1968*, Cambridge University Press, Londres, Nueva York, 1974, p. 343.

rios y cierto cinismo corrupto de la nueva dirección sindical y estatal en un contexto de la nueva hegemonía del capitalismo estadunidense en expansión, posterior a la victoria de la segunda Guerra.

Así, en la etapa poscardenista la política laboral del régimen no llegó a derrumbar las bases de las conquistas legales de los trabajadores durante los años treinta, cuyas raíces provenían de la etapa de activismo revolucionario de 1910 y 1920, pero sí limó su contenido revolucionario. En una transacción que habría de volverse típica del periodo conocido como desarrollo estabilizador, se intercambiaron a los trabajadores concesiones económicas por subordinación política plena al partido del Estado. Aquellos quienes asocian mecánicamente cardenismo y control corporativo de los sindicatos en términos de causa-efecto se apoyan en tendencias reales pero históricamente anacrónicas.[82] Como si se tratase de una receta para preparar mole poblano. No basta con poner a hervir el agua, para disponer de un guajolote desplumado y los chiles molidos con el chocolate. El "guiso" fue preparado a contracorriente, con el ala izquierda del sindicalismo arrinconada y reprimida.

La industrialización nacionalista y el petróleo

La orientación del cardenismo hacia el gran objetivo de la modernización económica y la esperanza de beneficios colectivos derivados del crecimiento económico y la distribución de la riqueza "hacia adentro", en particular en lo que respecta a la nacionalización de industrias estratégicas y la protección de las manufacturas nacionales, hubiesen sido inexplicables al margen de los tres procesos anteriormente mencionados: el cambio en las rela-

---

[82] Por ejemplo, Arturo Anguiano, *La política obrera del cardenismo*, Era, México, 1981 [1975].

ciones internacionales a favor de una *entente* entre México y los
Estados Unidos, la aceleración de los procesos de reparto agrario
(el avance de la reforma agraria) y la política de mejoramiento de
las condiciones laborales de los trabajadores. Como señalamos,
en el núcleo de la posibilidad de que dichos procesos avanzaran
sin obstáculos mayores estaba una condición general: el impacto,
corto pero profundo, de la Gran Depresión y la rápida recuperación económica subsecuente, asentada en la existencia de capacidad industrial ociosa disponible y una demanda potencial contenida y progresivamente liberada. Así, por ejemplo, la reforma
agraria tuvo una consecuencia adicional al cambio de régimen de
propiedad, que fue la ampliación del mercado comercial con los
nuevos ejidatarios, y la liberación de capitales privados para reinversión en otras esferas más rentables que la contraída agricultura de exportación.[83] Otro efecto de crecimiento en la demanda
interna derivó de la ampliación del empleo urbano, principalmente de la Ciudad de México y el incremento así sea modesto de los
ingresos salariales.[84] Un indicador del éxito de la ampliación del
mercado interno fue el éxito en la fundación de nuevos bancos,
como fue el caso del Banco de Comercio, creado en octubre de
1932, cuya senda de expansión en la provincia mexicana fue muy
notable. Sus depósitos crecieron ininterrumpidamente desde
1933 (14.7 millones de pesos corrientes) hasta el final del sexenio
(55.5 millones), a excepción del año de 1938, cuando sufrieron

---

[83] Acaso exagerando un poco, pues la capacidad de consumo de los ejidatarios era
muy limitada, Alicia Hernández habla de un millón de nuevas familias inducidas a participar en la economía comercial, por una parte, y la canalización de inversiones particulares a la industria y comercio nacionales. Véase Alicia Hernández Chávez, "El Estado Nacionalista, su referente histórico", en Jaime Rodríguez, *The Evolution of the Mexican
Political System*, SR Books, Los Ángeles, 1993, reproducido en Enrique Cárdenas (comp.),
Historia Económica de México, FCE, México, 1994 (Serie Lecturas, núm. 64, vol. 5),
pp. 110 y 117.

[84] Véase por ejemplo Jeffrey Bortz, y Marcos T. Águila, "Earning a living: A History of
Real Wage Studies in Twentieth-Century Mexico", *Latin American Research Review*,
vol. 41, núm. 2 (2006), pp. 112-138.

la estampida general asociada a la expropiación del petróleo. Si se estiman estas cifras en pesos constantes, el monto de depósitos se triplica en el sexenio de Cárdenas.[85] ¿Cuál fue el destino de los financiamientos derivados de estos depósitos? Diversos proyectos de negocios industriales, agrícolas y comerciales nacionales y extranjeros. Stephen Haber ha mostrado cómo los rendimientos de empresas clave en el crecimiento de las manufacturas mexicanas (Fundidora Monterrey, CIDOSA, Cervecería Moctezuma, Compañía Jabonera de La Laguna, entre las más notorias, con raíces en el Porfiriato), se incrementaron sustancialmente durante el periodo cardenista. Más aún, con base en esos resultados favorables, los empresarios retomaron procesos de reinversión de utilidades, que habrían de fructificar hacia los años cuarenta, en particular bajo la protección implícita asociada a la segunda Guerra Mundial. Entonces, mucho del enfrentamiento político e ideológico entre el empresariado nacional y el gobierno de Cárdenas parece magnificado, más allá de sus límites reales. No hay mejor termómetro de la confianza en una administración estatal que la reinversión de utilidades.[86]

En general, el proyecto de industrialización nacionalista mexicano constituyó solamente un componente de un movimiento mucho más amplio en favor de la sustitución de importaciones en América Latina, cuya explicación ha sido consistentemente asociada al cierre de los mercados externos como resultado de la crisis de 1929.[87] La expresión utilizada por Enrique Cárdenas para sintetizar el efecto de la industrialización inducida por la Gran Depresión es que dicha industrialización se transformó en el *motor* del crecimiento económico mexicano.

---

[85] Banco de Comercio, Informes anuales, 1933-1945. En 1945, los depósitos ascendieron a 220 millones de pesos corrientes, Informe Anual de 1945, p. 26. Aun considerando el crecimiento de los precios, el avance es asombroso.

[86] Stephen Haber, *op. cit.*, pp. 219-230.

[87] Véase Victor Bulmer-Thomas, *op. cit.*, cap. 9.

En su Plan Sexenal aprobado en 1934, el PNR asentó: "ante la actitud mundial que se caracteriza por la tendencia a formar economías nacionales autosuficientes y se ve obligado, a su vez, a adoptar una política de nacionalismo económico, como un recurso de *legítima defensa*..."[88] En el caso de México, uno de los sectores que mejor sintetizara la voluntad integradora y los efectos positivos sobre los proyectos de ampliación de los mercados internos y externos fue la ampliación del sistema de carreteras y caminos.

En su etapa posrevolucionaria, los planes de construcción de caminos datan al menos de 1925, es decir, constituyeron un plan de origen callista. En esta actividad existió, como en otras de carácter económico, una relación de continuidad y profundización de metas con diferencias de matiz entre callismo y cardenismo. Calles fundó la Comisión Nacional de Caminos en 1925 con el fin de ampliar la escasísima red de caminos de la República, cuya pobreza era un factor estructural en la baja productividad de la economía. Pese a que el objetivo explícito del proyecto era lograr la construcción de carreteras con capital, tecnología, técnicos y trabajadores mexicanos, el propósito nacionalista se topó con la realidad de ausencia de todos esos elementos (capital, tecnología y personal calificado) en proporciones suficientes. De ahí que un primer contrato de construcción de caminos fuese con una compañía estadunidense, la Byrne Brothers Construction, de Chicago.[89] Sin embargo, desde la firma de este contrato, la negociación implicó una transferencia de tecnología y una voluntad del gobierno por hacerse cargo de los proyectos a partir de empresas mexicanas, en contraste con la construcción de los ferrocarriles

[88] PNR, Primer Plan Sexenal, en Enrique Cárdenas (coord.), *Historia Económica de México, op. cit.*, p. 83.

[89] Esta discusión se encuentra en Wendy Waters, "Remapping identities: Road construction and Nation Building in Postrevolutionary Mexico", en Mary K. Vaughan, y Stephen E. Lewis, *The Eagle and the Virgin. Nation and Cultural Revolution in México, 1920-1940*, Duke University Press, Durham/Londres, 2006, pp. 223-224.

durante el Porfiriato, cuya introducción en México fue casi exclusivamente vía empresas extranjeras, tanto por la accidentada topografía como por el abismo tecnológico entre los países con capacidad de construcción de ferrocarriles y México.[90] Así, en el contrato con Byrne Brothers 75% del personal técnico empleado por la compañía estadunidense debía ser mexicano, y la mano de obra no calificada 100%. El costo de los proyectos se sufragaría con impuestos a la gasolina que, como era natural, elevaría su consumo en consonancia con la mayor disponibilidad de vías de comunicación para autotransporte. El esquema resultó rápidamente exitoso y de paso permitió enriquecer a los empresarios mexicanos que participaron de él, en algunos casos de la nueva cepa de políticos revolucionarios-empresarios. La figura paradigmática al respecto fue el general Juan Andreu Almazán (verdadero precursor de Hank González), quien utilizó parte de su tropa en trabajos carreteros alrededor de la ciudad de Monterrey allá en 1925, cuando era Jefe de Operaciones Militares en la zona. Poco tiempo después, a sugerencia de Calles, Almazán fundó su propia empresa, la Compañía Constructora Anáhuac, que posteriormente empató con el adecuado puesto de secretario de Comunicaciones y Transportes entre 1930 y 1932.

La Gran Depresión frenó, pero no detuvo el proceso de incremento en la construcción de caminos (alrededor de 14 millones de pesos destinados a inversión en carreteras en 1930 y 11 millones en 1932).[91] Y el ritmo se aceleró durante el cardenismo. En 1934 se destinaron aproximadamente 20 millones del presupuesto para caminos de diverso tipo (terracería, revestido, "pe

[90] Véase la referencia clásica en la obra de John Coatsworth, *Growth without development. The construction of railroads in México*, Dekalb, 1981, y una evaluación reciente en Sandra Kuntz y Paolo Riguzzi (coords.), *Ferrocarriles y vida económica en México (1850-1950), Del surgimiento tardío al decaimiento precoz*, El Colegio Mexiquense/UAM, México, 1996.

[91] Enrique Cárdenas, *La industrialización mexicana..., op. cit.*, p. 155.

trolizado") y en 1938 casi 60 millones.[92] Para 1940, México contaba ya con unos 10 000 kilómetros de carreteras, algo menos que la mitad de la red ferroviaria nacional. De paso, como han hecho notar Sandra Kuntz y Paolo Riguzzi, la red carretera sirvió para mejorar la racionalidad en el uso del ferrocarril, que se especializó en distancias mayores. En parte, la red carretera densificó las comunicaciones y en parte sustituyó al ferrocarril, tanto en lo que respecta a la movilización de pasajeros como en el caso de la distribución de carga en menor volumen y a distancias más cortas. Según la ideología y la propaganda revolucionaria, carreteras eran símbolo de progreso y modernización. Wendy Waters refiere el caso de la inauguración del tramo carretero entre Tepoztlán y Cuernavaca, Morelos, en julio de 1936, que fue recibido con gran alegría por la comunidad. Algunas de las mantas elaboradas decían: "Cárdenas significa Honor: La Revolución está garantizada", y en la entrada al poblado una corona de flores enmarcaba una manta con la leyenda: "Paso al progreso, Tepoztlán, Morelos".[93] En este caso, la introducción de la carretera tuvo un resultado mixto, por una parte, amplió en efecto el alcance del comercio de algunos productos locales hacia Cuernavaca y la Ciudad de México, abrió la puerta al inicio de la presencia turística, algunos hábitos urbanos (como calzar zapatos) y amplió los horizontes de la educación para los niños; mientras por otro lado facilitó la migración de jóvenes a otros mercado laborales y le otorgó a la comunidad, principalmente a muchas mujeres, tiempo y recursos para dedicarse al simple y llano culto religioso con mayor devoción.[94]

Después de la nacionalización del petróleo, las gasolineras

---

[92] En 1934, por ejemplo, se "petrolizaron" 1 418 kilómetros de carreteras, y en 1938 3 641, principalmente en los troncales cercanos a la Ciudad de México y en la frontera con los Estados Unidos. Véase "Transportes", *Revista de Economía* (10 de julio de 1941), p. 13.

[93] Wendy Water, *op. cit.*, p. 232.

[94] *Ibidem*, pp. 238-239.

pintadas con los colores de la bandera nacional comenzaron a poblar los caminos. Al mismo tiempo, la duplicación cada cinco años del consumo de gasolina, elevó la recaudación por este concepto, que pasó de menos de cinco millones de pesos en 1925, a más de 50 millones en 1939. Más aún, el éxito obtenido facilitó la colocación de bonos carreteros emitidos por gobiernos estatales y por el Banco Nacional Hipotecario, entre ahorradores nacionales y extranjeros.[95] El número de vehículos en circulación tuvo un progreso extraordinario. Los automóviles —principalmente el Modelo "T" de Ford, que invadió el mundo entero— pasaron de 43 305 en 1926, a 89 372 en 1939. Las cifras para camiones de pasajeros se duplicaron también (de 5 344 a 10 015) y las de camiones de carga se *cuadruplicaron* (de 9 574 a 39 472), en el mismo lapso.[96]

Si queremos hablar de *huella*, incluso en un sentido literal, se puede afirmar que la política de comunicaciones del cardenismo "roturó" el territorio nacional con nuevos caminos, ampliando las perspectivas regionales con el exterior y fortaleciendo los lazos indispensables para la construcción de mercados interiores, si bien estas perspectivas económicas y culturales habrían de operar en al menos dos sentidos ("de ida y vuelta", como las propias vías de comunicación), confrontando tradición y cambio económico. Durante el cardenismo, la red de autotransporte se multiplicó por siete.[97]

Así, México logró avanzar significativamente por el camino de la industrialización sustitutiva de importaciones durante el periodo cardenista. Enrique Cárdenas refiere como: "Entre 1934 y 1937 el PIB real aumentó 20%, mientras que el valor agregado industrial creció aún más rápidamente. De hecho, el proceso de sustitución de importaciones convirtió al sector industrial en el

---

[95] "Comunicaciones", *Revista de Economía* (10 de octubre de 1941), pp. 15-17.

[96] "Comunicaciones", *op. cit.* (20 de enero de 1942), pp. 13-15.

[97] Stephen Haber, *op. cit.*, p. 219.

motor de la economía durante la década de los treinta, por primera vez en la historia del país".[98] Entre los países grandes de América Latina, a excepción de Brasil, México es el que logró un mayor grado de integración de la primera etapa de industrialización hacia adentro. En industrias tradicionales como la textil, del vestido, la de alimentos y bebidas e incluso sectores de mayor valor agregado, como acero y hierro, químicos, materiales de construcción y electricidad, vieron descender sus coeficientes de importaciones. Entre 1929 y 1939, este coeficiente disminuyó en promedio de casi 40 a 31 por ciento.[99]

En América Latina, la figura intelectual más conocida que impulsó el proyecto de industrialización por sustitución de importaciones, fue el economista argentino Raúl Prebisch. El pensamiento y la práctica de Prebisch transitaron de las posiciones de tipo ortodoxo en el tratamiento de las finanzas públicas (oposición a los déficit públicos y control firme de la oferta monetaria), a las de orientación abiertamente keynesiana de fomento a la demanda agregada por la vía del gasto e inversión pública. En una larga entrevista que le dio a su amigo uruguayo Mateo Magariños, Prebisch recuerda: "Yo me nutrí en las ideas liberales, pero después frente a la crisis mundial, tuve una crisis teórica tremenda...", y más adelante señala: "la gran crisis mundial me llevó a echar por la borda el librecambio, a darme cuenta que había que seguir una política deliberada de industrialización".[100] No fue Prebisch el único en arribar a esta conclusión. Con la caída de los mercados externos, la capacidad importadora de las economías de la región latinoamericana se vino abajo, a pesar de los precios declinantes de las importaciones manufactureras (los de

---

[98] Enrique Cárdenas, "La política económica en la época de Cárdenas", *El trimestre económico*, vol. LX, núm. 239 (julio-septiembre de 1993), pp. 675-697.

[99] "La recuperación industrial", en Enrique Cárdenas, *Historia Económica de...*, op. cit., 1994, cuadro 3, p. 229.

[100] Mateo Magariños, *Diálogos con Raúl Prebisch*, FCE, México, 1991, pp. 93 y 145.

las exportaciones agrícolas habían caído aún más, como se señaló antes). Había que ensayar, en los casos en que los antecedentes de infraestructura y madurez industrial acumulada lo permitían, una ampliación de la capacidad manufacturera autónoma.

México era uno de estos casos, y uno de los más propicios, dado el grado de activismo estatal alcanzado.[101] Entre los nuevos tecnócratas que hicieron posible ese proceso, destaca el secretario de Hacienda, Eduardo Suárez, a quien ya hemos mencionado y citado antes. Suárez abrazó desde muy temprano la política de intervencionismo estatal para paliar los efectos más devastadores de la crisis, y más adelante también pudo atisbar en la inminente conflagración mundial de 1939 una coyuntura apropiada para aumentar el ahorro de divisas, impulsar la construcción de infraestructura de comunicaciones y pactar en condiciones excepcionales la reanudación del financiamiento externo en México.[102]

La ISI tuvo en México un impulso extraordinario con al aislamiento económico forzado por el impacto de la segunda Guerra Mundial y posteriormente todavía tuvo un periodo de "luna de miel" por la apertura a la inversión extranjera y las facilidades fiscales para las industrias nuevas, sin embargo, sus frutos no constituyeron la solución al problema del desarrollo económico, como algunos pensaron en su tiempo. Durante los años treinta coincidieron tanto la crisis capitalista más profunda del siglo XX como el éxito inicial de los programas de industrialización acelerada en la joven Unión Soviética, la hoy extinta URSS, con sus planes quinquenales que se cumplieron en plazos récord y su propagan-

---

[101] Para una introducción a un enfoque regional latinoamericano: Víctor Bulmer-Thomas, *La historia económica de América Latina desde la Independencia*, cap. VII, FCE, México, 1998. Un estudio comparativo de los casos de Brasil, Argentina y México, en Daniel Díaz Fuentes, *Crisis y cambios estructurales en América Latina. Argentina, Brasil y México durante el periodo de entreguerras*, FCE, México, 1994. Este trabajo es interesante por la notable semejanza en los patrones de respuesta a la crisis pese a la notable diferencia de la experiencia política de estos tres países.

[102] Eduardo Suárez, *op. cit.*, caps. IX, XVII y XVIII, entre otros.

da ideológica distribuida por los partidos comunistas nacionales en todo el mundo. La esperanza en el futuro de la industrialización como instrumento de combate a la pobreza en los países atrasados fue muy intensa (aunque no resultó a la postre la panacea esperada, ni en la URSS ni en América Latina). Por ejemplo, Gonzalo N. Robles, una de las cabezas intelectuales que desde el área técnica procuraron impulsar la industrialización de México desde los años veinte y treinta hasta bien entrado el periodo del llamado Desarrollo Estabilizador, a lo largo de una prolongada experiencia administrativa, sobre todo en el Banco de México, pudo constatar la complejidad del fenómeno de la industrialización exitosa, después de haber compartido parte de la ingenuidad de sus precursores tempranos.[103] "La industrialización no es cosa de magia", escribió. La industrialización es "laboriosa composición de fuerzas en juego: utilización económica y racional de los elementos materiales asequibles, coordinación de innumerables factores humanos; en suma, obra de organización. *La industria es un organismo*".[104] La ISI no fue pues una panacea. La sustitución de importaciones tuvo un periodo de auge y después sus frutos resultaron cada vez más magros. Prebisch utilizó la metáfora de un limón exprimido: "al principio, da un jugo abundante... después poco a poco sale menos, hasta que luego sale una gota y después no sale nada. Ése es el proceso de sustitución de importaciones".[105] Dadas las limitaciones a mediano plazo de la ISI, desde la CEPAL se intentó impulsar mecanismos de integración regional, con resultados a la larga más bien mediocres.

El proyecto de industrialización en México contó con un comodín de gran valía en la sorpresiva pero firme decisión cardenista de expropiar la industria petrolera extranjera en marzo de 1938. Esta decisión difiere de otras medidas nacionalistas, como

[103] Gonzalo N. Robles, *op. cit.*
[104] *Ibidem*, p. 31. Las cursivas son del autor.
[105] Mateo Magariños, *op. cit.*, p. 152.

el reparto de tierras e incluso la culminación de la nacionalización de los ferrocarriles, ya que no se trataba de expropiar a haciendas o compañías en dificultades extremas. En cambio, pese a
la disminución de sus volúmenes de extracción y la disposición
de las más grandes compañías de reorientar sus inversiones hacia
otros países (sobre todo Venezuela y el Medio Oriente), de cualquier forma el negocio petrolero tenía enormes posibilidades de
rentabilidad futura. Como asentamos más arriba, de no haber
mediado las circunstancias de una nueva relación de amistad con
los Estados Unidos y la atmósfera de ascenso del nacionalismo
en el mundo como efecto indirecto de la Gran Depresión, las represalias de los poderosos consorcios británico, holandés y estadunidense y sus gobiernos habrían sido de mayor magnitud.
Muchos autores han abordado este suceso extraordinario de la
historia de México. Nora Hamilton lo expresa de la siguiente
manera: "La expropiación fue posible en parte debido al 'debilitamiento' de las restricciones internacionales de carácter estructural a través de la depresión, un giro en las políticas de Estado
Unidos y su consiguiente promesa de no intervención en América Latina".[106]

El complejo proceso de negociación de las indemnizaciones
a las compañías extranjeras, pero sobre todo su culminación con
valores de liquidación de sus activos inferiores a los estimados
por las mismas (aunque relativamente "altos" con respecto a las
estimaciones mexicanas, que rechazaban el principio de que el

---

[106] Nora Hamilton, *México*, *op. cit.*, p. 220. Entre los analistas más destacados de la expropiación está Lorenzo Meyer, con su clásica obra *México y los Estado Unidos en el conflicto petrolero (1917-1942)*, Colmex, México, 1972; y su más reciente *Su Majestad británica
contra la Revolución mexicana, 1900-1950. El fin de un imperio informal*, Colmex, México,
1991. Un balance crítico interesante en Jonathan Brown y Alan Knight (coords.), *The
Mexican Petroleum Industry in the Twentieth Century*, University of Texas Press, Austin,
1992, en particular el capítulo de Alan Knight, "The Politics of the expropriation". Un enfoque internacional integral se encuentra en el citado libro de Friedrich E. Schuler, *op. cit.*,
caps. 5 y 6. Schuler aporta información relevante sobre las relaciones germano-mexicanas en
el periodo crítico posterior a la expropiación en que se vendió petróleo al eje nazi-fascista.

subsuelo mismo, las reservas probadas, formasen parte de la compensación),[107] muestra el efecto acumulado de la desvalorización ligada a la Gran Depresión y las nuevas condiciones geopolíticas y económicas. Como se sabe, la mayor parte de los intereses petroleros, alrededor de las dos terceras partes, eran británicos. No obstante, los británicos tenían una posición económica en franca retirada de México al final de los años treinta, lo que les impidió presionar con mayor fuerza, especialmente debido al rechazo de la embajada estadunidense de formar un frente común contra Cárdenas. En el caso estadunidense, las bases de la solución fueron propuestas por Eduardo Suárez, quien sugirió una evaluación binacional de expertos sobre el precio de los bienes expropiados y una fórmula de pago en especie de petróleo mexicano a bajo precio para la marina estadunidense, mientras el propio gobierno estadunidense realizaba el pago en efectivo a las compañías. Este último mecanismo no llegó a materializarse, pero las bases de la negociación fueron fructíferas. Posteriormente, el acuerdo con los estadunidenses sirvió de referencia para la indemnización con los británicos, misma que logró prosperar en el marco del incremento del ahorro en divisas que el gobierno mexicano había logrado atesorar durante la segunda Guerra Mundial. Los ingleses decidieron, hacia 1947, apurar el "trago amargo" antes de que dichas reservas se agotaran.[108]

Varios analistas han mostrado cómo la expropiación representó al mismo tiempo el clímax y el inicio de la declinación de la fase más radical del cardenismo.[109] El petróleo resultaría el puntal para un programa de industrialización en el que los valores

[107] Véase debate en Lorenzo Meyer, *México y los Estados Unidos en el conflicto petrolero, 1917-1942*, Colmex, México, 1972, pp. 443-465, en el caso estadunidense, y *Su Majestad...*, *op. cit.*, pp. 516-532, en el británico.

[108] Lorenzo Meyer, *Su Majestad...*, *op. cit.*, p. 517.

[109] En realidad, dicha "coincidencia" no fue casual, y hasta cierto punto la segunda (la derechización, o más precisamente la aceleración de esta tendencia) fue una consecuencia de la primera (la expropiación). Véase Alan Knight en "The Politics...", *op. cit.*, p. 120.

del capital privado prevalecerían. De hecho, es importante apuntar cómo la contrapartida del incremento del empleo y la sindicalización a que hicimos referencia en el punto anterior, fue la acumulación de capitales y la mayor y mejor organización empresarial, paradójicamente también impulsada desde el Estado. La Confederación Patronal de la República Mexicana (Coparmex), constituida en 1929, así como sus más antiguas hermanas gemelas Concanaco, Concamin (fundadas en 1917 y 1918, respectivamente), y la Asociación de Banqueros de México (ABM, fundada en 1928), crecieron en membresía y poder político durante el cardenismo. Como ha escrito Cristina Puga en su análisis de los empresarios mexicanos, durante el cardenismo, como se señaló más atrás, "los negocios florecieron"[110] pese a las constantes escaramuzas ideológicas y políticas.

Al final del sexenio cardenista la autonomía relativa del Estado, como puntualizó Nora Hamilton desde hace más de dos décadas, parecía llevada a su límite y el retorno "pactado" de los poderes conservadores no se hizo esperar. Entre los empresarios nacionales más beligerantes, los de Monterrey, su activismo político se canalizó hacia el recién fundado Partido Acción Nacional (1939). Bajo la dirección de Manuel Gómez Morin (intelectual y ex funcionario, autor de importantes proyectos legales para instituciones financieras durante el callismo, quien se había corrido hacia la oposición desde la época de Vasconcelos y era uno de los abogados de los negocios de los Garza Sada), el PAN se inclinó hacia el apoyo del candidato opositor con mayores posibilidades, Juan Andreu Almazán.[111] Este aspecto de la nueva formación de oposición política a Cárdenas se aborda en un capítu-

[110] Cristina Puga, "Empresas y empresarios durante el sexenio de Lázaro Cárdenas", en Javier Garciadiego *et al.*, *Lázaro Cárdenas: Herencia y Legado*, INEHRM, México, en prensa.
[111] Manuel Gómez Morin, 11 diciembre de 1964, entrevista a James W. Wilkie y Edna Monzón Wilkie, *op. cit.*, vol. II, pp. 94 y ss.

lo ex profeso de este volumen. Poco a poco, el PAN llegaría a constituir una presencia ineludible de la lucha política nacional, un soporte de la vida institucional durante décadas, como vehículo de presión de las clases medias católicas y de parte del empresariado.[112] Hacia el final del sexenio de Cárdenas, la fortaleza de la campaña almazanista y su coalición variopinta que logró probablemente la mayoría en la capital,[113] por ejemplo, nos ayuda a explicar asimismo el fenómeno de la brevedad de la etapa radical del cardenismo, pues contribuye a valorar la magnitud de las fuerzas que se le oponían.

En relación con la *huella* cardenista en el terreno de la industrialización el componente decisivo que marcó el futuro desarrollo económico fue la inevitable aceptación de una economía mixta con un sector estatal fuerte por parte de la iniciativa privada nacional y extranjera. Lo que señalamos antes acerca del corporativismo Estado-sindicatos, puede reiterarse en relación con el vínculo Estado-empresarios. La conexión corporativa no cayó como un fruto maduro generado por el cardenismo, pero sin duda el cardenismo contribuyó a la organización de todos los sectores de la sociedad, incluidos sus adversarios políticos. Los empresarios ensayaron proyectos de independencia política propios, pero a la larga subordinaron su acción política a la más cómoda postura de la obtención de beneficios económicos a cambio de subordinación ideológica. La mayor parte de los empresarios

---

[112] Véase Soledad Loaeza, *El Partido Acción Nacional. La larga marcha, 1939-1994*, FCE, México, 1999. En el año 2000, el PAN, por fin, conquistaría la presidencia, convirtiéndose en el inopinado sepulturero electoral del PRI.

[113] Gonzalo N. Santos, *Mis memorias*, Grijalbo, México, 1986, pp. 707 y ss. En el vívido relato de lo ocurrido en la jornada electoral en la capital, Santos señala que Cárdenas había tenido que salir a votar más tarde de lo esperado, debido a que la casilla donde se suponía debía hacerlo estaba tomada por los almazanistas, hasta que Santos logró "retomarla" para que el presidente pudiera votar con tranquilidad. El clima de la elección lo reflejan estas palabras: "Acordamos hacer *raid* arrebatando las ánforas, volteando las mesas electorales patas arriba y dispersando a los dirigentes de las casillas a como diera lugar" (p. 711).

nacionales se integraron al partido oficial. Una de sus exigencias habría de tener un efecto pernicioso sobre la modernización industrial en el largo plazo: la extensión de la política de protección comercial e industrial mucho más allá de lo conveniente desde el punto de vista económico, hasta condicionar una suerte de "invernadero" de las manufacturas locales que hubo de desplomarse hasta la década de los ochenta del siglo xx. Pese a los indudables progresos de la industrialización, consolidados durante el cardenismo, los problemas estructurales del sector, dentro de un país atrasado y dependiente, se reprodujeron después de la coyuntura de la segunda Guerra. Como señala acertadamente Haber, a mediados de los años cuarenta

la manufactura mexicana aún se hallaba sujeta al mercado interno y a la necesidad de protección y subsidios por parte del gobierno. Seguía predominando la producción oligopólica y unas pocas empresas acaparaban la mayor parte del mercado. De manera similar, la industria continuó siendo tecnológicamente dependiente de bienes de capital que provenían de los países avanzados...[114]

Los esfuerzos de industrialización autónoma llegaron a un límite difícil de superar. La huella cardenista empezó a perder profundidad y se tornó borrosa y difusa, con el proteccionismo a ultranza de los gobiernos priistas.

Impuestos y moneda:
¿tributación mezquina y dinero fácil?

La posición hacendaria y financiera de México posterior a la Gran Depresión fue en términos generales favorable para la polí-

---

[114] Stephen Haber, *Industria y subdesarrollo..., op. cit.*, p. 22.

tica cardenista, debido a que los recortes que había sufrido el gasto público (sobre todo en el ejército) la habían colocado en un nivel tal en que toda perspectiva habría de ser de mejoría, así como por el margen creciente de aceptación de la moneda fiduciaria, los billetes de banco, en las transacciones comerciales, a partir de 1935, lo que facilitaría la ampliación de la confianza del público, que es la base de todo crédito.[115]

En relación con la política fiscal, la administración cardenista se propuso elevar el gasto social del gobierno, lo que suponía buscar fuentes de ampliación de sus ingresos, y Cárdenas procuró hacerlo con un sentido redistributivo. En el Plan Sexenal se proponía "reorganizar el sistema de impuestos, persiguiendo el predominio de los directos sobre los indirectos, y generalizando la implantación de la progresividad en las cuotas, en todos los casos en que sea aplicable".[116] Con una todavía mayor claridad de propósitos se afirma un poco más adelante que en relación con el fisco "se procurará que grave la renta real, que grave a utilidades y beneficios que actualmente escapan y afecte las rentas provenientes del capital..."[117] Los resultados de esta orientación no alcanzaron un efecto mayúsculo en las finanzas públicas, pero sí tuvieron un impacto considerable en algunos sectores, en particular los ligados a empresas exportadoras extranjeras, como las petroleras y mineras. A estas industrias, que concentraban, históricamente, el grueso de la carga tributaria, en el Plan sexenal se les tacha de proporcionar una "tributación mezquina" a cambio de la sobreexplotación de los recursos naturales de México.[118]

Esta idea de una "tributación mezquina" tiene un asidero real, por ejemplo, en la estimación del peso de los impuestos a la

---

[115] Un recuento algo menos optimista pero bien informado en el trabajo ya citado de Gilberto Moreno Castañeda, *op. cit.*, pp. 125-156.

[116] Primer Plan Sexenal, *op. cit.*, p. 106.

[117] *Idem.*

[118] *Ibidem*, p. 84.

minería a lo largo del Porfiriato e incluso hacia los años veinte, con una breve excepción durante los años de Carranza. En cifras gruesas, la tributación minera total (que incluía un impuesto sobre títulos de propiedad, 3% sobre beneficio y exportación de metales preciosos y otro impuesto de derechos sobre establecimientos metalúrgicos) representó apenas algo menos de 6% de la recaudación total a comienzos del siglo XIX, y se redujo a 4% al inicio de la Revolución. En 1918 escaló a 10%, pero a lo largo de los años veinte alcanzó un promedio cercano a 4% porfiriano.[119] En notable contraste, la administración cardenista, particularmente después de 1938, consiguió elevar la tributación media del sector más allá de 20% (24.5% en 1939).[120]

En los informes anuales de El Potosí Mining se recogen los esfuerzos del gobierno cardenista por recaudar más, con diversos grados de oposición de parte de las compañías, año a año durante el sexenio. En 1938, el gran tema hacendario fue la introducción en julio de un impuesto de 12% a las exportaciones, que entró en vigencia el 9 de agosto. Este impuesto extraordinario estaba orientado a captar parte de las ganancias derivadas de la devaluación inducida por la expropiación en marzo del mismo año. Así, El Potosí Mining elude mencionar cómo sus ingresos por exportación, medidos en pesos, se acrecentaron sustancialmente con el paso de la paridad de 3.60 pesos por dólar, a cinco.[121] Eran estas ganancias extraordinarias a las que interesaba al fisco mermar (o compartir). En un balance general del sexenio cardenista, elaborado por la Secretaría de Gobernación con el apoyo de todas las dependencias, se justifica, en relación con dicho impuesto:

---

[119] Cifras estimadas de fuentes oficiales por Nicolás Cárdenas, "Revolución y desarrollo económico: El caso de la minería", *Signos Históricos*, núm. 11 (enero-junio de 2004), pp. 116-119.

[120] *Ibidem*, p. 120.

[121] El Potosí Mining Company, *op. cit.*, 1938, p. 15.

Con el establecimiento de dicho impuesto se tuvo el propósito de gravar la ganancia que con motivo de la baja del valor de nuestro peso iban a obtener los exportadores sin esfuerzo adicional alguno y hacer partícipes de ella, en forma de subsidios, a los importadores, que, con el mismo motivo, quedaban en situación desventajosa con respecto a los exportadores.[122]

En un sentido más amplio, Nicolás Cárdenas ha realizado una estimación global del efecto de la Revolución sobre la tributación creciente a la minería, como señalamos atrás, que confirma su carga sobre el sector (que se cuadruplicó) y confirma las intenciones profundas de la reforma cardenista y de los gobiernos que le sucedieron. "El problema es que esta última ofensiva estatal contra el sector minero parece haber rebasado, finalmente, la línea que muchas empresas consideraban el límite rentable para su actividad."[123] Paradójica y fatalmente se presentó un incremento sostenido de la tributación minera en los años cuarenta y cincuenta, en paralelo con la desinversión y progresiva reducción de la actividad, que pasó de aportar 6 a 2% del PIB nacional entre mediados de los años treinta y los sesenta. Muchas empresas extranjeras emigraron. Al mismo tiempo, como muestra Nicolás Cárdenas, se produjo un proceso de concentración de capitales en el sector, manteniendo amplios márgenes de rentabilidad para las pocas empresas sobrevivientes, todas filiales de grandes consorcios estadunidenses.[124] Tal sería, paradójicamente, una de las características de la nueva estructura de la industria en México: elevada concentración y peso del capital y tecnologías extranjeras, especialmente estadunidenses.

Así, tanto por el simple efecto del crecimiento económico

---

[122] *Seis Años de Gobierno al Servicio de México*, Secretaría de Gobernación, México, 1940, p. 49.

[123] Nicolás Cárdenas, "Revolución y desarrollo...", *op. cit.*, p. 121.

[124] *Ibidem*, p. 124.

en la mayor parte del sexenio, como por la orientación redistributiva en ingresos y gastos públicos, la política cardenista tuvo resultados positivos la mayor parte de su gestión. A excepción de 1938, cuando las finanzas públicas tuvieron un pequeño déficit de 1.1% del PIB debido a circunstancias excepcionalmente desfavorables (el impacto de la recesión estadunidense sobre el comercio exterior, la fuga de divisas asociada a la expropiación petrolera y la consecuente devaluación del peso), el presupuesto público se mantuvo esencialmente en equilibrio al mismo tiempo que se incrementaba su gasto de 243 millones de pesos corrientes en 1934 a 448 millones en 1940.[125] Estas cifras, medidas en pesos contantes, arrojan un crecimiento de casi 50% de incremento real en el gasto público en el sexenio. Una cifra respetable, mas no espectacular. En términos de su participación en el PIB, según estima Enrique Cárdenas, el peso del gasto público pasó de una participación de 7% a una de 7.7% entre 1935 y 1940.[126] (Como elemento de contraste, baste señalar que en la actualidad, diciembre de 2008, tras más de dos décadas de vigencia de gobiernos neoliberales, el peso del sector público en el PIB, alcanza, no obstante, 22% del total.)[127]

Es por ello legítimo afirmar que el estado cardenista no estuvo nunca en condiciones de realizar transformaciones más allá de los límites de un gobierno relativamente pobre. Ramón Betata, quien trabajó en la Secretaría de Relaciones Exteriores con Cárdenas y llegó a ser secretario de Hacienda en el gobierno de Miguel Alemán, se refirió así al presupuesto ejercido durante el cardenismo en una entrevista concedida en 1964: "todavía en la época del general Cárdenas, que conocí íntimamente, el presupuesto nacional era de 300 millones de pesos. ¡Nada! él hizo un

---

[125] Enrique Cárdenas, "La política económica...", *op. cit.*, pp. 136-137.

[126] *Ibidem*, p. 142.

[127] Banamex, "Examen de la Situación económica de México", núm. 987 (septiembre de 2008), p. 333.

esfuerzo desesperado por aplicar la mayor parte de ese dinero a obras sociales aun así, no se sintieron los efectos sino mucho más tarde".[128] El cardenismo puso, pues, algunos cimientos del nuevo Estado en construcción, aunque de ninguna manera se le puede juzgar como *deux ex machina* del "ogro filantrópico", para usar las palabras de Octavio Paz, en que se transformaría.

En lo que respecta a la política monetaria, puede afirmarse que ésta tuvo un carácter moderadamente expansivo. Cabe mencionar que el antecedente de esta orientación hacia una política de ampliación del crédito fue la aguda contracción monetaria que acompañó a la Gran Depresión, cuando el dinero en circulación se contrajo 60% entre diciembre de 1930 y diciembre de 1931, la más grande reducción de su historia.[129] Desde el Plan Sexenal se expresa la voluntad del partido en el poder por ampliar la circulación monetaria mediante una "discreta alza en los precios, que constituya un estímulo para la producción".[130] Y éste resultó en efecto el saldo del crecimiento de la oferta monetaria durante el sexenio. Con base en los balances del Banco de México, Enrique Cárdenas calculó un crecimiento controlado de la base monetaria (Reservas más Circulante) entre 1934 y 1940, de 376 millones de pesos, a 882 millones (pesos corrientes), lo que se traduce aproximadamente en 65% de incremento de la base monetaria medido en pesos contantes de 1934. Ello generó presiones inflacionarias importantes en algunos años, particularmente 1937 y 1938. A lo largo del sexenio los precios al mayoreo se incrementaron aproximadamente 40 por ciento.[131]

---

[128] Ramón Beteta Quintana, 11 agosto de 1964, entrevista a James W. Wilkie y Edna Monzón Wilkie, *op. cit.*, vol. II, p. 18.

[129] Manuel Cavazos Lerma, "Cincuenta años de política monetaria", en Ernesto Fernández Hurtado (comp.), *Cincuenta Años de Banca Central. Ensayos Conmemorativos*, Banco de México/FCE, México, 1976, p. 72 (Serie Lecturas, núm. 17).

[130] Primer Plan Sexenal, *op. cit.*, p. 108.

[131] Secretaría de Gobernación, *Seis años de gobierno al servicio de México, 1934-1940*, pp. 224-225. La cifra para el costo de alimentación entre 1936 y 1940 fue de 79% y el

Finalmente, hay un factor que contribuyó de manera indirecta a las posibilidades de acelerar la industrialización durante el cardenismo. Se trata de la moratoria en que incurrió México (y la mayoría de los países de América Latina) en sus compromisos financieros con el exterior, a raíz de las turbulencias monetarias internacionales. Este respiro en cuanto al pago de intereses permitió utilizar recursos fiscales que de otra manera hubiesen estado comprometidos en el pago de intereses, en la construcción de infraestructura interna y otros proyectos de inversión. Tan importante resultaba esta condición, que México llegó a encabezar, en el marco de la Conferencia Panamericana de 1933 en Montevideo, una iniciativa de varios países de la región para implementar una moratoria continental al pago de intereses sobre las deudas internacionales que reclamaban los banqueros. México utilizó esta iniciativa como factor de presión política hacia los Estados Unidos en otros asuntos, pero de cualquier modo la oposición estadunidense (y Argentina, cuyos compromisos internacionales se vinculaban principalmente con Inglaterra) indicaba la importancia que el asunto tenía.[132] De nueva cuenta, la tensión existente ente el gobierno de Roosevelt y los intereses de los grupos financieros abrieron una rendija de oportunidad histórica para evitar la sangría fiscal implícita en los compromisos financieros contraídos con anterioridad, durante y después de la Revolución. De tal suerte, los arreglos en que culminó la negociación de la deuda externa mexicana, en 1942, se ubicó en apenas alrededor de 10% de su valor de mercado.[133] Esta experiencia heredada de los años treinta es ilustrativa de la grave situa-

---

costo de la vida obrera de 46% (Nafinsa y Presidencia de la República, *50 Años de Revolución Mexicana en cifras, op. cit.*, p. 109).

[132] Marcos T. Águila, "Revolución, diplomacia y crisis: México en Montevideo, 1933", *Fuentes Humanísticas*, vol. 6, núm. 10 (1995), pp. 101-121; Robin King, "La propuesta mexicana de una moratoria continental: Lecciones de los años 30 y contraste con los años 80", *Historia Mexicana*, vol. 38. núm 3 (1989), pp. 1-21.

[133] Eduardo Suárez, *op. cit.*, cap. XVIII.

ción contemporánea por la que atraviesa el servicio de la deuda exterior de México y su freno a las posibilidades de desarrollo económico. Por ejemplo, de no haber existido la obligación del pago del servicio de la deuda en 1995, la inversión pública se habría podido triplicar.[134]

La restructuración del Estado: hacia nuevas instituciones

La Gran Depresión tuvo también un efecto indirecto sobre la capacidad del Estado mexicano para llevar adelante una política de reconstrucción económica basada en un nuevo proyecto institucional y cultural progresivamente alejado del militarismo que caracterizó a la etapa posrevolucionaria inmediata. Existen dos grandes ámbitos en los que se puede hablar de maduración del Estado durante el cardenismo, uno, el de la creación de varias instituciones de fomento económico, de financiamiento público y de ampliación de los espacios de intervención estatal en la promoción de la infraestructura económica según proyectos de desarrollo propios (presas, canales de riego, urbanización, carreteras); dos, el desarrollo de esferas de compromiso estatal con la salud, la educación, el arte y la cultura. Puesto en la jerga contemporánea, el cardenismo procuraba acercarse a la noción de un "estado de bienestar". El avance en estos dos ámbitos dependía de varios factores: desde el punto de vista político, del sostenimiento de una coalición de clases suficientemente amplia y organizada para hacer sentir su presencia cuando ello fuese requerido; desde el punto de vista económico, de la existencia de

---

[134] Mientras que entre los años cincuenta y setenta el servicio de la deuda exterior mexicana representaba menos de 20% de la inversión total, en los ochenta y noventa había duplicado su peso relativo. Véase Enrique Cárdenas, *La política económica de México, 1950-1994*, FCE, México, 1996, pp. 204-205.

excedentes fiscales sustanciales que dieran la pauta para hacer creíbles los planes económicos; y desde un punto de vista operativo, de la rápida emergencia de una nueva capa de funcionarios públicos, administradores, profesionistas y técnicos comprometidos con una filosofía de servicio colectivo. Vale la pena poner estas condiciones en perspectiva.

Una burocracia estatal no se forma (ni se destruye) de la noche a la mañana. La revolución se encargó de liquidar al viejo ejército y policía porfirianas, pero distó mucho de acabar con el personal administrativo de las oficinas de gobierno y sus prejuicios. Esto no sucedió en forma radical, sino de modo paulatino, por un lado mediante la sustitución del personal de la más alta jerarquía por jóvenes intelectuales comprometidos con la revolución, mezclados con generales sedientos de riqueza, y por otro, mediante el reclutamiento de nuevo personal que se formaba lentamente en las nuevas condiciones (por ejemplo, en el Instituto Politécnico Nacional, institución educativa íntimamente vinculada a la necesidad de contar con ingenieros que pudieran fortalecer al sector público). Ahora bien, este proceso fue influido por el impacto de la depresión, que planteó nuevos problemas urgentes de administración económica (y permitió ensayar soluciones imaginativas sobre el terreno), al mismo tiempo que "purgó" a la administración de la nómina, principalmente en el ejército. La depresión de los treinta forzó el licenciamiento de muchos miles de soldados, pues el erario no podía sostener la nómina del ejército, cuyos efectivos pasaron de unos 80 000 en 1927, a 40 000 al comenzar la administración cardenista, cifra que se mantuvo semicongelada, bajo un esfuerzo permanente de profesionalización y de reajuste de los cacicazgos militares enemigos existentes.[135]

---

[135] Es interesante, no obstante, que los principales aspirantes a la presidencia en 1940 todavía portaban estrellas de general: Manuel Ávila Camacho, Juan Andreu Almazán y Francisco J. Múgica. Un examen de la lucha intestina por el control del ejército en Alicia

Esta circunstancia tuvo un doble efecto, en primer lugar redujo el poder relativo de los oficiales, al minimizar el volumen de
la tropa bajo su mando; en segundo lugar, una vez que las finanzas públicas se recuperaron, el estado pudo contratar a nuevos
servidores públicos en otras áreas, en particular la educativa (el
número de maestros pasó de menos de 20 000 en 1927, a cerca de
40 000 con el ascenso cardenista). Es decir, se produjo un cambio
estructural en la composición del empleo público, que puede
sintetizarse en la "fórmula" de sustitución de *soldados por maestros*, estos últimos se convirtieron en un símbolo del esfuerzo
transformador del cardenismo. La importancia del gasto militar,
sin embargo, no desapareció, y se mantuvo en el primer sitio del
presupuesto de Defensa (la Secretaría de Guerra y Marina cambió de nombre por el de Defensa) a lo largo del sexenio cardenista. Lo que cambió definitivamente fue su propensión a la revuelta,
es decir, se institucionalizó. No es casual que formase uno de los
cuatro sectores convocados a formar el Partido de la Revolución
Mexicana, el abuelo del PRI.

Sobre el intento de Cárdenas de utilizar la educación como
catapulta de una nueva ideología revolucionaria se ha escrito
mucho y es uno más de los puntos de desacuerdo más notable
entre los académicos. Así, se ha cuestionado la intención de imponer una "educación socialista" desde arriba. No vamos a emitir
un juicio sobre el grado de éxito o fracaso de la iniciativa. En
todo caso es muy claro que si las estructuras económicas son
muy difíciles de cambiar, las costumbres sociales lo son aún más.
Una cosa era, escribe Alan Knight, "sacar los cuerpos a la calle"
(refiriéndose a la capacidad de movilización cívica del régimen
cardenista a favor de sus iniciativas), y muy otra el "cambiar las
mentes dentro de esos cuerpos".[136] Lo interesante al menos es in-

Hernández Chávez, *La mecánica cardenista. Historia de la revolución mexicana, 1934-
1940*, vol. 16, Colmex, México, pp. 91-105.
[136] Véase Alan Knight, "Revolutionary project, recalcitrant people: Mexico, 1910-

dicar las condiciones de posibilidad de los esfuerzos realizados, a partir de cambios en la estructura estatal misma, más civil que militar, más orientada hacia el progreso económico y menos a la resistencia de una plaza sitiada (aunque ésta sea el propio estado). Uno de los capítulos de esta obra se encarga de evaluar críticamente este aspecto de la herencia cardenista.

Los esfuerzos en el sentido de la profesionalización de las tareas burocráticas rebasan el terreno de la educación. Por ejemplo, Schuler insiste en un cambio cualitativo ocurrido en el manejo consular y diplomático de las relaciones exteriores;[137] algo semejante puede decirse tanto del sector laboral[138] como del agrario.[139] En cuanto a las instituciones de perfil económico, desde el Banco de México hasta la Nacional Financiera, el ascenso de los nuevos cuadros técnicos es notable. Nombres como los de Marte R. Gómez, Manuel Meza Andraca, Eduardo Villaseñor, Manuel Beteta, Daniel Cosío Villegas, Manuel Gamio, Manuel Gómez Morin, así como los antes citados de Jesús Silva Herzog, Gonzalo N. Robles o Eduardo Suárez, todos los cuales vivieron la Gran Depresión en sus distintos ámbitos de participación en la gestión pública, iban sustituyendo a la generación de perfil más político-militar, caudillesca y carismática, entre cuyos miembros se encontraban Tomás Garrido Canabal, Cándido Aguilar, Joaquín Amaro, Adalberto Tejeda, Saturnino Cedillo e incluso el propio Cárdenas (en quien las tareas técnicas llegarían a desplazar proporcionalmente a las políticas a lo largo de su carrera en la administración pública después de la presidencia).[140] Se debe tener en

1940", en Jaime O. Rodríguez (ed.), *The revolutionary process in Mexico: Essays in political and social change, 1880-1940*, University of California, Irvine, 1990, p. 253.

[137] Friedrich Schuler, *op. cit.*, pp. 5, 12 y 26.

[138] Marcos T. Águila, *"The Great...", op. cit.*, cap. 5.

[139] Everardo Escárcega López, *op. cit.*, pp. 123-124.

[140] Véase por ejemplo el cuadro de generaciones que elabora Luis González y González, *La ronda de las generaciones*, vol. VI, Clío, México, 1997, pp. 148-153, 1984. Enrique Krauze ha trabajado asimismo el tema de las generaciones sucesivas en la historia de México y sus perfiles dominantes en varias obras, véase "Cuatro estaciones de la cultura

cuenta, sin embargo, que si bien las décadas del desarrollismo de
los años cuarenta y cincuenta han sido consideradas por muchas
interpretaciones tanto de "izquierda" como "oficiales" como un
triunfo de la "revolución institucionalizada", constituyen en buena parte una negación del cardenismo de los treinta.[141]

Ya para finalizar este capítulo conviene referirse a una de las
paradojas antes mencionadas: la duración extremadamente corta
del impulso radical del cardenismo en el poder (sobre todo entre
marzo de 1935 y marzo de 1938), con la prolongación de lo que
podríamos llamar su memoria colectiva, sus mitos longevos, con
expresiones tan vivas —y acaso irrepetibles— como la votación
del 6 de julio de 1988. A propósito de mitos longevos, por ejemplo, en entrevista realizada en los años ochenta del siglo XX, doña
María Grimaldo Magallón, contemporánea de Lázaro Cárdenas,
en su natal Jiquilpan, afirmó (para repetir uno de nuestros
epígrafes):

—Mira, ¿No ves a Lázaro dónde va ya?
   —Iba en las ancas de un caballo, con sus huaraches de correa
cruzada, sus calzoncitos de manta y con su contalito de a treinta
centavos. Lo vimos pasar nosotros por aquí y dicen que ahí entró a
Guadalajara. Dicen que ahí ascendió a coronel, luego a presidente
de la República y luego fue virrey, fue su último cargo.[142]

He aquí el poder del "dicen que", cuando se quiere creer lo
que se dice que se dijo. A mi entender, la brevedad del radicalis-

mexicana", en *Caras de la historia*, Joaquín Mortiz, México, 1983, pp. 124-168; para una
recopilación de sus trabajos biográficos: *Mexicanos eminentes*, Tusquets, México, 1999,
donde se recoge el estudio citado.
   [141] Confrontar las interpretaciones de Jesús Reyes Heroles: "La revolución y el desarrollo político de México", en *La historia y la acción. La Revolución y el desarrollo político de México*, Seminarios y Ediciones, Madrid, 1972, contra, digamos, la de Luis Javier
Garrido, *El partido de la revolución institucionalizada*, Siglo XXI, México, 1982.
   [142] Citado en Guillermo Ramos Arizpe y Salvador Rueda Smithers (recs.), *op. cit.*, p. 567.

mo cardenista tiene que ver no sólo con el viraje de las circunstancias políticas internacionales (ascenso del fascismo europeo,
derrota de la República española, retirada de los partidos comunistas en la mayor parte del mundo), sino con la fragilidad de
sus raíces populares autónomas. El "matrimonio por mutua conveniencia" entre el cardenismo y el movimiento laboral cetemista, no del todo ajeno a la experiencia del obregonismo y la CROM,
por ejemplo, elevó la capacidad de acción de los trabajadores,
pero les restó igualmente potencia cuando el grupo cardenista
perdió las riendas del gobierno. De hecho, puede afirmarse que el
sindicalismo del *main stream* ha sido incapaz de un verdadero
"divorcio imaginativo" del Estado, hasta el presente.

En el caso del movimiento campesino podría decirse otro
tanto, incluso con un perfil más acentuado. Mientras que la figura presidencial había sido desplazada por la de líderes propios en
el caso del sindicalismo (Lombardo o Velázquez), y de hecho el
giro de contención a las peticiones laborales a partir de 1938 le
había costado al PRM cardenista la pérdida de la hegemonía absoluta dentro del movimiento obrero, algunos de cuyos contingentes se acercaron al almazanismo; en el caso del agrarismo la importancia del liderazgo presidencial fue casi absoluta. A propósito
de esta dependencia, vale la pena referir lo ocurrido con la gestión del gobernador Cárdenas en Michoacán durante la depresión: como se ha señalado, Cárdenas fundó y patrocinó a la Confederación Revolucionaria Michoacana del Trabajo (CRMDT),
coalición obrero-campesina incondicional a su política durante
su mandato, con frecuencia promoviendo dirigentes *ad hoc*; el
joven gobernador orientó la política radical de la CRMDT y le permitió obtener sus primeros triunfos, pero bastó su salida de la
gubernatura para que la fuerza política de la confederación decli-
nara dramáticamente ante la ofensiva de su sucesor, el general
conservador Benigno Serrato. A finales de 1933, los vientos cambiaron de nuevo a favor de los agraristas michoacanos, cuando

Cárdenas logra la nominación a la presidencia por el PNR y Serrato muere como consecuencia de un accidente de aviación.[143] Eventualmente, la CRMDT se integraría al proyecto nacional campesino del cardenismo, la Confederación Nacional Campesina (CNC), en 1938, proyecto voluntariamente desarrollado e impulsado con independencia de la CTM, y fatalmente asociado a las políticas gubernamentales en turno de entonces en adelante. En la actualidad, las viejas organizaciones sindicales y campesinas han consumido su antigua fuerza. Dan lástima.

Una tercera fuerza social, la de los empresarios y sectores medios urbanos, se consolidó a lo largo de los años treinta y alcanzó la mayoría de edad, políticamente, con la formación del PAN en 1939. Como señalamos con anterioridad, el cardenismo favoreció la creación de organizaciones a diestra y siniestra, incluso las de sus propios opositores. La jerarquía católica se sentiría cada vez más atraída por este polo aglutinador de fuerzas conservadoras. Al mismo tiempo, una burocracia estatal privilegiada procuraría aliarse a su vez con los inversionistas privados, nacionales y extranjeros, de quienes dependía el crecimiento económico de México, así como las posibilidades de emprender negocios propios. Para los altos funcionarios de la nueva burocracia estatal, los sindicatos y las organizaciones campesinas no eran más un soporte necesario de un proyecto partidario, sino un estorbo. Sus herederos, los gobiernos neoliberales contemporáneos, se comportan de modo análogo.

En suma, la Gran Depresión tuvo un impacto duradero en México. Este impacto incluye consecuencias económicas, políticas y sociales, y constituye una de las raíces del cardenismo. En este capítulo fue posible realizar un seguimiento sucinto de dicho impacto en las relaciones exteriores de México, la reforma agra-

---

[143] Christopher R. Boyer, *op. cit.*, p. 222.

ria, la política laboral, la política de industrialización nacionalista, la política hacendaria y crediticia y los esfuerzos de transformación institucional dentro y fuera de la estructura del Estado. En el trasfondo aparecieron atisbos de la "nueva" política civil de masas (sin que ello significase la eliminación completa de la violencia y la gestión autoritaria de muchos caudillos de estatura social diversa). En cada uno de dichos apartados, encontramos rastros claros de la importancia de la Gran Depresión en el establecimiento de los acentos políticos cambiantes del cardenismo en ciertas regiones o coyunturas, e intentamos dibujar las huellas o perfiles más duraderos del proyecto hacia el futuro. En particular, durante el cardenismo, los trabajadores cosecharon las siembras de un largo ciclo de luchas que emerge por lo menos desde el proceso que condujo a la caída de Díaz y de allí al complejo rompecabezas de la Revolución mexicana. Los obreros fueron parte y dieron forma a ese rompecabezas. No fueron simples espectadores. Menos todavía los campesinos, en múltiples regiones del país. Sin embargo, no se logró —ni parece haber sido una preocupación central entre los protagonistas— una mayor independencia política del Estado, crecientemente presidencialista y vertical. Se logró dar vida a la letra de la legislación revolucionaria, con avances en los estándares de vida de la población trabajadora y en la distribución de la propiedad agraria, la soberanía energética, la ampliación de las comunicaciones y la infraestructura educativa. Ahora bien, la gesta económica cardenista frenó su impulso hacia el final del sexenio de Cárdenas, pero impuso un perfil al desarrollo posterior. Marcó una huella en la forma de crecimiento económico de México por un largo tiempo (al menos hasta la década de los ochenta del siglo xx).

Así, cuando los vientos progresistas del cardenismo dejaron de soplar hacia las izquierdas, en especial después de la expropiación petrolera, y la política reformista encabezada por el presidente Cárdenas sufrió ataques de magnitud creciente desde distintos frentes, los trabajadores del campo y la ciudad se concentraron en la defensa de los principios del pacto laboral que emergió del ciclo anterior. Con la vista puesta más hacia el interior de sus centros de trabajo o las condiciones para hacer producir el ejido, que en una ofensiva política por un programa socialista. En todo caso, el rápido ascenso de la industrialización (capitalista) y el éxito de las exportaciones agrícolas, asociada a la inserción de México en el mercado mundial en la posguerra, sería inexplicable al margen de dicho pacto. En contraste, la apertura económica a marchas forzadas impuesta a México en las dos últimas décadas, descansa en buena medida en la fragmentación o abierta quiebra de aquel viejo acuerdo social y laboral. En contraposición con la depresión de los años treinta, la crisis que inicia en México con la incapacidad de pago de la deuda externa en 1982 y las subsecuentes recaídas, no ha sido *breve*, pero en cambio sí muy *profunda*. El año 2009 amenaza con ser recordado como un nuevo 1929, a nivel global. Reformular el viejo pacto social que emergió en los años treinta, bajo principios análogos a los que le dieron vida (el fortalecimiento de la responsabilidad pública para socializar los frutos del crecimiento económico, el fomento a la organización de los productores, la elevación del horizonte cultural del pueblo), si bien acorde a las condiciones presentes, es uno de los mayores retos para avanzar en el desarrollo de México. Para lograrlo, resulta indispensable aprehender la experiencia histórica anterior.

Consolidación y límites a los derechos de los trabajadores del Estado en el régimen de Lázaro Cárdenas

Felipe Remolina Roqueñí(†)*
Marcos T. Águila**

> Uno de mis días más hermosos fue aquel en que
> convencí a un grupo de marineros del archipié-
> lago a que se asociaran formando una corpora-
> ción y que trataran directamente con los vende-
> dores de las ciudades. Jamás me sentí más útil
> como príncipe.
>
> Marguerite Yourcenar,
> *Memorias de Adriano*, 1955 (1951)

Nota introductoria

El presente capítulo hubo de remontar un obstáculo excepcional y triste. El doctor Felipe Remolina Roqueñí, principal autor del texto, falleció el 3 de enero de 2009, poco antes de la entrega planeada del mismo. La doctora Helen Patricia Peña Martínez, viuda del doctor Remolina Roqueñí, amablemente entregó a los organizadores la versión disponible del trabajo, misma que fue tomada como columna vertebral del texto actual, complementado por el doctor Marcos T. Águila, miembro del equipo responsable del vo-

* Magistrado del Tribunal Federal de Conciliación y Arbitraje.
** UAM-Xochimilco.

lumen, con quien el doctor Remolina intercambió impresiones sobre el contenido del capítulo y que aparece como coautor. Durante el proceso de planeación del volumen, el doctor Remolina Roqueñí, reconocido jurista, especialista en temas laborales, sostuvo la conveniencia de concentrar su atención en el proceso de organización y creación de la ley normativa de los trabajadores al servicio del Estado durante el cardenismo, que en una nueva síntesis de las relaciones entre el movimiento obrero y el régimen del general Cárdenas, fenómeno ampliamente tratado en la historiografía del periodo. La razón principal para privilegiar el estudio de la emergencia de la organización de los empleados públicos era la escasa atención prestada a uno de los pilares de la construcción de la hegemonía política del Estado posrevolucionario, que sucedió al cardenismo. Con el consenso del grupo, se procedió al encargo que ahora se somete a la atención de los lectores. No se soslaya la importancia que la relación entre la Presidencia y el movimiento obrero tuvo en la política cardenista, pero el tema se trata de manera periférica en otros materiales de esta recopilación. La versión original del doctor Remolina, demasiado extensa para los fines de este libro, fue revisada y editada por la licenciada Irais Moreno López.

Introducción

El presente ensayo tiene como objetivo destacar la importancia que tuvo la intervención del presidente Cárdenas en la consecución de la normatividad laboral para los trabajadores burocráticos y su lucha por alcanzarla: una regulación que les confiriera capacidad para organizarse sindicalmente y los protegiera laboralmente. Esta protección formaba parte central del programa cardenista. Al mismo tiempo, la regulación laboral de los empleados públicos partía de la voluntad estatal de mantenerlos separados de la organización más amplia de los trabajadores que contrataban con empresas privadas, en función del precepto de que la naturaleza de sus vínculos contractuales era distinta, pues su patrón no tenía intereses puramente de lucro, sino de beneficio colectivo, público y social.

A pesar de que el contenido del *Estatuto para los Trabajadores del Estado*, que se aprobó hacia el final del periodo cardenista, ha sido objeto de considerable atención entre especialistas, se ha estimado necesario estudiar aquí con mayor detenimiento los esfuerzos de diferentes instituciones, grupos y personas —funcionarios públicos, legisladores, líderes obreros y trabajadores involucrados, así como el mismo presidente Cárdenas— que permitieron completar la tarea. El seguimiento de este proceso nos reveló mucho acerca de la naturaleza y realismo de la política cardenista.

Es justo mencionar que el presidente Cárdenas luchó durante su gobierno para que a través de un debate amplio se resolviera este asunto, lo que efectivamente ocurrió *formalmente*, ya que las Cámaras del Congreso de la Unión debatieron diferentes y hasta encontrados puntos de vista (la Cámara de Senadores sostuvo la posición más favorable a la ampliación de los derechos de los empleados públicos, mientras que la mayoría de diputados se opuso a los derechos de huelga y sindicalización del sector, como se analizará en el capítulo). La suerte de la iniciativa de institucionalización de los derechos de los empleados, no obstante, se decidió fundamentalmente fuera de las cámaras. Opinaron sobre este tema decisivo para la estabilidad política del Estado posrevolucionario, líderes sindicales y empresariales, intelectuales y políticos diversos, mientras que obreros y empleados se organizaron y manifestaron en innumerables ocasiones. Al término de la jornada, sin embargo, la voluntad presidencial fijó el perfil final de la ley.

Al tomar posesión de la presidencia, el 30 de noviembre de 1934, el general Lázaro Cárdenas hizo un recuento de los problemas nacionales a los que daría prioridad su gobierno. Cárdenas afirmaba que la Revolución mexicana había tenido, desde su origen, el anhelo de justicia social; no obstante, perduraban en México injusticias económicas y sociales lacerantes. Su prolongada e insospechada campaña presidencial le había permitido tomar el pulso de la vida y la pobreza social a lo largo y a lo ancho del país, en miles de poblaciones marginales. Así, Cárdenas tenía presentes las profundas desigualdades a las que estaban sometidas las grandes masas de trabajadores del campo y la ciudad.

"Las clases trabajadoras", dijo Cárdenas, "se debaten en una lucha doble: la que llevan a cabo en defensa de sus intereses como clase y la que desarrollan intergremialmente al debatirse al calor de pasiones y egoísmos", con lo que sólo habían logrado debilitar sus filas y retardar el logro de sus aspiraciones. A semejanza de la tarea desarrollada como gobernador de Michoacán, Cárdenas convocaba a los trabajadores a formar un Frente Único, con un programa general en el que se encontraran contenidas sus demandas. En este contexto, un importante grupo de trabajadores, el de los empleados públicos, se encontraba al margen de las normas laborales que protegían al resto, por ello Lázaro Cárdenas consideraba que era necesaria la reglamentación específica para garantizar la estabilidad de los trabajadores al servicio del Estado, lo que sin duda contribuiría a la estabilidad del propio Estado posrevolucionario.

Abelardo L. Rodríguez, el antecesor de Cárdenas, sancionó un acuerdo en el que declinó la amplia facultad del presidente de la República para nombrar y remover libremente al personal administrativo del Poder Ejecutivo, y ello había traído una corriente de entusiasmo que había llevado a los burócratas a organizarse para la defensa de sus intereses y sus conquistas laborales. Surgieron organizaciones como la Asociación de Empleados de Gobierno, y múltiples sindicatos del gremio de maestros, que levantaron pliegos de demandas a favor de la estabilidad del empleo, la elevación del ingreso, la protección en caso de despido, la fijación de reglas claras para el ascenso, entre otras. La fórmula para solucionar este asunto se encontró en la expedición de una Ley del Servicio Civil bajo ciertos principios: promover una reforma constitucional para que tales beneficios alcanzaran a los tres poderes de la Federación.

El 1º de diciembre de 1934 la Asociación de Empleados de Gobierno informó que su agrupación se ocupaba en la creación de un proyecto de Ley del Servicio Civil, y que una vez terminado, lo presentarían al Congreso de la Unión. El presidente de esa asociación, Jacobo Manrique, subrayó que los empleados públicos se habían encontrado siempre al margen de la ley, por lo que desde su constitución en 1933, esta asociación respaldó a los empleados que habían sido cesados injustificadamente, y les prestó auxilio en caso de enfermedad. En el documento constitutivo de la asociación, los empleados del gobierno manifiestan que sintieron la necesidad de unirse, pero tenían temor a las posibles represalias: "pero no nos atrevemos a manifestarla de manera franca, porque nuestro espíritu ha sido apocado; debiéndose esto a la inestabilidad de nuestros empleos y a la creencia general de que cualquier manifestación de esta naturaleza puede ser considerada como rebeldía". Dicho temor tenía sobrados motivos de existir.

El nuevo clima permisivo a las manifestaciones de los trabajadores, que caracterizó a los primeros meses de la administración cardenista, permitió escuchar nuevas propuestas. Los empleados de la Delegación del Departamento Agrario en el Estado de Campeche, por ejemplo, solicitaba que se prorrogara el acuerdo de Abelardo L. Rodríguez en tanto se expidiera la nueva legislación; mientras que el Frente Único de Defensa de Contribuyentes al Fondo de Pensiones Civiles de Retiro proponía que como edad máxima para laborar en las oficinas burocráticas se fijara en 60 años.

En 1935, la Unión Nacional de Veteranos de la Revolución (UNVR) —que agrupaba a más de 50 000 miembros—, exigió que tanto a nivel nacional como estatal, se hiciera una minuciosa depuración en los cargos públicos de todo aquel elemento que no se identificara con el movimiento revolucionario. La crítica de la Unión de Veteranos Revolucionarios era que, mientras las leyes defendían ampliamente y garantizaban el trabajo de obreros y campesinos, se tenía en el olvido a los empleados públicos, dejándolos a merced de los vaivenes de la política de los distintos gobiernos a pesar de contar con una eficiente hoja de servicios, pues bastaba la recomendación de algún funcionario para colocar en los cargos de responsabilidad a personas incompetentes y en muchos casos faltos de honradez. Era pues, ingente "formar un comité de salud pública integrado por verdaderos revolucionarios designados por el Presidente de la República". No deja de ser interesante la postura que adjudica al presidente la definición de "verdadero revolucionario", pero el reiterado apunte acerca de la inestabilidad e ineficiencia del aparato gubernamental parece irrefutable.

Existían también otros grupos que planteaban la necesidad del reconocimiento de los mismos derechos laborales a los trabajadores del Estado que los que ya habían sido otorgados a los trabajadores de la industria en la Ley Federal del Trabajo. Así, el 4 de diciembre de 1935 la Unión Nacional de Empleados del Gobierno presentó al presidente de la República un memorando en el que propuso se les reconocieran a los empleados públicos los siguientes derechos: libre ejercicio de sindicación en virtud de que el artículo 123 constitucional no los excluía; el exacto cumplimiento del horario oficial de 37 horas y media; la construcción de casas habitación y el otorgamiento de créditos para su adquisición; el reconocimiento de las enfermedades profesionales y su atención, y las licencias de maternidad de un mes antes y uno después del parto.

La recién creada Federación Nacional de los Trabajadores del Estado, integrante de la Confederación de Trabajadores de México (CTM), pidió a Cárdenas instruyera a los secretarios de Estado y jefes de Departamento no oponerse a la tarea de organización sindical que estaban llevando a cabo en las distintas dependencias de la administración pública federal. Los representantes de esta federación solicitaron una entrevista con el presidente para plantearle sus problemas en relación con el poder público y pedían les fueran reconocidas de manera inequívoca su personalidad jurídica; las bases del derecho de contratación colectiva; la intervención de las agrupaciones de los trabajadores al servicio del Estado en la elaboración de los presupuestos en relación con las "plantas y partidas de sueldo"; así como "los demás derechos que la Ley Federal del Trabajo otorga para los obreros".

Los trabajadores al servicio del Estado, en franco proceso de organización, pugnaban porque se reformara la Ley Federal del Trabajo (LFT) para que les fueran reconocidos fundamentalmente tres derechos: el derecho de sindicación, el de huelga y el de contratación colectiva. Estas demandas, sin embargo, rebasaban con mucho la posición expuesta por el general Cárdenas durante su toma de posesión como presidente, que enmarcaba el reconocimiento de los derechos de los burócratas únicamente dentro del esquema del derecho administrativo (esto es, en un ámbito distinto del de la LFT). Cárdenas era consciente de la importancia política y el enorme poder que la unificación de los empleados públicos con los trabajadores de la industria traería consigo, en particular bajo el supuesto de un crecimiento del empleo tanto en la industria como en el sector público (en este último caso, además, se tendría a contingentes concentrados y masivos)[1] por

[1] Hacia 1950, los empleados públicos organizados sumaban 125 000 afiliados, aproximadamente, mientras en toda la industria de la transformación había unos 311 000 y en las industrias extractivas 76 000; Guadalupe Rivera Marín, *El mercado de trabajo; relaciones obrero patronales*, FCE, México, 1955, cuadro 6, p. 82.

lo que siempre sostuvo la conveniencia de mantenerles en organizaciones distintas.

Durante el congreso de unificación sindical en que se constituyó la CTM, celebrada en el Sindicato Mexicano de Electricistas del 21 al 24 de febrero de 1936, el diputado Fernando Amilpa,
en sus reflexiones sobre la expedición de la Ley del Servicio Civil
del artículo 2º de la Ley Federal del Trabajo, que declaraba que los
empleados públicos se regirían por esa ley y no por la norma reglamentaria del artículo 123 en materia federal, expresó: "ellos
[los empleados] me claman la pronta expedición de la Ley del
Servicio Civil [...] con el objeto de que se incluya este asunto al
hacer la petición de reformas a la Ley del Trabajo, en la inteligencia de que es opinión de todas las agrupaciones que los trabajadores al servicio del Estado sean sujetos de derecho industrial, considerando al Estado como patrón..." Para Amilpa, sería el comité
ejecutivo de la CTM la instancia a la que correspondería impulsar
el que se considerara al Estado como patrón, y por tanto como
sujeto de derecho industrial.

Más tarde en la asamblea, en representación de los trabajadores al servicio del Estado, José Luis Aguilera señaló la existencia de líderes profesionales que pretendían evitar que los trabajadores al servicio del Estado quedaran incluidos en la Ley Federal
del Trabajo, por lo que solicitaba que en la declaración de principios de la CTM se consignara que ésta habría de luchar porque se
incluyera a los burócratas en ese ordenamiento y se les reconocieran los mismos derechos.

Vicente Lombardo Toledano, precursor de la organización de
los trabajadores de la educación (que son precisamente empleados públicos), durante su intervención en la asamblea le aclaró a
Aguilera que lo que él proponía estaba ya considerado en los estatutos de la organización, que en su artículo 2º definía como
organizaciones constitutivas de la confederación tanto a obreros
como a agrupaciones y comunidades agrarias, así como a las

agrupaciones de trabajadores al servicio del Estado.[2] Lombardo expuso en la "declaración de principios" de la nueva confederación que el proletariado de México lucharía por que los trabajadores al servicio del Estado se incorporaran jurídicamente con el resto de la clase asalariada a manera de quedar protegidos por la Ley Federal del Trabajo.[3] Los líderes cetemistas eran pues muy conscientes de la importancia de incorporar al contingente de los empleados públicos a sus filas.[4]

Aprobado el estatuto de la CTM en lo general, un representante de los empleados públicos de Tehuacán, Puebla, de apellido Cristiani, pidió que se adicionara un inciso al capítulo VIII relativo a la sanción de expulsión en los casos en que los burócratas no participaran en un movimiento de huelga general cuando así lo decretara el comité ejecutivo de la central de trabajadores que se estaba constituyendo:

en virtud de la situación especial que guardamos ante el Gobierno, por que no será remoto que mañana se decrete una huelga en contra de determinado Gobierno que no respete los postulados de la Revolución, y entonces se nos pondría en un predicamento muy difícil y, además, no será un predicamento sólo para nosotros, sino también para la Central a que pertenecemos. En consecuencia, suplico que se modifique y se diga que en caso de huelga contra el Gobierno, a los empleados se les imponga otra obligación, pero no la huelga.

---

[2] La versión taquigráfica de la constitución de la CTM fue publicada por primera vez en Samuel León y González, *Clase obrera y cardenismo*, UNAM, México, 1974. En este texto se cita la versión de la misma trascripción publicada en *Constitución de la Confederación de Trabajadores de México en el Cincuentenario de su formación*, INEHRM/Segob, México, 1986, p. 221.

[3] *Idem*.

[4] Este principio no sería abandonado por la confederación sino cuando la alternativa políticamente factible fue la falta de reconocimiento jurídico de dicho segmento de la clase trabajadora, como se explicará hacia el final del capítulo.

Cristiani se refería a la sanción de expulsión en el caso de no secundar una huelga general, supuesto que más tarde tomaría en consideración el propio Cárdenas al oponerse a que los sindicatos burocráticos formasen parte de la CTM u otra central obrera.[5] En cuanto a la solicitud de Cristiani, ésta fue desechada.

En tanto, el artículo 2° de los estatutos de la CTM relacionaba las organizaciones que constituirían la confederación, de la manera más amplia posible, a través de: agrupaciones campesinas, de comunidades agrarias, de sindicatos de campesinos, y de agrupaciones de trabajadores al servicio del Estado, así como los sindicatos gremiales, los de empresa, las federaciones regionales, las industriales y los sindicatos industriales. El artículo 5° de los estatutos de la CTM definía a las agrupaciones de trabajadores al servicio del Estado como "todas aquellas cuyos miembros tuvieran el carácter de asalariado y dependieran de cualquier organismo o institución del Estado".[6] Sin embargo, esta concepción en el tratamiento de la relación empleado público-Estado patrón, no correspondió con la visión y las ideas de algunos miembros del gabinete de Cárdenas, ni, por supuesto, del sector empresarial.

Un debate importante, que antecedió los esfuerzos de promoción de la organización de los empleados durante el cardenismo, se produjo durante el Primer Congreso Mexicano de Derecho Industrial, congreso promovido en el verano de 1934, hacia el final de su mandato, por el presidente Abelardo L. Rodríguez. En dicho congreso, la ponencia de uno de los delegados oficiales, el licenciado Vicente González y González, admitía desde el título, la noción de "Estado-patrón", y la defendía a partir de un principio ingenioso: el Estado era patrón cuando los servicios que prestaba podían ser ofrecidos por particulares.[7] González y

---

[5] *Constitución de la Confederación de Trabajadores de México...*, *op. cit.*, p. 135.
[6] *Ibidem*, p. 221.
[7] "La Federación, los Estados y los Municipios serán considerados como patrones cuando tengan a su cargo empresas o servicios que puedan ser desempeñados por parti-

González concedía que "el empleado público frente al Estado omnipotente… es infinitamente más débil que el trabajador frente a la empresa capitalista".[8] En consecuencia, la ponencia apoyaba la inclusión de los empleados como sujetos a las disposiciones de la LFT. Como era de suponer, uno de los abogados patronales y delegado del congreso, el licenciado Max Camiro, rechazaba absolutamente la noción de relación contractual entre los empleados y el Estado, pues los primeros realizaban precisamente un "servicio público", y no privado. Por lo tanto, debían ser normados por el derecho administrativo. El licenciado Camiro no añadía nada al juicio que ya desde la época de Carranza sostenían otros abogados patronales. Por ejemplo, contra la organización de los maestros en 1919, se expresaban así:

> Ni los maestros son productores de riqueza ni las entidades políticas, federación, estados o municipios, personifican ningún elemento de producción… Admitir el derecho de huelga del personal docente, que en sentido administrativo se integra por meros servidores de la nación, equivaldría al absurdo de reconocer la huelga del Estado contra el Estado.[9]

Semejante "absurdo" se repitió y se repite una y otra vez en el caso de los maestros.

En plena efervescencia sindical, 13 meses después de la fundación de la CTM, los burócratas convocaron a un congreso pro-unidad de la Federación Nacional de Trabajadores del Estado, entre el 30 de agosto y el 4 de septiembre de 1936. En dicho congreso se repitió la aspiración de los trabajadores al servicio del Estado a

---

culares", *Memoria del Primer Congreso Mexicano de Derecho Industrial*, Departamento del Trabajo, Talleres Gráficos de la Nación, México, 1934, p. 209.

[8] *Ibidem*, p. 207.

[9] Citado en Gerardo Peláez Ramos, *El Sindicalismo magisterial, 1935-1943*, SNTE, México, 1994, p. 14.

considerarse sujetos del derecho obrero, "gozando de las prerrogativas comunes a los trabajadores de empresas privadas", pues implícitamente así lo reconocía el artículo 123 constitucional; por tanto, aun cuando la Ley Federal del Trabajo los excluía de su aplicación, declaraban su decisión de luchar porque se derogaran y reformaran los ordenamientos jurídicos que contradecían el espíritu del artículo 123.

Entre las demandas fundamentales de los trabajadores burocráticos se encontraban: jornada laboral de 36 horas; erradicación de las fórmulas de ceses individuales y despidos colectivos bajo el pretexto de reorganización administrativa o cambios de adscripción; créditos para adquirir casas habitación; intervención directa de los trabajadores en la formulación de los presupuestos de egresos; un seguro social costeado por el Estado; la creación de un escalafón; el establecimiento de "Institutos de Crédito" bajo la dirección de los propios empleados; la igualdad de género; el pago de retiro en los casos de renuncia voluntaria del trabajador; el aumento de 20% en los sueldos menores a los 10 pesos diarios; el pago de horas extraordinarias; la creación de un departamento autónomo de personal con la representación de las organizaciones burocráticas en el cual se concentraran todos los expedientes de los empleados, entre otras.

La denominación de esta organización, de conformidad con el artículo 2º de sus estatutos fue la de: Federación Nacional de Trabajadores del Estado y su lema coincidía con el de la CTM de entonces: "Por una sociedad sin clases", claro ejemplo del espíritu socialista que permeaba el ambiente del mundo del trabajo en aquellos años. La central recién constituida exigía se les reconociera el derecho a la sindicación, el derecho de huelga y el de contratación colectiva. Al respecto convocaron a un Congreso de Educación Obrera entre el 26 y el 30 de octubre, en el cual habría de estudiarse la incorporación de los trabajadores al servicio del Estado a la Ley Federal del Trabajo. Vicente Lombardo

Toledano presidía el evento como secretario general de la CTM y era el ideólogo más articulado que definía a los burócratas en calidad de asalariados.

Sin embargo, Lombardo era también un crítico severo de la actitud pasiva que tenían muchos burócratas frente a la organización, que era a la vez la única manera de mejorar su situación. Así lo expuso en un documento publicado en la revista *Futuro* de julio de 1936, en la cual compara la actitud de los obreros, los campesinos y los numerosos grupos del magisterio, que mejoraban sus condiciones económicas y sociales gracias a su organización sindical y al esfuerzo colectivo, por un lado; frente a los empleados públicos, por otro, que eran víctimas no sólo de los cambios políticos sino de las minúsculas y mezquinas vicisitudes de su deficiente organización. El empleado público, insistía Lombardo:

es un asalariado, es un trabajador como otro cualquiera, en cuanto a sus obligaciones y derechos sociales; sin embargo, carece de toda garantía, no importa que haya laborado horas extraordinarias, no importa que haya desarrollado un trabajo provechoso para el gobierno y la nación. Una mañana llega el nuevo jefe y pasados varios días lo despide por razones de reorganización y entonces se encuentra cesante [...] El trabajador burocrático, si tiene conciencia de su interés, debe identificarse con los principios revolucionarios y por lo tanto con el proletariado de la ciudad y del campo, y una de las maneras de lograrlo está en que se organice...

Y, en efecto, los empleados públicos avanzaban en su proceso de organización.

Durante el segundo Consejo Nacional de la CTM en la Ciudad de México, en octubre de 1936 (Consejo que abordó como aspecto fundamental en sus trabajos la creación de un Frente Popular en México), se volvió a tratar el asunto relativo a la organización de los trabajadores públicos. El Comité Nacional determinó que no reconocía la personalidad a la Federación Nacional en virtud de que ésta había violado las disposiciones del estatuto al no contar con su aprobación. Por ello, se acordó aceptar a dicha agrupación otorgándole el carácter de Comité Organizador de la Unificación Nacional de los Trabajadores al Servicio del Estado y se le autorizaba a convocar un Congreso Constituyente de un órgano nacional representativo de dichos trabajadores, e incluso se le permitió designar a tres de sus elementos que los representara ante el propio Consejo Nacional. La CTM habría de enfrentar todavía serias dificultades para la unión de los burócratas.

Ante la movilización de los empleados públicos y de la CTM, el 8 de diciembre de 1936 el general Cárdenas urge al secretario de Gobernación, el licenciado Silvestre Guerrero, para que tuviera listo el proyecto de Ley del Servicio Civil a efecto de enviarlo a las Cámaras.[10] La presión presidencial funcionó. A finales de mayo de 1937 el proyecto estaba terminado. El proyecto de Ley del Servicio Civil aseguraría al empleado público contra las posibilidades de destitución injustificada, pero al mismo tiempo establecía los casos en que podía ser destituido o separado de su cargo. Dicho proyecto protegía a los funcionarios y empleados medios por supresión presupuestal del cargo y por los riesgos profesionales a los que se encontraban expuestos en ocasión del servicio: reconocía el derecho de asistencia médica y farmacéutica, así como fijaba las bases y porcentajes para cubrir indemnizaciones y establecía obligaciones ante la muerte como consecuencia de riesgos profesionales, y concedía a los deudos dos meses de sueldo por concepto de gastos funerarios. Aparte de estas concesiones económicas menores, el proyecto no reconocía el derecho de huelga ni el de sindicalización. El proyecto argumentaba, como lo había hecho el carrancismo:

---

[10] Núm. 2190, V.

El derecho de huelga se explica por sí solo a favor de los obreros frente a los patrones, cuyas relaciones están regidas por contratos de trabajo; mas no tratándose de funcionarios respecto a la Administración, porque las obligaciones de éstas se derivan unilateralmente del estatuto de servicios, de donde emana la sólida estabilidad del Estado. Por otra parte la huelga de funcionarios es inadmisible teórica y legalmente, no podría apoyarse en ningún fundamento y menos de orden social, sino al contrario, en motivos de interés particular de los grupos funcionaristas. Y esto equivaldría a subordinar el interés general representado por el servicio público o mejor dicho, por las atribuciones del Estado, el interés particular de sus agentes o funcionarios; lo que a todas luces es inconveniente para los fines estatales. Y por último, la huelga de funcionarios es un procedimiento coactivo que lesiona mortalmente el principio de autoridad al pretender obtener por medio de la suspensión de labores lo no obtenido de "buen grado".

Así, para los redactores del proyecto, la huelga era la antinomia del deber jurídico de fidelidad al Estado contenido en la relación de servicio, pues al emplear los burócratas la huelga como medio de defensa, incurrirían en las responsabilidades tipificadas en el artículo 216 del Código Penal entonces en vigor, mismo que prescribía sanciones para el delito de coalición de funcionarios. El cuerpo normativo de este proyecto, cuya naturaleza había de modificar radicalmente el propio Cárdenas en el curso del mismo año de 1937, tenía 85 artículos y cuatro transitorios, divididos en 11 capítulos, pero éste no fue enviado a las Cámaras para su discusión, ni dado a conocer a la opinión pública, probablemente debido a la presión de los intereses de los trabajadores organizados en la CTM, que como señalamos con anterioridad deseaban que los empleados quedasen enmarcados bajo sus siglas y regidos por la Ley Federal del Trabajo. Durante los primeros meses de 1937 en la Secretaría de Gobernación se redactó un nuevo proyecto que modificó radicalmente los principios del anterior.

La creación de un nuevo proyecto de estatuto

Los ingredientes del nuevo proyecto de estatuto eran los mismos, y muy complejos, pero la solución propuesta era distinta. Dichos componentes eran: la naturaleza jurídica de las relaciones entre el Estado y sus servidores, la condición de asalariado del empleado y la necesidad de un estatuto jurídico que reglamentase esas relaciones y que protegiese el interés profesional de los servidores públicos, creando al mismo tiempo el procedimiento jurisdiccional que sancionase la eficacia de tal estatuto. Asimismo, el nuevo instrumento legal debía precisar los sujetos que debían quedar protegidos por la nueva ley, incorporar alguna forma de seguridad social para este grupo de trabajadores, establecer sus obligaciones y normar un Tribunal de Arbitraje, entre los elementos más importantes.

En el debate relacionado con la situación de los empleados públicos, se reconoció que en el caso particular de México se presentaban características que correspondían a la tradición de un gobierno "autocrático": nombramientos discrecionales arbitrarios, fijación de salarios por el Estado, libre remoción, imposibilidad de asociación definitiva, indemnizaciones no sistemáticas, seguro social deficiente, entre otras. En este sentido el porfirismo no había muerto. El empleado público constituía desde este punto de vista, un asalariado más, un trabajador que aporta su esfuerzo intelectual o material, sin participar en los rendimientos de esa producción en forma proporcional a su esfuerzo y recibiendo una remuneración que lo coloca en el hemisferio social de los que trabajan frente al grupo dirigente que explota o que gobierna. No se diferenciaba entonces del asalariado que presta sus servicios al patrón particular, sino sólo en que este último ha forzado a quienes detentan el poder económico y el gubernamental, a reconocerle un mínimo de derechos, en tanto que el servidor público, continuaba sujeto al arbitrio del Estado.

La posición adoptada por quienes reformaron el primer documento que habría de regir las relaciones Estado-empleado público, reconocían y criticaban realidades de México: afirmaban que jurídicamente la posición del Estado mexicano no se justificaba, puesto que la relación laboral debería establecer y reconocer derechos y obligaciones recíprocos y no dejar aquéllos en manos del gobierno y las obligaciones a cargo del empleado. La conclusión era inevitable: la situación de los servidores del Estado mexicano se originaba y nutría en el carácter autocrático del gobierno. Era preferible reconocer abiertamente que la relación que determinaba la situación del empleado público no era una relación contractual, sino que debía fijarse estatutariamente por medio de normas legales que la condicionaran, restringiendo la "libertad necesaria del Estado" hasta un punto en que la condición económica y social del trabajador público se equiparara a la del asalariado en general, aunque *respetando las condiciones mínimas para la estabilidad del Estado*, criterio siempre defendido por Cárdenas. Bajo esta premisa, el estatuto que se proponía debería ser distinto a aquel que regulaba las relaciones contractuales de patrones y trabajadores particulares y debería contar con un órgano jurisdiccional propio que garantizara la eficacia de su aplicación. No podía admitirse la sujeción del servidor público a las Juntas de Conciliación y Arbitraje en las que el Estado constituía el factor decisivo, porque con ello se le haría concurrir la calidad irreducible y opuesta de juez y parte. En realidad, esta condición de inferioridad legal del empleado se mantendría hasta el final.

En el proyecto no se distinguía a los trabajadores del Estado con base en sus distintas actividades, como oficios o profesiones, pues por distintas que éstas fueran se opinaba presentaban una característica común: servían al interés público. No se admitía que el Estado actuara en determinados casos como una empresa privada y por tanto, en tales circunstancias los trabajadores que le servían podían considerarse simples sujetos de un contrato de trabajo; por el contrario, se aceptaba la tesis de que desde el momento en que el Estado tomaba a su cargo la realización de determinados trabajos y obras, les hacía participar con un carácter público, por lo que el estatuto debía proteger a todos los servidores, con la sola excepción de quedar sustraídos de esa protección aquellos funcionarios y empleados que, aplicando un criterio de derecho obrero, eran considerados servidores *de confianza*. Entre éstos quedaban aquellos que desempeñaban funciones de dirección responsable y con autonomía; asimismo los que constituían las fuerzas que garantizaban el orden público y la defensa nacional. Así, los empleados *de confianza* podían ser designados libremente por los funcionarios. Por otra parte, los trabajadores de base tenían la oportunidad de ascender a puestos *de confianza*, pero en estos casos perderían sus derechos como empleados de base y quedaría roto cualquier vínculo con el sindicato al cual pertenecieran. La laxitud respecto de la definición de la categoría *de confianza*, al ampliarse de manera interesada por los altos mandos de la estructura estatal a lo largo de las décadas posteriores al régimen cardenista, serviría después para debilitar a los sindicatos de empleados.

Los conceptos que surgían en relación con los derechos individuales se trataban de forma particular. Se afirmaba que éstos eran idénticos a los que se otorgaban a los obreros en general; se reconocían entonces los logros que durante la segunda y principios de la tercera década del siglo XX había obtenido el movimiento obrero en México. Los derechos individuales, según los redactores del primer proyecto de Estatuto, tendían a conservar y desarrollar la personalidad física, económica y moral del trabajador y se sintetizaban en: jornada legal, descansos, higiene y prevención de accidentes y enfermedades profesionales, estabilidad en el empleo, salario remunerador, ascensos e indemnizaciones por riesgos profesionales, con una particularidad: los ascensos del servidor público deberían otorgarse en consideración de la eficiencia, antigüedad e ideología de los candidatos y la remoción del cargo sólo sucedería por causas justificadas.

Una de las soluciones que en materia de recursos humanos establecía el Estatuto era reordenar las distintas categorías de empleados en la complicada maquinaria burocrática, ya que se habían creado un sinnúmero de ellas artificialmente. Era necesario reducir el número de categorías de empleados: trabajadores no calificados; trabajadores calificados de primera y segunda; trabajadores especializados de primera y de segunda; trabajadores técnicos de primera y segunda y trabajadores técnicos especializados. Los sueldos serían uniformes para cada una de las categorías y se propuso la adopción de un sistema por honorarios para compensar los salarios de profesionales necesarios para las funciones de la administración pública. En el proyecto de Estatuto se reconoció algo innovador: la posibilidad de que los trabajadores intervinieran en la reglamentación de las "condiciones generales de trabajo" y también se agregó el equivalente a la prerrogativa gremial de celebrar el contrato colectivo de trabajo.

A lo largo de su mandato, pero particularmente en la primera mitad, en los centros de trabajo que visitó, el presidente Cárdenas señaló a los obreros la necesidad de estar organizados; estas ideas se convirtieron en su consigna, lo que lo distingue como el propagandista más importante en la historia política de la nación mexicana de la sindicación del proletariado mexicano. Hacia 1935 existían alrededor de 300 000 trabajadores sindicalizados en México, en tanto que hacia 1940, éstos se habían casi triplicado (las cifras disponibles más confiables señalan que había 293 000 sindicalizados en 1935 y 877 000 en 1940).[11] En el caso de los empleados públicos, estos llamados se habrían de concretar al reconocer en el estatuto el derecho de los empleados de agruparse en sindicatos, a semejanza de los asalariados del campo y la ciudad. La organización de todos ellos, por otra parte, necesitaba desembocar en la unificación e integración de un *frente único* de todos los trabajadores. En suma, frente unido de trabajadores organizados en sectores distintos: obreros, empleados, campesinos. Por ello, a través del nuevo texto estatutario dirigido a los empleados habría de reconocerse el derecho a la sindicalización, que encontraba su fundamento en la propia Constitución de la República, mas no su incorporación a la CTM. No sólo se les reconocía el derecho de asociación, sino también la representatividad de sus intereses; el ejercicio de toda acción sindical y la facultad de establecer su régimen interno. Se adoptaban además medidas que favorecían la agrupación y unificación sindical, estableciéndose el sindicato único por dependencia.

Así, en la regulación de este derecho colectivo se fijaban restricciones, entre ellas, la de no admitir la formación de sindicatos gremiales, lo que resultaría perjudicial, tratándose de un grupo social que aún no presentaba una unión sólida. Una variante más consistía en que las agrupaciones debían integrarse en una federación única de sindicatos, lo que se juzgaba evitaría el que en sus decisiones influyeran motivos de interés local o fraccionario por encima del interés general de clase. No se mencionaba, no obstante, que la centralización de una agrupación de empleados inevitablemente numerosa (hay que recordar que la estructura estatal estaba en franco desarrollo) y vinculada contractualmente al gobierno, podría ser fácilmente manipulable por su empleador, en términos tanto políticos como directamente electorales.[12]

[11] Guadalupe Rivera Marín, *op. cit.*, pp. 84-85.
[12] Hacia 1950, la cifra total de sindicalizados en México ascendió a 942 000, de los

Aunque el tema de la cruzada por la organización campesina queda fuera de este relato, su exclusión de la órbita de la CTM era un valor entendido para el gobierno cardenista. El propio Cárdenas lo expresó así: "... si la CTM o cualquiera otra organización pretendiera, en concurrencia con el esfuerzo del gobierno, organizar por su cuenta a los campesinos lejos de lograrlo, no conseguiría más que incubar gérmenes de disolución..."[13] El trato hacia la constitución de una central campesina bajo la influencia del programa agrario y bajo la tutela del Estado se parece mucho al enfoque con el que se procuró la institucionalización del sector de los empleados públicos.

El debate sobre el derecho de huelga para los burócratas

Una conquista para los burócratas y a la vez un reto para el Estado fue el reconocimiento al derecho de huelga para los empleados públicos, hasta ese momento impensable. Desde la primera huelga de maestros de la Ciudad de México, en 1918, y las subsecuentes de este combativo gremio, este derecho se había cuestionado y sólo se habían conquistado progresos por la vía del ejercicio de las huelgas *de hecho*, en particular por el pago de salarios vencidos. El proceso de organización del magisterio fue muy intenso y exitoso en el curso del cardenismo. Lombardo fue uno de los principales precursores de la organización sindical del magisterio (de ahí que gustara el ser abordado como *Maestro*). Él impulsó la formación de la Federación Nacional de

cuales 310 000 estaban en las manufacturas, y 125 000 formaban parte de la nómina de la administración pública (como se observó más atrás). Además, mientras que los obreros manufactureros estaban divididos en 2 800 agrupaciones, los empleados públicos se agrupan en apenas 27. *Ibidem*, cuadro 6, p. 82.

[13] Citado en Samuel León e Ignacio Marván, *El cardenismo, 1934-1940*, UNAM/Siglo XXI, México, 1985, p. 188 (La Clase Obrera en la Historia de México).

Trabajadores de la Enseñanza en 1927, en el marco del Primer Congreso nacional de Educación Primaria, convocado por la CROM. Lombardo fue electo secretario general de la Federación.[14]

El ejercicio del derecho de huelga podía y debía concederse a los trabajadores del Estado cuando éste tenga por objeto lograr el cumplimiento de las obligaciones del propio Estado que se consideren vitales para el empleado público, se señalaba en el proyecto de Estatuto; por lo que la afirmación de que el derecho de huelga comprometía peligrosamente la vida misma del Estado, carecía de base pues este derecho se ejercería contra los individuos que detentaban el poder en un momento determinado, y no contra el Estado mismo. La huelga, limitada a los objetivos señalados, constituía un medio de coacción al que probablemente recurrirían los trabajadores organizados aun cuando no se le otorgara categoría jurídica y en ese caso, la pretendida peligrosidad de esa coalición no se evitaría por el solo hecho de desconocer su justificación jurídica.

Para concluir este argumento debería considerarse que la garantía de cumplimiento del Estatuto de los servidores públicos no podía dejarse exclusivamente confiada a la fuerza moral o jurisdiccional del Tribunal de Arbitraje, sino que debían ponerse en las manos de los mismos servidores públicos los medios coercitivos que les permitieran exigir ese cumplimiento, entre los cuales, sin duda, la huelga era el más eficaz. Ésta podría tener un carácter general o parcial, según la violación que la originase, reconociéndose formalmente en el texto estatutario de la siguiente manera:

I.-Huelga general: por falta de pago de salarios correspondientes a un mes de trabajo; por la realización por parte de los dirigentes del Estado de una política notoriamente con-

---

[14] Gerardo Peláez, *op. cit.*, p. 15.

traria a los intereses de la clase asalariada; por el desconocimiento oficial del Tribunal de Arbitraje o por la pérdida de la libertad de sus miembros ordenada por el Estado, y por no respetarse el estado de huelga parcial.

II.-Huelga parcial: ésta estaría enderezada en contra de un funcionario o grupo de funcionarios titulares de una unidad burocrática ya fuera por: violación constante del Estatuto de los Trabajadores al Servicio del Estado; negativa sistemática para comparecer ante el Tribunal de Arbitraje; o por la desobediencia a las resoluciones del mismo.

La huelga debía ser planteada por la mayoría absoluta de los trabajadores afectados y salvo los dos primeros casos de la huelga general, debería notificarse al Tribunal con 10 días de anticipación a la fecha en que estallaría. Una vez anunciada, el Tribunal de Arbitraje debería intervenir con el objeto de procurar, tanto un avenimiento conciliatorio, como obtener los informes y datos necesarios para resolver sobre la legalidad de la misma.

Antes de suspender las labores, los trabajadores deberían formular por escrito sus peticiones ante el funcionario o funcionarios de quienes dependía la concesión de sus reclamos, fijando un plazo de 10 días al menos para que se resolvieran, y señalando el día y hora en que comenzaría la suspensión de labores. Los empleados debían enviar al Tribunal de Arbitraje copia del escrito junto con el acta de la asamblea en que se hubiese acordado ir a la huelga. El Tribunal debería resolver en el término de 72 horas si la huelga se consideraría regular o irregular.

Si la huelga se declaraba regular, los trabajadores podían suspender sus labores, e inmediatamente el Tribunal de Arbitraje ordenaría el recuento para comprobar que había sido declarado el movimiento por la mayoría. Si el Tribunal resolvía que la declaración de huelga era irregular, prevendría a los trabajadores de que la suspensión de labores se consideraría abandono de empleo, y dictaría las medidas para evitar la suspensión. Si la suspensión se llevara a cabo antes del plazo determinado, o si dado el recuento resultaba que los huelguistas eran minoría, se declararía la inexistencia de la huelga, fijando un plazo de 24 horas para reintegrarse a sus funciones, bajo el entendido de que de no hacerlo quedarían cesados los huelguistas sin responsabilidad para el Estado.

La huelga podía ser declarada ilícita si la mayoría de los empleados ejecutaban actos de violencia contra las personas o propiedades o en el caso de que se decretara el estado de guerra. En tanto no se declarara ilícita, inexistente o terminada la huelga, el Tribunal de Arbitraje y las autoridades civiles y militares deberían respetar el derecho de los trabajadores, otorgándoles las garantías necesarias.

Si el Tribunal declaraba que un movimiento de huelga era regular debería fijar el número de trabajadores obligados a mantener los servicios con el fin de que no se perjudicara gravemente la seguridad y conservación de las oficinas y talleres o que significara un peligro para la salud pública. La huelga quedaba terminaba en los siguientes casos: por arreglo conciliatorio entre las partes, por decisión de la asamblea de trabajadores tomada por mayoría absoluta, por la declaración de ilicitud o por laudo dictado que, a solicitud y conformidad de las partes, se avocara al conocimiento y resolución del asunto.

Es claro que los estrechos límites en que se concedía el derecho de huelga hicieron del mismo más una concesión retórica que un arma cierta para los empleados públicos. De ahí que no se hayan producido entonces (y mucho menos en tiempos recientes) huelgas en el sector burocrático, y por supuesto en ningún caso una huelga general.[15] Por ello no sorprende que en su evaluación del derecho en cuestión la investigadora laboral Graciela Bensusán haya escrito que la legislación laboral burocrática for-

---

[15] Karl Wendell y Gordon Schaffer, "La Administración pública mexicana", *Problemas Agrícolas e Industriales de México*, vol. 7, núm. 1 (1955), p. 280.

maba parte de "los candados institucionales requeridos" para controlar a este importante contingente de trabajadores, "e impedir una concentración de poder excesiva en la naciente CTM".[16] Bensusán incorpora a su análisis, acertadamente, el tema de la ordenación de una legislación "de excepción" para los trabajadores bancarios (el *Reglamento de las Instituciones de Crédito y Organizaciones Auxiliares*, que data del año de 1937) para emitir su juicio. La anulación de los derechos de asociación y huelga a los trabajadores bancarios, injustificable desde el punto de vista constitucional (ya que en este caso no podría alegarse que su contratación se diese al margen de la propiedad privada o que faltasen motivos de lucro en las negociaciones financieras), fue de índole puramente política: se argumentó entonces su función *estratégica* en la circulación monetaria. Para evitar un estallido de oposición, se hicieron concesiones económicas considerables a los empleados bancarios (viables dadas las condiciones de "vacas gordas" por las que atravesaban estos servicios). Se produjo entonces una "paradoja",[17] para utilizar la misma palabra de Bensusán, en que el progreso en la organización colectiva del movimiento obrero coincidió con la separación política de bancarios y empleados públicos de la corriente general.

Seguridad social y conflictos laborales

En el proyecto se consideraba necesario el establecimiento de un seguro social que pusiera a salvo a los servidores públicos de peligros de salud e imprevistos, distintos de los riesgos profesionales, pero dada la urgencia por la pronta expedición del Estatuto y con el objeto de no involucrar regímenes jurídicos diferentes

---

[16] Graciela Bensusán, *El Modelo mexicano de regulación laboral*, Plaza y Valdés/UAM, México, 2000, p. 234.
[17] *Ibidem*, p. 237.

que la retardarían, su regulación quedó pendiente para posterior reglamentación (tal sería el origen del ISSSTE).[18]

Se determinó por primera vez la existencia de un órgano jurisdiccional competente para resolver los conflictos individuales de los servidores públicos con el Estado; los conflictos colectivos que surgieran entre las organizaciones obreras al servicio del Estado, y los representantes o funcionarios de éste y los conflictos intersindicales entre las dependencias; así como para llevar a cabo el registro y cancelación de los sindicatos de trabajadores al servicio del Estado. El organismo responsable era el Tribunal de Arbitraje, mismo que se constituyó, a semejanza de la estructura de las Juntas de Conciliación y Arbitraje, por tres miembros, uno representante de los empleados, otro del gobierno y el tercero era determinado por consenso de los otros dos, es decir, finalmente el Tribunal tendía a formarse con dos representantes gubernamentales y uno de los empleados. Los dos representantes "autónomos" duraban el tiempo que decidiesen las partes, mientras que el tercero tenía una duración de seis años.[19] Sobra decir que esta composición garantizaba una verdadera paz de los sepulcros en las controversias entre empleados y gobierno.

El procedimiento para resolver las controversias debía reducirse a la presentación de la demanda, a la respuesta que se le diera y a una junta en que se aportarían todas las pruebas y alegatos, pronunciándose después la resolución respectiva. Los gastos por el funcionamiento del Tribunal correrían a cargo de las organizaciones obreras y del erario público; los empleados al servicio del Tribunal quedaban sujetos al Estatuto, pero los conflictos de trabajo en que fueran parte, los resolverían las autoridades fede-

---

[18] La ley del ISSSTE data de 1959, mas una Ley de Pensiones Civiles se aprobó en 1947, y con anterioridad existió la Ley General de Pensiones Civiles de Retiro, que nació en 1925. Es interesante apuntar que la ley del ISSSTE casi empata con la aprobación de la reforma a la Constitución que crea el Apartado "B" del artículo 123 (1960).

[19] Karl Wendell y Gordon Schaffer, *op. cit.*, p. 278.

rales del trabajo. Las decisiones de este Tribunal de Arbitraje tendrían la fuerza de ley.

El desencuentro con la CTM

Resulta claro que el contenido de la nueva propuesta de Estatuto no correspondía a los intereses de los trabajadores y empleados, que aspiraban a mejores resultados. La CTM defendía, como hemos señalado, una reforma al artículo 123 para que a los burócratas se les reconocieran los derechos en él establecidos, reforma que traería como consecuencia la adecuación de la Ley Federal del Trabajo. Frente a las críticas, el presidente Cárdenas solicitó que el subsecretario de Relaciones Exteriores, Ramón Beteta, hombre que conocía de leyes y tenía experiencia internacional, realizara un estudio y le presentara sus reflexiones.

Entre las observaciones de Beteta al proyecto de Estatuto destaca el que la asimilación de los empleados de gobierno con los trabajadores de la iniciativa privada forzaría al proyecto a distinguir dos grupos de trabajadores: el de base y el de empleados *de confianza*. El proyecto intentó hacer la distinción que el Código de Trabajo establecía entre empleados *de confianza* y obreros de escalafón, sin pensar que esta distinción resulta en las empresas particulares de gran sencillez, mientras que en el gobierno era casi imposible. En el Estatuto original se limitó significativamente la definición de empleados *de confianza* a sólo cuatro de los rangos más altos, lo que favoreció la organización de los empleados de base.[20]

Beteta señaló también que el proyecto de Estatuto reconocía

---

[20] Los cuatro rangos eran: secretarios de gabinete, subsecretarios, oficiales mayores y jefes de oficina, así como otros puestos especializados. Nada comparable con la "explosión" de empleados de confianza que conocemos hoy día, proceso que se inició desde la reforma avilacamachista de 1941. *Ibidem*, p. 277.

a los empleados públicos el derecho de sindicalizarse, así como el
de huelga, cosa que le aterraba en virtud de que el ejercicio de
estos derechos daría a los trabajadores de base ingerencia en la
dirección de la política nacional y que la unión inevitable de los
servidores del Estado sindicalizados a las Centrales Obreras aca-
rrearía importantes obstáculos en el funcionamiento del gobierno, ya que privaría al presidente de la República de la facultad de
nombrar y remover libremente a sus colaboradores.

Beteta argumentó que si el propósito que se perseguía era verdaderamente la reglamentación del empleado público, su seguridad y mejoría económica, bastaba seguir un camino más sencillo
llevando a cabo dos modificaciones que el gobierno tenía a la
mano: reformar el Presupuesto de Egresos de la Federación para
cubrir los nuevos gravámenes en que se traducirían las ventajas
económicas deseadas para los empleados públicos (pago de horas
extras, salario mínimo, pago por enfermedades profesionales), y
segundo, poner en vigor una Ley del Servicio Civil para fijar candados contra remociones injustificadas y para que se incluyeran
todas las ventajas que habían sido conquistadas por los burócratas y se otorgaran igualmente aquellos privilegios que ya gozaban
los empleados particulares, con la exclusión del derecho de huelga
y de resistencia a los mandatos legítimos del gobierno; se elimina-
ría la arbitrariedad en los nombramientos, ascensos, cambios, gastos de traslados y finalmente, se fijaría un método para depurar y
seleccionar al personal. Las observaciones de Beteta confirmaban
la dificultad de una propuesta de Estatuto más radical.[21]

---

[21] De hecho, en su entrevista con los esposos Wilkie, en 1964, Beteta reconoce en
Cárdenas inclinaciones radicales de las que había sido vocero, aunque sin mucho convencimiento. Cárdenas sostenía que: "La lucha de clases no la creamos nosotros; ni la queremos ni nos gusta. Pero la lucha de clases es un hecho inevitable... En esa lucha es el
obrero el débil, y por lo tanto el papel del gobierno es protegerlo", James W. Wilkie y
Edna M. Wilkie, *Frente a la Revolución Mexicana. 17 Protagonistas de la etapa constructiva*, vol. II, UAM, México, p. 45. En lo personal, Beteta era mucho más reticente a fortalecer a los sindicatos: "cuando los sindicatos llegan a ser muy fuertes... ellos se convierten

Este proyecto de Estatuto estuvo sujeto a una minuciosa revisión y su versión definitiva se presentó en un Acuerdo de Gabinete que se llevó a cabo el 23 de junio de 1937 en Palacio Nacional;[22] en esa ocasión, el presidente Cárdenas dio a conocer también la nacionalización de los Ferrocarriles Nacionales. El Estatuto se concretaba a regular las relaciones de trabajo entre los trabajadores federales y el Poder Ejecutivo, incluyendo a los gobiernos del Distrito y Territorios Federales. Se hicieron adiciones al título sexto del documento: además del Tribunal de Arbitraje se crearon las Juntas Arbitrales para resolver los conflictos individuales entre el funcionario de una unidad burocrática y sus trabajadores, así como de los conflictos intrasindicales de la misma unidad. En cuanto a lo que correspondía resolver al Tribunal de Arbitraje, estaban los asuntos individuales entre el Ejecutivo y sus trabajadores.

Vicente Lombardo Toledano anunció la urgencia de convocar al Comité Nacional de la CTM para estudiar el documento, así como realizar una convención de trabajadores al servicio del Estado en la que debería constituirse la Confederación Nacional; convocaría, además, una magna manifestación que se celebraría el domingo 11 de julio de ese año. En ella participarían, según el secretario general de la Federación Nacional de Trabajadores al Servicio del Estado, Joaquín Barrios Rivera, más de 125 000 empleados.

El 9 de julio, la Confederación de Trabajadores de México citó a las organizaciones al servicio del Estado adheridas a ésta para redactar un documento general en el que se formularan las observaciones y peticiones correspondientes respecto al proyec-

---

en verdaderos monopolios del trabajo; abusan y limitan las posibilidades de sus propios compañeros", *ibidem*, p. 44.

[22] El título de la propuesta fue: Proyecto de Acuerdo a las Secretarías y Departamentos de Estado y demás Dependencias del Ejecutivo Federal sobre el Estatuto Jurídico de los Trabajadores al Servicio del mismo.

to de ley para los servidores públicos. Por su parte, la Federación convocó a sus afiliados de manera independiente y remitió al presidente Cárdenas un amplio documento que contenía observaciones y propuestas de modificación para ser contempladas en la regulación definitiva. El instrumento había sido presentado al Consejo Federal de dicha organización, y se había discutido durante cuatro días. Entre las reformas propuestas pedían que el proyecto fuera elevado a la categoría de ley lo más pronto posible, sugerían que se incorporaran los empleados de los poderes Legislativo y Judicial, se suprimiera la expresión "libremente y sin limitación de ningún género" refiriéndose a la facultad del Ejecutivo para designar a los trabajadores de confianza (jurídicamente no debía existir nada carente de límite y mucho menos en el ejercicio de facultades).

Las organizaciones de empleados públicos que pretendían consolidarse en un solo frente tuvieron entonces momentos difíciles, pues desde el II Consejo Nacional de la CTM se había determinado no reconocer personalidad alguna a la Federación y constituir un Comité Organizador de la Unificación Nacional de los Trabajadores al Servicio del Estado. Por ello en el informe que rinde la Secretaría de Organización y Propaganda de la CTM al V Consejo Nacional expuso su molestia, al señalar que su propuesta para presentar un solo pliego de modificaciones al proyecto había sido "rechazada por el Comité Organizador (de la Federación) de los trabajadores del estado, en términos groseros y despectivos para el Comité Nacional, según oficio de nueve de julio (1937) actual".[23]

No obstante, la CTM no dejó de luchar por la integración de

---

[23] Las organizaciones que concurrieron fueron: Empleados Postales, la Beneficencia Pública, el Departamento de Salubridad Pública, la Alianza de Trabajadores de Educación Pública, Talleres Gráficos de la Nación, Trabajadores de la Enseñanza del Distrito Federal y el Sindicato de la Secretaría de Gobernación, las que organizaron el Bloque de trabajadores que deberían de unificar a los servidores públicos en una sola federación. Mientras que la Federación Nacional continuó independientemente su ejercicio.

un frente común.[24] Existe constancia de que Fidel Velázquez, Rodolfo Piña Soria, Leopoldo Batres, David Vilchis y Rubén Alarcón convocaron a una reunión del Bloque recién constituido, que se celebró el 21 de julio del mismo año. Como fruto de esas gestiones, durante el VI Consejo Nacional de la CTM, se contó con la participación de la Federación de Trabajadores al Servicio del Estado y en cumplimiento de los acuerdos del V Consejo, se acordó constituir un Comité de Unificación y Organización que convocaría a las distintas dependencias y departamentos del gobierno federal para constituir la Federación de Sindicatos Burocráticos. En su informe de gobierno del 1º de septiembre de 1937 el presidente Cárdenas pudo dar a conocer que ya se había preparado el proyecto de Estatuto, en defensa de los derechos de los empleados.

Para los miembros de la CTM era una cuestión estratégica el que los empleados públicos quedaran integrados a la estructura de su organización, a fin de presentar una sola fuerza sindical y para ello se había desarrollado una intensa campaña. En el informe al VI Consejo de la Confederación de Trabajadores de México rendido el 28 de octubre de 1937 por el Comité Nacional de esa organización dio cuenta de los avances del Comité Organizador de la Federación de Trabajadores del Estado. El Comité de Unificación y Organización de los Trabajadores al Servicio del Poder Público se encargaría de convocar a los trabajadores de cada unidad burocrática para constituir los sindicatos únicos y posteriormente convocar a éstos a un congreso constituyente, debiéndose ajustar al proyecto de Estatuto Jurídico que había presentado el presidente de la República.

Establecida la unidad sindical de cada dependencia, ésta se adheriría tanto al Comité de Unificación y Organización, como a la CTM, la que por conducto de su Comité Nacional presidiría los trabajos que se realizaran para llevar a término la unificación. El

[24] *Cf.* Arturo Anguiano, *El Estado y la política obrera del Cardenismo*, Era, México, 1975, p. 60.

informe afirmaba que entre los trabajadores de base existía el deseo de organizarse y unificarse dentro de la CTM, pero que algunos grupos políticos se oponían a esto, por lo que urgían al VI Consejo Nacional a que considerara tal problema para dictar las medidas necesarias contra quienes se oponían a la unificación de los trabajadores al servicio del Estado con el "resto del movimiento obrero".

Durante los últimos días de octubre, los trabajadores se dirigieron al secretario de Gobernación solicitándole que ordenara se acelerara el estudio del Estatuto Jurídico. Los diputados constituyeron una comisión que entrevistó al presidente Cárdenas; de acuerdo con el periódico *El Nacional* del 29 de octubre, en esa ocasión el Bloque Nacional Revolucionario solicitaba que antes de la expedición de la Ley del Servicio Civil se efectuara en todas las dependencias del gobierno, una depuración de todos los elementos antirrevolucionarios dentro del régimen.

Finalmente, el 1º de noviembre de 1937, Silvestre Guerrero, por instrucciones del presidente Cárdenas, hizo llegar a la Cámara de Senadores el proyecto de ley. El texto decía que atendiendo a las observaciones que los colaboradores del Ejecutivo y las organizaciones de trabajadores de la administración y particulares presentaron al proyecto y en ejercicio de la facultad de iniciativa de ley que le otorgaba la fracción I del artículo 71 de la Constitución, sometía a la deliberación y aprobación de la H. Cámara el proyecto de ley.

El Estatuto en la Cámara Alta

El documento fue enviado para su estudio a la Cámara Alta, por considerar que allí encontraría mayor simpatía. Entonces, en el Senado de la República como Cámara de origen, el "proyecto Cárdenas" fue turnado para su estudio y dictamen a las Comisiones Unidas de Trabajo, integradas por los senadores Gonzalo Bautista, Luis Mora Tovar, Luis P. Reyes. Antonio Romero, Pedro Torres Ortiz, Federico Idar, Manuel Gudiño y Mauro Angulo, quienes emitieron su dictamen el 18 de diciembre de 1937.

Dentro de este grupo de trabajo se realizaron modificaciones menores al proyecto de origen, como la precisión de los empleados que serían considerados *de confianza*,[25] el reconocimiento del derecho del trabajador de base a un día de descanso adicional con el goce de salario íntegro, así como, de mucho mayor relevancia, el acuerdo de extender la vigencia del Estatuto a los trabajadores públicos de los poderes Legislativo y Judicial. Las Comisiones lo confirmaban:

El Ejecutivo indudablemente que no los ha incluido, no por el desconocimiento de la amplitud o extensión del problema, ni tampoco por olvido de los derechos y programa de mejoramiento que les corresponden, sino que esta limitación de su proyecto de Ley seguramente ha obedecido al respeto profundo que el Ejecutivo ha demostrado en sus relaciones con los demás Poderes; pero toca al Senado, en cumplimiento de sus deberes legislativos y en afán de cooperación con el autor de la iniciativa, darle la generalidad y amplitud indispensables, escuchando las justas demandas de los demás servidores del Estado, tanto por las razones expuestas, como porque, de no hacerlo, vendrían inmediatamente después reformas, adiciones o estatutos especiales que denotarían una labor legislativa incompleta o trunca.

[25] I.- En la Presidencia de la República: El Secretario Particular, el Oficial Mayor de la Secretaría Particular, los Miembros de la Comisión de Estudios, el Jefe del Departamento de Intendencia, el Intendente del Castillo de Chapultepec; y los empleados del servicio personal del C. Presidente De la República que por acuerdo expreso del propio funcionario, tengan ese carácter según su nombramiento respectivo.

II.- En las Secretarías de Estado, con excepción de la de la Defensa Nacional: Los Secretarios, Subsecretarios, Oficiales Mayores, Directores Generales y Jefes de Departamento, así como los Secretarios Particulares de dichos funcionarios.

Después de aprobadas las modificaciones, la iniciativa se remitió a la Cámara de Diputados para su discusión y aprobación el 22 de diciembre de 1937, y fue turnado a Comisiones el 31 de ese mismo mes.

En la Cámara Baja la iniciativa habría de encontrar una oposición anticardenista muy sólida, a diferencia de la solidaridad del Senado. Para discutir el Estatuto se convocó a un periodo extraordinario, habiéndose constituido el Bloque Nacional Revolucionario por un grupo de diputados, y se decidió que sería este cuerpo el que discutiría la iniciativa.

A partir de febrero de 1938, conscientes de que el debate entre los diputados sería mucho más complicado, dada la correlación de fuerzas en esta Cámara, se había llevado a cabo una serie de manifestaciones públicas organizadas por la Federación de Trabajadores al Servicio del Estado para presionar a los diputados por la pronta aprobación del Estatuto.

El 9 de febrero se presentaron ante el edificio de la Cámara de Diputados los inspectores adscritos a la Oficina de Información Política y Social de la Secretaría de Gobernación. Éstos informaban a su jefe a través de un memorando, que desde las 10 de la mañana había una guardia de los trabajadores de Comunicaciones y Transportes; el día 11 correspondió a los empleados de Gobernación efectuar la manifestación. Los trabajadores demandaban que se aprobara el texto ya votado en la Cámara de Senadores, pues habían encontrado en la de Diputados una barrera infranqueable. El secretario del sindicato, Jorge de la Parra, y el diputado Ochoa Rentería comunicaron a los trabajadores que el Estatuto sería discutido por la Cámara Baja en el periodo extraordinario.

Los trabajadores al servicio del Estado comenzaron las movilizaciones y presionaron a través de distintos actos públicos. Era evidente el malestar que flotaba en el ambiente de acuerdo con el informe Inspector "PS.-11", de la Oficina de Información Política. La noche del 11 de febrero los empleados públicos vol-

vieron a manifestarse en las escalinatas de la Cámara de Diputados. La representante del Sindicato de Caza y Pesca atacó duramente a los representantes populares acusándolos de *zánganos y
reaccionarios* (epítetos que resuenan de tanto en tanto) e inci-
tando a los burócratas para sacarlos de la Cámara por inmorales.
Hay que recordar que por estas fechas el debate sobre la huelga
petrolera por la revisión de su contrato colectivo era materia de
discusión pública constante. El ambiente estaba caldeado.

El domingo 13 se llevó a cabo una gran manifestación pública
convocada por la Federación de Empleados a la que concurrieron todas las agrupaciones afiliadas a la CTM, así como los sindicatos de campesinos, que se concentraron en la Plaza de la República. En ese evento se dijo que a los burócratas correspondían
los mismos derechos que los trabajadores manuales gozaban
desde 1931.

Según consta en un oficio del 18 de abril (ya posterior a la
expropiación de las compañías petroleras), firmado por el secretario de Gobernación, Ignacio García Téllez, y destinado al secretario particular del presidente Cárdenas, Raúl Castellano, se
debatía a fondo sobre las posibles modificaciones al Estatuto
planteadas en la Cámara de Senadores. Ello significa que ya antes
de que el dictamen sobre el proyecto fuera presentado ante el
Bloque Revolucionario de la Cámara de Diputados, en Gobernación se conocía el texto y éste debe haber sido discutido por el
ministro de Gobernación y el presidente en un acuerdo privado.

En el documento de García Téllez le refiere:

De acuerdo con las instrucciones del señor Presidente en su
acuerdo de hoy, permítome adjuntarle original y copia del resumen
sobre las modificaciones más importantes que contiene el Dictamen de la Comisión de la Cámara de Diputados a la iniciativa del
Estatuto Jurídico. Le suplico poner en manos de nuestro Primer
Magistrado los documentos a que me refiero.

La síntesis de las modificaciones a la iniciativa del Estatuto Jurídico se reproduce en extenso:

1.- (Art.1 del Dictamen de la Comisión).- Abarca al Poder Judicial y al Legislativo.

2.- (Art.3).- Restringe los cargos de confianza, como los de inspectores, agentes, etc.

3.- (Art. 41, frac.11).- Da derecho a licencias con goce de sueldo y por el tiempo de su ejercicio, a los empleados miembros de los Comités Ejecutivos y de las Comisiones Sindicales.

4.- (Artículos 46 y 49).- Deja el reconocimiento de los Sindicatos al Consejo de la Federación de Trabajadores y no al Tribunal de Arbitraje.

5.- (Art. 52).- Suprime la prohibición reeleccionista dentro de los Sindicatos contenida en la iniciativa del Ejecutivo.

6.- Suprime la prohibición de aplicar la cláusula de exclusión a los empleados, que contenía el Art. 54 de la Iniciativa.

7.- Se priva al Titular del ramo y al Tribunal de Arbitraje de la facultad de sancionar con destitución del empleado sin responsabilidad para el Ejecutivo, que contenía la fracción 2ª del Art. 116 de la Iniciativa.

8.- (Art. 11 transitorio).- Se autoriza a los maestros a pertenecer a un organismo de carácter gremial sin perjuicio de normar sus relaciones burocráticas por el Estatuto.

9.- (Artículos 66 y 67).- Amplía las causas de huelga general a la falta de pago de los salarios de parte de los trabajadores al servicio del Estado, y (frac. B), permite la huelga general cuando la política del Estado sea contraria a los derechos fundamentales de la clase trabajadora.

Como puede observarse, estas nueve modificaciones eran asimilables a la propuesta original (y respetaban las adiciones de la Cámara de Senadores), sin modificar a fondo su "espíritu". Más interesantes resultan, a la distancia, las observaciones que García Téllez recoge del propio Cárdenas y que registró en cinco incisos que también reproducimos:

a).- *Debe eliminarse toda posibilidad de huelga por solidaridad con grupos de trabajadores extraños a los de la Administración Pública.*[26]

b).- No debe permitirse la huelga por reducción de presupuestos.

c).- Debe reconocerse la facultad de los Titulares para cambiar libremente el lugar de prestación de los servicios, sin menoscabo de los emolumentos: El Art. 14 del Dictamen deja al Estado la obligación de sufragar los gastos de viaje por causas de incompetencia de empleados que la iniciativa no preveía, ni en ésta ni en aquél está clara la facultad de los Titulares de cambiar libremente el lugar de prestación de los servicios de los empleados.

d).- El dictamen no sanciona la rebeldía del empleado con la separación de su cargo.

e).- No comprende la obligación de preferir en las vacantes a los empleados separados por reajustes, ni la facultad del Titular de nombrar libremente a los empleados, una vez corrido el escalafón.

Las observaciones del presidente iban en el sentido de mantener la disciplina al interior de las dependencias gubernamentales y excluir la intervención en movimientos huelguísticos con un carácter general. Era evidente que en las altas esferas del poder público existía una gran preocupación por que la nueva legislación burocrática se aprobara sin sobresalto; y el encargado de la política interna del país procuraba mantener controlado el proceso y sus etapas. Con base en esta información, se convocó a un Consejo Colectivo de Ministros, situación que le comunicó el entonces procurador general de Justicia del Distrito Federal,

[26] Las cursivas son nuestras.

Amador Coutiño, al secretario particular del presidente mediante un escrito del 22 de abril: "Me permito acusar a usted recibo
de la misma así como de los interesantes puntos de vista del Ejecutivo de la Unión sobre el Estatuto Jurídico de los Trabajadores
al Servicio del Estado..."

La reunión se celebró en Palacio Nacional el 26 de abril de
1938 y en ella estuvieron presentes los secretarios de Estado y
los jefes de departamento, así como los procuradores generales
de Justicia de la República y del Distrito Federal. La importancia
que las autoridades adjudicaban al tema no deja lugar a duda.
García Téllez defendió el derecho de los empleados públicos a
sindicalizarse, pues afirmó que éste se encontraba contemplado
no sólo como un principio general en el Capítulo de garantías
individuales del texto constitucional, sino que el propio artículo
123 lo reconocía en su fracción VI, pero se oponía a la posibilidad de que se otorgara el derecho a huelga por solidaridad:

> Desde el punto de vista político y social del Gobierno considero
> que tienen plena razón el Lic. Villalobos y el señor Presidente en
> evitar que los conflictos ajenos a la Administración arrastren a los
> trabajadores, sin motivo, a una situación de paralización de labores
> [...] ya que el Estado que cada vez se convierte más totalitario en
> su absorción de la vida particular, reúne en síntesis todas las activi-
> dades de la vida social: Con todo respeto creo que están garantiza-
> dos en el Estatuto los peligros que se trata de evitar [sic], en pri-
> mer lugar, el caso de la huelga por solidaridad está excluido del
> Estatuto en el dictamen de la Comisión que me permití leer:[27]

Por su parte, durante la reunión, el general Francisco Múgica,
secretario de Comunicaciones y Obras Públicas, apuntó la centra-
lidad política que tenía el efecto de organización de los empleados

[27] Intervención de García Téllez en el Consejo de Ministros del 26 de abril de 1938.

y expresó sin ambages "la necesidad [del Ejecutivo] de apoyarse en las organizaciones de los trabajadores".[28] De las opiniones expresadas por Múgica se desprendía el apoyo a las consideraciones de García Téllez. Existía por entonces la versión de que en los acuerdos ministeriales ambos secretarios cruzaban impresiones antes de verificarse éstos y que en el desarrollo de los mismos generalmente coincidían en sus juicios. En lo que respecta al derecho de huelga, aunque lo reconocían, concordaban (con Cárdenas) en que éste debía limitarse en el caso de los empleados públicos.

Al secretario de Hacienda, Eduardo Suárez, no le preocupaba el problema de la naturaleza del contrato de trabajo entre el Estado y sus empleados, ni el derecho de huelga o de sindicación que se les reconocía, sino los problemas de carácter económico que significaban para el erario federal la aprobación de determinados preceptos, y por ello se refirió a aquellos artículos del Estatuto que podrían significar una considerable erogación pecuniaria para la Federación.

El secretario de Relaciones Exteriores, Eduardo Hay, solicitaba que dentro de la categoría de trabajadores de confianza quedaran comprendidos los del Servicio Exterior, al respecto, el general Cárdenas respondió:

Estimo que debemos considerar como empleados de confianza únicamente a los jefes principales, es decir, el Embajador, el Ministro, el Encargado de Negocios y los Primeros Secretarios, pero el resto del personal queda dentro del Estatuto, porque es necesario también garantizar a todos los empleados inferiores y también al cambio de los titulares de la Dependencia.

Era evidente que al menos parte de la Comisión que preparaba el dictamen en la Cámara de Diputados se encontraba en diá-

---

[28] *Idem.*

logo con las autoridades involucradas para la aprobación del proyecto que debería ser discutido en el pleno de la Cámara Baja.

En la sesión del miércoles 27 de abril de 1938 del periodo extraordinario de la XXXVII Legislatura, las Comisiones Unidas de trabajo, de puntos constitucionales, y de gobernación dieron a conocer el dictamen sobre el proyecto de Estatuto Jurídico de los Trabajadores al Servicio de los Poderes de la Unión. El texto aprobado por la Cámara de Senadores sufrió, como lo había adelantado García Téllez, una serie de modificaciones significativas: aun cuando reconocen que las disposiciones legislativas que establecen de manera casuística los sujetos a los cuales les era aplicable, por tratarse de trabajadores *de confianza*, se agregaba a los trabajadores de Materiales de Guerra, y se excluía en un artículo específico a quienes laboraran en industrias pertenecientes a la nación y a los empleados de los servicios públicos descentralizados, los que se regirían por la Ley Federal de Trabajo.

Se determinó que los empleados públicos no estaban obligados a prestar otro servicio distinto al que correspondiera a su nombramiento. Se suprimió la posibilidad de traslado de un trabajador de un lugar a otro por incompetencia pues las Comisiones estimaron que la incompetencia podía ser causa de otra sanción.

Se amplió el permiso de antes y después del parto a dos meses cada uno, sin perjuicio de ser prorrogado en caso de presentarse complicaciones; se suprimió la obligación de cumplir seis meses en el trabajo para tener derecho a vacaciones; y se sostuvo como tesis general que el derecho de ascenso o promoción debería considerar cuatro requisitos: antigüedad, categoría, eficiencia y posición ideológica, sin que pudiera desentenderse del estudio de uno solo de los casos para la calificación del mismo. Resulta interesante la mención de la postura ideológica, puesto que este requisito abría la puerta a sanciones de carácter político.

Se incluyó la obligación del Estado de proporcionar gratuitamente servicio médico y farmacéutico tanto al empleado como a sus dependientes, así como el pago de dos meses de salario por gastos de funeral. Los diputados, pues, decidieron elevar sustancialmente las prestaciones económicas de los empleados, justificando la preocupación del secretario de Hacienda.

En relación con la reglamentación del derecho a huelga se contemplaron reformas sustanciales al proyecto. Por ejemplo, la huelga general sería aquella que se alzaba en contra de los funcionarios de un poder, concepto distinto del contenido en el "proyecto Cárdenas" que proponía que la huelga se alzara en contra de todos los funcionarios de los tres poderes de la Unión, ya que el artículo 105 constitucional atribuía a la Suprema Corte de Justicia el conocimiento de los conflictos en que la Federación fuera parte.

Otra reforma esencial fue la supresión de las Juntas Arbitrales (organismo propuesto a semejanza de los comités obrero-patronales en la industria), en virtud de que, planteaba la comisión, se duplicaba la resolución de conflictos. Se consideraba entonces que el Tribunal de Arbitraje debería ser la única instancia para resolver los conflictos entre el Estado y sus empleados, ya que estaba constituido por representantes directos de las partes y dictaba sus resoluciones con el carácter de definitivas.

En cuanto a los artículos transitorios, específicamente el 2°, se propuso que se reconociera a la Federación Nacional de Trabajadores del Estado como la representante del interés profesional de los burócratas, para evitar la división entre los empleados públicos. Y en congruencia con esta reforma se señalaba la obligación de la Federación ya constituida, de organizar en el término de 90 días los sindicatos en las dependencias y unidades administrativas donde no existieran. Esta resolución reflejaba la intención de separar definitivamente la organización de los burócratas de la CTM.

En el artículo 9° transitorio se reconocía que todas las prerrogativas que la Ley Federal del Trabajo concedía a los trabajadores y que no estuvieran ampliadas, modificadas o sustituidas por las disposiciones del Estatuto, se deberían entender como concedidas a los trabajadores al servicio del Estado, lo que confirmaba las bondades económicas de la propuesta de ley.

Rodolfo Piña Soria publicó en *Futuro*, en abril de 1938, un artículo sobre el Estatuto donde afirmaba que el general Cárdenas había sido el primer presidente que, a diferencia de sus antecesores, había procedido a enviar un proyecto de ley en el cual se proponía reconocer la calidad de asalariado del dependiente del Estado-patrón, además de conquistas sociales de indiscutible importancia, como el reconocimiento del derecho de huelga, "con las limitaciones naturales que el propio Mandatario establece en su proyecto". En su texto, Piña Soria afirmaba que, no obstante, el Estatuto no respondía en todo sentido a los anhelos del proletariado, pues la CTM había manifestado que a los burócratas se les deberían reconocer los mismos derechos que al resto de los trabajadores, ya que la Constitución no los excluía; y que aun ante la imposibilidad inmediata de obtener ese reconocimiento de derechos, consideraban una indudable conquista la expedición del Estatuto y un primer paso en beneficio de los servidores públicos.

Entre las ventajas del Estatuto Jurídico estaban: el reconocimiento de la calidad de asalariado de los trabajadores del Estado y sus relaciones contractuales con un patrón: el Estado mismo; otorgaba mayores garantías de estabilidad en el trabajo; reconocía la personalidad de los sindicatos de los servidores públicos y reconocía el derecho a todas las prerrogativas de carácter social contenidas en la Constitución y en la Ley Federal del Trabajo.[29] Finalmente, reconocía el derecho de huelga, aunque con limitaciones importantes, como se ha comentado ya antes.

---

[29] Contrato de trabajo, jornada constitucional, pago del día de descanso, pago y disfrute de vacaciones, creación de tribunales de arbitraje, disfrute de las prerrogativas en caso de enfermedad profesional, entre otras.

Inconformidad de los trabajadores

Al ser conocido el dictamen del Bloque, los trabajadores organizados iniciaron una serie de manifestaciones para rechazarlo. Existían muchas sospechas de que se trataría de bloquear la aprobación del Estatuto. En mayo de 1938, el diputado Fernando Amilpa declaró al periódico *El Universal* que los diputados no parecían tener interés en que el Estatuto fuera aprobado, y el propio secretario general interino, Rodolfo Piña Soria, afirmó que la no aprobación del Estatuto de los empleados federales constituía una maniobra política de los diputados en contra de la CTM para impedir que esa organización tuviera el control de este sector de la vida pública. Los diputados cetemistas, señaló Amilpa, habían defendido hasta ese momento el proyecto, pero la situación se había agravado porque se buscaba un pretexto, que les fue dado por la Federación de empleados públicos al llevar a cabo manifestaciones hostiles contra los representantes populares para presentarse en son de represalia, pero en el fondo, la verdad era que la mayoría de los diputados eran "fascistas".

Por su parte, Alfonso Sánchez Madariaga, secretario de Acción Obrera del Partido de la Revolución Mexicana señaló que los empleados federales, poco conocedores de las prácticas sindicales, habían cometido el error de haber insultado a los diputados, pero que efectivamente existía un numero considerable de fascistas en la Cámara. Sin embargo, se consideró en ese evento que las esperanzas no se encontraban perdidas y que los cetemistas pugnarían para que el Estatuto fuera aprobado como lo había enviado el Ejecutivo. La CTM estaba comprometida a fondo con la defensa del Ejecutivo, especialmente tras la expropiación del petróleo

En los días siguientes, tanto la Federación de Trabajadores al Servicio del Estado, como los dirigentes de la CTM y del PRM enviaron a los periódicos *El Universal* y *Excélsior* aclaraciones de que en ningún momento se habían referido como "fascistas" a los representantes populares (una cosa era pensarlo y decirlo en privado, y otra defenderlo públicamente).

Señalaban asimismo, que en la Federación de Trabajadores al Servicio del Estado habían convenido que ningún grupo de esa organización asistiría a las sesiones en las que discutiera el Estatuto, lo que denotaba la confianza que les merecían los integrantes de la Cámara y demostraba la disciplina para el partido político al que pertenecían. Afirmaban que sabían que "la diligencia, la buena fe y la responsabilidad frente a los intereses del trabajo" presidirían las labores parlamentarias.

Sin embargo, en la base de la Federación, los empleados presionaban para hacerse oír. Inquietos por el cauce que tomaban los acontecimientos, la Federación se dirigió el 5 de mayo de 1938 al oficial mayor de la presidencia, Godofredo F. Beltrán, para solicitar una audiencia con el presidente Cárdenas y exponerle su preocupación sobre las pretensiones de distintos funcionarios públicos de dividir a los trabajadores del Estado. Para entonces, ante la posibilidad de un levantamiento armado encabezado por el general Saturnino Cedillo en San Luis Potosí, el general Cárdenas había suspendido sus audiencias públicas.

La relevancia de la legislación laboral de los empleados se reflejaba en la prensa. Los diarios continuaban comentando el contenido de las "generosas" prestaciones, así como los límites que planteaba el Estatuto en relación con el derecho de huelga. El 6 de mayo apareció publicada en *El Universal* una nota explicando los límites que se establecían para ejercer la huelga, asegurando que existían diversas restricciones respecto a ese derecho, ya que la huelga general sólo procedía por la falta de pagos de salarios correspondientes a un mes de sueldo a los burócratas en la totalidad de las unidades burocráticas, interviniendo, para conciliar a las partes, el Tribunal de Arbitraje especialmente constituido para los conflictos con los servidores del Estado, el cual calificaría la huelga, y el recuento de huelguistas "... quedando obligados a volver a sus labores los empleados si el movimiento se declarase inexistente". El derecho de huelga de los empleados públicos, así como otros problemas políticos ligados al proyecto de Estatuto provocaron un enconado enfrentamiento entre los diputados.

La oposición en la Cámara de Diputados

El 7 de mayo de 1938 la prensa informó que el día anterior no se había podido iniciar la discusión del proyecto de Estatuto en la Cámara debido a la falta de quórum y a que se preveía que las sesiones que se habrían de celebrar serían sumamente agitadas debido a la división de opiniones que su texto había suscitado. Y en verdad que el asunto habría de colocar a los representantes populares en "barricadas opuestas", pues antes de que iniciaran los debates formales, algunos representantes populares habían tomado ya una postura radical. Una de estas voces contrarias al Estatuto la expresaba el general Emilio N. Acosta, diputado por Coahuila. Acosta declaró a *El Universal*:

> Si tratamos de dictar una ley que deja al servidor público en peores condiciones que en las que vive; esclavizarlo además a un nuevo jefe que le merme sus entradas, que lo haga formar políticamente donde a éste le convenga, y que le duplique sus obligaciones en perjuicio del servicio y para provecho personal de un líder, el Estatuto en la forma en que está dictaminado es el mejor camino [...] Si tratamos de pasar por sobre la Constitución y preparar la quiebra de nuestras instituciones nada mejor que aprobar el Estatuto [...] El Estatuto en la forma en que está elaborado favorece sólo a un grupo de líderes y de ninguna manera al empleado.

Detrás de tales declaraciones se encontraba la oposición de un importante grupo de representantes populares al reconocimiento del derecho de sindicación y de huelga de los empleados públicos. Adicionalmente, en este grupo se encontraban líderes interesados en promover a algún candidato a la presidencia (diverso del grupo cardenista), de cara a la siguiente contienda electoral.

El martes 10 de mayo de 1938 se inició la discusión del dictamen en lo general, en ésta participaron un número considerable de diputados,[30] se inscribieron en contra los diputados: Emilio N. Acosta (antes citado), Agustín Franco Villanueva, Víctor Alfonso Maldonado e Ismael Falcón; y a favor: Miguel Ángel Menéndez Reyes, Margarito Ramírez y Fernando Amilpa.

Emilio N. Acosta fijó su postura en torno a la no concesión del derecho a huelga para los empleados públicos, así como el de formar sindicatos, pues ello no beneficiaba a los empleados sino a los líderes sindicales; lo mismo planteó con respecto a tener derecho a participar en la elaboración del presupuesto: "vamos a repartir el dinero que el pueblo manda a su Gobierno, a sus representantes en la administración en lugar de dedicarlos a obras que el mismo pueblo necesita", dijo el diputado.

Para Agustín Franco, el hecho de que los burócratas se organizaran y formaran sindicatos constituiría una gran fuerza: "... la fuerza de un sindicato de una gran potencia gravitaría sobre el pueblo mexicano y éste pasaría a ser un pueblo vendido a su burocracia..." Al igual que el diputado Acosta, Franco se oponía a que los empleados públicos pudieran intervenir en la preparación del Presupuesto de Egresos: "Es muy natural que los asalariados real y vitalmente propendan siempre a aumentar sus sueldos, con mengua de servicios muy importantes... entre ellos los de sanidad y comunicaciones".[31]

---

[30] Suplemento al número 10 del Diario de los Debates del periodo extraordinario sesión celebrada por el Bloque Revolucionario de la Cámara de Diputados del Congreso de la Unión.

[31] *Idem.*

El diputado por San Luis Potosí, Víctor Alfonso Maldonado, consideró que el proyecto era anticonstitucional, pues reconocía a los empleados públicos derechos que no les correspondían "porque considerar como sujetos de derecho industrial a quienes la Constitución no considera como tales es anticonstitucional...", señaló el diputado, al determinar que las relaciones entre el poder público y los servidores del Estado se deberían regir por la Ley del Servicio Civil... por ello, si la Cámara aprobaba el Estatuto faltaba definitivamente a su deber. Aseguraba también que la Suprema Corte de Justicia en distintas ejecutorias lo había resuelto ya así.

El primero de la sesión en defender el proyecto fue el diputado Francisco Arellano Belloc, que refutó al general Acosta argumentando que el artículo 29 del proyecto de Estatuto expresamente señalaba que los trabajadores de la misma categoría disfrutarían de un salario uniforme y que la fijación de éstos la haría el Estado considerando las necesidades expresadas por los mismos trabajadores; lo que no significaba que el Poder Legislativo, que aprobaba el Presupuesto de Egresos, estuviera obligado a ello.

Amilpa, por su parte, argumentó que el derecho de asociación estaba consignado en la Carta Magna, y que no existía facultad para limitar su ejercicio. Todo el ambiente hostil que se sentía en un grupo determinado de representantes resultaba en una actitud de oposición, de negación categórica de la obra del presidente Cárdenas, señaló. Bajo este tono de enfrentamiento finalizó el debate del dictamen, cuyo resultado fue la aprobación del Estatuto *en lo general*, aunque se citó a una sesión para el día siguiente.

El 10 de mayo, *El Universal* dejó correr el rumor de que en las reuniones informales llevadas a cabo hasta entonces por la mayoría de los diputados del Bloque ya se había preparado un nuevo texto de proyecto al que se le habían dado los últimos detalles y que vendría a suplir el que se encontraba en discusión; se trataba de un proyecto de Ley del Servicio Civil:

... nos enteramos de que se proponen trascendentales modificaciones [...] ya que no permite la formación de sindicatos, sino que en su lugar habrá agrupaciones de trabajadores del Estado en cada una de las distintas dependencias, no tiendan en lo absoluto el derecho a huelga, que se concederá solamente a los trabajadores manuales en aquellas obras en que realmente sea patrón el Estado...

El tono del editorial sugería entonces que el proyecto del general Cárdenas estaba predestinado a ser no sólo modificado en su contenido, sino rechazado por la mayoría de la Cámara de Diputados. Al parecer, lo que realmente preocupaba en esas reflexiones era la consideración, expuesta al general Cárdenas antes por Ramón Beteta, de que al sindicalizarse los empleados al servicio del gobierno, tendrían la necesidad inmediata de adherirse a alguna de las centrales obreras ya existentes; mismas que, por su mejor organización, mayor experiencia en asuntos gremiales y conocimiento de sus líderes, serían las instituciones que manejarían efectivamente a los empleados públicos. Esa suposición se fortalecía si se tomaba en cuenta lo que había pasado con los profesores y con quienes como empleados públicos ya se habían constituido como sindicatos y se habían integrado a la CTM (como sugería el memorandum de García Téllez). No era aventurado pues señalar que los movimientos generales de los empleados estarían en manos de los líderes obreros y subordinados a éstos. Cárdenas habría de salir al paso de estos rumores para definir su postura.

El 11 de mayo de 1938, *El Universal*, en franca campaña contra el Estatuto, difundió la discusión del día anterior en la Cámara de Diputados, y conjeturó que, si bien el dictamen había sido aprobado en lo general, se podría después desechar aquellos artículos que se consideraran inconvenientes por haberlos estimado inconstitucionales.

Por su parte, la CTM remitió un escrito en el que definía su posición: declaró que el proyecto de Estatuto era producto del interés del presidente Cárdenas por reconocer los derechos a los empleados públicos, cumpliendo así sus promesas a favor del olvidado sector de los trabajadores al servicio del Estado; que el Senado había interpretado fielmente el Estatuto respaldando la política revolucionaria del Ejecutivo, tal y como lo interpretaba el proletariado organizado; y que dicho proyecto había encontrado en la Cámara de Diputados una tenaz oposición principalmente de aquellas conquistas que eran fundamentales para los burócratas y para el movimiento obrero en general, tales como el derecho de huelga y la libertad de asociación, reivindicaciones contenidas en la Constitución. La CTM estimaba que el contingente de los trabajadores al servicio del Estado debería sumarse al resto del proletariado, pues dicho documento en nada ponía en peligro la estabilidad de las instituciones surgidas de la Revolución.

Por su parte, la Federación Nacional de Trabajadores al Servicio del Estado declaró que tan pronto como los empleados públicos habían dejado de ejercer presión sobre ellos, los diputados en lugar de legislar en beneficio de los trabajadores se habían ocupado de hacer política en contra del comité ejecutivo del PRM y del presidente de la República, tratando de impedirles adherirse a una central obrera y obligando a sus 250 000 agremiados a servir a sus intereses políticos. La cifra era notoriamente exagerada (de hecho, era más del doble del número de empleados al que hemos hecho referencia respecto del año ¡de 1950!)... pero esta guerra de cifras acompañó el proceso de organización de los trabajadores desde los tiempos de la CROM.

Al día siguiente, la Federación convocó a una gran manifestación pública frente a la Cámara de Diputados, y otra para el domingo siguiente. Ese mismo día, la CTM envió un telegrama al presidente del Partido de la Revolución Mexicana, solicitándole su intervención para dar solución al problema que se había presentado. El telegrama decía:

sólo la institución política de la Revolución, con suficiente autoridad debe tener [...] la intervención necesaria para orientar este asunto a fin de impedir que se desvirtúen los propósitos revolucionarios del Presidente de la República y se lesionen los intereses de los
trabajadores al servicio del Estado que forman en las filas del PRM.

La CTM hacía política muy a su manera, al mostrar el vínculo
entre la aprobación del Estatuto y la fuerza potencial del partido
oficial (y por cierto que con ello daba la razón a los opositores
del proyecto). La presión de los empleados públicos organizados
fue tal, que el mismo 12 de mayo llevó a cabo un mitin ante el
edificio del PRM. Durante el acto hicieron uso de la palabra los
dirigentes de los sindicatos de las secretarías de Agricultura, de
Comunicaciones y del Departamento del Distrito Federal, a instancias de Carlos Madrazo, secretario particular del presidente
del PRM, Luis I. Rodríguez, quien también se dirigió a los mani-
festantes, asegurándoles que el comité central ejecutivo del partido había celebrado reuniones con los dirigentes de las distintas
agrupaciones de burócratas, así como con los representantes del
Bloque Parlamentario de la Cámara de Diputados, lo que había
resultado en la aprobación del proyecto de Estatuto en lo general. Rodríguez aseguró que a partir del 16 de mayo acudiría personalmente a la Cámara de Diputados para dar seguimiento a la
discusión y a los debates: "Quienes afirman que los diputados
están en contra de la idea de concederles derechos a los trabajadores al servicio del Estado [...] mienten, los señores diputados
han estado muchas ocasiones conmigo, y he podido valorar el
fuerte contenido revolucionario que anidan..."

El presidente del PRM quedó sorprendido días después, al
constatar que lo afirmado en el mitin resultaba totalmente contrario en los hechos. Los burócratas se encontraban agraviados, y
con razón, por la actitud tomada por la mayoría de los representantes populares hacia el Estatuto. Así, la Federación Nacional de

Trabajadores del Estado decidió convocar el 15 de mayo a una nueva manifestación que se llevaría a cabo en la Plaza de la Constitución. El llamado tuvo gran éxito, ya que concurrieron más de 30 000 empleados públicos. Pedían la inmediata aprobación del Estatuto Jurídico, sin modificación alguna que contraviniera sus objetivos. La vertiginosa respuesta de los empleados, por fuera de la CTM, fue un factor decisivo del proceso.

Ese mismo día, el presidente del Bloque Revolucionario de la Cámara de Diputados giró un citatorio para acudir a una sesión informal, que contó con la asistencia de Luis I. Rodríguez, para tomar parte en un cambio de impresiones y recoger el sentir de los dos grupos que se habían formado en torno a la discusión del Estatuto, con el propósito de normar el criterio del comité central Ejecutivo del partido y emitir posteriormente una opinión fundada sobre el tema. Así el 16 de mayo, según el informe elaborado por el Inspector "P. S. 12" adscrito a la Oficina de Información Política y Social de la Secretaría de Gobernación, se encontraban reunidos desde las 10:30 de la mañana más de 80 diputados.

El activo opositor, el diputado Acosta, recriminó a líder del PRM el hecho de que contrariamente a lo convenido con él el día anterior, se había llevado a cabo una manifestación en la que se habían vertido expresiones que denostaban a los diputados que constituían la mayoría del Bloque. El diputado Víctor Alfonso Maldonado, por su parte, volvió a la cantaleta de cuestionar la relación laboral esencial de los empleados. Afirmó que el Estatuto era inconstitucional, que el Estado era soberano y no patrón porque el concepto de "trabajador" era una noción económica, en tanto el empleado público cumplía con un servicio que le pagaba el Estado sin estar sujeto a las normas del derecho industrial. El más conservador de los miembros de la mayoría del Bloque, el diputado Aguilar y Maya, sostuvo que no le cabía la menor duda de que rebatiría y votaría en contra del Estatuto, pues era antirrevolucionario tratar de dictar leyes contra la Ley Suprema del país.

Lo que más preocupaba era la posibilidad de que las organizaciones de empleados públicos se adhirieran a una central obrera y que ésta los manipulara, poniendo en juego los intereses del poder público. Lo mismo argumentó el diputado Vázquez del Mercado, quien señaló que los burócratas incorporados a una central rendirían a ésta 12 millones de pesos, suma suficiente para ganar una campaña presidencial, cuyo costo en esa época se calculaba en cinco millones. El diputado Vázquez del Mercado había puesto el dedo en la llaga: el dividendo económico y político que tendrían las organizaciones que cobijaran a los empleados públicos organizados (fuese la CTM, fuese el PRM o sencillamente la nueva federación sindical de los empleados).

Después de más de cinco horas de discusión, el presidente del PRM sentenció que no podía explicarse el gran celo que tenían los diputados por mantener intocable la Carta Magna, ya que a su reforma para introducir la educación socialista en el país nadie se había opuesto, y que el gobierno en esos momentos se enfrentaba a graves problemas como el petróleo, el rompimiento de relaciones con Inglaterra o las informaciones de prensa en relación con el asunto del general Cedillo que nada tranquilizaban a la nación y que, "ante un acuerdo del señor Presidente para hacer vivir un anhelo de quienes quieren mejorar y tienen derecho a ello conviene reconocer ese derecho a quienes trabajan para el Estado".

Lo que no se esperaba en aquellos momentos era que el propio presidente de la República daría a conocer públicamente sus opiniones, al convocar a la prensa capitalina al Castillo de Chapultepec, su residencia oficial. La reunión era para declarar sobre los asuntos de mayor actualidad que se planteaban en el país: el problema de la libertad de prensa, las milicias obreras y su función, la cuestión del petróleo y su producción, el posible levantamiento en armas del general Saturnino Cedillo y el Estatuto Jurídico para los trabajadores al servicio del Estado. Con respecto al Estatuto Jurídico el presidente Cárdenas fue sumamente claro y definió su postura:

> El Ejecutivo sostendrá sus puntos de vista en el Estatuto, ya que éstos respondieron a un estudio meditado. No creo que sea un peligro el derecho de huelga, que es lo único que puede garantizar la estabilidad del empleado; si se le quita ese derecho estaría expuesto a que se le estuviera removiendo cada vez que lo quisieran los titulares. No existe ningún peligro para el Estado si todos los titulares cumplen con lo prevenido en el mismo Estatuto; ello será suficiente para que no haya movimiento de huelga. Hemos indicado como opinión nuestra, que no es conveniente que se sumen los empleados públicos a alguna central, porque si se suman a la central x la central z dirá que no se le trata con equidad. Cuando haya una sola central sí será posible la adhesión de los empleados públicos a ella.

Quedaba entonces expuesta la posición del presidente, quien se proponía: *a)* garantizar a los burócratas la estabilidad en su empleo, *b)* aclarar que las opciones de huelga reales de los empleados serían casi inexistentes, y *c)* rechazar el ingreso de los empleados públicos a la CTM. Era evidente que le preocupaba el futuro del Estatuto. Deseaba dejar institucionalizada la continuidad del régimen laboral de los empleados públicos durante el cambio del gobierno. La batalla no sería sencilla. Cárdenas tenía frente a sí a un grupo mayoritario de diputados miembros del Bloque Nacional Revolucionario de esa Cámara que disentían radicalmente de sus ideas. El mismo 16 de mayo, los opositores dieron a conocer un manifiesto remitido a la prensa en el que fijaban su posición de rechazo al Estatuto, el documento estaba firmado por más de 80 representantes.[32] Este número de firmas,

---

[32] Entre los que destacaban: Mariano Vázquez del Mercado, José Aguilar y Maya, Víctor Alfonso Maldonado, Emilio N. Acosta, Emiliano Siurob y Vicente Aguirre.

hay que mencionarlo, garantizaba una votación mayoritaria de tres cuartas partes de la Cámara en contra del Estatuto.

En la sesión del 17 de mayo los diputados que rechazaban el Estatuto en los términos aprobados por la Cámara de Senadores se manifestaron nuevamente. Así lo hizo el diputado Miguel Flores Villar quien dijo no oponerse a que los trabajadores gozaran de estabilidad en el empleo, del escalafón, así como de diversas percepciones sociales, pero sí al derecho de huelga, al de sindicación y al de adhesión a alguna central obrera. ¡Nada más!

Fernando Amilpa señaló que las declaraciones del presidente publicadas en *El Nacional* el día anterior fortalecían a los representantes obreros, y que aquellos que habían incurrido en el error de oponerse al proyecto adoptaran una posición revolucionaria y no de retroceso. "Nos satisfacen las declaraciones del señor Presidente de la República, que se ha pronunciado por la huelga: Ha manifestado que el Estado no puede peligrar, si no cuando funcionen irresponsables que no cumplan con el Estatuto..."

Amilpa hizo hincapié sobre la libertad de asociación sindical, en un giro inesperado que dio la CTM, al expresar que: "la Federación de Trabajadores al Servicio del Estado no debe pertenecer a ninguna central obrera, para no provocar las suspicacias de nadie. No nos empeñamos en que el Estatuto obligue a los trabajadores al servicio del Estado a que se organicen dentro de la CTM, lo que pedimos es respeto a su libertad de asociación". Ésa fue la primera ocasión en que los líderes de los trabajadores organizados, principalmente en la CTM, manifestaron que estaban dispuestos a permitir la libertad a los sindicatos de los empleados públicos para constituirse en una Federación autónoma, con la posibilidad de tener sus propios estatutos y sus propios órganos de gobierno. Al final de cuentas se imponía la orientación de Cárdenas: organizados, pero separados.

El maestro Lucio Mendieta y Núñez publicó el 18 y 19 de mayo en el periódico *El Universal* dos artículos relativos a la discusión del Estatuto: "El Servicio Civil, sus problemas jurídicos" y "El derecho de huelga". En ambos, bajo una lógica jurídica estrecha, daba la razón a los opositores al proyecto.[33] La ausencia de referencia explícita a los empleados públicos en el artículo 123, volvía evidente la necesidad de un estatuto especial. En lo que respecta al tema de la huelga de empleados, según Mendieta y Núñez, el problema que ofrecían las relaciones jurídicas entre el Estado y sus servidores había sido resuelto ya por la jurisprudencia francesa, guiándose por la teoría de Hauriou, quien había llegado a la conclusión de que en esa relación existía un contrato de índole especial de función pública. La naturaleza especial de dicho contrato se advertía porque era el Estado quien mediante leyes y reglamentos fijaba de un modo unilateral, las condiciones del contrato, lo que a su parecer sucedía en México, de conformidad con el artículo 2º de la Ley Federal del Trabajo.

Finalmente, si el empleado público no era un trabajador ligado al servicio mediante un contrato de trabajo, si el Estado no era un capitalista que lucraba con el esfuerzo de sus servidores, resul-

---

[33] En "El Servicio Civil, sus problemas jurídicos" afirmaba que en virtud de que en el dictamen presentado por la Comisión redactora del artículo 123, texto que formaba parte del Diario de los Debates del Constituyente de 1917 decía: "La legislación no debe limitarse al trabajo de carácter económico, sino al trabajo en general, comprendiendo el de los EMPLEADOS COMERCIALES, artesanos y domésticos. En consecuencia, puede suprimirse la clasificación hecha en la fracción I". En todo el texto del dictamen citado a propósito del artículo 123 se hace referencia a obreros, trabajadores, empresarios, pero no se hace alusión a empleados públicos, así, resultaba evidente que éstos requerían de un estatuto especial.

Y en lo que respecta al derecho de huelga, escribió: "En nuestro concepto, la relación entre el Estado y sus servidores debe resolverse con un criterio económico y jurídico a la vez [...] El Estado cuando menos en las funciones de estricta administración pública no contrata a sus servidores para revender los servicios que le prestan al público, sino que organiza los servicios públicos para beneficio de la colectividad, para satisfacer necesidades generales de acuerdo con su presupuesto limitado, que no puede entregarse a las contingencias aleatorias de los contratos privados, so pena de herir en su fuente misma la vitalidad del Estado en perjuicio de todos [...] Se llega así a la conclusión de que ni económica ni jurídicamente pueden equipararse las relaciones que existen entre el empleado público y el Estado con la que guarda el empleado privado y su patrón o la empresa a la cual presta sus servicios..."

taría ilógico y peligroso para la vida misma del Estado conceder la formación de sindicatos, pues éstos constituían agrupaciones de lucha en la cual los trabajadores adquirían fuerza y cohesión para enfrentarse al capitalista en defensa de sus intereses. Las organizaciones sindicales resultaban útiles para equilibrar las fuerzas del capital y del trabajo en conflictos en los cuales tanto obreros como patrones pretendieran para sí las mejores participaciones; pero en el caso del empleado público, faltaba ese motivo de conflicto, pues el Estado, al no producir nada, ni revender los trabajos de sus servidores, no se le podría disputar utilidad alguna sobre actos administrativos o de servicio público, que escapaba al comercio propiamente dicho. Mendieta y Núñez consideraba que en ese momento, la doctrina de los juristas contemporáneos más prestigiados y la jurisprudencia de los países más cultos, negaban a los empleados al servicio del Estado los derechos de sindicación y de huelga. Ni huelgas ni sindicatos, era la conclusión del jurista.

La discusión parlamentaria del Estatuto ocurría en tiempos convulsos. El 17 de mayo, el general Cárdenas escribió en sus *Apuntes* que tomó la decisión de trasladarse a San Luis Potosí, para conocer personalmente la situación del movimiento encabezado por el general Saturnino Cedillo, quien por su descontento y ambición política alentaba a los enemigos de su gobierno, principalmente a las compañías petroleras. Acompañaron a Cárdenas, Ignacio García Téllez, Luis I. Rodríguez y Gabino Vázquez.[34] El 19 de mayo, fecha en la que se tenía previsto el debate del Estatuto en la Cámara de Diputados, se acordó posponer la discusión del proyecto de Estatuto en tanto no se solucionara el conflicto presentado por el levantamiento armado de Cedillo.

Fue hasta el 28 de junio cuando se presentó para su discusión el dictamen sobre el proyecto de Estatuto y se hizo la lectura por capítulos reservándose para su votación nominal. Hecho

---

[34] Lázaro Cárdenas, *Obras*, vol. I, *Apuntes 1913-1940*, UNAM, México, 1972, p. 395.

esto, Fernando Amilpa intervino para dejar asentado en el Diario de los Debates el criterio esgrimido por los representantes que él mismo calificó de minoría. Amilpa refutó, aunque sin la elegancia de lenguaje del jurista, los argumentos de Mendieta y Núñez. En primer lugar, Amilpa declaró que como el Estado en funciones empleaba el trabajo de sus servidores mediante el pago de un salario, debería considerársele como patrón para la aplicación del Estatuto Jurídico; que los elementos constitutivos del contrato de trabajo entre el Estado y sus servidores residían en la voluntad de los burócratas para prestar sus servicios y en la aceptación de éstos, mediante el pago de un salario y bajo su dirección, por lo que no existía impedimento legal para considerar al Estado dentro del Estatuto Jurídico como patrón de sus trabajadores.

Amilpa dijo que la aprobación del dictamen sobre el Estatuto no implicaba violación alguna a la Constitución, pues la aplicación de sus disposiciones no impedía a los titulares de las secretarías de Estado y a los jefes de los Departamentos Autónomos nombrar y remover libremente a sus empleados; que el conceder a los trabajadores el derecho de huelga no violentaba la Constitución, pues la fracción XVIII del 123 sólo exceptuaba del ejercicio de ese derecho a los trabajadores de los establecimientos fabriles militares en caso de guerra; y que el otorgamiento de ese derecho era necesario para que los servidores del gobierno tuvieran un medio de defensa para que los titulares cumplieran con las disposiciones del Estatuto.

Asimismo, Amilpa acusó a la Cámara Baja de establecer una clasificación arbitraria entre los servidores del Estado con el objeto de restringir a un grupo de ellos (los trabajadores *de confianza*) el disfrute de derechos que siempre se habían considerado como fundamentales para lograr su liberación integral y el fortalecimiento de sus instituciones de lucha.

El grupo mayoritario, por su parte, afirmó en palabras del diputado Hernández Delgado, que estimaba que entre el Estado y sus servidores no existía un contrato de trabajo, pues el artículo 123 establecía que las bases que en éste contenía eran aplicables a los obreros, jornaleros, empleados, domésticos y artesanos, pero la interpretación auténtica del precepto, basada en el dictamen de la Comisión de Constitución del Congreso Constituyente de 1917 —presidida por el señor general Francisco J. Múgica— permitía conocer que el vocablo *empleado* se refería exclusivamente a los dependientes de comercio. De manera tal que sostuvo como tema central la inexistencia de contrato de trabajo entre el Estado y sus servidores.

Enseguida, Hernández Delgado se orientó contra el derecho de huelga. Apeló a la interpretación "auténtica" del artículo 123. Para él, resultaba evidente que se encontraban excluidos los burócratas. Parte de su argumentación se basó en la no procedencia de hacer extensiva a los funcionarios del Estado la figura que se contemplaba en la fracción XVIII del 123 constitucional, relativa al derecho de huelga concedido a los trabajadores que pertenecían a los establecimientos y servicios dependientes del gobierno, pues llevarlo a cabo implicaría la demostración de la existencia de un contrato de trabajo.

Más todavía, señalaba Hernández que el propio texto constitucional marcaba la pauta para corroborar que el régimen jurídico instituido para los funcionarios y empleados públicos distaba mucho de la esencia contractual, pues su artículo 89 fracción II, demostraba que la potestad soberana contemplada en la figura presidencial, se delegaba única y exclusivamente al legislador secundario para que éste se encontrara en aptitud de nombrar y remover a los funcionarios y empleados dependientes del Poder Ejecutivo Federal. Hernández se preguntaba: "¿Cómo explicar, entonces, que se haya dejado a la potestad del legislador secundario determinar la condición legal de los funcionarios y empleados dependientes del Poder Ejecutivo y de decidir, por tanto, que entre ellos y el Estado hay un contrato de trabajo?"

Hernández utilizó todavía más municiones legales. Mencionó el texto del artículo 97 constitucional, en el que se facultaba al Poder Judicial de la Federación para nombrar y remover libremente a su personal, sin que el Congreso de la Unión se encontrara capacitado para limitar o restringir el ejercicio de esa potestad. Igualmente, la fracción III del artículo 74 establecía que la Cámara de Diputados se encontraba autorizada para nombrar a los jefes y empleados de la Contaduría Mayor de Hacienda. En tanto que la fracción III del artículo 77, facultaba a cada una de las Cámaras para nombrar de forma independiente a los empleados de su secretaría. También, la fracción XI del artículo 73 constitucional, le concedía facultad al Congreso de la Unión para crear y suprimir empleos públicos de la Federación. En consecuencia —dijo el diputado Hernández— no existe concordancia entre la amplia libertad de acción que se brinda al Estado con la naturaleza contractual que se pretendía atribuir al régimen de los funcionarios públicos.

La postura fijada por Hernández en relación con la negativa del derecho de huelga no era muy novedosa, según hemos reiterado en otros testimonios, salvo porque pretendía colocarse en el *centro* político al advertir peligros de uso extremista de dicho derecho tanto por rojos como por conservadores:

Otorgar el derecho de huelga a los servidores públicos equivale a declararlos sustraídos al orden jurídico; colocarlos en un plano de superioridad frente al Estado; hacer que éste abdique de una de sus características que le imprimen la fisonomía de tal: la soberanía. Casi inadvertidamente operaríamos, entonces un desplazamiento de ella —que por mandamiento constitucional reside esencial y originariamente en el pueblo—, no ya siquiera a una clase social determinada, no al proletariado mexicano, sino a la burocracia. Nuestro régimen democrático quedaría suplantado por una oligarquía burocrática que, consciente o indeliberadamente, serviría de instrumento para preparar el establecimiento de la dictadura del proletariado, o un entronizamiento de las derechas.[35]

Una victoria pírrica

Después de la intervención del diputado Hernández Delgado se recogió la votación nominal de los diputados a los capítulos del dictamen, 30 diputados votaron a favor y 76 en contra por lo que desechó el proyecto del Estatuto. Inmediatamente después el secretario de la mesa directiva, el diputado Adán Ramírez López, informó que se leerían los artículos propuestos por varios diputados. *Resultó así la propuesta de un nuevo Estatuto que rompía con el texto del general Cárdenas.* El nuevo documento, propuesto por la mayoría de diputados del Bloque Revolucionario de la Cámara de Diputados, modificaba al proyecto desde su denominación, bautizándole como: "Estatuto de los Servidores Públicos".

En el capítulo primero, Disposiciones Generales, se desconocía la relación contractual del empleado público con el Estado y se señalaba que eran servidores del Estado las personas que desempeñaban un trabajo material, intelectual o de ambos géneros en virtud de su nombramiento; en tanto que aquellos que prestaran un servicio material, intelectual o ambos en virtud de su contrato de trabajo regirían sus relaciones por las disposiciones de la Ley Federal del Trabajo (artículos 2º y 3º).

Otra modificación se orientó al campo de aplicación de este nuevo Estatuto, pues se propuso dirigirlo a regular la prestación del servicio entre los poderes Legislativo y Ejecutivo y sus servidores; así como los empleados de los Poderes Ejecutivo y Judicial del Distrito y Territorios Federales, descartando al Poder Judicial, con base en lo asentado por el diputado Hernández Del-

---

[35] *Diario de Debates de la Cámara de Diputados*, 28 de junio 1938, año I, periodo extraordinario, XXXVII Legislatura, t. II, núm. 14.

gado respecto de la facultad de éste para nombrar libremente a su personal.

Quedaban excluidos del nuevo proyecto los funcionarios de elección popular; los funcionarios y empleados cuya designación se encontrara determinada en la Constitución General; los miembros del ejército y la armada; la policía y los servidores de confianza. Dentro de este último grupo se encontraban comprendidos todos los funcionarios y empleados que de común acuerdo señalaran los titulares de las unidades burocráticas y los representantes de la agrupación correspondiente, en caso de desacuerdo, el caso lo resolvería el Tribunal de Arbitraje; los trabajadores que prestaran sus servicios en las industrias pertenecientes a la nación o las expropiadas por ella (estaba muy presente el caso del petróleo) se regirían por la Ley Federal del Trabajo.

La retribución que se entregaba a los empleados públicos por la prestación de sus servicios, a diferencia del texto de Cárdenas que se refería a los salarios, en este nuevo documento se llamaba sueldo y se definía como "aquella retribución específicamente prevista en el Presupuesto de Egresos que correspondía a los servidores del Estado por sus Servicios".

Es cierto que la estructura del nuevo proyecto (el cascarón) del documento que aquí se analiza correspondía al "proyecto Cárdenas", pero con diferencias radicales de fondo, como las arriba apuntadas y otras más. Así, en lugar del reconocimiento del derecho de sindicación, en este texto se habla de agrupación; en el Título Tercero, artículo 47 se regula ésta, considerando que los servidores del Estado tendrían derecho de asociarse en agrupaciones que procurasen el mejoramiento colectivo e individual de los mismos, pero se subraya que no tendrían el carácter de agrupaciones de resistencia frente al Estado. El proyecto exigía que, para reconocer a las asociaciones, éstas deberían registrarse ante el Tribunal de Arbitraje y además, que en cada unidad burocrática se reconocería únicamente la existencia de una agrupación, debiendo ésta acreditarse ante la Federación Única de Asociaciones de Servidores del Estado. Nada de sindicatos propiamente dichos.

El capítulo II del Título Tercero establecía las reglas en relación con las condiciones generales de servicio, las cuales deberían fijarse en los reglamentos interiores de las unidades burocráticas por los titulares de las mismas, "escuchando" a las agrupaciones correspondientes, en tanto que en el "proyecto Cárdenas" se definen como condiciones generales de trabajo aquellas que eran fijadas a petición de los titulares de la unidad burocrática afectada, de acuerdo con el sindicato correspondiente; en caso de desacuerdo entre el titular y sus servidores (trabajadores en el "proyecto Cárdenas") resolvería el conflicto la Junta de Honor (el Tribunal en el "proyecto Cárdenas") y en caso de desacuerdo se podía apelar ante el Tribunal de Arbitraje.

En lo referente a los órganos para resolver los conflictos que surgieran con motivo de la aplicación de la ley se incorporan, además de las Juntas de Honor y del Tribunal de Arbitraje, la Federación Única de Asociaciones de Servidores Públicos, a la que el artículo 73 faculta para intervenir de manera conciliatoria en los casos de conflicto entre sus miembros o entre los servidores y sus agrupaciones respectivas, cuando alguna de las partes interesadas así lo solicitara.

El Tribunal de Arbitraje era competente para registrar las agrupaciones de servidores del Estado y para cancelar el registro de las mismas; para fallar en caso de conflictos sobre el registro y su cancelación; para resolver en segunda instancia los conflictos de que conocieran las Juntas de Honor; resolver los conflictos entre las agrupaciones y entre éstas y uno de los Poderes o entre las Agrupaciones con la unidad burocrática; así como en los conflictos que surgieran entre las agrupaciones y la Federación o entre los servidores del Estado y la agrupación a que pertenecieran.

El nuevo proyecto, anticardenista en espíritu, fue votado y poco sorprende su aprobación con números exactamente invertidos a la votación sobre la propuesta original. En la segunda votación el resultado fue de 76 votos a favor y 30 en contra, remitiéndose al Senado para su ratificación. Se trataría de una victoria pírrica. En el Senado, la correlación de fuerzas políticas era distinta, y no habría de convalidar la transgresión a su propuesta de Estatuto.

El Senado: aquí no ha pasado nada

En la sesión del 23 de agosto en la Cámara de Senadores se dio lectura al dictamen de las comisiones encargadas del proyecto de Estatuto de los servidores del Estado aprobado por la Cámara de Diputados.[36] Se dejó clara la necesidad imperiosa de establecer una ley que fijara las obligaciones y derechos tanto de los trabajadores al servicio del Estado, como del gobierno con éstos. Así, los senadores asentaron la calidad de patrón del Estado y la existencia de un verdadero contrato de trabajo entre ambas partes.

Las comisiones señalaron que habían escuchado a los distintos sectores de opinión y los puntos de vista de los trabajadores. Para los trabajadores, era suficiente leer la parte expositiva de las comisiones dictaminadoras de la de Diputados, en la que se expresaba:

Aparte de que la opinión pública ha manifestado su aceptación unánime a la iniciativa de referencia, circunstancia que demuestra que la Ley proyectada constituye una aspiración nacional congruente con la imperiosa necesidad de establecer no sólo las obligaciones sino [también] los derechos de los numerosos trabajadores al servicio del Estado.

---

[36] *Diario de los Debates de la Cámara de Senadores*, año I, periodo extraordinario, XXXVII Legislatura, t. II, núm. 24.

Por ello, en el criterio de las Comisiones y en el de todos los senadores persistía la idea de que no debían ser tomadas en consideración las reformas adoptadas en la Cámara de Diputados al proyecto original de la de Senadores, y en tal sentido acordó:

> Único.- Se desechan las reformas aprobadas por la H. Cámara de Diputados al proyecto de ley de Estatuto Jurídico de los Trabajadores al Servicio de los Poderes de la Unión, ratificándose en todas sus partes el Proyecto aprobado por el Senado de la República en su sesión del 21 de diciembre de 1937...[37]

Las largas disquisiciones jurídicas se toparon con la realidad política. Todo había sido un mal sueño para los defensores del Estatuto cardenista. El dictamen sólo adicionaba un artículo, el 12 transitorio, al texto del Estatuto anteriormente votado, el cual señalaba que el empleado público que hubiera sido cesado o removido de su empleo a partir del 1º de enero de 1938 y considerase vulnerados sus derechos, podía acudir ante el Tribunal de Arbitraje para solicitar que se examinara su hoja de servicios, y si se demostraba denegación de justicia, se le reinstalaría en su empleo.

En *El Nacional* del 25 de agosto aparecieron publicados diversos telegramas enviados por la Federación Nacional de Trabajadores del Estado y los sindicatos de las Secretarías de Educación Pública y de la Asistencia Pública, para elogiar la "actitud revolucionaria" de los senadores al no permitir que su proyecto de Estatuto jurídico fuera minado por la Cámara de Diputados.[38] Y *El Universal* no se levantó en armas.

El martes 6 de septiembre se presentó para su aprobación el texto de referencia. Previo a la sesión, los diputados representantes de las dos corrientes existentes sostuvieron una reunión con

[37] *Idem.*
[38] *El Nacional* (7 de septiembre de 1938).

el presidente de la República en Palacio Nacional, reunión en la que, a decir del diputado Antonio Sánchez, se habían tratado los puntos de vista de cada uno de los grupos solicitando al presidente su mediación. Cárdenas había manifestado su propósito de no intervenir en ninguno de los asuntos correspondientes a otro Poder, pero en posición de amigo personal sugirió a los diputados ahí presentes actuar con gran altura en tanto que México se encontraba sumergido en problemas de gran importancia. En esa misma sesión, el asunto fue considerado urgente, se leyó el dictamen y el acuerdo del Senado por el que se desechaban las reformas aprobadas por la Cámara de Diputados; pasando a discusión, hizo uso de la palabra en nombre de quienes se habían opuesto al Estatuto el diputado Enrique Estrada.[39]

La mayoría de la Cámara de Diputados tuvo que tragar sapos. El diputado Estrada afirmó que el punto de discusión era el reconocimiento del derecho de huelga a los empleados públicos, lo que para ellos hubiera sido motivo de desorden en la administración; declaró que el Senado presentaba ahora un dilema para los trabajadores al servicio del Estado. La posición a que los obligaba la misma ley que regía la Cámara les compelía a que se aprobara el Estatuto como les había sido devuelto o a que no hubiera ley que garantizara los derechos de los trabajadores al servicio del Estado.

... El resultado es malo, tendremos la libertad de enmendarlo, pero si en este momento rechazamos de plano la ley, el Estatuto Jurídico para los Trabajadores del Estado, aplazando su discusión como lo ordena la ley hasta dentro de un año, corremos el peligro de que esta Ley jamás se dé. El horizonte político de México puede cambiar en un año. Nadie puede ser profeta respecto a lo que sucederá en el término de doce meses, y sería una enorme responsabilidad nuestra que, por aferrarnos a determinadas ideas personales,

[39] *Diario de los Debates de la Cámara de Diputados*, año 2, periodo ordinario, XXXVII Legislatura, t. III, núm. 4.

por sagradas que sean para nosotros, por fuerte que sea nuestra convicción, en este momento lanzáremos al peligro de no ser dada nunca una ley que fundamentalmente nosotros aprobamos, puesto que por unanimidad fue aprobada en lo general.[40]

Se procedió entonces a votar el Estatuto, que resultó aprobado por 158 votos a favor y sólo seis en contra. Se discutió inmediatamente en lo particular, con un resultado de 158 votos a favor y siete en contra. Después el Estatuto se turnó al Ejecutivo para los efectos constitucionales.

Reunidos en la sede de la Federación Nacional de Trabajadores del Estado, los trabajadores enviaron mensajes de felicitación al presidente de la República y a las Cámaras; lo mismo hizo la Federación de Sindicatos de Trabajadores del Estado, "no afiliada a ninguna Central Obrera";[41] lo anterior evidenciaba que para ese momento existía una división en las filas de los burócratas organizados, que sólo sería resuelta posteriormente. La convocatoria de la Secretaría de Gobernación llamaría a constituir a la Federación Nacional de Empleados, tal como lo ordenaban los artículos 3 y 4 transitorios de la ley, que señalaban que los sindicatos de trabajadores al servicio del Estado deberían organizarse en un plazo de 90 días y designar representantes, quienes deberían constituir la Federación de Sindicatos de Trabajadores al Servicio del Estado en un plazo improrrogable de 90 días a partir de la publicación del Estatuto.

En lo que se refiere a la CTM, su periódico *El Popular* reprodujo el 25 de octubre importantes declaraciones, aprobadas por el Comité Nacional de esa organización. En síntesis, los cetemistas se sumaron al Estatuto cardenista. Lo consideraban "un paso

[40] *Idem.*
[41] Integrada por los sindicatos del Departamento Agrario, Departamento de Asuntos Indígenas, Departamento del Trabajo, Procuraduría General de la República, Procuraduría de Justicia del Distrito y Territorios Federales, Comisión Nacional de Irrigación, Comisión Federal de Electricidad, Lotería Nacional para la Asistencia Pública y la Dirección de Pensiones de Retiro.

de gran importancia histórica", si bien advertían que habrían de pugnar por igualar las condiciones del sector con las del resto de los trabajadores. La CTM señalaba con razón que ellos habían sido pioneros en la organización de los empleados públicos, pero aceptaban que la organización emergente de los sindicatos burocráticos militase fuera de su Confederación. La CTM "declara con lealtad que no le preocupa que los empleados públicos se declaren dentro de una organización autónoma. Lo que sí le preocupa es que la unidad no fracase". En forma civilizada, la CTM concedía el haber perdido la aspiración a ser la receptora de la sustancial militancia de los empleados (y de sus cuotas).

El 29 de octubre de 1938 se iniciaron los trabajos preliminares del congreso constitutivo de la federación de empleados, cumpliendo así con lo establecido en la convocatoria expedida por la Secretaría de Gobernación. Asistió en representación del presidente Cárdenas, Ignacio García Téllez, secretario de Gobernación, así como el secretario de Relaciones Exteriores Eduardo Hay, entre otros importantes funcionarios.[42] García Téllez señaló que los empleados formaban parte del Estado de forma tal, que les correspondía identificarse plenamente con los fines de éste y que mientras se consolidaba la unificación de los trabajadores del país, los servidores del Estado deberían mantenerse imparciales y al margen de las luchas dentro de los gremios de los trabajadores de empresas privadas, en un plano que garantizara la igualdad, pues de otra manera la acción administrativa se convertiría en instrumento de las organizaciones sindicales, socavando la respetabilidad del poder público.

La Federación quedó formalmente constituida el 1º de noviembre de 1938 y fue elegido como el primer secretario general Francisco Patiño Cruz, trabajador de la Secretaría de Comunicaciones y Obras Públicas. Por lo que respecta a la posición de la

[42] R. S. 27 / 40, 1er cuaderno, Federación de Sindicatos de Trabajadores al Servicio del Estado, Secretaría General de Acuerdos, Tribunal Federal de Conciliación y Arbitraje.

CTM frente a la organización sindical que se había constituido, en el informe que rindió el Comité Nacional al IX Congreso Nacional de esa confederación el 17 de noviembre de 1938, se afirmó que para evitar las maniobras de elementos reaccionarios que pudieran obstruir la unión de los burócratas, el Comité Nacional declaraba que, habiendo luchado a favor del Estatuto y obtenido éste para los empleados públicos, se sentía satisfecho.

El congreso tuvo éxito, pues la unidad se realizó, y la Federación se mantuvo autónoma. Dejaron de pertenecer a la CTM los sindicatos de trabajadores de los poderes de la Unión; no así los empleados de los gobiernos de las entidades federativas. En este sentido, la CTM pudo probar algo del pastel recién horneado. A cuatro años de su toma de posesión, el general Cárdenas había conquistado un punto más de su programa: la organización sectorial de los empleados públicos. El presidencialismo en germen había mostrado el vigor suficiente para imponer su criterio de Estatuto Jurídico frente a una considerable oposición legislativa (que sin embargo carecía de apoyo popular). En realidad, el Estatuto entrañaba en sí mismo un pacto político, pues de un lado garantizaba estabilidad laboral y un mejoría en las prestaciones económicas para los empleados públicos, al tiempo que les mantenía sujetos a un sindicalismo construido desde arriba (con la importante excepción de los maestros) y con restricciones decisivas para el ejercicio del derecho de huelga. El ambiente político del último tramo de la gestión cardenista no hubiese permitido ir mucho más lejos. La paradoja del cardenismo y sus relaciones con los trabajadores se mantuvo: ampliación de la sindicalización y contratación colectiva por rama industrial, para el movimiento obrero, y legislación especial, restrictiva, para los bancarios y los empleados públicos, organizados estos últimos bajo la tutela estatal. El *ogro filantrópico* de Octavio Paz emergería mucho más tarde, ya bajo una cierta estructura orgánica y un principio de autoridad centralizada por el partido casi único.

La reforma agraria y la cuestión campesina en el periodo cardenista

Eduardo Nava Hernández*

La situación agraria antes del gobierno cardenista y la crisis de 1929

El Porfiriato culminó la tarea, iniciada con la reforma liberal de mediados del siglo XIX, de sentar las bases para un desarrollo plenamente capitalista en el país. El desarrollo del mercado interno y externo de mercancías —mediante la construcción de miles de kilómetros de vías férreas, la modernización del sistema de comunicaciones en general, la supresión del sistema de alcabalas y la apertura comercial con los Estados Unidos y Europa—, la constitución de un sistema crediticio moderno y la extensión de las relaciones salariales en sectores como la minería, el comercio y las industrias manufactureras modificaron notoriamente entre 1880 y 1910 el perfil económico y demográfico del país. Pero sobre todo, el periodo porfirista cambió el mundo agrario, constituyendo, en una magnitud nunca antes alcanzada, la propiedad privada, la concentración del suelo y un dinámico mercado de tierras.

* Universidad Michoacana de San Nicolás de Hidalgo. El autor agradece los comentarios hechos por Enrique Semo, Samuel León, Jorge Márquez Guadalupe Farías, Martha Loyo, Verónica Oikión y Marcos Tonatiuh Águila, que enriquecieron la perspectiva y el contenido de este trabajo, sin por ello trasladarse la responsabilidad de la información consultada ni de las opiniones expresadas.

Las Leyes de Colonización de 1875, de Baldíos de 1883 y de Fraccionamiento de las Tierras Comunales de 1889 y 1890, impulsaron radicalmente la apropiación por los particulares de las tierras antes pertenecientes a la Iglesia, nacionalizadas por las Leyes de Reforma juaristas de 1859 y, sobre todo, las de los pueblos y comunidades indígenas de todo el país. Al amparo de esas disposiciones llegaron al régimen de propiedad privada, según Jesús Silva Herzog, 49 millones de hectáreas, equivalentes a la cuarta parte del territorio nacional. Ningún otro país de América Latina ni del mundo conoció un proceso de privatización territorial de tal extensión e intensidad. Al finalizar el periodo, esa empresa de privatización estaba virtualmente concluida.

El panorama agrario del país no era, sin embargo, el de un vasto sistema de pequeñas y medianas propiedades ni, por tanto, el de una amplia clase media rural, como los liberales del xix lo habían soñado, sino el del resurgimiento de la antigua hacienda de origen colonial, y de una oligarquía terrateniente de tintes aristocráticos. En vísperas de la Revolución, 97% de las tierras pertenecía a haciendas y ranchos, 2% a pequeñas propiedades y sólo 1% a los pueblos y comunidades. Esa brutal concentración de la tierra no fue revertida por la revolución maderista de 1910-1911, que compartía con el porfirismo la visión de no afectar los latifundios y de constituir la pequeña propiedad, en todo caso, sólo por medio de compras y fraccionamientos. Sólo la participación directa de las masas campesinas en la lucha revolucionaria colocó en el centro de la contienda la cuestión agraria y transformó (no siempre de manera programática) lo que originalmente era una lucha por la constitucionalidad en una amplia movilización antioligárquica. El Plan de Ayala fue, durante la década revolucionaria, la bandera más importante del agrarismo popular y su más clara expresión político-ideológica.

Como respuesta a la movilización campesina, y tras el rompimiento del polo revolucionario en dos grandes bandos, Venustiano Carranza emitió la Ampliación del Plan de Guadalupe (12 de diciembre de 1914) y la Ley Agraria (6 de enero de 1915), documentos en los que por primera vez su gobierno se comprometía a revisar, y abría la posibilidad de revertir, las enajenaciones ilegales de tierras.

El artículo 27 de la Constitución de 1917 resultó una síntesis, en el nivel jurídico, de la lucha social a lo largo de la Revolución. Por ello, su texto se aparta, desde un inicio, del liberalismo que había prevalecido en la concepción jurídica y en la práctica social del siglo XIX. Al recuperar la experiencia y las demandas revolucionarias, sobrepuso a aquél el interés superior de la nación. Reconociendo todas las formas de propiedad con excepción de los latifundios (las "rancherías, pueblos, congregaciones, tribus y demás corporaciones de población que de hecho o por derecho guarden el estado comunal", y desde luego las dotaciones otorgadas conforme a la Ley del 6 de enero de 1915), las considera tan sólo como modalidades derivadas de la propiedad originaria de la nación, expresada en el párrafo inicial del artículo.

El artículo 27 planteó un nuevo escenario a la lucha agraria. Al establecer como una obligación del Estado la dotación de tierras a los núcleos campesinos, trasladó el enfrentamiento entre éstos y los terratenientes a una lucha por dar cumplimiento a esa obligación, y convirtió al poder estatal en agente de la justicia social. Con la institucionalización de la reforma agraria, la suerte del agrarismo tomó otro cauce. No dependería más de la intensidad y el fragor de la lucha de clases sino de los vaivenes políticos y de los requerimientos del Estado y de las facciones en el poder.

Los gobiernos de la Revolución iniciaron con fines de pacificación y legitimación el reparto de tierras de baja calidad, al tiempo que creaban la "pequeña propiedad inalienable" y daban garantías a la propiedad capitalista. Obregón repartió algunas tierras a los agraristas para asegurar su apoyo durante la rebelión delahuertista, y Calles lo hizo para neutralizar la presencia de los cristeros. Desde 1930 y durante el resto del maximato, pactada ya la paz con la Iglesia y reprimidos los movimientos militares opuestos al gobierno, el reparto agrario se redujo al mínimo.

La realidad del reparto ejidal, verdadero sinónimo de distribución de pobreza, correspondía a la doble concepción que de él había dominado en la élite revolucionaria desde 1920. Para los gobiernos de la facción triunfante en la Revolución —haciendo suyas las propuestas expresadas en 1912 por Luis Cabrera con el fin de evitar que los peones engrosaran las filas zapatistas—,[1] la parcela ejidal debía ser no solamente una forma transitoria, sino, en términos económicos, un mero complemento al jornal del peón agrícola vinculado a las haciendas y grandes unidades de producción. Así, la política agraria precardenista asumió el reparto como un mal necesario o como una necesidad contradictoria. Había, sí, que repartir tierras, generalmente improductivas o marginales, como un acto de justicia social hacia los campesinos empobrecidos; pero era también necesario preservar y perpetuar la gran unidad de producción como la verdadera base de la economía agrícola del país. Los ritmos del reparto estaban determinados por las presiones de los campesinos, que en la década de los veinte se mantenían como movimientos armados, y por las necesidades políticas del régimen. Como no todos podían ser propietarios, los peones acasillados tenían que mantenerse, incluso por ley, al margen del reparto, cumpliendo su papel de pro-

---

[1] "... antes que la protección a la pequeña propiedad rural", dijo Cabrera en la Cámara de Diputados en 1912, "es necesario resolver otro problema agrario de mucha mayor importancia, que consiste en liberar a los pueblos de la presión económica y política que sobre ellos ejercen las haciendas [...] Para esto es necesario pensar en la reconstitución de los ejidos..." porque "ya no podremos continuar el sistema de emplear la fuerza política del gobierno en forzar a esas clases a trabajar todo el año en las haciendas a bajísimos salarios". Y concluía Cabrera que "Mientras no sea posible crear un sistema de pequeñas explotaciones que sustituya al sistema de los latifundios, el problema agrario deberá resolverse mediante la restitución de los ejidos a los campesinos para que éstos puedan completar sus jornales", citado en Michel Gutelman, *Capitalismo y reforma agraria en México*, Era, México, 1974, p. 67.

letariado agrícola en activo o de reserva.[2] Se trataba de que las
haciendas fueran modernizadas, no desarticuladas. Como afirma
Everardo Escárcega, el reparto efectuado entre 1915 y 1934 no
tendía a resolver el problema agrario sino a institucionalizar el
pegujal* como una prolongación de la estructura económica por-
firiana.[3]

Por ello, en 1925 Plutarco Elías Calles decretó la división
obligatoria de los ejidos y el inicio de la intervención del Estado
en la vida interna de éstos. Con ello debilitaba en primer lugar el
poder caciquil de los comisariados ejidales; pero el "aparcela-
miento de los ejidos mostraba también otra preocupación no
exenta de ambigüedades: plantar, por lo menos en principio, los
jalones de la propiedad privada en el seno de los ejidos y lograr la
estabilización política y social de los trabajadores agrícolas". Las
parcelas individuales "No constituían todavía una propiedad privada en todo el sentido de la palabra; sin embargo, la apropiación
privada de su usufructo significaba para algunos un paso importante hacia el ideal agrarista del 'pequeñoburgués campesino'".[4]
Por lo demás, dentro del programa de saneamiento fiscal que
Dwight D. Morrow, nuevo embajador estadunidense, sugirió a
Calles, estaba precisamente frenar el reparto de tierras para reducir el costo de las indemnizaciones.

Al lado de las viejas haciendas heredadas del antiguo régimen, el otro factor de poder agrario eran los militares y políticos
revolucionarios enriquecidos al amparo del Estado. Se trataba,

[2] *Idem.*

* El pejugal se define como la pequeña parcela que el propietario de una finca cede a
un peón para que la cultive por su cuenta, como parte de su remuneración. Es característico de las haciendas mexicanas desde la constitución de éstas a fines del siglo XVI hasta
el periodo porfirista y aun posrevolucionario.

[3] Everardo Escárcega, "El principio de la reforma agraria", en *Historia de la Cuestión
agraria mexicana*, t. 5, *El cardenismo: un parteaguas histórico en el proceso agrario nacional 1934-1940* (Primera parte), Siglo XXI/Centro de Estudios Históricos del Agrarismo
en México, México, 1990, pp. 60-61.

[4] Michel Gutelman, *op. cit.*, p. 95.

sobre todo, del grupo cercano a Obregón y Calles que logró hacerse fácilmente de las propiedades expropiadas a los anteriores terratenientes. Los generales revolucionarios, explica Nora Hamilton

> eran activamente alentados por el gobierno central para que se dedicasen a los negocios como medio de canalizar sus ambiciones políticas en direcciones menos peligrosas. Esto fue particularmente cierto durante el gobierno de Calles, cuando el proceso de auto-enriquecimiento fue 'pacíficamente regularizado' y los 'capitalistas revolucionarios' se convirtieron en uno de los sectores más dinámicos de la clase dominante.[5]

Los nuevos ricos aprovecharon ampliamente la estructura crediticia creada para el impulso a la agricultura. A través del Banco de Crédito Agrícola pudieron comprar haciendas y aun consorcios completos, como fue el caso de la compañía Richardson, productora de garbanzos, adquirida por el general Álvaro Obregón. En estas operaciones no era raro que los revolucionarios entraran en relaciones de negocios con las antiguos latifundistas porfirianos. Aarón Sáenz, Abelardo Rodríguez, Gonzalo N. Santos, Rodrigo M. Quevedo, Joaquín Amaro, Luis L. León, Antonio Figueroa, Juan Andreu Almazán, el mismo Álvaro Obregón y desde luego Calles, se contaban entre los beneficiarios de la nueva prosperidad. Junto a ellos estaban algunos partidarios de un agrarismo limitado, como Tomás Garrido Canabal que había sido un impulsor de la pequeña propiedad durante su gobierno en Tabasco (o, como lo definió Luis González, un "partidario del latifundio para él y de la pequeña propiedad para los otros"); o Saturnino Cedillo, cacique seudoagrarista potosino, o Emilio Portes Gil, que manipulaban al movimiento campesino para dotarse de

---

[5] Nora Hamilton, *México: los límites de la autonomía del Estado*, Era, México, 1983, pp. 87-88 (Col. Problemas de México).

una base social que les permitiera escalar posiciones de poder político.[6]

Durante la rebelión cristera y el levantamiento escobarista de 1929, el gobierno recurrió a la movilización armada de los agraristas, ofreciendo distribuir tierras. Por ello, durante el periodo de Portes Gil el reparto se incrementó y el número de campesinos beneficiados casi se duplicó. Pero apenas fueron superados esos conflictos, y arribada ya la crisis industrial y agrícola, la directiva expresada por Plutarco Elías Calles en 1930 contra el reparto agrario fue terminante:

el agrarismo, tal como lo hemos entendido y aplicado hasta el momento presente, es un fracaso. La felicidad de los campesinos no puede asegurárseles dándoles una parcela de tierra si carecen de la preparación y los elementos necesarios para cultivarla [...] estamos creando pretensiones y fomentando la holgazanería. [...] Lo que tenemos que hacer es poner un hasta aquí y no seguir adelante en nuestros fracasos. [...] Cada uno de los gobiernos de los estados debe fijar un periodo relativamente corto en el cual las comunidades que todavía tienen derecho a pedir tierras puedan ejercitarlo; y, una vez que haya expirado este plazo, *ni una palabra más sobre el asunto*. Después debemos dar garantías a todo el mundo tanto a los agricultores pequeños como a los grandes para que resuciten la iniciativa y el crédito público y privado.[7]

El reparto agrario, en consecuencia, se minimizó en el mandato de Pascual Ortiz Rubio, quien decretó su fin en una decena de entidades del país.[8] Durante el interinato de Abelardo Rodrí-

[6] *Ibidem*, pp. 88-89; Arnaldo Córdova, *La ideología de la Revolución Mexicana. La formación del nuevo régimen*, Era, México, 1981, p. 379; Luis González, *Los días del presidente Cárdenas*, Colmex, México, p. 12 (Historia de la Revolución Mexicana, 1934-1940, núm. 15).

[7] Citado en Michel Gutelman, *op. cit.*, pp. 98-99.

[8] Lázaro Cárdenas en Michoacán fue, junto con Adalberto Tejeda en Veracruz y Agus-

guez la distribución de tierras se revitalizó por la presión campesina y la necesidad de reactivar la producción agrícola, al tiempo que se procedió a desarmar a las defensas rurales que se mantenían movilizadas por la tierra.

Cuando los efectos de la crisis internacional de 1929 empezaron a sentirse en México, la economía nacional llevaba ya al menos dos años de depresión. Desde 1923 la producción petrolera había iniciado su descenso, afectando uno de los renglones principales de la economía. La agricultura era perjudicada por la sequía, por la inseguridad que la incipiente reforma agraria generaba entre los propietarios y por la guerra cristera que se había desarrollado en los estados del centro del país. Ya en 1929, antes de que se resintieran los efectos de la crisis, la cosecha de maíz había descendido en 704 000 toneladas, y la de frijol en 81 000. Durante los años de la crisis, tuvo que recurrirse a las importaciones.

A fines de 1930 el PIB había caído 12.5% y sólo volvió a su nivel de 1928 después de cinco años.[9] La ganadería sólo recuperó sus niveles de 1928 en 1936. El producto del sector agrícola, que había alcanzado en 1928 la cifra de 2 947 millones de pesos, descendió a 2 322 millones en 1929 y a 1 975 millones en 1930; se recuperó en 1931 a 2 612 millones y bajó levemente en 1932 a 2 320. En 1933 nuevamente ascendió a 2 565 millones y bajó a 2 273 en 1934. Sólo superaría su aportación anterior a la crisis en 1939, cuando alcanzó la cifra de 5 223 millones de pesos.[10] La reforma

tín Arroyo Ch. en Guanajuato, uno de los gobernadores que se negaron a acatar esa política y prosiguieron en sus entidades con el reparto agrario. La Confederación de Ligas Socialistas de Oaxaca y algunos diputados negaron que el Ejecutivo tuviera facultades para fijar fechas en las cuales terminar el reparto, y recurrieron al amparo. La Suprema Corte de Justicia les dio la razón y declaró inconstitucional la artificial terminación de las dotaciones ejidales. Moisés González Navarro, *La Confederación Nacional Campesina. Un grupo de presión en la reforma agraria mexicana*, UNAM, México, 1977, p. 60.

[9] Arnaldo Córdova, *La revolución en crisis. La aventura del maximato*, Cal y Arena, México, 1995, p.137.

[10] Esperanza Fujigaki Cruz, *La agricultura, siglos XVI al XX*, UNAM/Océano, México, 2004, p. 118 y cuadro 3.5 (Historia Económica de México, 9).

monetaria de junio de 1931, que desmonetizó el oro y retiró 10 millones de pesos de la circulación, deprimió aún más los precios de los productos agrícolas, tanto de los alimentos de consumo interno como los de exportación, y agregó mayor desaliento a la producción agrícola.

La agricultura de exportación (café, algodón, henequén) fue, junto con el petróleo, la minería y los ferrocarriles, uno de los sectores más afectados por la contracción de los mercados. Si la producción alimentaria se redujo 25%, en términos redondos, la de exportación lo hizo en 40%; en dos años la producción de algodón resintió una disminución de más de un tercio.

> Entre 1929 y 1932 las exportaciones descendieron anualmente en un increíble 29%. En lo más profundo de la crisis en 1932 los ingresos totales por exportaciones [es decir, incluidas las mineras, ENH] fueron sólo de 97 millones de dólares, menos de la tercera parte del nivel logrado seis años antes. [...] De hecho no sólo descendió el volumen de las exportaciones en 37% entre 1929 y 1932, sino que los términos del intercambio se deterioraron también en 21%. Así, el poder adquisitivo de las exportaciones de México descendió en más de 50% en sólo tres años.[11]

El algodón y el café resintieron de inmediato los efectos de la crisis, pero su mejoría fue más rápida, y para 1933 ya estaban recobrando su anterior producción (véase el cuadro 2); el henequén tuvo una caída menos pronunciada, pero aun después de la crisis no recuperó nunca sus anteriores niveles productivos.[12]

Los efectos sociales de la crisis no se hicieron esperar. Entre

[11] Stephen H. Haber, "El derrumbamiento, 1926-1932" en Enrique Cárdenas (comp.), *Historia Económica de México*, FCE, México, 1994, pp. 37-38 (Lecturas de El Trimestre Económico, 64, vol. V).

[12] Lorenzo Meyer *et al.*, *Historia de la Revolución Mexicana, 1928-1934. El conflicto social y los gobiernos del maximato*, Colmex, México, 1978, p. 30.

CUADRO 2. *Volumen de los ocho productos agrícolas*
más importantes, 1928-1935
(Miles de toneladas)

Años	Algodón	Arroz	Café	Caña de azúcar	Frijol	Henequén	Maíz	Trigo
1928	60	3	53	2 947	176	139	173	357
1929	53	7	52	3 029	95	121	469	367
1930	38	5	49	3 293	83	119	377	370
1931	46	2	47	3 694	136	95	139	525
1932	22	2	41	3 405	132	109	973	313
1933	56	7	55	2 778	186	113	924	392
1934	48	9	46	2 774	124	114	723	354
1935	68	1	52	3 573	121	81	675	347

FUENTE: Lorenzo Meyer *et al., Historia de la Revolución Mexicana, 1928-1934. El conflicto social y los gobiernos del maximato*, Colmex, México, 1978, p. 35.

1927 y 1934 la capacidad adquisitiva de los jornaleros agrícolas disminuyó en casi 20%.[13] A esta dramática situación se sumaron el retorno de 310 000 jornaleros agrícolas expulsados de los campos de cultivo estadunidenses, la consiguiente disminución de las remesas y la acrecentada presión sobre la tierra en México. El gobierno tuvo que otorgar a los repatriados parcelas en las colonias agrícolas del norte del país.[14]

Así, aunque en 1933 se había iniciado la recuperación general de la economía, y de la agricultura en particular, la crisis había puesto en evidencia las graves contradicciones que caracterizaban al mundo rural y que agudizaban la pobreza de las masas y los conflictos por tierras. La polarización entre los grandes hacendados y los cientos de miles de trabajadores agrícolas sin tierras,

[13] Armando Bartra, *Los herederos de Zapata. Movimientos campesinos posrevolucionarios en México. 1920-1980*, Era, México, 1985, p. 59.
[14] Sergio de la Peña y Teresa Aguirre, *De la Revolución a la industrialización*, UNAM/Océano, México, 2006, p. 282 (Historia Económica de México, 4).

además de colocar a la agricultura del país en una situación de gran vulnerabilidad frente a las crisis del exterior, era caldo de cultivo para enfrentamientos. Las tomas de tierras aparecieron como un recurso no excepcional y como una respuesta ante la situación económica y el freno oficial al proceso de la reforma agraria.[15] Las huelgas y movimientos de organización sindical se gestaron en las regiones de alta productividad agrícola, como La Laguna, el Valle de Mexicali, Los Mochis, Sinaloa, Lombardía y Nueva Italia, Michoacán, que más adelante serían escenarios de las grandes acciones agrarias cardenistas; pero también en Acatlán, Puebla, Cacahotán, Chiapas, Compostela, Nayarit, el ingenio El Potrero en Veracruz, Uruapan, Michoacán, el Sistema de Riego núm. 4 y Camarón, ambos en Nuevo León, y en muchas otras regiones.[16]

Un nuevo proyecto rural

A un mes escaso de iniciado su gobierno, el 2 de enero de 1935 el presidente Lázaro Cárdenas anotó en su diario:

> En conferencia celebrada hoy con el licenciado Gabino Vázquez, jefe del Departamento Agrario, recibió instrucciones de intensificar los trabajos para la dotación de tierras en todo el país. El Gobierno debe extinguir las llamadas haciendas agrícolas constituyendo los ejidos, tanto para dar cumplimiento al postulado agrario como para evitar la violencia que se registra entre hacendados y los campesinos solicitantes de tierras. El Gobierno opta por una solu-

---

[15] Armando Bartra, *op. cit.*, refiere diversos casos documentados por el órgano del Partido Comunista, *El Machete*, en Puebla, Hidalgo, Jalisco, Michoacán y Nuevo León. La redacción del periódico comentaba: "Dos millones de jefes de familia no quieren esperar otros 25 años de 'revolución' para que se les entreguen sus parcelas [...] No están dispuestos a seguir esperando, tomarán la tierra a cualquier precio y no pagarán impuestos; no quieren morirse de hambre: 'mejor de bala'...", pp. 59-60.

[16] *Ibidem*, p. 61.

ción inmediata resolviendo las solicitudes de ejidos aun sin contar con recursos necesarios, considerando que resuelto el problema de la distribución de las tierras, ya habrá posibilidades de encontrar los medios para cultivarlas...[17]

El censo agrícola de 1930 mostraba que 3 626 000 habitantes, que representaban 70% de la PEA, se ubicaban en el sector primario. De ellos, 13 444 terratenientes, propietarios de más de 1 000 hectáreas cada uno, conservaban en sus manos 83.4% de la tierra en posesión de particulares aunque significaban tan sólo alrededor de 2.2% de los agricultores; y alrededor de 1 800 haciendas de más de 10 000 hectáreas controlaban 55% de la tierra laborable. El 83.5% de la superficie se encontraba en propiedades de más de 1 000 hectáreas, y unas 1 800 haciendas de más de 10 000 hectáreas, que representaban sólo 0.3% de los predios, controlaban 55% de toda la tierra cultivable. En 1930 el censo registraba 668 000 ejidatarios, que sólo representaban 10% de la PEA y 14.75% de la población ocupada en la agricultura, y contaban con sólo 13.4% de la tierra. Existían 2 332 000 campesinos sin tierras que representaban 77% de la población ocupada en la agricultura. El 89.9% de los ejidatarios tenía que trabajar fuera de sus parcelas para completar sus ingresos.[18] En los 20 años transcurridos desde la expedición de la Ley Agraria se habían entregado a los ejidatarios 10 085 863 hectáreas, que promediaban sólo 504 293 hectáreas por año[19] a 535 192 ejidatarios, que representaban sólo 14.7% de la población ocupada en el campo.

Visto hasta entonces como una solución *política* para redu-

[17] Lázaro Cárdenas, *Obras. I. Apuntes 1913-1940*, t. I, UNAM, México, 1972, pp. 311-312.

[18] Citado en Arnaldo Córdova, *La política de masas del cardenismo*, Era, México, 1974, p. 14; Saúl Escobar, "La ruptura cardenista", en *Historia de la cuestión agraria mexicana*, *op. cit.*, pp. 10-11; Alicia Hernández Chávez, *La mecánica cardenista*, Colmex, México, 1979, p. 167 (Historia de la Revolución Mexicana, 1934-1940).

[19] Jesús Silva Herzog, *El agrarismo mexicano y la reforma agraria. Exposición y crítica*, FCE, México, 1959, p. 405; Saúl Escobar Toledo, *op. cit.*, p. 10.

cir la presión de los campesinos y no como una alternativa económica, el reparto agrario no había hecho sino distribuir poca
tierra y de baja productividad. Un documento oficial de 1937
destacaba los datos del censo de 1935: 59% de los ejidos existentes en el país —concentrados fundamentalmente en la zona central, la de mayor densidad demográfica— estaban compuestos
por parcelas de no más de cuatro hectáreas, que muchas veces no
tenían tierra laborable. Treinta por ciento se integraban por parcelas de entre cuatro y 10 hectáreas, y 9% por unidades de dotación de más de 10 hectáreas. De estos últimos, sin embargo, las
tierras solían ser de mala calidad, sin irrigación ni condiciones
climáticas favorables.[20]

El presidente Cárdenas veía con claridad desde el inicio de su
gestión el proyecto agrario que habría de desarrollar. El nuevo
gobierno tendría la misión de realizar "en todo el país" la reforma agraria, hasta ese momento pendiente a pesar de más de 20
años de iniciada la Revolución y de tres lustros de gobiernos sur-
gidos de sus filas. Para realizarla había que "extinguir las llamadas
haciendas agrícolas" y constituir los ejidos, aun si no se contara
con los recursos necesarios. Para Cárdenas, el problema primario
era el de la distribución de las tierras, no el de la productividad,
ya que una vez resuelto aquél se habrían de encontrar los medios
para cultivarlas. En eso, y no sólo en las dimensiones del reparto,
radicaba la principal diferencia del proyecto cardenista con el de
sus predecesores. La reforma agraria habría de ser también un
vuelco funcional del ejido, capaz de transformar a éste en símbolo de la revolución, y un sólido pilar productivo de la agricultura
del país. Para ello, lo primero era desterrar la idea de su fugacidad
y consolidarlo como una institución permanente. Con toda claridad lo expresó el presidente en los siguientes términos:

---

[20] Citado en Michel Gutelman, *op. cit.*, pp. 99-100.

Dentro de nuestro sistema agrario constitucional, el ejido es, en efecto, el medio directo de satisfacer las necesidades de los núcleos de población hasta el límite que las tierras afectables lo permitan, y constituye la comunidad una fuente de vida propia que libera a los habitantes de trabajar a jornal y permite a cada uno de ellos percibir el valor íntegro del esfuerzo que aplica a las tareas productoras. [...] En el campo de la economía general, el ejido va siendo, cada vez en mayor grado, una fuente abastecedora para el consumo nacional.[21]

¿Era esto un nuevo proyecto social? Sin duda. Era ante todo la expresión, traducida al lenguaje de lo legal y lo político, del ser colectivo rural mexicano, que se asomaba apenas hacia la modernidad y cuyo nervio vital estaba en la tierra. Era una aspiración enunciada teóricamente en la Constitución de 1917 porque una fracción de los militares revolucionarios y juristas la habían puesto ahí; pero era un proyecto aún por realizarse cuando Cárdenas arribó al poder. Y porque también representaba un nuevo esquema político; de hecho, el que haría posible la consolidación del Estado nacional y la estabilización política del país. Así lo expondría, con total transparencia, el secretario de Relaciones Exteriores de Cárdenas en 1938, Eduardo Hay, en carta al embajador estadunidense Josephus Daniels:

la reforma agraria no es solamente uno de los aspectos de un programa de mejoramiento social intentado por un gobierno o un grupo político para experimentar nuevas doctrinas, sino que constituye el cumplimiento de la más trascendental de las demandas del pueblo mexicano que sacrificó para lograrla, en la lucha revolucionaria, la vida misma de sus hijos. La estabilidad política, social y económica, y la paz de México, dependen de que la tierra sea puesta nuevamente en manos de los campesinos que la trabajan; [...] su

[21] Citado en Arnaldo Córdova, *La política de masas...*, *op. cit.*, pp. 97-99.

distribución [...] venía a implicar la transformación del país, es decir, el futuro de la nación.[22]

La realización de ese proyecto de sociedad y de nación suponía un cambio en la correlación de fuerzas entre las clases sociales agrarias del país y una profunda transformación en el poder del Estado. Implicaba afectar los poderosos intereses no sólo de los antiguos terratenientes porfiristas sino también de capitalistas extranjeros y revolucionarios enriquecidos que conjuntaban el poder político y el económico. Paradójicamente, los mayores obstáculos a la distribución de la tierra no radicaban en los grupos sociales representativos del antiguo régimen, ya para entonces políticamente derrotados, sino en las concepciones agrarias que predominaban en los gobiernos de los sonorenses desde 1920 y en la presión del capital externo que éstos no habían podido debilitar y con el cual llegaron a establecer un *modus vivendi*.

Sólo en 1934, después de aprobado el Plan Sexenal, se empezó a modificar, en consonancia con éste, la política agraria. Se reformó el artículo 27 constitucional para restringir la pequeña propiedad condicionándola a que fuera de uso agrícola y estuviese en explotación. Se sustituyó la Comisión Nacional Agraria por un nuevo Departamento Agrario con mayor poder, directamente dependiente de la presidencia de la República y un presupuesto de cuatro millones de pesos al año, como mínimo. Se crearon las comisiones agrarias mixtas, con participación de los campesinos, en cada estado de la República y en marzo de 1934 se expidió el Código Agrario que reemplazó a las leyes estatales reglamentarias del artículo 27 constitucional. La nueva legislación estableció las extensiones de la propiedad privada inafectable y eliminó trabas al reparto, como la que imponía un plazo de espera de 10 años a los núcleos de población ya dotados para po-

---

[22] Citado en Adolfo Gilly, *El cardenismo, una utopía mexicana*, Cal y Arena, México, 1994, p. 345.

der solicitar nuevas extensiones. También reconoció, finalmente, a los peones acasillados como sujetos de derecho agrario.[23]

El gobierno de Cárdenas contaría con un nuevo marco jurídico y con poderes acrecentados para llevar adelante la reforma agraria y, por tanto, un nuevo proyecto de nación, con nuevos sujetos sociales: la mayoría campesina provista del derecho a la tierra y a los recursos agrícolas, que hasta entonces se les había negado.

La organización del campesinado

La primera etapa del gobierno cardenista no se caracterizó por acciones espectaculares en materia agraria. Los conflictos laborales, el enfrentamiento con el callismo y la consolidación de Cárdenas en el poder focalizaron la atención de la presidencia de la República y del grupo en el gobierno. Sin embargo, en medio de la vorágine de la disputa contra el maximato —que era la verdadera lucha por el poder y por modificar el proyecto de nación— el general no dejaba de lado su preocupación por la situación agraria.

Existen tierras en cantidad suficiente —escribió en su diario el 11 de julio de 1935— para toda la población campesina actual y una extensión considerable para la cría de ganado. El problema agrario es uno de los que, entre otros, trataremos de resolver. La distribución de la tierra es indispensable para desarrollar la economía del país y además lo está exigiendo la situación violenta que priva en el campo entre hacendados y campesinos.[24]

Dos días antes, el presidente Cárdenas había firmado un acuerdo presidencial en el que encomendaba a los comités estatales del Partido Nacional Revolucionario la tarea de organizar las ligas agrarias en cada una de las entidades del país y unificarlas luego en una única central campesina. A las convenciones esta-

---

[23] Saúl Escobar, *op. cit.*, p. 25.
[24] Lázaro Cárdenas, *op. cit.*, p. 325.

tales asistirían dos delegados por cada núcleo ejidal o grupo de solicitantes registrado ante las autoridades agrarias. Entre las justificaciones para impulsar la unificación se destacaba el que "la desorganización es causa principal de que la dotación y restitución de tierras a los pueblos se haya visto frecuentemente interrumpida en perjuicio del proletariado rural". La tónica del decreto daba al PNR tratamiento de dependencia gubernamental, y ordenaba al Departamento Agrario "y demás dependencias del Ejecutivo Federal y de los Estados [dar] todas las facilidades para el desarrollo de los propósitos indicados".[25] Al mismo tiempo, Cárdenas integró un Comité Organizador de la Unificación Campesina con Emilio Portes Gil, Ernesto Soto Reyes, Gabino Vázquez y Graciano Sánchez (jefe a la sazón del Departamento de Asuntos Indígenas), entre otros.[26]

Los gobiernos del maximato —particularmente Pascual Ortiz Rubio— habían emprendido una política deliberada de debilitamiento del movimiento campesino para desmembrar o controlar a las organizaciones campesinas. En ese periodo el gobierno propició la división de la Liga Nacional Campesina (LCN) en tres fracciones: una adherida al Partido Nacional Revolucionario (PNR), otra dirigida por el PCM y una más independiente, que adoptó el nombre de Úrsulo Galván. Del mismo modo, por medio de Aarón Sáenz y Leobardo Reynoso, se preparó el desconocimiento de Antonio Díaz Soto y Gama y Aurelio Manrique como dirigentes del Partido Nacional Agrarista (PNA), por haberse negado a integrar su organización al PNR y tratar de conservar la franquicia con que, desde el periodo de Obregón, negociaban frente al gobierno. Una vez expulsados los veteranos líderes, la nueva dirigencia adhirió el PNA al PNR aduciendo que

---

[25] El texto completo del decreto en Francisco A. Gómez Jara, *El movimiento campesino en México*, Secretaría de la Reforma Agraria/Centro de Estudios Históricos del Agrarismo en México, México, 1981, pp. 117-119.
[26] Moisés González Navarro, *op. cit.*, p. 85.

el nuevo partido "sumaba las fuerzas de todos los grupos revolucionarios del país".[27]

Asimismo, en 1933 (ya bajo la presidencia del general Abelardo Rodríguez) se procedió al desarme de las guardias agraristas que, sobre todo en Veracruz, representaban un poder autónomo y una base de fuerza para el gobernador Adalberto Tejeda.

Muerto ya el principal dirigente de la Liga Nacional Campesina, Úrsulo Galván, Cárdenas profundizó, desde la presidencia del PNR, la división de ésta apoyando a la fracción de Graciano Sánchez y León García, que controlaba la liga de comunidades de Tamaulipas y que se había alejado del movimiento, mucho más radical, de Veracruz.[28] Con esas bases de la LCN *oficial*, más las ligas de Chihuahua, Michoacán y San Luis Potosí se fundó la Confederación Campesina Mexicana (CCM), dirigida por Sánchez, García y Enrique Flores Magón, y que serviría más adelante como contingente principal para la formación de la CNC.

Graciano Sánchez logró introducir entre los lineamientos del Plan Sexenal puntos tan trascendentes como la inclusión de los peones acasillados como sujetos de derecho agrario y la transformación de la Comisión Nacional Agraria en un departamento directamente dependiente de la presidencia de la República. También se incluyó que el presupuesto de ese departamento sería de por lo menos cuatro millones de pesos, 81% más que el asignado a las tareas agrarias en 1933.

Como resultado de la convención penerrista y del Plan, el presidente Rodríguez promulgó en marzo de 1934 el primer Código Agrario, que sustituía a la Ley de Dotaciones y Restituciones de Tierras y Aguas y a las leyes estatales en materia agraria. Éste simplificaba el procedimiento agrario e incluía por primera vez a los acasillados como sujetos de derechos agrarios. El Códi-

---

[27] *Ibidem*, p. 52; Otto Granados, *Las organizaciones campesinas*, Océano, México, 1988, p. 30.
[28] Francisco A. Gómez Jara, *op. cit.*, p. 31.

go fijó a la unidad de dotación una extensión invariable de cuatro hectáreas de riego o sus equivalentes en otras clases de tierras, pero clasificó como pequeñas propiedades inafectables las de 150 hectáreas de riego o 300 de temporal. Se eliminó el requisito de 10 años a partir de la dotación para la ampliación del ejido, y diferenció dentro de las tierras ejidales las tierras de uso común (pastos y bosques) de las parcelables de labor, dando a ambos tipos el carácter de imprescriptibles, inalienables e inembargables.[29] Por añadidura, este código introdujo una verdadera novedad: la concepción del ejido colectivo como una modalidad para elevar la productividad de la explotación agrícola. En su artículo 200, preceptuaba que:

El presidente de la República determinará la forma de explotación de los ejidos de acuerdo con las siguientes bases: I.- Deberán trabajarse en forma colectiva las tierras que por constituir unidades infraccionables, exijan para su cultivo la intervención conjunta de los componentes del ejido; II.- En igual forma se explotarán los ejidos que tengan productos destinados a industrializarse [...] Podrá adoptarse la forma de explotación colectiva en los demás ejidos, cuando los estudios técnicos y económicos que se realicen comprueben que con ella pueden lograrse mejores condiciones de vida para los campesinos y que es factible implantarse. Deberá cuidarse que las explotaciones de este tipo cuenten con los elementos técnicos y económicos necesarios para garantizar su eficaz desarrollo.[30]

[29] Moisés González Navarro, *op. cit.*, pp. 64-65.
[30] Citado por Sergio de la Peña y Teresa Aguirre, *op. cit.*, pp. 305-306. El antecedente de estas disposiciones estaba en la Circular 51 emitida por la Comisión Nacional Agraria desde 1922, en la que ya se reconocía a los ejidos colectivos como una opción organizativa. La circular proponía la producción colectiva en los casos de las grandes haciendas expropiadas, en que por razones técnicas conviniera no fraccionar las unidades, para que éstas pasaran íntegramente a la comunidad agraria. Sin embargo, esa fórmula tuvo muy escasa aplicación en los años siguientes, y habría de ser el cardenismo el que la realizara prácticamente.

También se agregaba que la explotación colectiva podría ser adoptada por los ejidos en los que la explotación individual resultara antieconómica por los requerimientos técnicos de maquinaria, implementos e inversiones, a fin de lograr un mejor aprovechamiento de los recursos productivos. La forma colectiva podría ser adoptada aun cuando los ejidos hubiesen sido previamente parcelados. Se trataba, entonces, de que el ejido no fuera más simplemente una forma transicional o un ingreso complementario en tanto el campesino se adiestraba para administrar una pequeña propiedad individual, sino de que se estabilizara como una modalidad de explotación verdaderamente alternativa a la pequeña propiedad.

Con fundamento en esas disposiciones se buscaba organizar a los campesinos para la producción y ahora ya con Cárdenas en la presidencia y con apoyo en la experiencia de los años anteriores, se buscaba también orientar la unificación de todos los ejidatarios y solicitantes de tierras en una sola agrupación nacional. A diferencia de sus antecesores, Cárdenas no parecía temer a la organización de las masas rurales; por el contrario la promovió, siempre que mantuvieran la orientación dada desde la propia presidencia.

El 6 y 7 de septiembre de 1935, con la presencia del presidente Cárdenas y del presidente del PNR, Emilio Portes Gil, y con 164 delegados que representaban a 82 poblados y 35 475 campesinos, se fundó en el Distrito Federal la primera de las ligas de comunidades unificadas. Cárdenas salió al paso de las resistencias de diversos delegados que manifestaban su temor a que el movimiento fuera cooptado por el gobierno, señalando que ni éste ni el PNR buscaban controlar a la naciente organización y que su función consistía tan sólo en apoyar los trabajos de la organización con los gastos de transporte y hospedaje de los delegados.[31] Y se lanzó también el presidente a descalificar a las otras organizaciones campesinas señalando que

[31] Luis Hernández y Pilar López, "Campesinos y poder: 1934-1940", en *Historia de la Cuestión agraria mexicana, op. cit.*, pp. 490-491.

la circunstancia de que en muchos Estados de la República existan dos, tres o más agrupaciones que se denominan estatales y en la capital varios comités campesinos llamados nacionales, ocasiona divisiones, desorientaciones y trastornos entre los trabajadores del campo que el gobierno está obligado a evitar.[32]

A la convención del Distrito Federal le siguieron las de Morelos, Aguascalientes, Zacatecas, San Luis Potosí, Tamaulipas, Nuevo León y Chihuahua; y en 1936 las de Durango, Coahuila, Jalisco, Colima y Querétaro. El proceso de integración habría de ser, pese a los apoyos recibidos del gobierno federal y los gobiernos estatales, lento. Iniciado en el segundo semestre de 1935, sólo habría de culminar en agosto de 1938 con la fundación definitiva de la CNC.

En realidad, la CNC nacía enfrentando a otras agrupaciones, particularmente a la desfalleciente Liga Nacional Campesina independiente, que luchaba por subsistir aun sin apoyos del Estado; pero también a la naciente Confederación de Trabajadores de México (CTM), que del mismo modo aspiraba a agrupar a los labradores del país, en especial a los trabajadores azucareros, los peones henequeneros y los pizcadores de algodón. Cuando, en febrero de 1936, se efectuaba el congreso constituyente de la CTM, la CCM difundió un comunicado a sus agremiados "a efecto de que giren instrucciones precisas a todas las comunidades agrarias y sindicatos campesinos que la integran, para que no nombren delegados que concurran al congreso sindical". El congreso cetemista respondió de inmediato con un conjunto de resoluciones en las cuales subrayaba que el proletariado debía unificarse en un organismo independiente del poder público y sutilmente caracterizaba a la CCM como una organización dependiente del Estado, haciendo un llamamiento "a todos los campesinos de la

República" a que impidieran "la intromisión de elementos en el seno de sus agrupaciones, que se propongan manejarlos con fines políticos". El presidente Cárdenas tuvo que intervenir en respaldo de la CCM, advirtiendo a la CTM que se abstuviera de convocar a un congreso campesino en virtud de que el PNR, siguiendo sus instrucciones, ya estaba preparando la unificación campesina como "una responsabilidad directa para el régimen revolucionario". Advirtió el presidente a la CTM de Lombardo que su llamamiento a los campesinos no conseguiría más que incubar gérmenes de disolución, introduciendo entre los campesinos "las pugnas internas que tan fatales resultados han ocasionado al proletariado industrial".[33]

El Partido Comunista, por su parte, asumió la ambigua y comodona posición de alinearse con la política cardenista. No se opuso a la creación de la CNC, pese a que sus militantes participaban también en la CTM, porque "no tiene caso oponerse al PNR. Solamente por ese camino podremos atraer a nuestro lado amplias masas del campesinado [...] y asegurar una firme alianza entre obreros y campesinos".[34]

Pero la CNC era también la respuesta que el gobierno de Lázaro Cárdenas daba a un desafío mucho mayor, el vertiginoso crecimiento de la Unión Nacional Sinarquista en el centro del país. Desde 1931 o 1932, y hasta 1935, se había reactivado en cinco estados la llamada *Segunda* (guerra cristera) como un movimiento que, mucho más marcadamente que la primera cristiada, dejó ver su agrarismo y la inconformidad campesina con los pobres y contradictorios resultados de la reforma agraria hasta entonces. Por ejemplo, un manifiesto de Ramón Aguilar de diciembre de 1933, que no mencionaba la defensa de la religión, sostenía:

---

[33] *Ibidem*, pp. 122-123; Moisés González Navarro, *op. cit.*, p. 88; Otto Granados, *op. cit.*, pp. 40-41.

[34] *El Machete*, 11 de marzo de 1936, citado por Francisco A. Gómez Jara, *op. cit.*, p. 124.

"El actual movimiento considera de justicia la repartición de ejidos, lo que reprueba es la forma en que lo ha hecho el gobierno,
y por lo tanto se les da a los agraristas las garantías siempre que
estén de nuestra parte". Y en una circular de abril del mismo año
se afirmaba: "No perseguimos el agrarismo ni la honradez, sino el
agarrismo y el PILLAJE que es igual".[35]

Ahora, la UNS, de inspiración católica integrista y heredera
de las luchas cristeras de las décadas de los veinte y treinta, pos-
tulaba la necesidad de hacer de cada agricultor un propietario y
condenaba el reparto ejidal como producto del despojo. Desde su
fundación, en mayo de 1937, la UNS no había dejado de extender-
se por los estados de Guanajuato, Querétaro, Jalisco, Michoacán,
Colima y Zacatecas como una expresión de la resistencia que los
hacendados ofrecían a la acción agraria del cardenismo, pero
también del arraigado conservadurismo de los campesinos —pequeños propietarios, minifundistas y hasta ejidatarios que deseaban la titulación de sus parcelas— de esa región del país, una de
las más densamente pobladas y vital para la producción de alimentos. Espectaculares movilizaciones en esos y otros estados
constituían un verdadero desafío al régimen de la Revolución en
la disputa por la hegemonía sobre los campesinos.

En la etapa final de la construcción de la CNC el aspecto más
polémico fue el de la integración de los pequeños propietarios.
El 12 de mayo de 1938 Cárdenas y el gobernador de Zacatecas
convocaron a una convención de pequeños propietarios, colonos y fraccionistas, al que asistieron también, como invitados
de honor los ejidatarios, con el propósito de que "los rancheros
no se unieran a la contrarrevolución". El acercamiento con estos sectores pudo ser parte de la política de conciliación que el
gobierno impulsaba a partir de la expropiación petrolera, y que

---

[35] Citado en Jean Meyer, "Los *kulaki* del ejido (los años 30)", *Relaciones. Estudios de
historia y sociedad*, vol. VIII, núm. 29 (invierno de 1987), p. 32.

desembocaría, en el sexenio siguiente, en el lema de la "unidad nacional".[36]

Finalmente, fue el 28 de agosto de 1938 cuando, ya constituidas las ligas de comunidades agrarias en todas las entidades del país, se realizó el congreso fundacional de la CNC con 300 delegados que decían llevar la representación de casi tres millones de campesinos. No sólo se consideraba entre éstos a los ejidatarios y comuneros sino también a los jornaleros organizados en sindicatos agrícolas y a los pequeños propietarios.[37] En sus estatutos se estableció que la CNC sería la única organización representativa de los campesinos; pero, según el artículo 12, aprobado por mayoría no sin un acre debate, podrían ser miembros de la CNC no sólo los campesinos sino "cualquier persona siempre y cuando estuviera perfectamente identificada con la clase campesina del país".[38] Con ello se abría la puerta a lo que parece haber sido la marca de esa organización desde entonces: la imposición de dirigentes y representantes reclutados entre profesionistas universitarios y otros sectores de las clases medias, por regla general ajenos al ejido. En el discurso que pronunció en ese acto, el presidente Cárdenas reconvino a los dirigentes de la nueva central a no lanzar a la organización al enfrentamiento con las autoridades, asegurando que estaban abiertos los caminos para hacerse oír y exigir garantías. También llamó a discutir si resultaba conveniente que

> el secretariado de la directiva nacional o de las Ligas de Comunidades Agrarias se lance en el mismo o en el siguiente periodo de su actuación social, a campañas políticas en su favor, ya que la experiencia nos ha demostrado que esto es una de las causas que más divisiones originan en el seno de las mismas directivas.[39]

[36] Francisco A. Gómez Jara, *op. cit.*, pp. 121-122.
[37] Otto Granados, *op. cit.*, pp. 42-43.
[38] Moisés González Navarro, *op. cit.*, p. 96.
[39] Lázaro Cárdenas, *Palabras y documentos públicos, 1928-1970*, vol. I, *Mensajes, dis-*

Para ese momento, el gobierno había realizado ya las más importantes acciones expropiatorias y de reparto agrario en La Laguna, Yucatán, Sonora, Mexicali y otras. En la mayoría de los casos (ciertamente, no en todos) la acción gubernamental se sustanció en la movilización de los jornaleros sindicalizados, campesinos demandantes de tierras y comuneros en antiguas luchas por restituciones. La nueva agrupación nacional campesina no nacía por mera disposición del gobierno cardenista, sino como una respuesta a la movilización, muy anterior, que los trabajadores del campo habían mantenido en demanda de tierras o de mejora en sus condiciones de trabajo. Aunque para el presidente Cárdenas la organización sí era una vía para el control del movimiento campesino y su encauzamiento por los senderos de la institucionalidad, para un sector muy grande de los campesinos era más bien un instrumento de defensa y consolidación de las conquistas ya alcanzadas, o la puerta de acceso a la tierra y a los beneficios adicionales que la reforma agraria dispensaba.

La reorganización institucional: el Banjidal y la escuela rural

Para la transformación del ejido en base y motor de la producción agrícola no bastaba con entregar la tierra a los campesinos solicitantes ni con organizar a los ya dotados. El proyecto productivo que el cardenismo impulsó en el campo tenía que pasar por una acción más decidida del Estado y por la reorganización de éste para servir a tal propósito. En lo institucional, sin embargo, gran parte del cambio se operó antes del arribo de Cárdenas a la presidencia, de manera que el nuevo gobernante encontró ya nuevas condiciones para impulsar la reforma agraria y no necesi-

cursos, declaraciones, entrevistas y otros documentos, 1928-1940, Siglo XXI, México, 1978, p. 321.

tó de promover nuevas adecuaciones a los organismos ya existentes. Sólo en el caso del Banco Nacional de Crédito Ejidal encontramos una nueva dependencia, enteramente creada por el gobierno cardenista.

Los primeros cambios —y los más notorios— fueron los que se operaron desde 1934, antes de la toma de posesión de Cárdenas, con la creación del nuevo Departamento Agrario. Era una entidad especializada en la resolución de los expedientes pendientes y la atención de nuevas solicitudes; pero no fueron los únicos. Varias otras dependencias se adecuaron a la nueva misión de impulsar la distribución de tierras y la elevación de la productividad agropecuaria.

La Secretaría de Hacienda asumió nuevas funciones atendiendo la demanda de créditos para ejidatarios y parvifundistas, y diseminando inversiones para fortalecer la producción. La Secretaría de la Economía Nacional, encomendada inicialmente por el presidente Cárdenas al general Francisco J. Múgica, debía organizar nuevas industrias y organizar cooperativas. La Secretaría de Comunicaciones y Obras Públicas debía dotar de vías de comunicación a los centros de producción agrícola y ganadera. La Secretaría de Educación Pública asumiría la misión de llevar la escuela al campo e impulsar la instrucción de las familias campesinas. La Secretaría de Agricultura y Fomento impulsaría las escuelas agrícolas, postas zootécnicas y estaciones de fomento agrícola. El Departamento de Salubridad Pública tendría que atender las necesidades de salud de la población rural. El Departamento Forestal, de Caza y Pesca, con el ingeniero Miguel Ángel de Quevedo al frente, debía instalar viveros y propagar el cultivo de árboles frutales. El Departamento de Asistencia Social Infantil tendría que impulsar el asentamiento de jardines de niños.[40] La más trascendente reforma de la administración pública fue, em-

[40] Arnaldo Córdova, *La política de masas...*, *op. cit.*, pp. 106-107.

pero, la creación en diciembre de 1935 del Banco Nacional de Crédito Ejidal (Banjidal).

Éste surgió de la división del Banco Nacional de Crédito Agrícola (BNCA), creado en febrero de 1926 por el presidente Calles. Se trataba de que la nueva institución atendiera de manera exclusiva a los ejidatarios, en tanto que el BNCA se orientaba al financiamiento de los pequeños propietarios. El Banjidal tendría entre sus funciones las de organizar en los ejidos sociedades de crédito constituidas con, al menos, 51% de los ejidatarios, otorgar créditos a esas sociedades, organizar la producción y la venta de las cosechas, comprar y revender a los campesinos asociados semillas, abonos e instrumentos de trabajo y —lo que resulta más importante— "representar a los socios en toda negociación administrativa o fiscal con las autoridades federales o locales en materia agrícola, así como realizar el desarrollo y la explotación de los bienes comunes de los ejidos".[41]

Conforme a estas disposiciones, el banco no sería sólo un organismo destinado a refaccionar la producción o la comercialización de los productos de los ejidatarios, sino a tutelar prácticamente de manera integral la vida de las comunidades ejidales y aun a *representarlas* ante las dependencias de cualquiera de los órdenes de gobierno. De hecho, la idea de la colectivización productiva venía a concretarse no a través del Departamento Agrario ni de la Secretaría de Agricultura, sino del banco, que organizaría las cooperativas ejidales. La Ley de Crédito Agrícola que creó al Banjidal estableció también diversas formas de colectivización que abarcaban más allá del ejido individual; las sociedades de Interés Colectivo Agrícola (SICA) y las uniones de Sociedades Locales de Crédito.[42]

---

[41] Citado en *ibidem*, p. 108.

[42] "Las SICA fueron establecidas […] para promover la construcción de silos, presas, canales, plantas y otras obras permanentes para el desarrollo agrícola del grupo; también dentro de su alcance figuraban la electrificación del campo, el mejoramiento de la calidad

En el periodo de Lázaro Cárdenas el nuevo banco fue, así, mucho más que una institución financiera. Era realmente el órgano a través del cual el gobierno intervenía y aun tomaba decisiones a nombre de los recién dotados campesinos. Tal parece que, al crear el Banjidal, el general Cárdenas no simplemente quería fortalecer económicamente al ejido sino establecer una alianza duradera entre los productores y el Estado y asegurar la viabilidad histórica de aquél. Por ello, los agentes del banco participaban directamente en las asambleas ejidales y orientaban las decisiones de los campesinos no sólo en los asuntos referidos a la producción, sino también en muchos otros, incluidos los de carácter agrario y aun los educativos. Se trataba de asegurar la recuperación de los créditos a los que el gobierno estaba destinando una gran cantidad de recursos, pero también y sobre todo, de consolidar el ejido como una nueva forma de organización social que tendría que demostrar su viabilidad en términos económicos frente a las otras formas de organización productiva.

El ejido mismo, resulta, en virtud de las disposiciones reglamentarias del banco, no tan sólo una modalidad de organización para la producción claramente diferenciada de la pequeña propiedad privada, sino una virtual extensión del Estado en el mundo rural. La Ley de Crédito Agrícola dispuso desde 1934 que "cuando sea posible, la sociedad usará de forma colectiva el crédito, que funcionará en forma cooperativa para trabajar la tierra en común en los casos en donde, dadas las características del predio, sea económico hacerlo..." Es decir, se favorece la produc-

de la tierra, del agua y del drenaje, y el mejoramiento de la vivienda en las comunidades rurales. Las Uniones de Sociedades Locales se establecieron en la Ley de Crédito Agrícola de 1926 con éxito indiferente, y resurgieron en la ley de 1934 con la finalidad de obtener crédito para las grandes obras para sus miembros de los bancos regionales como el Banco Nacional de Crédito Agrícola". Dana Markiewics, "La administración de Cárdenas", en Enrique Cárdenas (comp.), *Historia económica de México*, vol. 5, FCE, México, 1994, p. 154 (Lecturas de El Trimestre Económico, núm. 64).

ción colectiva, más que la individual, con el fin de potenciar la capacidad productiva de los recursos recién asignados.

Desde luego, estaba presente en el ánimo del general Cárdenas y de sus colaboradores la contraposición implícita entre el sistema ejidal y la pequeña propiedad, a la que no rechazaban ni menos aún combatían, pero frente a la cual había que demostrar eficacia económica. Era el reto planteado por el callismo y el maximato, que nunca consideraron al ejido sino como forma transitoria que debería preparar al agricultor parcelario para transformarse en pequeño propietario o ranchero, en el mejor de los casos, o como una respuesta (política) transitoria al empobrecimiento y el malestar campesino, que debería desembocar de cualquier forma en su completa proletarización.

La mejor confirmación del proyecto que el cardenismo sostenía en materia de crédito fue que se rebasaron las metas planteadas por el Plan Sexenal. Según éste, durante los seis años del gobierno elegido en 1934 deberían ejercerse 50 millones de pesos. El Banjidal comenzó a operar con un capital de 120 millones de pesos, 115 de ellos aportados por el gobierno federal y los cinco millones restantes por los gobiernos locales y por sociedades de crédito y par-

CUADRO 3. *Créditos otorgados a los Bancos Agrícola*
y Ejidal en el periodo 1936-1940
(Pesos corrientes)

Año	Banco Agrícola	Banco Ejidal
1936	11 450 000	23 278 000
1937	19 440 000	82 880 000
1938	11 500 000	63 442 000
1939	6 281 000	61 177 000
1940	6 303 000	59 149 000

FUENTE: Sergio Reyes Osorio *et al.*, *Estructura agraria y desarrollo en México: estudio de la tierra y el desarrollo agrícola de México*, FCE, México, 1974, p. 836, en Nora Hamilton, *México: los límites de la autonomía del Estado*, Era, México, 1983, p. 162. (Col. Problemas de México).

ticulares. Cárdenas canalizó al Banco Nacional de Crédito Agrícola y al Banco Nacional de Crédito Rural 190 millones en el periodo 1934-1940, de los cuales 149.6 millones fueron para refaccionar la producción ejidal.[43] La predilección del gobierno por el crédito a los ejidos se refleja con claridad en el cuadro 2.

En consecuencia, entre 1936 y 1940 el financiamiento refaccionario ejidal se extendió en la producción, a lo largo de todo el sexenio cardenista, creciendo ininterrumpidamente de la siguiente manera:

CUADRO 4. *Producción financiada por el Banjidal*

Año	Hectáreas cosechadas	Valor (Miles de pesos corrientes)
1936	468 478	34 713
1937	747 194	90 926
1938	763 752	94 820
1939	727 124	114 105
1940	774 771	112 375

FUENTE: Saúl Escobar, "El cardenismo más allá del reparto: acciones y resultados", en *Historia de la cuestión agraria mexicana*, t. 5, *El cardenismo: un parteaguas histórico en el proceso agrario nacional 1934-1940* (Primera parte), Siglo XXI/Centro de Estudios Históricos del Agrarismo en México, México, 1990, p. 432.

A pesar de ese singular esfuerzo, el cardenismo no alcanzó a cubrir las necesidades de crédito del universo de los ejidatarios. En su apogeo, el banco atendió a 5 152 sociedades de crédito ejidal y 398 100 socios, que no significaban ni la mitad de los campesinos dotados ejidalmente. Más aún, para 1940 esa cifra había disminuido a 3 473 sociedades de crédito y tan sólo 239 407 ejidatarios.[44] No más de 16.5% de los ejidatarios dotados hasta 1940

---

[43] Saúl Escobar, "El cardenismo más allá del reparto: acciones y resultados", en *Historia de la cuestión agraria mexicana, op. cit.*, pp. 432 y 427, cuadro 1.

[44] Arnaldo Córdova, *La política de masas..., op. cit.*, p. 111.

tuvieron acceso al crédito.[45] De los créditos otorgados por el Banjidal, la mayor parte fue canalizada a fortalecer los ejidos colectivos (La Laguna, Yucatán, Lombardía y Nueva Italia, etc.), no a los productores parcelarios que representaban la mayoría. Lo que estaba en juego era la apuesta que el gobierno cardenista había hecho a favor del ejido colectivo, al cual reforzaba con los recursos económicos y organizativos a su alcance para demostrar su eficacia económica y para asegurar a ese sector como la base más firme en la que se asentaría el Estado revolucionario.

Financieramente, sin embargo, el banco ejidal no fue tan exitoso. No obstante la sobreposición de sus criterios productivos a los campesinos y la aplicación de medidas de coerción para el cobro de los préstamos, la cartera vencida al final del sexenio ascendía a más de 45% de los recursos prestados. De 301 millones prestados en total, se recuperaron sólo 163.5 millones.[46] El problema de fondo era que el crédito mismo y la transferencia y aplicación de tecnologías no eran suficientes para superar las deficiencias en la productividad que el ejido arrastraba, además de la gestación de una cultura de dependencia de los campesinos con respecto del Estado. La improductividad se originaba en que desde las primeras acciones agrarias en la década de 1920 se repartieron preferentemente a los ejidos las tierras de inferior calidad. Además estaban las extensiones mismas otorgadas y sancionadas por ley, que limitaban la capacidad productiva de las dotaciones ejidales y su competitividad frente a la pequeña propiedad. La excesiva burocratización del Banjidal y la intervención permanente de sus funcionarios en los asuntos internos de los ejidos, así como diversos casos de corrupción alejaron a la larga a los productores de la institución. La actitud de los campesinos, por lo demás, con frecuencia fue la de no asumir plenamente su responsabilidad en los adeudos.

---

[45] Saúl Escobar, "El cardenismo más allá...", *op. cit.*, pp. 435-436.
[46] *Ibidem*, p. 436.

El gobierno de Cárdenas trató de combatir la burocratización del Banjidal de dos maneras. Por una parte pensaba que el paternalismo de la institución sería transitorio. Algunas de sus funciones se fueron trasladando a organizaciones constituidas por los propios ejidatarios, como en La Laguna. Por la otra, el gobierno recibía directamente en reuniones regionales o nacionales las quejas de los campesinos contra los funcionarios del banco. Al menos en el caso de La Laguna, una comisión gubernamental acudió a la región para investigar las irregularidades denunciadas por los ejidatarios.[47]

La modernización de la agricultura en general, y de la producción ejidal en lo particular, requería también inversión en obras de riego que no sólo alcanzaran a los rancheros y pequeños propietarios del norte del país —zona a la que se habían destinado casi todos los recursos para infraestructura en los gobiernos anteriores— sino que beneficiaran al nuevo sector ejidal. Ya Plutarco Elías Calles había creado el 9 de enero de 1926 la Comisión Nacional de Irrigación (CNI); entre esa fecha y 1934 se habían creado 12 distritos de riego, todos ellos ubicados en las zonas norte y central. El Plan Sexenal planteaba la prosecución de obras en esas mismas regiones y crear nuevos distritos, con una inversión de 50 millones de pesos, en Nuevo León, Tamaulipas, Sonora, Puebla y Coahuila.

De inmediato, el régimen cardenista continuó las obras e inició el estudio de otras más, no consideradas originalmente en el Plan Sexenal, en Tuxpan, Guerrero, Tehuantepec, Oaxaca y San Luis Potosí. Igualmente, se inició la construcción de pequeñas obras de irrigación en los estados de Aguascalientes, Zacatecas, Morelos, Jalisco, Veracruz, Michoacán y Querétaro.[48]

[47] Nora Hamilton, *op. cit.*, p. 163.
[48] Saúl Escobar, "El cardenismo más allá...", *op. cit.*, p. 446.

Desde 1936, la administración de los distritos de riego se transfirió al Banco Nacional de Crédito Agrícola, a fin de que la CNI se encargara únicamente de la construcción de las obras. En los años siguientes se emprendieron tres grandes proyectos de infraestructura: La Angostura, en el Valle del Yaqui, El Palmito sobre el río Nazas en la región lagunera de Durango, y la presa El Azúcar en el río San Juan, en Nuevo León. Además, se avanzó en la construcción de presas de tamaño medio en San Juan del Río, Querétaro; Queréndaro, Michoacán, y Huichapan, Hidalgo. En total, durante los seis años del gobierno cardenista se realizaron 57 obras de irrigación. De las tres más grandes, Cárdenas entregó la de La Angostura totalmente terminada, y las de El Palmito y El Azúcar con avances de dos terceras partes. Y de las medianas, se concluyeron las de Cointzio, en Morelia, Michoacán; Álvaro Obregón, en San Luis Potosí; La Antigua, Veracruz; Santa Rosa, Zacatecas; Tarecuato, Michoacán; El Rodeo, Morelos y la presa Abelardo L. Rodríguez, en Baja California. Con grados importantes de avance, Cárdenas entregó las obras de las presas Solís, en el río Lerma; Sanalona, en Culiacán; Río Colorado en Baja California; Cutzamala, Guerrero; Huichapan e Ixmiquilpan, Hidalgo; Magdalena, Jalisco; Lago de Chapala; Tehuantepec, Oaxaca; San Juan del Río, Querétaro; río Mayo, Sonora y Bombeos, Yucatán. Se concluyeron además 17 presas pequeñas. En total, se invirtieron en el sexenio cardenista 174 millones de pesos, más de tres veces lo previsto en el Plan Sexenal.[49]

La escuela rural vino a complementar, no sólo en extensión sino como una forma de profundizar la reforma agraria, la acción del Estado en el mundo campesino. Se trataba, por supuesto, de extender la educación hasta donde nunca antes había llegado y de enderezar al campesino apoyándolo en el conocimiento que el Estado revolucionario, y sólo él, podía ofrecerle. Los ante-

[49] *Ibidem*, pp. 447-448.

cedentes de la cruzada educativa se encuentran en las misiones culturales de Vasconcelos, a su vez inspirada en la acción evangelizadora de los misioneros en la época colonial;[50] pero también en experiencias locales (el Yucatán de Carrillo Puerto, el Tabasco garridista, Veracruz durante los gobiernos de Tejeda) y en las corrientes pedagógicas avanzadas de la época: la pedagogía soviética de Lunacharsky, y la escuela activa y el racionalismo de origen anarquista. Pero se solidificó como una experiencia nacional, original en el mundo capitalista, al aprobarse en noviembre de 1934 —siendo Cárdenas presidente electo— la reforma del artículo 3º para establecer la obligatoriedad de la *educación socialista.*[51]

En el caso particular de la educación rural, el proyecto carde-

[50] *Cf.* Fernando Benítez, *Lázaro Cárdenas y la Revolución Mexicana,* vol. II, *El caudillismo,* FCE, México, 1986, pp. 130-131.

[51] "En su concreción, la educación socialista se tradujo en un conjunto de principios y prácticas en los que se depositaba la confianza en ese cambio social: *a)* la vinculación de la escuela con la comunidad, que convertiría a la primera, más allá de ser un centro de instrucción, en agente de la reforma agraria y de la reeducación y organización de las masas, y al maestro, más allá del papel de civilizador que le había asignado el vasconcelismo, en auténtico organizador del proceso productivo y, lo que es más importante, de la lucha por la tierra; *b)* la transformación pedagógica de la enseñanza sustentada en principios tomados de la Escuela Activa de Dewey y de la escuela racionalista promovida por el anarquista español Francisco Ferrer y Guardia, pero encuadrándolos en una práctica que hacía del maestro no el agente para la liberación del individuo sino el vehículo para llevar los principios ideológicos del Estado a la población [...]; *c)* la capacitación para el trabajo y la sustitución de la enseñanza 'libresca y verbalista' por el conocimiento 'útil', es decir, dirigido a la producción.; *d)* el control, introducido por primera vez, del gobierno sobre las escuelas privadas, supervisando sus planes y programas de estudios, libros de texto, etcétera; *e)* la difusión de una ideología socialista elaborada con elementos del marxismo, el socialismo evolucionista, el cooperativismo y sobre todo un igualitarismo originado en la corriente radical de la Revolución Mexicana, que buscaba generar una conciencia proletaria en las masas; y *f)* el anticlericalismo jacobino y el combate a todas las formas de fanatismo y conciencia religiosa. Pero, por encima de todo, la educación socialista era una expresión del estatismo radical que, al combatir no sólo la doctrina de la libertad de enseñanza abanderada por la derecha tradicional y el liberalismo, sino el propio principio de educación laica plasmado en la Constitución de 1917, reivindicaba como una facultad superior del Estado el monopolio sobre los contenidos y la orientación de la enseñanza en todos sus niveles, desde la instrucción elemental hasta la universitaria, en la que eliminaba la autonomía y la libertad de cátedra", Eduardo Nava Hernández, *El cardenismo en Michoacán, 1910-1990,* tesis de doctorado, UNAM-FCPyS, 2004, pp. 216-217.

nista resultó más complejo y comprensivo de lo que a primera vista pareciera. Su punto de partida era aportar a los infantes del mundo rural la enseñanza elemental y a los campesinos en general la preparación tecnológica para elevar la productividad de las faenas del campo; pero llegaba hasta la preparación de cuadros técnicos en escuelas e internados agrícolas diseminados estratégicamente en el territorio nacional. El papel asignado a los maestros rurales no era tan sólo el de alfabetizadores, sino el de verdaderos organizadores que debían promover las demandas de tierras por los campesinos y defenderlos o enseñarles a defenderse legalmente ante los órganos de gobierno. También tenían a su cargo —lo que ya asumían desde los años veinte, con el anticlericalismo callista— la desfanatización, la promoción de las fiestas cívicas en sustitución de las religiosas, la lucha contra el alcoholismo y aun la difusión de las ideas socialistas. El maestro era, más que el juez o la autoridad municipal, el brazo del régimen revolucionario en el mundo rural. Cárdenas mismo lo expresó en un discurso pronunciado en Uruapan, Michoacán, en agosto de 1935:

La misión del maestro no ha de concretarse al recinto de la escuela; esa misión, en el orden social, exige su colaboración para el cumplimiento integral del programa de la Revolución. El maestro rural es el guía del campesino y del niño, y debe interesarse por el mejoramiento de los pueblos. El maestro ha de auxiliar al campesino en su lucha por la tierra, y al obrero en la obtención de los salarios que fija la ley para cada región.[52]

Bien claro le quedaba al presidente Cárdenas el nuevo papel asignado a los maestros. Además de llevar la instrucción elemental a los sectores más desprotegidos de la sociedad, deberían

---

[52] Citado en Victoria Lerner, *La educación socialista*, Colmex, México, 1982, pp. 114-115 (Historia de la Revolución Mexicana, 1934-1940, vol. 17).

comprometerse a fondo con el proyecto —siempre dirigido por el Estado revolucionario— de unificación nacional, modernización económica y justicia social.[53] En el proyecto nacional del cardenismo, el mentor habría de representar el nuevo tipo de *intelectual* —en el sentido que Gramsci asignó al concepto—, que desplazaba a los intelectuales tradicionales: el sacerdote y el tinterillo, superpuestos al esquema de dominación prevaleciente en el mundo rural. Por esa función masivamente asumida por el magisterio, muchos maestros rurales acompañaron efectivamente y aun perdieron la vida en las luchas campesinas por la tierra, como ya había ocurrido durante la guerra cristera.

En sí, la tarea para el sector educativo no era menor. En 1930 había en el país alrededor de siete millones de analfabetos, que representaban 42% de la población. En el campo, la proporción era más alta y probablemente ascendía a 80%. Desde febrero de 1936 el gobierno del general Cárdenas inició una campaña instalando centros para la alfabetización de los adultos, y para 1940 se había alfabetizado a más de 123 000 habitantes, y estaban alfabetizándose 125 000 más, cifras relevantes pero muy insuficientes frente a la magnitud de un problema que afectaba a casi 9.5 millones de habitantes, 47. 8% de la población.[54]

Conforme a los informes de la Secretaría de Educación Pública, las escuelas primarias rurales pasaron de 7 729 en 1935 a 11 974 en 1940, lo que representaba un incremento de 55%. Se trataba de un crecimiento muy importante en relación con el de

---

[53] "Cárdenas comprendió, desde su época de gobernador, que no podía funcionar la reforma agraria sin una intensa campaña educativa, y reclutó a millares de jóvenes voluntarios como maestros rurales. El maestro vivía entre los campesinos, los convencía de la necesidad de construir la escuela, perforaba pozos, solicitaba tierras y las hacía cultivar de un modo menos rudimentario. En 1970 hablé con uno de los maestros cardenistas, un otomí, que me dijo: 'La escuela abarcaba el pueblo. El maestro era también un ingeniero, un abogado y un artesano. Nos ocupábamos de todos los problemas de los campesinos y los defendíamos de los hacendados y de los curas'", Fernando Benítez, *Lázaro Cárdenas y la Revolución Mexicana*, t. III, *El cardenismo*, FCE, México, 1993, p. 112.

[54] Victoria Lerner, *op. cit.*, p. 124.

los anteriores periodos de gobierno, pero muy inferior al de las escuelas urbanas y semiurbanas, que pasaron en el mismo lapso de 312 a 779, multiplicándose en casi 150%, y las particulares incorporadas que crecieron en 202%. Al final del periodo las escuelas rurales eran de cualquier modo nueve veces más que las urbanas y semiurbanas,[55] aunque no se alcanzaron las metas que el Plan Sexenal había establecido de construir 12 000 escuelas rurales entre 1934 y 1940.

Lázaro Cárdenas conoció en Sonora las escuelas "Hijos del Ejército" que el entonces gobernador Plutarco Elías Calles fundó para atender a las familias de los soldados. Al llegar al gobierno de Michoacán, reprodujo esa experiencia que, luego, desde la presidencia de la República, multiplicó. En el nivel técnico, el gobierno cardenista creó en la Secretaría de Educación un Consejo de Educación Rural para que se encargara de la difusión educativa en el campo, con la creación de escuelas rurales y escuelas normales rurales, y se apoyó decididamente la formación de agrónomos (sobre todo a través de la Escuela Nacional de Agricultura de Chapingo).

Pero donde el gobierno cardenista resultó más innovador fue en el aspecto de la educación indígena. No abundaré aquí acerca del tema, que es tratado ampliamente en el trabajo de Guadalupe Farías, en este mismo volumen. Pero debo anotar que la creación del Departamento de Asuntos Indígenas, y sobre todo la concepción introducida en su segunda etapa, bajo la conducción del historiador Luis Chávez Orozco, deslindó la política indigenista de los anteriores intentos de desindianizar u occidentalizar al indígena. La propuesta cardenista encuentra su más clara expresión en el discurso pronunciado por el presidente de la República el 14 de abril de 1940, al inaugurar en Pátzcuaro el Primer Congreso Indigenista Interamericano:

---

[55] Las cifras en Victoria Lerner, *ibidem*, p. 127, cuadro 3.

Lo que se debe sostener es la incorporación de la cultura universal al indio, es decir, el desarrollo pleno de todas las potencias y facultades naturales de la raza, el mejoramiento de sus condiciones de vida agregando a sus recursos de subsistencia y de trabajo todos los implementos de la técnica, de la ciencia y del arte universales, pero siempre sobre la base de respeto a la personalidad racial, a su conciencia y a su entidad. El programa de emancipación del indio es en esencia el de la emancipación del proletario de cualquier país, pero sin olvidar las condiciones especiales de su clima, de sus antecedentes y de sus necesidades reales y palpitantes.

Y en esa misma ocasión, explicitaba los objetivos últimos de la reforma agraria y de la reivindicación indígena:

> La ciudadanía democrática creyó asegurar la redención de los siervos otorgando los derechos de voto y de propiedad individual, pero los excesos del capitalismo crearon el peonaje, el latifundio y la dictadura. Ahora queremos encontrar la forma de emancipación efectiva y la supresión de los privilegios injustos y artificiales.[56]

Cárdenas no se engañaba: en un país como México, el ser indígena es una posición de clase; los grupos indígenas ocupan la situación más baja de la escala social, y su reivindicación no habría de darse integrándolos a la sociedad nacional para que fueran explotados de otra manera, sino liberándolos de la explotación misma. Tanto él como Luis Chávez Orozco se alejaban de los anteriores intentos de integrar a los indios al mundo mestizo, y más bien señalaban la necesidad de que fuera la cultura occidental la que se *integrara* a las raíces de la cultura indígena. Ello no debía llevar a reproducir las condiciones de marginación y aislamiento que habían caracterizado al mundo indígena desde el

---

[56] Lázaro Cárdenas, *Palabras y documentos públicos. 1928-1970*, vol. 1, *op. cit.*, p. 403.

periodo colonial, ni a buscar su disolución en una sociedad homogénea fundada en el crisol del mestizaje, sino a que el ser indígena participara de otra manera, sin perder su cultura propia, en la modernidad anunciada por el movimiento revolucionario.

Se trataba, en fin, de que el mundo rural, incluido el mundo indígena, transitara a la democracia a través de la tierra y la cultura. El Estado tutelar debía ser el conducto para esa transición, de la que dependían el futuro de millones de mexicanos y el de la nación misma.

Las grandes acciones agrarias

En rigor, como he sostenido, las modificaciones institucionales que representaron un viraje en la política agraria del país antecedieron al arribo de Lázaro Cárdenas a la presidencia de la República. La elaboración del Plan Sexenal, la promulgación del Código Agrario del 22 de marzo de 1934 y la creación, en consecuencia, de la Comisión Agraria, se adelantaron al cambio de gobierno y reflejaban no la voluntad de un individuo sino un cambio en la correlación de fuerzas al seno del bloque gobernante a favor de los sectores más desfavorecidos por la acuciante situación del campo.[57] Esas medidas proporcionaban un contexto político y le-

---

[57] El Plan Sexenal había planteado con claridad: "... el ideal agrario contenido en el artículo 27 de la Constitución General de la República seguirá siendo el eje de las cuestiones sociales mexicanas, mientras no se haya logrado satisfacer, en toda su integridad, las necesidades de tierras y aguas de todos los campesinos del país. El Partido Nacional Revolucionario señala como primordial y apremiante obligación, y contrae el compromiso de su rápido cumplimiento, el seguir dotando de tierras y aguas, sin excepción alguna, a todos los núcleos de población que carezcan de ellas o no las tengan en cantidad bastante para satisfacer sus necesidades, de acuerdo con el artículo 27 constitucional. [...] el límite único para las dotaciones y restituciones de tierras y aguas será la satisfacción completa de las necesidades agrícolas de los centros de población rural de la República Mexicana", Partido Nacional Revolucionario, "Primer Plan Sexenal 1934-1940", en Enrique Cárdenas (comp.), *Historia Económica de México, op. cit.*, vol. 5, pp. 68-69.

gal relativamente más favorable a la transformación del campo conforme a lo previsto en el artículo 27, y eran parte del cumplimiento de la *obligación* del Estado de entregar la tierra a los campesinos que carecieran de ella. El nuevo Código reconocía derechos agrarios a los acasillados, pero mantenía las trabas para que fueran efectivamente integrados como ejidatarios. Como afirma Everardo Escárcega:

> Los autores intelectuales de dicha compilación y la gran mayoría de legisladores que la aprobaron, siguieron manejando tercamente la idea de institucionalizar el pegujal, pues ratificaron la limitación de la parcela ejidal a superficies tan pequeñas que en la práctica se estaba condenando a los ejidatarios a la eterna irredención económica.[58]

Faltaba, pues, que la aplicación del Plan y de las normas agrarias tocara los intereses de la gran burguesía agraria, en parte preexistente desde el periodo porfirista, en parte de origen extranjero y en parte surgida de las mismas filas de los revolucionarios.

Durante los primeros dos años del gobierno de Cárdenas las afectaciones agrarias se aceleraron y se extendieron, pero tocando principalmente a los medianos terratenientes. Se trataba tan sólo de finiquitar los (muchos) expedientes resueltos en forma provisional por los gobernadores; pero a la vez se inició con nuevas acciones agrarias. Ya desde diciembre de 1934 se emitieron 73 resoluciones presidenciales que dotaron de más de 89 000 hectáreas a 8 000 campesinos.[59]

Las acciones más significativas, empero, se inician en octubre de 1936 con el reparto de las haciendas de La Laguna, donde se experimentó por primera vez la figura del ejido colectivo. Se trataba de una región que había vivido el apogeo de la producción algodonera y que, al momento de las afectaciones, se estaba

[58] Everardo Escárcega López, *op. cit.*, pp. 80-81.
[59] *Ibidem*, p. 83.

recuperando de la crisis económica, pero donde también había importantes antecedentes de lucha de los campesinos y jornaleros de las haciendas.[60] Había ahí 131 haciendas, 93 ranchos y sólo 10 ejidos. En las haciendas trabajaban 16 491 peones que en periodos de cosecha llegaban a ser más de 33 000 jornaleros. De las 850 000 hectáreas de labor, se trabajaban 124 000 con riego, principalmente a partir de los ríos Nazas y Aguanaval.[61]

La acción agraria en la región se da cuando se ha resuelto el conflicto del presidente Cárdenas con el general Calles y se ha liquidado el maximato. En el momento del reparto, los trabajadores, la gran mayoría de ellos temporales, mantenían una vez más, con apoyo de los maestros rurales, de los activistas del Partido Comunista y de los sindicatos obreros de Torreón y Gómez Palacio, su movilización en demanda de mejores salarios y condiciones de trabajo, poniendo en riesgo la cosecha del algodón. Por ello el presidente decidió intervenir de inmediato decretando la dotación de ejidos en la región. El mismo gobernante se trasladó a Torreón durante 35 días para encabezar personalmente la ejecución del reparto, con apoyo de los funcionarios del Departamento Agrario y del recién creado Banco Ejidal. El presidente advirtió a los hacendados que si promovían acciones de violencia, él armaría a los campesinos. Durante los primeros 45 días se ejecutaron 226 actos de entrega, con 128 000 hectáreas de riego y de pastizal, y el Banjidal organizó 185 sociedades de cré-

[60] "La escasa información disponible sobre la prehistoria de la lucha lagunera registra la formación de comités agrarios desde 1916, en que se constituye, sin éxito, el de Tlahualilo; y para 1918 hay intentos frustrados en Sta. Teresa, California, Lucero, San Lorenzo, Concordia, etcétera. En 1922 se registran las primeras ocupaciones de tierras, como la de La Vega del Caracol, organizada por el Sindicato 'Miguel Hidalgo' [...] para 1928 había seis ejidos en la comarca y sólo doce solicitudes; los campesinos que ambicionaban la tierra eran sin duda muchos más, pero las compañías agrícolas tenían un sistema infalible para desalentarlos: los poblados de solicitantes eran quemados o inundados con las aguas de los canales de riego, y los demandantes eran anotados en la lista negra y se les negaba el empleo", Armando Bartra, *op. cit.*, pp. 62-63.
[61] Datos de Julián Rodríguez Adame, citado en Jesús Silva Herzog, *op. cit.*

dito en igual número de ejidos. Cárdenas destinó más de 30 millones de pesos a esas sociedades para el primer ciclo agrícola bajo el régimen ejidal.[62]

Las cosechas de algodón no decayeron en el resto del mandato de Cárdenas, y se demostró la viabilidad del ejido colectivo —siempre con apoyo de las instancias oficiales— a pesar de los augurios de su fracaso y de los errores que se cometieron. Las divisiones internas entre las autoridades ejidales y los dirigentes de las sociedades de crédito pronto afloraron. A los propietarios de las haciendas se les permitió conservar hasta 150 hectáreas de riego a las que la legislación les daba derecho por tratarse el algodón de un cultivo de exportación, además de que pudieron conservar la maquinaria para despepitar el algodón. Por esta vía, con las mejores tierras aún en sus manos y manejando el procesamiento del producto, en poco tiempo pudieron recuperar el control sobre la producción de la región. Pero, más que un experimento donde hubo aspectos fallidos, fue el momento fundacional de una nueva concepción de la reforma agraria, que rompía de tajo la intocabilidad de las haciendas exportadoras y del sistema agrícola basado en la polarización latifundio-minifundio. La adopción del ejido colectivo buscaba superar los términos de esa antinomia, operante durante los cuatro siglos precedentes.

Durante la efervescencia lagunera, el 25 de noviembre de 1936 Cárdenas promulgó la nueva Ley de Expropiación, reglamentaria del artículo 27 de la Constitución, a fin de establecer con claridad las causas de *utilidad pública*. Entre ellas estaban "La equitativa distribución de la riqueza acaparada o monopolizada con ventaja exclusiva de una o varias personas y con perjuicio de la colectividad en general, o de una clase en particular" y "La creación o mejoramiento de centros de población y de sus fuen-

---

[62] Lázaro Cárdenas, *Obras*, t. I, *op. cit.*, pp. 360-361; Fernando Benítez, *op. cit.*, pp. 62-63.

tes propias de vida", norma que serviría en lo sucesivo para proseguir con intensidad el reparto en otras zonas del país.

Y poco más adelante, en diciembre de 1936, el presidente recibió del Congreso facultades extraordinarias para modificar el Código Agrario. Gracias a éstas, en marzo de 1937 se le agregó el artículo 52 bis para autorizar el otorgamiento de certificados de inafectabilidad ganadera por 25 años, y en agosto de ese mismo año se adicionó el artículo 34 para ampliar el radio de afectación de siete kilómetros. Asimismo, se derogaron los artículos 43 y 46 y las adiciones hechas al 45 para, ahora sí, dotar de plenos derechos a los peones acasillados. En el artículo 51 se establecieron límites a la pequeña explotación henequenera —que, desde luego, sirvieron un poco más adelante para llevar a cabo el reparto de las haciendas de Yucatán—. En el artículo 66 se estableció el concepto de "derechos a salvo" para quienes no alcanzaran parcelas en un momento dado, y evitar así la pulverización de la tierra donde ésta no tuviera una extensión suficiente para los solicitantes.[63] Con esas nuevas disposiciones, el proceso de la reforma agraria pudo avanzar durante los siguientes años.

En el Valle de Mexicali, donde la poderosa Colorado River Land Company usufructuaba 300 000 hectáreas, los campesinos, en su mayoría inmigrantes del interior del país, venían demandando el fraccionamiento del latifundio, adquirido desde 1904 por esa empresa mediante una operación oscura, y habían pagado con cárcel y confinamiento en las Islas Marías su atrevimiento. En mayo de 1936 la empresa estadunidense pactó con el gobierno federal la colonización de los terrenos, a fin de protegerlos de cualquier afectación, convenio que fue precisado en dos ocasiones más fijando un plazo de 20 años para la liquidación del latifundio y precio máximo de 300 pesos por hectárea a los colonos. Pero en vez de cumplir con ese contrato firmado con el De-

[63] Everardo Escárcega, *op. cit.*, pp. 223-224.

partamento Agrario, la Colorado River siguió arrendando las
tierras. En 1937 el movimiento campesino se reactivó, los solicitantes entraron a las tierras y fueron nuevamente encarcelados.
Desde la capital, el presidente Cárdenas ordenó su liberación y
recibió a una comisión que acudió a plantearle la situación y los
abusos de las autoridades del Territorio Norte de la Baja California. El 16 de marzo se publicó el acuerdo presidencial en que se
ordenaba al Departamento Agrario la tramitación inmediata de
todos los expedientes agrarios instaurados antes del 14 de abril
de 1936 (fecha del convenio de colonización firmado por la Colorado River) y dio instrucciones al licenciado Gabino Vázquez,
jefe del Departamento Agrario, de trasladarse a Mexicali a supervisar personalmente el desahogo del procedimiento agrario que
afectaban 114 027 hectáreas. Por otra parte, autores como Everardo Escárcega afirman que fue esta acción agraria la que decidió al presidente Cárdenas a separar del gabinete al general Saturnino Cedillo, quien había autorizado la colonización propuesta
por la empresa.[64]

La siguiente gran acción agraria se dio en Yucatán. El 8 de
agosto de 1937 (aniversario del nacimiento de Emiliano Zapata)
el presidente Cárdenas dio a conocer en Mérida un acuerdo fun-
damentando la intervención del gobierno federal en apoyo a la
industria henequenera y para dar cumplimiento cabal a la reforma agraria. Ordenaba a las autoridades agrarias tramitar y resolver los expedientes de restitución, dotación y ampliación de ejidos en la zona henequenera del estado, considerando para esos
efectos a los peones de las haciendas y constituyendo unidades
agrícolas permanentes mediante la expropiación de las haciendas y
"la adquisición de las extensiones que conserven las fincas afectadas y de los equipos industriales existentes en ellas". Simultáneamente, y con base en la experiencia de La Laguna, se reforma-

---

[64] Everardo Escárcega, *op. cit.*, pp. 146-152.

ría el Código Agrario para precisar la naturaleza de las superficies inafectables y para determinar que el cultivo de los productos agrícolas que requirieran de un proceso de industrialización se organizaría de manera colectiva. Con ello se daba un doble golpe a la arrogante oligarquía peninsular: se afectaban los predios donde se habían efectuado traspasos y ventas simuladas dentro de las mismas familias, y se obligaba a los hacendados a entregar las máquinas desfibradoras, indispensables para concluir el proceso de producción.

En Yucatán, a diferencia de La Laguna, la expropiación de las haciendas henequeneras fue acompañada de la compra de la maquinaria y la entrega de la misma a los beneficiarios del reparto. Con ello se quería dar respuesta a una situación muy compleja, dado que, de desplomarse la producción henequenera, la distribución parcelada de la tierra no garantizaba siquiera la producción de alimentos para el autoconsumo. Se concebía, a partir de un estudio técnico realizado por el ingeniero Florencio Palomo Valencia, que el ejido colectivo era la única posibilidad de sustituir exitosamente la ancestral explotación de las haciendas.[65]

Sin embargo, la reforma agraria en Yucatán no fue, a la larga, ningún éxito. Más adelante, el gobernador Humberto Canto Echeverría reorganizó los ejidos colectivos originales para sacudirse la tutela del banco y del gobierno federal, y creó una única organización, Henequeneros de Yucatán, bajo el control... del gobierno estatal. En principio, se trataba de "una descomunal hacienda de 60 000 trabajadores donde no hubiera ejidos pobres ni ejidos ricos y donde todos gozaran de salarios proporcionales y de iguales oportunidades". En realidad, el gran ejido devolvió a los ejidatarios a su antigua condición de peones, sin hacendados pero al servicio del gobierno local. Después del periodo cardenista, la situación empeoró con el despojo de máquinas, bodegas y

---

[65] *Ibidem*, pp. 161 y ss.

otras instalaciones a los ejidos, bajo la divisa, que un administrador de Henequeneros acuñó, de que "robar a los ejidatarios no es robar, porque ellos también son unos ladrones".[66] Se permitió a los particulares crear empresas de cordelería, con lo que pasaron a controlar una parte fundamental de la producción.

El problema agrario del Valle del Yaqui era conocido por el general Cárdenas desde los tiempos de la Revolución. Él mismo había combatido las rebeliones yaquis en 1918, que tenían antiguos antecedentes en la etapa colonial pero que habían resurgido desde el Porfiriato, ante la aplicación brutal de la política de deslindamiento.

La solución del problema agrario en esa región del sur de Sonora se inició con una petición que el gobernador de la tribu, Ignacio Lucero, dirigió personalmente al presidente en febrero de 1937, solicitándole su intervención para que los terrenos de que habían sido despojados les fueran devueltos. El 28 de octubre de ese año, el general Cárdenas firmó el acuerdo ordenando al Departamento Agrario la afectación de las tierras en manos de particulares y la dotación inmediata a los integrantes de la tribu yaqui, que significaba, sin que se diera un deslinde preciso, la entrega de toda la tierra laborable en la margen derecha del río Yaqui, así como el agua necesaria para su irrigación.[67]

El deslindamiento de los terrenos reclamados no fue sencillo. Los nuevos propietarios reclamaban derechos adquiridos legítimamente, y frente a ellos, los yaquis postulaban derechos ancestrales. Por añadidura, en las tierras en litigio se habían ejecutado acciones de dotación a núcleos ejidales. Sólo el 30 de septiembre de 1940 se firmó la resolución presidencial otorgando a los reclamantes de la tribu yaqui la restitución de una superficie indeterminada, de aproximadamente 400 000 hectáreas,

---

[66] Fernando Benítez, *op. cit.*, p. 86; Nora Hamilton, *op. cit.*, p. 164.

[67] Lázaro Cárdenas, *Obras*, t. I, *op. cit.*, pp. 375-376; Everardo Escárcega, *op. cit.*, p. 175.

que aún habrían de ser deslindadas pero que estaban ya garantizadas por el propio decreto presidencial.

Más allá de la superficie recuperada por los yaqui, el gobierno de Cárdenas les otorgó la mitad del agua de la presa Angostura, les construyó canales y los dotó de escuelas, hospitales y ganado, autorizándoles además la explotación de los bosques.

La acción agraria a favor de la tribu yaqui aparece como casi excepcional en cuanto al reconocimiento y titulación de bienes comunales. El gobierno de Cárdenas dejó muchos expedientes de comunidades indígenas sin resolver. Cárdenas sabía que se trataba de problemas muy antiguos que provenían del periodo colonial y del siglo XIX, y que para avanzar en su solución era necesario actuar con suma cautela. Aun así, sentó las bases legales para su resolución, al promover a finales de 1937 reformas a la Constitución de la República para declarar de jurisdicción federal la resolución de conflictos por límites de tierras entre comunidades indígenas.[68] Con mayor razón, siendo pocos los casos resueltos en el periodo cardenista, el caso de los yaquis del sur de Sonora resulta más significativo.

Fernando Benítez refiere lo que ocurrió con la tribu yaqui después de que Cárdenas dejara el poder:

En los años sesentas, estando el general en Tijuana, los indios le pidieron que les hiciera una visita. Cárdenas marchó solo y encontró a los gobernadores yaquis que lo esperaban en una extensa llanura, de pie o bajo un árbol de pan. Habló el Principal, mientras los demás gobernadores golpeaban con sus bastones en señal de asentimiento:

—¿Te acuerdas, Tata, de las tierras, de los hospitales, de las escuelas que nos diste? Las tierras nos las han quitado los ricos, los hospitales se han convertido en cuarteles y las escuelas en cantinas.

Cárdenas lloró. Las tierras estaban en manos de descendientes

⁶⁸ Everardo Escárcega, *op. cit.*, p. 187.

de Obregón y de Calles, de los generales y políticos sonoristas de la Revolución, que así se cobraban los trabajos de sus padres. [...] En esos años, los alquiladores de tierras, los ricos propietarios de los distritos de riego y los dueños de ranchos habían llegado a constituir un gran poder político y económico y ninguno de ellos quería afrontar los peligros de cambiar las estructuras rurales [...].

Sólo él, Cárdenas, había intentado cambiarlas.[69]

La última etapa del gobierno cardenista, que puede fecharse a partir de la expropiación de las empresas petroleras, estuvo caracterizada por la mayor cautela en la aplicación de las medidas agrarias, por ejemplo en El Fuerte, Sinaloa, y en Chiapas. Sólo en Lombardía y Nueva Italia, Michoacán, se aplicaron los principios del colectivismo.

Lombardía y Nueva Italia eran dos haciendas fundadas a fines del siglo XIX por un inmigrante italiano, Dante Cusi, que aplicó en esa fértil zona las avanzadas técnicas para el manejo del riego desarrolladas en su región de origen, el Lombardo-Veneto. Lombardía tenía una extensión de 28 000 hectáreas, y Nueva Italia de 36 000. Trabajaban ahí jornaleros provenientes en su mayoría de otras regiones del estado y hasta mineros y barreteros de Tlalpujahua y El Oro, que participaban en la excavación y construcción de los canales de riego. Todos ellos llegaron atraídos por los elevados salarios que se pagaban y por las mejores condiciones laborales que, comparativamente, encontraban en las haciendas de Cusi.

El general Cárdenas conocía bien la alta productividad de esas haciendas, pero también su conflictividad, desde el periodo en que fue gobernador de Michoacán. El reparto, como en La Laguna y otras regiones, no se dio sin la organización de los trabajadores que, desde 1932 y 1933, constituyeron sindicatos y se movilizaron por salarios y mejores condiciones de trabajo. En 1933

[69] Fernando Benítez, *op. cit.*, p. 110.

tres trabajadores perdieron la vida en enfrentamientos con las guardias de las haciendas, por lo que Cárdenas, candidato a la presidencia, se dirigió en una carta a Ezio Cusi refiriendo ya la posibilidad de una intervención de las empresas por el gobierno.

La acción agraria se sustentó en un pequeño grupo de solicitantes, al margen del sindicato, que habían mantenido la demanda de dotación y que le permitieron a Cárdenas en 1937 retomar su proyecto de afectación de la Negociación Agrícola.[70] Con la promulgación de la Ley de Expropiación se habían allanado los obstáculos jurídicos que impedían la afectación de las propiedades de elevada productividad y había sido eliminado el juicio de amparo contra las afectaciones. Ahora se podían aplicar también las reformas de agosto de 1937 al artículo 139 del Código Agrario, que disponían que en los cultivos que requirieran de un proceso de industrialización o "en todos los casos que fuera conveniente" se adoptara la explotación colectiva.

Cárdenas entregó personalmente, en noviembre de 1938, las haciendas de Nueva Italia y Lombardía a los campesinos para constituir el ejido colectivo más grande del país. Los Cusi no pudieron o no quisieron conservar las 150 hectáreas a que tenían derecho, y entregaron íntegra la unidad productiva, en vísperas de las cosechas de limón y arroz y con todo el equipamiento de que disponía la empresa: canales, edificios y maquinaria. Nueva Italia comprendía una extensión de 32 136 hectáreas, 2 503 de ellas de riego efectivo y 3 992 irrigables. 6 033 hectáreas más eran de temporal y 19 608 de agostadero y cerriles que se distribuyeron a cinco núcleos de población. En promedio, correspondían 24 hectáreas por cada ejidatario, 9.11 de ellas de tierras laborables, más el equipamiento de las haciendas.[71] Al entregar a los ejidatarios la unidad agrícola y ofrecer esos apoyos, el presidente selló un pacto con los campesinos:

---

[70] Susana Glantz, *El ejido colectivo de Nueva Italia*, INAH, México, 1974, p. 95.

[71] *Ibidem*, p. 101; Juan M. Durán Juárez y Alain Bustin, *Revolución agrícola en Tierra Caliente de Michoacán*, Colmich, Zamora, Michoacán, 1983, p. 72.

es indispensable que cada uno sienta y conozca su propia responsabilidad como dueño del ejido y como entidad de producción, y
que la atención que se ha venido dedicando por el gobierno para el
cumplimiento de los postulados sociales de la Revolución Mexicana, se traduzca ahora [...] en una constante preocupación y decidido apoyo de nuestra parte, para que dentro de este nuevo régimen
los campesinos dominen todos los obstáculos que se les presenten,
y que los resultados sean un éxito favorable a sus intereses y a la
economía en general...[72]

El sino de este en muchos sentidos proyecto agrario culminante del cardenismo fue, sin embargo, muy accidentado y lo
condujo a un final muy distinto de lo que Cárdenas había planeado. Desde un principio, el Banjidal tomó el control sobre el proceso de producción, siempre sobre el supuesto de mantener la
producción de carácter comercial previamente existente —el
arroz—, y "distribuyó" entre los campesinos las ganancias después de descontar el adelanto —"igual" al antiguo salario del
peón— que éstos habían recibido, siempre con el beneplácito
formal del comisariado ejidal y del consejo de vigilancia. Más
tarde, el propio banco tomó el control de la comercialización del
producto. El "reparto" agrario no modificó sustancialmente la
antigua relación salarial entre los peones y las haciendas, sólo
cambió al patrón particular por una o más dependencias gubernamentales.[73] Los avances se vieron rápidamente contrarrestados
por las contradicciones y conflictos de los propios ejidos.

Casi desde el inicio, uno de los núcleos integrados a Nueva
Italia, el de El Ceñidor, se inconformó con la forma de colectivización a la que se los sometía y reclamó su autonomía frente a la
sociedad. Ya en marzo de 1939, el comisariado ejidal de ese lugar

---

[72] Lázaro Cárdenas, *Palabras y documentos públicos. 1928-1970*, vol. 1, *op. cit.*, pp. 333-
335.
[73] J. M. Durán y A. Bustin, *op. cit.*, pp. 73-74.

escribió una significativa carta al presidente Cárdenas donde le explicaba su negativa a formar parte de la Sociedad Colectiva de Nueva Italia, ya que

> nosotros deseamos ser dueños de nuestro éxito o de nuestro fracaso. De ninguna manera nos hemos convencido de que estando dentro de la Sociedad podamos prosperar, porque vivimos muy alejados de Nueva Italia [...] y además francamente no estimamos justo que se nos ligue a la Sociedad, pues hemos notado la falta de trabajo en que ahora empiezan a resentir los compañeros de Nueva Italia...[74]

Cárdenas alcanzó a vivir para conocer del fracaso de Nueva Italia y Lombardía. En el gobierno de Manuel Ávila Camacho se autorizó la subdivisión del ejido Nueva Italia, del cual se separaron los cuatro ejidos formalmente integrados. Cada uno de ellos se constituyó como una sociedad de producción, independiente de las demás. En 1956, los mismos ejidatarios de Nueva Italia solicitaron la parcelación de la tierra y recibieron de inmediato y sin más trámites el beneplácito de las autoridades del Departamento Agrario. Para ese momento, debido al crecimiento demográfico, se había incrementado de 2 500 a 4 500 la población del ejido. Cada ejidatario recibió una parcela de 10 hectáreas, en promedio, aunque algunos recibieron 20 y el cacique se adjudicó 100. Poco después se repartió el ganado, que debería mantenerse en explotación colectiva. En 1959, por decisión de la asamblea general, las limoneras fueron entregadas en renta a un particular, inicialmente por un lapso de cinco años, que luego se extendió indefinidamente. Una vez parcelado el ejido, vinieron los cambios de cultivos y, sobre todo, el arrendamiento de parcelas, que escribieron el epílogo del experimento estatal-colectivista. Los

---

[74] Susana Glantz, *op. cit.*, p. 107 n.

Cuadro 5. *Reparto de tierras durante el mandato de Cárdenas*

Años	Beneficiarios	Superficie entregada
1935	178 995	2 900 226
1936	198 878	3 303 787
1937	184 457	5 016 321
1938	115 014	3 206 772
1939	65 976	1 746 890
1940	71 818	1 716 581
Totales	815 138	17 890 577

FUENTE: N. L. Wetten, citado en Michel Gutelman, *op. cit.*, pp. 109-110.

ejidatarios creían "ser dueños de su éxito o fracaso"; en realidad, era el capital quien se readueñaba tanto del control del proceso de producción como de la fuerza de trabajo.[75]

La reforma agraria y la modernización de la nación: una perspectiva histórica

Las dimensiones del reparto agrario efectuado por el cardenismo son conocidas en términos generales por haber representado una extensión —casi 18 millones de hectáreas— que por sí misma superaba todo lo que los anteriores gobiernos, a partir de la Ley Agraria de 1915, habían distribuido a los campesinos. Como puede verse en el cuadro 5, la acción agraria del gobierno cardenista se concentró en lo fundamental en los años 1936, 1937 y 1938. Después de esta fecha, como lo han señalado numerosos analistas del periodo, la atención del gobierno se orientó a la consolidación de la industria petrolera recién expropiada, y disminuyó

[75] *Ibidem*, pp. 143-158; Elinore M. Barrett, *La cuenca del Tepalcatepec. II. Su desarrollo moderno*, SEP, México, 1975, p. 68.

en consecuencia el ritmo del reparto. Pero lo efectuado era suficiente para colocar al cardenismo en los anales de la historia
agraria del país.

Los seis años de gobierno del general Lázaro Cárdenas del Río
modificaron, así, duraderamente, el perfil del mundo agrario en
el país. Si en 1930 los ejidos representaban menos de 15% de la
tierra cultivada, 10 años después tenían 47.4% de las tierras cultivadas y 57.3% de las tierras irrigadas. El número de ejidatarios
pasó en el mismo periodo de 668 000 a un 1 606 000, y el número
de trabajadores sin tierra disminuyó de 2 479 000 a 1 912 600.[76]
Al final del periodo se había desestructurado el antiguo régimen
rural centrado en el latifundio y se había destruido el poder económico y político de los hacendados. Con la satisfacción de la
demanda campesina de tierras, aguas y otros recursos productivos, disminuyeron la presión social y las amenazas de violencia
rural, que habían sido parte fundamental de la historia nacional.

En lo económico, el desarrollo de un sólido sector ejidal, con
apoyo de las distintas dependencias e instituciones del Estado
representó durante varias décadas un incremento de la productividad agrícola y una importante aportación a la autosuficiencia
alimentaria. El valor de la producción en tierras ejidales saltó de
10.7% en 1930 a 47.4% en 1940.[77] Esto quiere decir que, en el
corto plazo, la agricultura del país pasó a cambiar su perfil y a
depender sustancialmente de la aportación hecha por los ejidos y
comunidades campesinas a la producción.

Ya diversos autores han señalado las implicaciones sociales y
económicas de las nuevas relaciones de producción establecidas
en el campo mexicano a partir del gobierno cardenista. Para Armando Bartra, por ejemplo,

[76] Nora Hamilton, *op. cit.*, p. 166.
[77] Salomón Eckstein, citado por Octavio Ianni, *El Estado capitalista en la época de Cárdenas*, Era, México, 1983, p. 92.

Antes de la reforma agraria cardenista el campesino se relacionaba con el capital en tanto que jornalero y con el Estado en las cuestiones de la tenencia de la tierra. La división de funciones era clara: el empresario debía producir y para ello necesitaba fuerza de trabajo; pero el empleo rural es estacional y los jornaleros necesitan comer durante todo el año, cuestión de la cual se ocupaba el Estado dotándolos de Ejidos de subsistencia. Con el ejido cardenista, el esquema se complica notablemente. La relación anterior no desaparece: muchos trabajadores del campo siguen siendo jornaleros y la mayoría de los ejidos son simples pegujales de infrasubsistencia; pero junto a esta estructura aparece un nuevo tipo de campesino: el pequeño productor mercantil asociado o parcelario. Este ejidatario inédito ya no sólo depende del Estado para su acceso a la tierra, ahora depende también del gobierno para obtener el agua, el crédito y las vías de comercialización que su moderna producción demanda. El Estado aparece ante este campesino no sólo como ejecutor del reparto territorial, sino también como portador de los insumos agrícolas y el capital. Y la dependencia profundiza y se hace aún más conflictiva.[78]

En el mediano plazo, fue esa nueva dependencia del campesino con respecto del Estado benefactor que el cardenismo diseñó y que devino paternal, lo que prevaleció en las relaciones sociales. Y ello mismo lo convirtió en un firme apoyo político del régimen autoritario que sucedió al cardenismo y que se apoyó sólidamente en las estructuras corporativas construidas durante éste. El Banco Ejidal, el Departamento Agrario (luego Departamento de Asuntos Agrarios y Colonización y, a partir del gobierno de Luis Echeverría, Secretaría de la Reforma Agraria), los Almacenes Nacionales de Depósito (antecedente de la Conasupo), la CNC y, desde luego el partido oficial PRM-PRI, fueron durante varias dé-

---

[78] Armando Bartra, *op. cit.*, p. 18.

cadas las correas de transmisión para el control de los campesinos ejidatarios y comuneros, y aun de los pequeños propietarios.

Pero la diferencia entre la reforma agraria del cardenismo y las anteriores no es meramente cuantitativa, ni sólo económica, sino ante todo cualitativa y de proyecto social; y tampoco la sujeción política corporativa del campesinado fue su único resultado político. Cárdenas decidió repartir a los jornaleros y campesinos sin tierra las extensiones más productivas de las que disponían las haciendas, desmantelando la gran propiedad en términos sociales, pero buscando conservar la viabilidad económica de las unidades de producción en manos de los campesinos. Decidió también fortalecer con todos los recursos del Estado, la economía y la sociedad ejidales[79] e impulsar prioritariamente el ejido colectivo. Esto quiere decir que, para el presidente Cárdenas, el ejido era realmente el núcleo de la reorganización del mundo rural.

Se ha discutido el origen de la idea del ejido colectivo, que algunos estudiosos han atribuido fundamentalmente a la influencia ejercida por el proceso de colectivización en la Unión Soviética.[80] La diferencia fundamental, empero (quizás no suficientemente conocida fuera de la URSS en los años treinta ni durante la segunda Guerra Mundial) radica en que la colectivización en la Rusia soviética se operó mediante la coerción y aun la violencia que dejó una secuela estimada en cinco o seis millones de muertes (rebeliones campesinas, deportaciones masivas, campos de trabajo forzado, hambrunas, etcétera). La magistral novela de

[79] Para la atención de la salud de los campesinos, por ejemplo, el general Cárdenas estableció un convenio con la UNAM, a fin de que los pasantes de Medicina cumplieran su servicio social (que ya había instituido durante su gobierno en Michoacán) en comunidades rurales desprovistas de atención médica, y, a través del Banco de Crédito Ejidal, creó los Servicios Médicos Ejidales —después denominados Servicios Médicos Rurales Cooperativos— con aportación mayoritaria del gobierno federal y aportes menores de los mismos ejidatarios, Esperanza Fujugaki, *op. cit.*, p. 75.

[80] Véase Sergio de la Peña y Teresa Aguirre, *op. cit.*, pp. 303-304. De la Peña y Aguirre apoyan su interpretación en diversos escritos de Jesús Silva Herzog (ex embajador mexicano en la Unión Soviética) y aun en el diario del general Francisco J. Múgica.

Mijail Shólojov *Campos roturados*, dejó un testimonio sólo aproximado de la violencia contenida en ese proceso. En el caso mexicano, en cambio, la transformación agraria pudo lograrse con un costo relativamente bajo en vidas y sin que la violencia se desbordara. La resistencia armada de los hacendados cobró un cierto número de vidas entre los agraristas. Éstos, por su parte, recurrieron también a las armas y al terror, muchas veces no sólo para enfrentar la violencia reaccionaria de los hacendados sino también para imponer su poder caciquil sobre las propias masas campesinas. Pero no se trató de procesos generalizados sino de acciones que de algún modo acompañaron la lucha de clases en el campo en regiones particulares. Lo que es seguro es que la acción del Ejército y, sobre todo, de las demás instituciones del Estado impidió que los brotes armados se transformaran en una pesadilla masiva.

Pero, más importante aún fue que las iniciativas colectivizadoras del cardenismo en realidad entroncaban en muchas regiones con una tendencia cultural profundamente arraigada en el mundo rural mexicano: la reconstrucción de la comunidad agraria de origen prehispánico *(calpulli)* y colonial (las congregaciones), que fue casi totalmente desarticulada a lo largo del siglo XIX y particularmente durante el Porfiriato, pero que no desapareció, como el zapatismo y otros movimientos regionales lo demostraron durante la Revolución, y que conformaba el sustrato profundo sobre el cual habría de reconstruirse el mundo rural.

La visión del cardenismo acerca del ejido, poblada de elementos utópicos, fue cabalmente expresada por el subsecretario de Relaciones Exteriores del gobierno de Cárdenas, Ramón Beteta, en una conferencia sustentada en la Universidad de Virginia en julio de 1935:

Creemos que México se encuentra en una situación privilegiada para determinar su propio destino. El hecho mismo de ser un país precapitalista, en el que una buena parte de la población vive dentro de una economía de consumo, y de tener frente a nuestros ojos los efectos de la última crisis en el mundo capitalista, nos permite pensar que es posible que nos aprovechemos de las ventajas de la era industrial, sin sufrir necesariamente sus bien conocidos defectos. Creemos, por lo tanto, que se puede intentar la industrialización de México, consciente, inteligentemente, evitando aquellos males del industrialismo que son evitables, tales como la aglomeración urbana, la explotación del hombre por el hombre, la producción para la venta en vez de para el consumo, la inseguridad económica, el desperdicio, la producción de objetos mediocres y la mecanización de los trabajadores [...] Por eso queremos que la tierra y el equipo necesario para su cultivo estén al alcance de quienes la explotan, en vez de servir de medios para explotar a quienes la trabajan. Pensamos, además, que el afán de lucro no es el único estímulo de la acción del hombre, sino que simplemente ha sido escogido e hipertrofiado por el régimen capitalista.

Los errores del sistema capitalista no son inevitables, o por lo menos así lo creemos quienes hemos soñado con un México de ejidos y pequeñas comunidades industriales dotadas con los adelantos de la electricidad y de buenos sistemas sanitarios; comunidades en donde la producción tenga como fin la satisfacción de las necesidades humanas, la maquinaria se emplee para liberar al hombre del trabajo rudo y en donde no siendo la producción un fin en sí misma, jamás pueda ser "excesiva"...

Para los cardenistas ¿era el ejido una forma de ampliar el mercado interno y elevar la productividad agrícola, o el embrión de una forma de desarrollo no capitalista? La respuesta parece darla nuevamente Beteta en un escrito de 1936, precisamente al año de inicio de la gran transformación agraria:

Conservar el régimen de propiedad privada sobre la tierra, convertirlo en sistema legal, protegerlo, intentar su florecimiento y poner la tierra nuevamente dentro del régimen de libre competencia es ir fatalmente hacia una nueva concentración de los instrumentos de trabajo en manos de los más fuertes, de los más audaces y, frecuentemente, de los más inmorales.

No es esto mera especulación; nuestra experiencia, tanto como la de otros países, está allí para demostrarnos la verdad y la inevitabilidad de este proceso: por lo tanto, el ejido no debe ser un paso transitorio y excepcional, sino un movimiento general y definitivo hacia una nueva organización de la vida social, hacia un régimen jurídico que le sea propio y que no pida prestadas las antiguas nociones legales de organización económica que hizo posible el latifundismo.

El ejido debe ser en el futuro el centro de la economía rural mexicana [...] Detenerse en la distribución de la tierra y no aprovechar la oportunidad para su socialización completa, es quedarse a la mitad del camino. Acaso algo peor, es retroceder hasta un punto donde habrán de seguir nuevos métodos de acaparamiento.[81]

Nada más cercano en el México del siglo XX al pensamiento utópico. No sólo por cuanto al proyecto social que estos escritos y otros semejantes de la época expresaban, sino por la idea misma de que la socialización habría de ser, ante todo, obra del

---

[81] Citado en Adolfo Gilly, *op. cit.*, pp. 407-409. El propio general Cárdenas señalaba, más de 20 años después de concluida su administración, su confianza en la superioridad del ejido colectivo como célula de la organización agraria del futuro: "Sin disminuir la importancia que pueden tener por ahora la auténtica pequeña propiedad y el régimen parcelario en la producción agrícola, *es obvio que el sistema ejidal bien organizado y honestamente administrado tienen ventajas que auguran su implantación extensiva, constituyéndose en el factor que en mayor escala impulsa la agricultura.* Las facilidades crediticias, la mecanización y la modernización de los medios y los métodos de explotación para aumentar la producción y el rendimiento, la exclusión de toda ruinosa competencia, la comercialización de las cosechas a precios justos, sin intermediarios ni hipotecas usurarias, todas estas condiciones concurren implícita y paralelamente con el sistema ejidal colectivo y son ajenas a las posibilidades del usufructuario de una parcela y limitadas para una auténtica pequeña propiedad". Lázaro Cárdenas, "Plática sobre la reforma agraria al apadrinar la generación 1961-1966 de la Escuela Nacional de Agricultura de Chapingo. México, D. F., 23 de septiembre de 1963", *Palabras y documentos públicos de...*, t. 3, *op. cit.*, p. 170. (Las cursivas son mías.)

Estado revolucionario, no de los sujetos involucrados, en este caso los campesinos, e iniciarse por —o, mejor, limitarse a— la cuestión agraria, sin alcanzar la propiedad de los medios industriales de producción. En realidad, pese a los proyectos socializantes del gobierno del general Cárdenas, se estaba abriendo una vía de desarrollo del capitalismo en el campo. El reparto ejidal, incluyendo el ejido colectivo, no eliminó la producción capitalista en el agro, que subsistió a través de la llamada "pequeña propiedad", ni el salariado de los ejidatarios mismos. Tampoco erradicó la improductividad del minifundio parcelario ejidal ni impidió la polarización de la agricultura comercial y la de auto-subsistencia.

La corporativización de los campesinos desde la fundación de la CNC, rompió, por otra parte, con la posibilidad misma de la alianza obrero-campesina que los líderes de la izquierda imaginaban y que, cada uno por su parte, Lombardo y el PCM venían trabajando. El propio Cárdenas parece haber cancelado en la práctica, toda posibilidad de conformación de ese bloque al cerrar la puerta a la CTM para que incorporara a los campesinos. Y sin esa alianza, no era posible desafiar la hegemonía del capital ni poner en cuestión su dominio.

Por ello, el socialismo cardenista, incubado en las particulares condiciones de la fase de desarticulación del mercado mundial que conocemos como periodo de entreguerras, no fue más allá —aunque esto haya sido en realidad mucho para un país capitalista dependiente— del fortalecimiento del papel rector del Estado a través de la nacionalización de la industria del petróleo y la nacionalización de la tierra para trasladarla, bajo la peculiar forma del ejido, a las masas campesinas.

El sino de la comunidad ejidal no estaba escrito en ella misma; quedó sujeto a la política de un Estado que, agotado el periodo de gobierno del general Cárdenas, inició su viraje hacia el alineamiento y la subordinación al bloque del capital internacional liderado por Estados Unidos. El afianzamiento de las relaciones capitalistas en la industria y el mundo rural, y el abandono paulatino del proyecto agrario original cardenista llevaron después de varias décadas al agotamiento del ejido como una unidad productiva autónoma y económicamente viable.

Pero el proyecto agrario que el cardenismo trazó no fue en modo alguno en vano, pues representó, frente a las condiciones prevalecientes, una genuina modernización de las relaciones de producción y una transformación del mundo rural. Pionera en América Latina, la reforma agraria mexicana constituyó el sustrato sobre el que se asentó el dinamismo industrial de las décadas siguientes, aportando alimentos baratos a la población urbana, materias primas para la industria, divisas a partir de las exportaciones agrícolas y una reserva de mano de obra (sobrepoblación relativa) como instrumento para la regulación de los salarios industriales.

A lo largo de todo un periodo, la agricultura fue el eje dinámico de la economía mexicana. Su crecimiento se mantuvo en un nivel muy elevado, particularmente entre 1945 y 1956, cuando registró una tasa de 6.9 anual, en promedio. Las superficies de cultivo se extendieron en 5.05% anualmente.[82] Tan espectacular crecimiento se debió a coyunturas favorables de los precios en el mercado mundial, como la guerra de Corea, así como al aumento de la inversión estatal en obras de infraestructura agrícola y en transporte; pero las bases de ese auge habían sido echadas a lo largo del periodo 1934-1940 con la transformación de la estructura de propiedad y el nuevo papel asignado al sector ejidal.

Ese dinamismo, sustentado en la constante extensión de las áreas de cultivo, decayó, sin embargo, cuando el capitalismo en México pasó a una fase intensiva sustentada en la gran industria, esto es, sobre todo a partir de la segunda mitad de la década de

---

[82] Rosario Robles Berlanga, "Acumulación capitalista y agricultura en México", *Teoría y Política*, núm. 14 (enero-junio de 1986), p. 67.

los sesenta. Los precios de garantía, que en un principio representaban para el productor agrícola la seguridad de una retribución suficiente por sus productos, se trocaron en lo contrario, el precio máximo al que los alimentos y materias primas básicas podían venderse, y que representaban un subsidio para el consumo urbano e industrial a costa del empobrecimiento del sector agrícola, particularmente ejidal. Cada vez más, el país se alejó de la utopía agraria del cardenismo y pasó el proceso de acumulación industrial a dominar el panorama. Las sucesivas crisis de 1976, 1982, 1987 y 1995 no hicieron sino profundizar las desigualdades entre la agricultura y la industria y los servicios y, al interior de la agricultura, entre la producción capitalista —generalmente orientada a los productos de exportación: café, algodón, frutos, hortalizas, etcétera— y la producción ejidal. Un sector como el cañero (Cárdenas había entregado ingenios como el de Atencingo a los ejidatarios) quedó totalmente subordinado a los dictados de la agroindustria capitalista. La emigración a la ciudad o a Estados Unidos, o la miseria extrema, han sido el destino para la mayor parte de los productores ejidales a lo largo de las últimas décadas.

El proyecto agrario cardenista aparece así, en la historia de México, como un modelo de desarrollo original, sustentado en el ejido y con marcados tintes de colectivización, pero fuertemente dependiente de sus múltiples vínculos con el Estado, y por tanto, altamente vulnerable a los cambios de la política económica y a la nueva orientación de ésta en la era neoliberal.

Pero por su trascendencia política, la reforma agraria del cardenismo debe ser vista también en otra perspectiva. Olivia Gall sostiene que el gobierno de Cárdenas fue democrático únicamente en la medida que lo era la Constitución de 1917, y ésta contenía un proyecto de democracia social, más que de democracia política. Su gobierno, no democrático, se correspondía con una sociedad civil que tampoco contaba con formas desarrolladas de democracia. En cierto sentido, afirma la investigadora, la única forma de democracia en la que realmente creía (o que veía en su momento como viable) era la de las comunidades, basada en formas ancestrales de organización, de "división del trabajo, de reparto de excedentes y de toma de decisiones".[83]

Puede ser. Cierto que ese modelo comunal correspondía a las regiones centro y sur del país, donde el arraigo de los pueblos indígenas es mucho más fuerte, pero para Cárdenas podía ser el sustento de un proyecto de nación por corresponder a las raíces más profundas de ésta y porque precisamente era en esas regiones donde se concentraba la mayor parte de la población del país. Pero desde la perspectiva de la conformación de una nación moderna, creo que la política agraria del cardenismo tampoco fue en vano. Vista en su conjunto, ésta fue también una política democrática, cuyo fin último era la conformación de una nación de ciudadanos, es decir, sujetos autónomos con conciencia plena de sus derechos —y obligaciones— y de su papel en la sociedad. Por primera vez en la historia del país, esa porción mayoritaria de la población nacional (en 1930 66.5% era rural, con residencia en poblaciones de menos de 2 500 habitantes; en 1940 esa proporción aún era de 65%) fue vista por los grupos gobernantes como un protagonista de la nación. Era la transformación del peón acasillado (por definición sujeto a relaciones de dependencia personal), arrendatario o comunero en actor con derecho a la tierra, el agua, los servicios, la escuela y el crédito.

En este proceso jugó un papel esencial la organización de masas —la Confederación Nacional Campesina— que, incorporada también al partido oficial (PRM), sistemáticamente ha sido vista como un mecanismo de naturaleza corporativa para subor-

[83] Olivia Gall, "Cardenismo y democracia: los hombres, las ideas, las leyes, las posibilidades, los límites", en Marcos Tonatiuh Águila M. y Alberto Enríquez Perea (coords.), *Perspectivas sobre el cardenismo. Ensayos sobre economía, trabajo, política y cultura en los años treinta*, UAM-A, México, 1996, p. 253.

dinar a los campesinos al poder del Estado. En el esquema cardenista, empero, la organización campesina habría de ser también una escuela de participación política —la única concebible en ese momento histórico— para la formación de ciudadanía.

En el corto y mediano plazo, la conformación de un nuevo campesinado operó otorgando al régimen presidencialista y de partido de Estado una de sus bases corporativas más sólidas y como un recurso de legitimación de la dominación de la burguesía nacional y de su Estado, es decir, a lo largo de la prolongada hegemonía del PRI sobre el campesinado. Sólo medio siglo más adelante, paradójicamente, los resultados de aquel proceso de modernización político-social llevaron al rompimiento de esa modalidad de dominación, al verse cuestionado el régimen priista por la insurrección cívica de 1988, no por casualidad de matriz cardenista. En la impugnación de aquel año al sistema político, el campesinado ejidal habría de jugar, en La Laguna, Michoacán, Morelos, Guerrero, Baja California, el Estado de México y muchos otros lugares, un papel de primera importancia, el mismo que no había tenido desde la insurrección zapatista de 1910-1919. En esa ocasión los campesinos vinieron a contradecir y actuaron políticamente como muy pocas veces lo habían hecho: como auténticos ciudadanos. Más allá de lo económico, la acción agraria del periodo cardenista (al igual que otras de sus facetas) resultó esencial para extender a las clases mayoritarias lo que hasta entonces había sido un privilegio de los grupos urbanos: la participación política. Con ello modificó el perfil de la nación en un sentido genuinamente democrático, hasta entonces inexistente.

Cárdenas, el indigenista

MARÍA GUADALUPE FARÍAS MACKEY*

> El problema indígena es imposible resolverlo
> en seis años, pero esto no es ninguna excusa
> para abandonarlo. A los indígenas deben otor-
> gárseles sus derechos, aunque para ello tengan
> que pasar cincuenta años.
>
> LÁZARO CÁRDENAS DEL RÍO[1]

Cuando el general Cárdenas tomó posesión de la presidencia de
la República declaró estar impresionado por las profundas desigualdades en las que se encontraba la población. Al recorrer durante su campaña electoral 27 711 kilómetros del territorio nacional, pudo constatar la heterogeneidad cultural y lingüística de
la población así como su dispersión geográfica. Esto lo llevó a lo
largo de su mandato a construir una serie de políticas sociales
encaminadas a mejorar las condiciones de vida de las comunida-

* Instituto de Investigaciones Antropológicas, Facultad de Filosofía y Letras, UNAM.
Agradezco al maestro Samuel León la invitación a participar en este volumen y sus recomendaciones; los comentarios hechos a la versión preliminar de este trabajo a: Gabriela
Contreras, Verónica Oikión, Eduardo Nava, Enrique Semo, en especial a Bárbara Cifuentes
y al doctor Andrés Medina Hernández; por los materiales brindados a: Rafael Escobedo,
José La Piedra, Jorge Márquez y Marco Calderón Mólgora.
[1] Citado por William Cameron Townsend, "Cárdenas, primer presidente de los indios", en *Lázaro Cárdenas, demócrata mexicano*, Grijalbo, México, 1954, p. 326.

des indígenas e integrarlas a la nación; acciones determinadas por las demandas de las propias comunidades y las regiones. A estas acciones se les ha llamado "política indigenista". Ésta fue institucionalizada con la creación del Departamento Autónomo de Asuntos Indígenas en 1936, cuya función era la de estudiar sus problemas y de procurarles justicia.

Fue el primer organismo descentralizado de consulta y asesoría cuyo director acordaba directamente con el presidente de la República. La participación de especialistas fue esencial para obtener la información sobre sus necesidades; fueron los antropólogos del Museo Nacional los encargados de hacerlo. El año 1937 fue decisivo para el desarrollo de las disciplinas antropológicas con la creación del Departamento de Antropología en la Escuela de Ciencias Biológicas del Instituto Politécnico Nacional. México se convirtió en el líder de la Antropología Social Aplicada del continente. En este ensayo realizo un análisis de los temas referidos al indigenismo durante este periodo.

Antecedentes

Los gobiernos posrevolucionarios que antecedieron al general Cárdenas estaban conscientes de la precaria situación en que se encontraban los indígenas. Al terminar la lucha armada la población era mayoritariamente agraria y analfabeta; se encontraba dispersa e incomunicada por falta de caminos y existía un gran número de indios que empleaban exclusivamente sus lenguas nativas y no hablaban ni entendían el español. Era necesario cohesionar al país, se debía incorporar a la población rural a la sociedad nacional y para ello se formularon políticas para la redistribución de la riqueza a través del reparto agrario y para difundir la educación escolarizada.

El nuevo proyecto aspiraba a construir una nación sólida, con una identidad propia. Para tal efecto se debía rescatar lo mexicano y recuperar nuestras raíces. La efervescencia nacional pronto se hizo sentir. A partir de 1915, las voces de antropólogos, maestros, poetas, pintores, escritores, músicos y cineastas proclamaban el moderno sentido y espíritu de la nacionalidad.[2]

El antropólogo Manuel Gamio, en 1916, fue el primero en advertir que la Constitución Política no reconocía la pluralidad étnica de la población del país.[3] Demandó que el proceso que iba forjando la Revolución recogiera los legados europeos, mestizos y sobre todo el indígena para la creación de una nueva identidad. Propuso valorar el arte prehispánico. Así mismo planteó la necesidad de estudiar las condiciones del indio para alcanzar su incorporación a la vida nacional.

El presidente Venustiano Carranza implementó métodos y enfoques nuevos a la enseñanza. Estableció la Dirección de Antropología y Poblaciones Regionales en la Secretaría de Agricultura, para iniciar la educación integral nacionalista propuesta por Gamio en 1915.[4] Para ello eligió 10 zonas representativas de la diversidad cultural, económica y lingüística de México. Cada una de éstas se convertiría en un proyecto central. El único que se llevó a cabo fue el del Valle de Teotihuacán (1922), realizado por el propio Gamio, donde investigó el pasado prehispánico, estudió la población de la región, definió sus carencias y organizó un plan de superación comunitaria a través de la producción artesanal. Entre las metas del programa estaba la enseñanza del español a los indios. La Dirección también realizó un primer ensayo para recopilar información sobre la población. Resultado de esta investigación fueron los *Cuadros Etnográficos* con datos relativos a

    [2] Ramón López Velarde, *Obras*, FCE, México, 1971, p. 10, citado por Enrique Florescano en "El relato histórico acuñado por el Estado posrevolucionario", en *Historia de las historias de la nación mexicana*, Taurus, México, 2000, p. 386.
    [3] Manuel Gamio, *Forjando patria*, Porrúa, México, 1960.
    [4] Manuel Gamio propuso la formación de una Dirección de Antropología y el papel que debería desempeñar para formular la política educativa nacional en el II Congreso Científico Panamericano celebrado en Washington.

la antropología, etnografía y lingüística de los grupos aborígenes. Con base en estas fuentes el etnólogo Carlos Basauri publicó posteriormente *La situación social actual de la población indígena* (1927). La Dirección continuó sus actividades hasta 1925.

José Vasconcelos, siendo rector de la Universidad Nacional y autor de los cambios constitucionales que estipulaban la administración federal de las escuelas rurales, fue el encargado de organizar el nuevo sistema educativo. Su propuesta consistió en la creación de un ministerio de Educación Pública que controlaría las escuelas, las bibliotecas y las bellas artes del país. El Congreso agregó a esta iniciativa la creación del Departamento de Cultura India y el Departamento de Campaña contra el Analfabetismo.

Al ocupar la presidencia el general Álvaro Obregón nombró como titular de la Secretaría de Educación a Vasconcelos, quien implementó una política de incorporación de la población por la vía de un sistema escolar nacional y la cultura, ambos fueron dirigidos por el Estado. Los programas comprendían la educación de la población indígena y rural, la educación técnica, la superior y la difusión de la cultura. El relato histórico fue plasmado en los muros de edificios públicos. "La obsesión de los muralistas fue trasladar a las paredes los grandes acontecimientos históricos del pasado y lo que entonces se consideró un rasgo identitario del alma mexicana: las tradiciones populares."[5] Diego Rivera fue el pintor con mayor sensibilidad para expresar estas imágenes, muestra de ello es el mural en el Palacio Nacional.

Las deliberaciones sobre identidad nacional y los fundamentos históricos de la patria se concentraron en los organismos de la Secretaría de Educación.[6] Fueron los educadores e intelectuales los que dotaron de un contenido simbólico a la nación. La historia, la memoria y la nación empezaron a disfrutar de una unión inusual. Tanto el arte como el relato histórico sirvieron al

---

[5] Enrique Florescano, *op. cit.*, p. 403.
[6] *Ibidem*, p. 395.

Estado para legitimarse y transmitir el mensaje de unidad e identidad nacional. La construcción del Estado y la de memoria histórica fueron simultáneas.

La educación rural en las comunidades indígenas

Vasconcelos envió a jóvenes recién egresados de escuelas preparatorias de la Ciudad de México a poblaciones indígenas. Si los indios proporcionaban un lugar para la escuela, el gobierno enviaría un maestro. Así nacieron las Casas del Pueblo.[7] La escuela rural tenía como objetivo lograr que los indios de todas las edades supieran hablar español, el idioma oficial, y obtuvieran los conocimientos necesarios para participar en la vida nacional. Esta instrucción se daría en tres etapas: la rudimentaria en la que se enseñaría español, la elemental y la consolidada que debería llevar adelante el programa tradicional. La única que se llevó a cabo fue la rudimentaria y sólo funcionó en poblaciones bilingües.

El maestro rural se convirtió en un civilizador y las escuelas rurales adquirieron una misión política trascendente. Ambos debían mejorar el estado económico del campesino, pero se carecía de métodos para enseñar en zonas indígenas. Además, los maestros desconocían la lengua y la cultura de estos estudiantes. Por ello Vasconcelos convocó a expertos y a normalistas para capacitar a los maestros del campo que partieron en Misiones Culturales. Su responsabilidad inicial consistía en:

> visitar los centros rurales indios de la República, informar sobre las condiciones de la educación de los indios, intensificar la campaña contra el analfabetismo y concentrar maestros rurales en las zonas en que la densidad de la población indígena fuera mayor. Los misio-

---

[7] Su autor fue Enrique Corona.

neros recibieron el encargo de recomendar la clase de educación que
debía proporcionarse a los grupos nativos, observar su situación económica, elegir maestros rurales, estudiar las industrias nativas y los
medios de fomentarlas; además, debían organizar los agrónomos de
la Secretaría de Agricultura en el estudio de las tierras, los cultivos, el
clima y las comunicaciones y salarios. Aun entonces se pensó que
tanto los misioneros como los maestros residentes debían aprender
el lenguaje de los indios, compenetrarse de las condiciones económicas de la región y preparar maestros entre los mismos indios.[8]

Al igual que el proyecto de Gamio, estas misiones debían
proponer los mejores medios para incorporar a los indígenas a la
nación. Sus tareas inmediatas consistían en brindar nuevos conocimientos a los maestros para reavivar el entusiasmo de la
comunidad por la escuela y marcharse para ayudar a educadores
de otras regiones. A la primera misión asistió Rafael Ramírez,
maestro normalista veracruzano que se convirtió en director del
Departamento de las Misiones Culturales (1923-1924) y del Departamento de Escuelas Rurales (1935).[9]

En las escuelas rurales la enseñanza del español era deficiente. A pesar de ello, Vasconcelos no admitía la introducción de las
lenguas indígenas en las aulas, toda vez que a su juicio éstas deberían desaparecer y ser sustituidas por el idioma español. Planteaba que a través de una sola lengua sería posible la cohesión y la
consolidación de la nación. Por lo tanto, los indios, mestizos y
blancos recibirían la misma instrucción.[10]

[8] George I. Sánchez, *México: A Revolution by Education*, Viking, Nueva York, 1936,
p. 45, citado por Nathan L. Whetten, "Educación y la escuela rural", *Problemas Agrícolas
e Industriales de México*, vol. V, núm. 2 (1953), p. 274.
[9] Nació en Las Vigas, Veracruz, y estudió en la Escuela Normal de Jalapa, Veracruz.
Durante su estancia en las Misiones Culturales impartió cursos prácticos para elaboración de jabón, curtiduría, además música y canto.
[10] Véase Shirley Brice Heath, "El español y el plan para la conformidad", en *La política
del lenguaje en México: de la Colonia a la Nación*, INI, México, 1977, p. 139.

Vicente Lombardo Toledano, originario de Teziutlán (Puebla), se opuso a la castellanización directa, en 1924 durante la convención nacional de la Confederación Regional Obrera Mexicana (CROM), manifestó su apoyo a la educación bilingüe, argumentando que el aislamiento lingüístico significaba el aislamiento económico y moral.[11] Consideró que el problema era proveer a los maestros de herramientas para comprender las características culturales y lingüísticas de los indios. Estaba convencido de que en México no existía aún una sólida teoría educativa para atender a este sector de la población, pues se formaba:

> ... a los normalistas con base en teorías pedagógicas y experiencias sobre niños y adultos extranjeros que nada tienen en común con los otomíes, zapotecas, yaquis y mayas. Los futuros maestros deben recibir conocimientos de etnología.[12]

Al ocupar el cargo de subsecretario de Educación durante la presidencia de Plutarco Elías Calles, Moisés Sáenz se asombró de la incapacidad de los maestros rurales para comprender a sus alumnos o enseñarles el español.[13] Luego de su experiencia en la sierra de Puebla propuso un nuevo plan para las Misiones Culturales que consistía en aumentar la estancia de los maestros de 21 días a cuatro semanas y la creación de cinco instituciones fijas o per-

---

[11] *Ibidem*, p. 162.

[12] Gonzalo Aguirre Beltrán, "Introducción", en Vicente Lombardo Toledano, *El problema del indio*, México, 1973, p. 32 (SepSetentas, núm. 114). Lombardo comprendió la especificidad étnica, es decir, tenían una cultura, lengua y manera propia de concebir el mundo.

[13] Nació en El Mezquital, Nuevo León. Maestro normalista por la Universidad de Jalapa. En las Universidades de Jefferson y Washington se especializó en ciencias químicas y naturales. En la Universidad de Columbia se graduó de doctor en ciencias y también estudió en la Sorbona de París, volvió a la Universidad de Columbia para doctorarse en filosofía, su tesis fue sobre la escuela secundaria. Hermano del general Aarón Sáenz, presbiteriano: probablemente su religiosidad lo llevó a tomar el magisterio como un verdadero apostolado.

manentes. Al plantear que ciertos elementos de la cultura india y mestiza fueran justamente valorados, promovió la protección y desarrollo de sus artesanías, música y danzas. Envió a las Casas del Pueblo a maestros que hablaran las lenguas autóctonas, creando un grado preparatorio en la escuela rural cuyo objetivo era la enseñanza del idioma español a los niños indígenas. Durante este periodo de Sáenz se multiplicaron las escuelas rurales y se fundaron centros de capacitación agrícola para los hijos de ejidatarios, con el fin de que en un futuro próximo se convirtieran en agricultores expertos en el manejo y cultivo de la pequeña propiedad.

La Casa del Estudiante Indígena fue creada en 1926 y tuvo una vigencia de cuatro años. Ésta fue hogar temporal para 200 estudiantes de diferentes zonas del país (148 eran bilingües, hablaban español y lengua indígena, 31 hablaban sólo español y 19 indios monolingües).[14] Los maestros deberían incentivar a los alumnos para que se incorporaran a la vida cultural de México mediante un programa de estudios tradicional. Los estudiantes regresarían a sus lugares de origen, pero la mayoría se adaptaron a la vida citadina, y prefirieron permanecer en ella. Un logro del proyecto fue demostrar que los indígenas eran capaces de salvarse mediante la educación.

En 1932 La Casa del Estudiante Indígena fue sustituida por los Centros de Educación Indígena o Internados Indígenas en diversas regiones. Once centros o escuelas internas se convirtieron en focos de incorporación cultural. En ellos, los niños edificaban las escuelas, araban y sembraban los campos, confeccionaban sus ropas y muebles. Estas prácticas las difundirían los alumnos al regresar a sus lugares de origen.

Los Centros de Educación Indígena, que complementaron a las escuelas rurales, tenían una similitud con la educación integral nacionalista propuesta por Manuel Gamio. Las escuelas no

---

[14] Shirley Brice Heath, *op. cit.*, p. 146.

deberían borrar las costumbres y valores indígenas para incorporarlos a la civilización occidental, sin embargo, la enseñanza del español formaba parte de su preparación. La experiencia demostró que era necesario el conocimiento de las lenguas indígenas para comunicarse con los jóvenes y persuadir a los adultos de que mandaran a sus hijos a la escuela.

Durante la década de 1920, las escuelas públicas del país aumentaron de 12 000 a 22 000. Al respecto, Isidro Castillo consideró: tierra y libros ofreció la Revolución y tierra y libros ha dado al pueblo.[15] A pesar de este avance el impacto sobre la población india fue casi nulo debido a:

> El profundo desconocimiento sobre la población de la República Mexicana, principalmente la indígena imponía límites infranqueables a la tarea educativa del gobierno revolucionario; por eso urgía realizar estudios científicos que arrojaran datos útiles para el desarrollo y transformación en lo económico, físico e intelectual de la población indígena.[16]

Estación experimental de incorporación del indio y el gobierno estatal del general Cárdenas

Siendo secretario de Educación Narciso Bassols, en 1931 creó la Comisión de Investigaciones Indias (CII) conformada por el maestro Moisés Sáenz, el lingüista Pablo González Casanova y el etnólogo Carlos Basauri. De manera semejante al trabajo que llevó a cabo Gamio en Teotihuacán, los integrantes de la CII propusie-

---

[15] Isidro Castillo, "Prólogo", en Moisés Sáenz, *Carapan*, Talleres Linotipográficos del Gobierno del Estado, Morelia, Michoacán, 1966, p. XVIII.

[16] Marco Calderón Mólgora y José Luis Escalona Victoria, *Indigenismo populista en México: del maestro misionero al Centro Coordinador Indigenista*, México, 2008, p. 9 (en prensa).

ron un programa de investigación interdisciplinario simultáneo a las acciones educativas. Debían encontrar un lugar adecuado donde llevar a cabo su proyecto. Las condiciones a satisfacer eran: la existencia de una población mayoritariamente indígena, con escasa comunicación al exterior y con algunos indicios de "mexicanización". Al respecto Sáenz escribió:

> Teníamos ambición científica, indudablemente, pero más que todo, nos inspiraba esa emoción social que ha inflamado a tantos mexicanos después de la Revolución. Éramos apóstoles y misioneros en la nueva cruzada para integrar a México. Nos dolía el predicamento del indio y deseábamos aliviarlo.[17]

Después de visitar varias zonas de la República, decidieron que el lugar idóneo era la Cañada de los Once Pueblos (Michoacán), enclavada en un valle estrecho donde se encuentran 11 aldeas. En el pueblo de Carapan ubicado en el centro, se instalaría la Estación Experimental por ser residencia de 800 indígenas. A esta elección también contribuyó el hecho de que el gobernador del Estado, el general Lázaro Cárdenas, era un conocedor de la situación indígena.

Sáenz, como director del proyecto de la Estación Experimental de Incorporación del Indio, delineó los objetivos y métodos de la investigación. Carlos Basauri propuso el estudio de cuestiones culturales (etnológicas) y Pablo González Casanova los relativos al idioma tarasco y enfocó el problema concreto de la castellanización.[18] Miguel Othón de Mendizábal dirigió los análisis económicos: censo agrícola, régimen de propiedad, comercio y pequeña industria. Tenía proyectado estudiar los cultivos e impulsar el pe-

---

[17] Moisés Sáenz, "¿Qué se propone la Estación?", en *op. cit.*, pp. 20-21. Gracias a este libro conocemos a detalle la experiencia de Sáenz en la Estación.
[18] Moisés Sáenz escribió: "La Estación [...] título pedante del que estoy arrepentido", *ibidem*, p. 8.

queño crédito.[19] Los temas de salubridad estuvieron a cargo del médico Felipe Malo Juvera, de la Secretaría de Salubridad, que haría estudios morfológicos, daría auxilio médico y educación higiénica. Se pidió a la Secretaría de Educación que todas las escuelas de la Cañada quedaran bajo la dirección de la Estación. Era necesario el apoyo de otras secretarías, así como del Ejecutivo y los gobiernos estatales. A mediados de julio de 1932 la Secretaría de Educación envió los libros para una biblioteca comunal y materiales de escritorio para la oficina. Salubridad brindó algunos aparatos y un arsenal de medicinas. Había quedado listo el equipo y el personal de la expedición.[20] Se constituyó así la Estación Experimental de Incorporación del Indio bajo el control y dirección de la Secretaría de Educación Pública. Ante este reto Sáenz escribió:

La Estación pondrá en juego un programa de actividades que relacionándose con los fines científicos, tiendan también al mejoramiento de las condiciones de vida de las comunidades afectadas, ora en el aspecto económico y de salubridad, ya en el orden de la cultura espiritual o de la instrucción. Tales actividades servirán el doble propósito de la acción social y de la experimentación científica.[21]

Al iniciar las actividades de la Estación, Sáenz y su equipo fueron presentados a las autoridades tradicionales de Carapan por un delegado del general Cárdenas. Éste declaró que eran personas de confianza, amigos de la clase indígena, e iban a hacer un bien a la comunidad. Por lo tanto, debían contar con el apoyo de los habitantes de la zona. En la Cañada existían dos grupos antagónicos que dificultaron su desempeño. El de beatos o viejos

<hr>

[19] Educador y antropólogo, egresado del Museo Nacional de Arqueología, Etnografía e Historia.
[20] Pablo González Casanova no participó en la Estación, Miguel Othón de Mendizábal sólo estuvo un corto tiempo.
[21] Moisés Sáenz, *op. cit.*, pp. 21-22.

conformado por hombres y mujeres indígenas fanatizados, que se oponían a la intromisión de personas ajenas a la comunidad y otro grupo al mando del cacique de Carapan, Ernesto Prado, conformado por los agraristas.[22] Este grupo había arreglado la cuestión de las tierras a su manera, mantenía los templos cerrados, se oponía a las fiestas de carácter religioso o tradicional y prohibía la venta de alcohol. Los agraristas les manifestaron su apoyo, les prestaron caballos para transportarse e incluso algunos miembros de la Estación se hospedaron en una propiedad del cacique.

A pocos días de la llegada del equipo de la Estación, se convocó a los vecinos a una junta para establecer el Centro Social y la biblioteca en la ex capilla o casa del antiguo Hospital de Don Vasco. A esta reunión sólo asistieron 40 hombres y en ella se decidió crear un comité pro-Centro Social con jóvenes de cada cuartel, quienes realizarían las obras de reparación, pero no se aparecieron. Ante esta situación, Tomás, un miembro del grupo agrarista, sugirió que convocaran a otra reunión y que se invitara a los Prado. Los indígenas asistentes se rehusaron a que se estableciera en la capilla el Centro e increparon a los miembros de la Estación. La narración de Sáenz nos muestra la tensión que se respiraba en este ambiente. Los pobladores gritaban:

"¿Quiénes son Uds.? ¿Qué papel traen? ¿Dónde está la orden? Tendremos primero que consultarle al Gobierno [...] No queremos cambiar, somos ignorantes y así queremos quedarnos [...] las mujeres aparecieron [...] nos rodearon. Estamos nosotros en los portales de la escuela; ellas en la plaza, en la calle. Comienzan a hablar.

---

[22] Los agraristas en su mayoría fueron jornaleros, era un grupo de revolucionarios que constituían una minoría que mandaba, eran dueños del poder, campesinos armados, conformaban las Defensas Rurales de la Cañada. Afiliados a la Confederación Revolucionaria Michoacana del Trabajo (CRMT), representaban el partido político de la Cañada. Véase Marco Antonio Calderón Mólgora, "Las disputas por la comunidad: Cárdenas Gobernador del Estado", en *Historias, procesos políticos y cardenismos*, Colmich, Zamora, Michoacán, 2004, p. 123.

¡Váyase de aquí! ¡Quiénes son Uds. para que nos den consejos! ¿Qué acaso eres tú mi padre? ¡Vete! Lo que quiero es que abras la Iglesia. Dame la llave y vete.[23]

Sáenz relata que trató de explicarles, pero no escuchaban. Pronunciaron la palabra "indio" y ellos contestaron: "Sí, indio, somos indios, también la Virgen de Guadalupe era india".[24] Sin duda, eran los fanáticos los que se oponían, no eran más que los enemigos de Prado. Los conservadores creían que habían ganado y uno de ellos gritó: "¡Viva Cristo Rey!"[25]

En Huáncito fue peor que en Carapan. Por ser el punto central de la Cañada, se decidió convocar a los maestros a una junta semanal. El plantel ocupaba el antiguo curato, junto a la iglesia. Iba acercándose a la entrada el personal de la Estación y la plaza se empezó a llenar, las mujeres se juntaron y los amenazaban: "Esta casa es mía. Vete. No quiero que quites iglesia. No queremos escuela, allí curato. Lleva Lejos".[26] Trataron de calmarlas, de repente apareció Ernesto Prado con sus hombres y empezaron a dar de garrotazos, intentaron detenerlos. Ernesto con pistola en mano, amenazaba a la multitud. Al fin entraron en la escuela y Sáenz aconsejó a los profesores irse y calmar a la comunidad. Semanas después se enteraron que los incidentes violentos obedecieron a falsas alarmas y consejos de los curas de Purépero y Zamora y también a las intrigas de los pradistas en contra de la Estación.

El primer funcionario en visitar la Estación fue el General Cárdenas, gobernador del estado, quien escuchó pacientemente y ofreció darles 500 pesos para obras. Los problemas serios de la Cañada eran el agrario y el crédito agrícola. Las tierras del indio requerían de una revisión de los sistemas de propiedad o usu-

---

[23] Moisés Sáenz, *op. cit.*. pp. 28-29.
[24] *Idem.*
[25] *Ibidem*, p. 30.
[26] *Ibidem*, p. 31.

fructo y una reorganización en cuanto a la manera de su distribución. En seguida debían liquidarse los litigios y diferendos. Otro visitante fue el secretario de Educación, el licenciado Bassols. Durante su estancia los agraristas simularon emboscadas con el fin de perjudicar a los integrantes de la Estación.

Finalmente se estableció el Centro Social y la biblioteca de Carapan, que fueron los ejes de operaciones de la Estación. También se abrió un consultorio para brindar atención médica gratuita y se realizaron labores agrícolas. Otras actividades regulares fueron: la creación de talleres de herrería, carpintería, sillería, horticultura; la impartición de pláticas sobre diversos temas, tales como historia, agricultura, cuestiones de sanidad, proyecciones, música, canto y se escuchaban discos. Se inició la construcción de una escuela en Carapan. En Huáncito se creó un centro comunal con hospital, escuela y sala pública. En la Cañada se llevó a cabo una campaña de vacunación y la construcción de una presa en Etúcuaro. Paralelamente se realizaron trabajos científicos de corte etnológico, antropométrico, migraciones y sobre movilidad de la población. Durante el año y medio de duración del proyecto se impartieron clases de castellano. Para Sáenz el hecho de dominar exclusivamente la lengua tarasca era un factor más de opresión y representaba una limitante para la comunicación con la sociedad nacional. Esto explica que no se planteara la posibilidad de una educación bilingüe.

A pesar de haber sido el creador del proyecto, Moisés Sáenz dejó la Estación después de seis meses a causa de su discrepancia con el secretario de Educación sobre la política educativa, y por los conflictos al interior de la Secretaría con los maestros. Carlos Basauri quedó a cargo de la Estación. Al asumir la dirección realizó severas críticas, ya que el trabajo desarrollado era más de acción y se habían descuidado las investigaciones que eran necesarias para solucionar problemas específicos en diferentes regiones. Al año, Basauri fue declarado "fanático", por haberse interesado por las expresiones de la cultura indígena como la danza y la música, bajo amenaza de muerte los agraristas lo obligaron a dejar la Cañada. Al frente de la Estación quedó Enrique Corona, quien realizó un diagnóstico sobre las acciones y resultados, así como juicios exagerados y sugirió su transformación o desaparición.[27]

Otras circunstancias se aunaron para llevar a término el proyecto: la inestabilidad política de la región, las pugnas por el poder entre los caciques agraristas y los conservadores o beatos, así como el enfrentamiento entre los cardenistas con los serratistas. El clima político no se prestaba para la continuación del trabajo.[28] La Estación sólo duró 18 meses, a finales de 1933 el experimento llegó a su fin. El costo fue de 62 000 pesos y los resultados fueron raquíticos. Al hacer un balance de esta experiencia, Sáenz manifestó que la peor deficiencia de Carapan había sido

> su efemeridad. El plan que nos teníamos trazado hubiese requerido según mis cálculos un año más para los estudios y además dos o tres de acción social. No quiero decir con esto que en el plazo de tres o cuatro años el problema de la Cañada hubiera quedado resuelto. Pero después de todo la Estación no tenía compromiso de incorporar a los Once Pueblos a la vida mexicana sino de estudiar el fenómeno de la incorporación estableciendo de paso acciones benéficas para las comunidades.[29]

La falta de comunicación geográfica fue sin duda una de las causas que imposibilitaba la incorporación nacional. Sáenz escribió:

> El problema es sencillamente una cuestión de grupos humanos aislados, remotos, olvidados. Lo que pasa en la Cañada no sucede

---

[27] Véase Marco Antonio Calderón Mólgora, *op. cit.*, pp. 142-143.
[28] Véase Tania Ávalos Placencia, "II. El Proyecto Tarasco, primera fase. Experimentación indigenista en Michoacán", en *El Proyecto Tarasco: alfabetización indígena y política del lenguaje en la meseta purhépecha, 1939-1960*, tesis de licenciatura, UMICH, 2006, pp. 78-79.
[29] Moisés Sáenz, *op. cit.*, p. 177.

porque la comarca sea india, sino porque está apartada. [...] a condición de que el plan de vialidad tomara nota del problema indígena, le voy más a la carretera que a la escuela para resolverlo.[30]

Sáenz en el último capítulo de su libro, expresa la urgencia de crear un Departamento de Asuntos Indígenas, de carácter autónomo y bajo la directa dependencia del Ejecutivo Federal, que tome a su cargo las escuelas, institutos, unidades sanitarias, organizaciones económicas, de índole oficial que el gobierno sostiene en las zonas indígenas.

Carapan fue un parteaguas en la investigación antropológica y la institucionalización de la política indigenista del país, que influyó rotundamente en la política indigenista de los años posteriores y en las acciones llevadas a cabo por el general Lázaro Cárdenas. El trabajo que se realizó en la Estación demostró que se requería de una estrategia para cada realidad sociocultural. Evidenció que la actividad pedagógica por sí sola en poco o nada contribuía a la transformación cultural, al mejoramiento económico y finalmente a la incorporación social.

Siendo el general Cárdenas gobernador de su estado natal (1928-1932) impulsó la modernización de la comunidad indígena. Los responsables de aplicar este proyecto fueron los maestros y líderes agrarios o caciques. Ellos deberían luchar para erradicar el alcoholismo y el fanatismo religioso que privaba entre la población. Durante su mandato, a pesar de la instauración del municipio libre, en algunas regiones las autoridades locales eran electas por usos y costumbres. Éste era el caso, por ejemplo, de Cherán donde el gobierno local se elegía a través de la jerarquía cívico religiosa o sistema de cargos. Cárdenas trató de sustituir la representación indígena por una organización de tipo ejidal, lo cual suponía un cambio de hábitos y costumbres. La solución al

---

[30] *Ibidem*, p. 175.

problema indígena estaba en el ejido y no en la comunidad, ya que consideraba que el fraccionamiento de la tierra sería la base de la prosperidad. En cuatro años distribuyó 141 683 hectáreas de tierra a 15 753 campesinos de 181 poblados.[31]

Con el Programa de Acción y Antecedentes Históricos y Legales y la promulgación de la Ley Número 46, el 19 de junio de 1931, se anularon los contratos de arrendamiento de los bosques comunales en la Meseta Tarasca, firmados con engaños o alevosamente a lo largo del Porfiriato y casi todos con una duración de 100 años. Con estas acciones, las comunidades tarascas recuperaron ese recurso natural.

Durante el gobierno del general se construyeron caminos y escuelas primarias, algunas de ellas destinadas a mujeres indígenas, como la Álvaro Obregón y la Josefa Ortiz de Domínguez. Ambas contaban con internados en los que se aceptaba a huérfanas. En Morelia se creó la Escuela Técnico-Industrial, en la que se enseñaba toda suerte de oficios, tales como talabartería, forja, zapatería, carpintería, entre otros.[32]

Como candidato a la presidencia de la República, Lázaro Cárdenas recorrió gran parte del territorio nacional. En su gira por el pueblo de Juquila, se refirió al carácter ejemplar del proyecto de Carapan de la siguiente manera:

Estaciones culturales del tipo de Carapan [...] son las que necesitan Oaxaca, Chiapas, Yucatán y demás Estados que tienen población indígena. [...] Y en general en todo el país se necesita el esta-

---

[31] Álvaro Ochoa Serrano y Gerardo Sánchez Díaz, "Los días y las obras de Cárdenas", en *Breve historia de Michoacán*, Colmex/FCE, México, 2003, pp. 226-230 (Fideicomiso Historia de las Américas, Serie Breves Historias de los Estados de la República Mexicana); Marcos Calderón Mólgora, *op. cit.*, pp. 111-123.

[32] Anatoli Shulgovski, *México en la encrucijada de su historia*, Ediciones de Cultura Popular, México, 1977, pp. 78-79; Enrique Krauze, "Michoacán: ensayo de un gobierno", en *General misionero, Lázaro Cárdenas*, FCE, México, 1987, pp. 33-77 (Serie Biografía del Poder, núm. 8).

blecimiento de estaciones o misiones cultur
maestros, médicos, expertos en agricultura, en i
ros para el aprovechamiento de caídas de agua, et

La llegada de William Cameron Townsend

Mientras la Estación Experimental de Carapan languidecía llegó a México en 1933 Guillermo Cameron Townsend, misionero evangélico estadunidense. Sáenz lo conoció en un viaje que realizó a Guatemala, donde visitó la escuela en la cual trabajaban él y sus colaboradores. Su método de enseñanza consistía en la alfabetización en lengua cakchiquel, a través de una cartilla elaborada por los misioneros y posteriormente la enseñanza de la lectura y escritura del español. Townsend afirmaba que enseñándoles primero en su lengua materna sería más fácil que aprendieran después el español. Sáenz lo invitó a venir a México y le prometió apoyo gubernamental. Le dio unas cartas de recomendación que le facilitaron su entrada al país. La dedicatoria que Frank Tannenbaum escribió a Townsend en su libro *Peace by Revolution*, le abrió las puertas al Departamento de Escuelas Rurales.[34]

Siendo Rafael Ramírez, antiguo colaborador de las Misiones Culturales, su director, se opuso a que Townsend trabajara entre los indios porque pensaba que éstos ya tenían suficiente religión. Sin embargo, después de un recorrido por Chiapas y Yucatán, Townsend lo convenció de la necesidad de hacer alfabetos y cartillas en las lenguas indígenas. Ramírez aceptó su colaboración en la empresa educativa y le hizo prometer no realizar proselitis-

[33] Lázaro Cárdenas, *Obras, Apuntes 1913-1940*, t. I, UNAM, México, 1972, p. 276, citado por Marco Antonio Calderón Mólgora, *op. cit.*, p. 143.

[34] Frank Tannenbaum, *Peace by Revolution: Mexico after 1910*, Columbia University Press, Nueva York, 1933. Este historiador recorrió el país y pudo percatarse de los problemas que aquejaban a la población indígena y el problema que representaba la lengua para la comunicación y explotación.

mo religioso en las escuelas. Al regresar a su país en el verano de 1934, Townsend impartió cursos para capacitar a estudiantes evangélicos (misioneros) que trabajarían con indígenas mexicanos, en el campamento Wycliffe, que posteriormente se convirtió en el Instituto Lingüístico de Verano (ILV).

El Ejecutivo federal y la población indígena

Al tomar posesión de la presidencia de la República el general Lázaro Cárdenas del Río, la mayor parte de la población era agraria y analfabeta, se encontraba pulverizada debido a las serranías entre los pueblos, la escasa extensión de la red ferroviaria, las precarias carreteras y caminos. Según el censo de 1930 la población ascendía a 16 552 722 habitantes. Con base en estas cifras el gobierno de Cárdenas implementó su política indigenista.[35]

Miguel Othón de Mendizábal escribió que del total de la población 2 591 184, el 16.65%, eran hablantes de lenguas indígenas. De esta cifra 1 185 162, el 45%, eran monolingües, y 1 064 234, el 41%, eran bilingües, mientras que 1 690, el .06%, hablaban más de una lengua indígena. Este censo no contabilizó a 340 068 menores de cinco años. Las lenguas registradas fueron 54. La importancia cuantitativa de las lenguas es muy diversa, pues mientras el mexicano o náhuatl era hablado por 670 595 (25%) personas, el maya por 279 093 (10.77%), el otomí, por 213 811 (8.25%), el zapoteca por 216 825 (8.36%) y el mixteca por 170 114 (6.56%), el lacandón 200, el seri por 160; el cucapá lo hablaban únicamente 14 personas; el kiliwa, 80; el paipai, 31, y, se debe

[35] Los demógrafos del Colmex estiman que el censo de 1930 olvidó a medio millón de personas. Según ellos, en aquel año, los habitantes eran aproximadamente 17 063 300 y en 1934, no menos de 18 millones. Citado por Luis González, *Los artífices del cardenismo, Historia de la Revolución Mexicana, 1934-1940*, Colmex, México, 1981, p. 5. Es muy probable que las cifras no coincidan con la realidad, pero existían muchas comunidades apartadas, las cuales no habrían sido censadas.

hacer referencia al grupo kikapoo, emigrado de los Estados Unidos en la segunda mitad del siglo pasado, que contaba en 1930 con 45 individuos. El número de lenguas que se contabilizaron era inferior a las que realmente existían en esa época.

Los estados donde se hablaban lenguas indígenas en mayor proporción de 50% eran Oaxaca y Yucatán; del 50 a 20% Veracruz, Hidalgo, México, Puebla, Tabasco, Chiapas y Quintana Roo. En los estados de San Luis Potosí, Querétaro, Michoacán, Guerrero, Nayarit, Sinaloa, Sonora y Chihuahua, se habla en una proporción de 20 a 1% sobre la población total. En los estados de Tamaulipas, Nuevo León, Coahuila, Durango, Zacatecas, Aguascalientes, Jalisco, Guanajuato, Distrito Federal, Tlaxcala y los territorios Norte y Sur de la Baja California habían desaparecido casi totalmente las lenguas indígenas.[36] En el censo de 1930 por primera vez se contabilizó a la población bilingüe por estado y no por lengua.[37]

Los indígenas vivían en comunidades no mayores de 2 500 personas, generalmente en lugares de difícil acceso. Su problema principal era su aislamiento geográfico, que los desvinculaba económica y culturalmente del resto de la población. Sólo a algunas comunidades llegaba el camión, o el tren. Su economía era de autoconsumo, sus cosechas de temporal, su dieta consistía en maíz, frijol y chile. Sus instrumentos de labranza eran la coa, el azadón y el arado. Algunos tenían animales domésticos: el burro para el transporte, el buey para la rastra, cerdos y gallinas para ocasiones especiales o fiestas. Los que habitaban en terrenos arcillosos hacían lozas; en las zonas de palmas sombreros, petates y

---

[36] Véase Miguel Othón de Mendizábal, "Los problemas indígenas y su más urgente tratamiento", en Juan Comas, *La antropología social aplicada en México, Trayectoria y antología*, vol. III, México, 1976, pp. 146-147 (Serie Antropología Social, núm. 16).

[37] *Cf.* Bárbara Cifuentes y José Luis Moctezuma, "Un acercamiento al multilingüismo en México a través de los censos", en Martha Islas (coord.), *Entre las lenguas indígenas, la sociolingüística y el español. estudios en homenaje a Yolanda Lastra*, El Colegio de Jalisco (en prensa).

cestas y los que tenían a mano algodón o ixtle elaboraban sacos y telas burdas. Otros trabajaban parte del año en las haciendas del henequén, la caña de azúcar o campos petroleros.

El carácter de miembro de la comunidad se adquiría por haber nacido en ella, y se convalidaba participando en el sistema de cargos, el cual resultó de la articulación de la jerarquía sacerdotal y las instituciones político-religiosas. En la trama de relaciones sociales se sostienen las instituciones políticas, en este caso fue el municipio libre, derivado de la Constitución de 1917, el que:

> ... despojó a los indios de toda representación política, la cual quedó en manos de los grupos mestizos. Algunas funciones internas del gobierno civil fueron absorbidas por la jerarquía-religiosa-indígena la que adquirió funciones sociales más claras. Acaso la más importante de esas funciones fue la de delimitar la pertenencia del grupo. A cambio de este nuevo mecanismo de interacción social, aumentó el monto del gasto conspicuo y la descapitalización del indígena.[38]

Carlos Basauri decía que los indios eran eminentemente fanáticos, pues la religión llenaba por completo su vida, regulaba sus relaciones sociales e intervenía en todos sus actos.[39]

Cada comunidad poseía una visión particular del mundo, síntesis de la especificidad étnica y de la memoria histórica del pueblo.[40] Reconocía a las autoridades civiles impuestas desde fuera, a la autoridad electa. En la mayoría de las comunidades imperaba el cacique, a quien el ladino utilizaba como su intermediario, se servía de él para el control político y económico

[38] Marilú Sela Polo, Patricia Torres Mejía y Arturo Warman, *Materiales para la historia de las relaciones interétnicas en México*, mecanografiado, México, s/a, p. 119.

[39] *Cf.* Luis González, *op. cit.*, p. 24.

[40] *Cf.* Andrés Medina Hernández, "Los grupos étnicos y los sistemas tradicionales de poder en México", *Nueva Antropología, Revista de Ciencias Sociales*, "Etnia y Nación", vol. V, núm. 20 (1983), pp. 5-29.

de la comunidad. El general Cárdenas consideraba además que "las fiestas a los santos y el consumo de alcohol tendrían que terminar".[41] Ante este panorama de mediados de los años treinta el general declaró:

> Tengo presentes de una manera indeleble las impresiones que durante mi campaña electoral pude recoger: profundas desigualdades e inicuas injusticias a que están sometidas grandes masas de trabajadores y muy particularmente los núcleos indígenas, que deben constituir para nosotros una honda preocupación.[42]

Rechazaba la vieja política indigenista que formulaba la incorporación del indio a la civilización, desindianizándolo, desarraigando sus lenguas, tradiciones y costumbres. Su acción se encauzó a la nacionalización y la integración del indio y del mestizo para que participaran plenamente en el desarrollo del país y se sintieran mexicanos frente a las amenazas e influencias externas. Para ello propuso desarrollar plenamente las potencias y facultades naturales de la "raza indígena" y mejorar sus condiciones de vida, agregando a sus recursos de subsistencia y de trabajo todos los días los implementos de la técnica, la ciencia, la educación y el arte, estos objetivos estarían apuntalados en su singularidad racial y el respeto de su cosmovisión. Para lograrlo era necesario restituir o dotar de tierras, aguas y bosques; brindar crédito y maquinaria para los cultivos; crear obras de irrigación y de infraestructura; enseñar nuevas técnicas de producción, difundir la alfabetización de manera masiva; multiplicar las campañas y erradicar el alcoholismo mediante el impulso al deporte,

---

[41] Marco Antonio Calderón Mólgora, *op. cit.*, p. 162.
[42] Lázaro Cárdenas, "Mensaje al Congreso de la Unión al tomar posesión de la Primera Magistratura del país, México, D. F., 30 de noviembre de 1934", en *Palabras y documentos de Lázaro Cárdenas, mensajes, discursos, declaraciones, entrevistas y otros documentos 1928/1940*, vol. 1, Siglo XXI, México, 1978, p. 138.

así como a las creaciones artísticas populares.[43] Cárdenas fue realizando transformaciones en todos los rincones y en todos los sectores sociales. Creó organismos que coadyuvaron a sus políticas y acciones indigenistas.

Un año antes de su ascenso a la presidencia de la República, se había establecido el Instituto Mexicano de Estudios Lingüísticos, en la Universidad Nacional, para llevar a cabo las investigaciones de los idiomas indígenas y respaldar a las academias regionales de las lenguas náhuatl, otomí, tarasco y maya. Su fundador, Mariano Silva y Aceves, proponía la instrucción bilingüe. Su expectativa era que el Departamento de Educación Indígena dispusiera de materiales y personal adiestrado para llevar a cabo acertadamente la educación.

En 1935 se llevó a cabo el 7º Congreso Científico Interamericano, y coincidió con el regreso al país de William Cameron Townsend. Silva y Aceves lo invitó no sólo al congreso sino también a colaborar con las tareas del Instituto. Lo presentó con Celso Flores Zamora, jefe de la Dirección de Educación Primaria de la Secretaría de Educación Pública, otro indigenista interesado en el uso de las lenguas indígenas en la alfabetización. Resultado de estos contactos fue la publicación de la primera cartilla de náhuatl elaborada por Townsend, de la cual se hicieron 5 000 copias y las distribuyeron entre los hablantes de esta lengua. Townsend fue aceptado como científico y no como protestante proselitista. Empezó a trabajar en el pueblo náhuatl de Tetelcingo, Morelos. Cárdenas lo visitó y quedó convencido de que su trabajo era para el mejoramiento de los indios. A su regreso le envió puercos y 5 000 injertos de naranjo y eucaliptos. Otros misioneros lingüistas, adiestrados por Townsend, ya se encontraban trabajando en el país: Kenneth

---

[43] Gonzalo Aguirre Beltrán, "El pensamiento indigenista de Lázaro Cárdenas", en *Acción y pensamiento vivos de Lázaro Cárdenas,* Conferencias al cumplirse un año de su muerte en la Sociedad Mexicana de Geografía y Estadística, Federación Editorial Mexicana, México, 1973, pp. 147-160.

Pike con el idioma mixteco, hablado en Oaxaca, y Maxwell e Isabel Lathrop entre los hablantes de tarasco en Michoacán.

Cárdenas y Townsend, preocupados por la población indígena, habían desarrollado una amistad. El presidente lo invitó a cenar al Castillo de Chapultepec en el otoño de 1936. Asistieron su esposa, Amalia Solórzano, los gobernadores de Quintana Roo y Michoacán y el secretario de Relaciones Exteriores. Townsend preguntó al general si podían venir a trabajar más lingüistas y éste aceptó. Probablemente esta decisión estuvo motivada por creer que la presencia de protestantes en zonas indígenas aminoraría el consumo de alcohol, el fanatismo religioso y la influencia de la Iglesia católica. El presidente le ofreció pagar los salarios de ocho lingüistas que comenzaron a trabajar en diferentes lenguas. Al año siguiente había miembros del Instituto Lingüístico de Verano en la región maya, mazateca, mixe, totonaca, otomí y tarahumara. Fue así como el Instituto Lingüístico de Verano empezó a trabajar para el Estado mexicano.[44]

Departamento Autónomo de Asuntos Indígenas

La institucionalización de la política indigenista se concretó con la creación del Departamento Autónomo de Asuntos Indígenas (DAAI). Cárdenas dio a conocer que se trataba de un organismo de coordinación y de procuración de justicia dependiente del Ejecutivo Federal. La exposición de motivos del decreto que crea el Departamento muestra el pensamiento del presidente Cárdenas:

El conocimiento directo que tiene el Ejecutivo a mi cargo de las duras condiciones de vida en que se encuentra una buena parte de

[44] Todd Hartch, *Missionaries of the State. The Summer Institute o Linguistics, State Formation, and Indigenous Mexico, 1935-1985*, University of Alabama Press, Tuscaloosa, Alabama, 2006, pp. 1-19.

MAPA 1. *Lenguas indígenas de México, según Mendizábal,
Jiménez Moreno y Arana*

FUENTE: Bárbara Cifuentes, *Letras sobre voces. Multilingüismo a través de la historia,*
CIESAS, México, 1988, p. 80.

nuestra población indígena carente de los más elementales beneficios de la civilización, sumida en la mayor pobreza y en muchos
casos formando grupos aislados por completo del resto del país,
me ha hecho buscar con ahínco los medios más eficaces para lograr que la acción gubernamental y administrativa del gobierno
revolucionario, intensificándolo y enfocándolo convenientemente,
se traduzca en un mejoramiento efectivo de las razas autóctonas.

La presente iniciativa de reformas de la Ley de Secretarías de
Estado, proyecta la creación del Departamento de Asuntos Indígenas como una dependencia llamada a ocuparse en el estudio direc-

to de las condiciones de vida económica y social de los indígenas y encargada de obtener que la acción del Gobierno Federal y de los Gobiernos de los Estados en lo concerniente a ellos sea eficaz y absorba el mayor volumen de los recursos públicos.

[...] La primera de sus funciones será el estudio de las necesidades sociales y consulta al presidente de la República de las medidas capaces de satisfacer aquéllas. La segunda será una verdadera función de procuraduría de indígenas en aquellas cuestiones de orden social que afecten los núcleos aborígenes en su conjunto.[45]

Contrariamente a los principios establecidos en la exposición de motivos arriba citados, al reformarse la Ley de Secretarías de Estado, quedaron delimitadas las actividades del DAAI de manera precisa en el artículo 14, fracciones I y II. Estas tareas consistían en:

Estudiar los problemas fundamentales de las razas aborígenes y dictar las medidas y disposiciones que deban tomarse, con acuerdo del presidente de la República, para lograr que la acción coordinadora del Poder Público redunde en provecho de los indígenas.

Promover y gestionar ante las autoridades federales y estatales todas aquellas medidas o disposiciones que conciernan al interés general de los núcleos aborígenes de población.[46]

La primera tarea del DAAI quedó a cargo del jefe y del personal auxiliar. La segunda se puso bajo la responsabilidad de los antiguos procuradores de pueblos, agentes gubernamentales expertos en el manejo de leyes, reglamentos y disposiciones para conseguir el mejoramiento de los grupos indígenas. Éstos, por

[45] Juan Comas, *Ensayos sobre indigenismo*, vol. III, México, 1953, p. 102, citado por Gonzalo Aguirre Beltrán, *Teoría y práctica de la educación indígena*, México, 1973, p. 142 (SepSetentas).
[46] Departamento Autónomo de Asuntos Indígenas, *Memorias 1940-1946*, México, 1946, p. 22, citado por *ibidem*, p. 143.

su condición de monolingües, se hallaban incapacitados para hacer valer sus derechos. Los procuradores se encargaron de gestionar y promover las restituciones, dotaciones, ampliaciones y confirmaciones de ejidos y tierras comunales para los pueblos despojados, dando a éstos el cimiento económico fundamental para el futuro desarrollo.

Hacia 1937 existían 33 Centros de Educación Indígena o internados con una población cercana a 3 000 estudiantes. Según los lineamientos, los alumnos debían encauzarse hacia el progreso material, económico y psíquico para lograr su evolución cultural. Los internados se ubicaban en regiones diferentes y eran un foco de difusión cultural en busca del beneficio colectivo. Los egresados debían propagar los conocimientos adquiridos. Se puso énfasis en enseñar nuevas y mejores formas de trabajar la tierra. Otro objetivo de los centros era la castellanización, puesto que se creía que la evolución de la cultura dependía de ésta; es decir, sus objetivos seguían siendo los de la escuela rural.

En 1938 se adjudicaron al Departamento las labores que desarrollaban las Misiones Culturales y los Centros de Educación Indígena, transformando su concepción original. Las Misiones fueron absorbidas por las Brigadas de Mejoramiento Indígena y los Centros por los Centros de Capacitación Económica y Técnica. También se adicionó el servicio médico foráneo y con ello se cimentó la burocracia del novedoso Departamento. El personal de Misiones y Centros de Educación continuó dependiendo de la Secretaría de Educación. El Departamento de Educación Indígena quedó a cargo del profesor Carlos Basauri, quien pudo completar desde ahí el trabajo de recopilación bibliográfica y de campo, para publicar en 1940 su investigación *La población indígena de México*. Esta obra fue durante mucho tiempo la única fuente de información general sobre el estado de los grupos autóctonos de México.

Los Centros de Capacitación Económica tenían como objetivo promover la transformación económica, cultural y social de la comarca donde se establecieran. El contenido del programa era la enseñanza agropecuaria, conocimientos elementales de castellano, aritmética, higiene, civismo, historia y geografía, como auxiliares de las actividades económicas. También se promovieron industrias regionales y se realizaron actividades sociales por parte del alumnado en las comunidades.

Los Centros de Capacitación Técnica tenían la finalidad de formar técnicos indígenas que promovieran el desarrollo económico y social de sus comunidades. En ellos se impartía la enseñanza profesional para enfermeras, educadoras y trabajadoras sociales. Sin embargo, éstos corrieron la misma suerte de la Casa del Estudiante Indígena, ya que sus egresados no siempre regresaron a sus comunidades de origen.[47]

El Departamento Autónomo de Asuntos Indígenas estuvo a cargo del profesor Graciano Sánchez, líder campesino, quien organizó congresos regionales para conocer las necesidades de las etnias por su propia voz. El Primer Congreso Indígena se llevó a cabo el 25 y 26 de septiembre de 1936 en la región otomí de Ixmiquilpan (Hidalgo). A él asistió el presidente Cárdenas. En su discurso inaugural hizo hincapié en la necesidad de impulsar el trabajo interinstitucional para solucionar la situación de la población indígena:

El gobierno de la Revolución ha señalado la necesidad de verificar congresos en todas las zonas en donde tenemos sectores indígenas para que el mismo sector nos haga conocer cuáles son sus necesidades, cuáles son los problemas que tienen y cómo piensan para la resolución de los mismos.

[...] El Departamento del Trabajo, el Departamento de Asuntos Indígenas y las demás dependencias del gobierno federal, están interesados en que se realice la obra integral que necesita la raza

---

[47] Véase Gonzalo Aguirre Beltrán, "Integralismo e incorporación, Departamento de Asuntos Indígenas", *op. cit.*, pp. 134-148.

indígena. La institución más distinguida que tenemos en la República, o sea la Universidad Nacional, está también prestando su concurso para esta obra de reintegración indígena hacia la cultura nacional.[48]

Fue el Departamento Autónomo de Asuntos Indígenas (DAAI), el primer organismo descentralizado de consulta y asesoría, cuyo director acordaba directamente con el presidente de la República. Para recabar la información de las necesidades indígenas era necesaria la participación de especialistas. Mendizábal fue el encargado de las investigaciones y de una acción rápida, así fue como se definió la labor del etnólogo.

Los primeros investigadores que se incorporaron fueron los del Museo Nacional, cuyo representante fue Miguel Othón de Mendizábal, [...] quien habrá de definir una serie de exigencias formativas a partir de su propia experiencia en las tareas que lo enfrentaba la acción indigenista. [...] cuando el presidente Cárdenas hizo una visita al valle del Mezquital, encargó al DAAI el apoyo técnico para solucionar varios problemas que le habían planteado los pueblos otomíes.[49]

El año 1937 fue crucial en la disciplina antropológica y la política indigenista. Miguel Othón de Mendizábal fundó el Departamento de Antropología en la Escuela de Ciencias Biológicas del Instituto Politécnico Nacional, con sede en el antiguo casco de la hacienda de Santo Tomás, para capacitar nuevos cuadros en las cuatro distintas ramas de la antropología. Las cátedras de arqueología las impartió Alfonso Caso, las de etnología Miguel Othón de Mendizábal, las de antropología física Daniel Federico Rubín de

[48] *Palabras y documentos...*, *op. cit.*, pp. 213-214.
[49] Andrés Medina, "La formación de los antropólogos en México", en *Recuentos y Figuraciones: Ensayos de Antropología Mexicana*, IIA, UNAM, México, 1966, p. 41.

la Borbolla y las de lingüística, el estadunidense Mauricio Swadesh. Después se incorporaron el etnólogo alemán, Paul Kirchhoff y los españoles Juan Comas y Pedro Bosch Gimpera. Posteriormente, el Departamento de Antropología se trasladó al viejo edificio del Museo Nacional, en la calle de Moneda (actual Museo de las Culturas), recuperando así su tradición académica. La relación entre la Escuela y el Departamento de Asuntos Indígenas fue ardua y continua.

Otro gran aporte de Mendizábal fue su empeño por fundar otras escuelas profesionales dedicadas a preparar a los técnicos que enfrentarían la difícil situación que presentaban las áreas rurales del país. En el Instituto Politécnico Nacional promovió la escuela de Bacteriología, fundada previamente en la Universidad Obrera Gabino Barreda, y posteriormente la creación de la Escuela de Medicina Rural, cuyo propósito era formar profesionales que estuvieran en el campo, en contacto con las poblaciones. Ellos debían realizar las investigaciones necesarias para llevar la ayuda gubernamental y solucionar los problemas de campesinos y comunidades indígenas. Además practicarían acciones permanentes de índole higiénico-sanitaria, preventiva y terapéutica. Para estos fines impartieron cursos básicos de antropología.

Por su parte, Silva Aceves y Townsend lograron la creación de las academias de lenguas indígenas: la Academia de Náhuatl en la Ciudad de México, la Academia de Otomí en Ixmiquilpan, Hidalgo, y la Academia de Maya en Mérida. Paralelamente el Instituto Mexicano de Estudios Lingüísticos publicó cartillas en náhuatl y otomí y la *Revista de Estudios Lingüísticos*. En octubre de 1937 se creó la Sociedad Mexicana de Antropología, y dos años después comenzó a circular la *Revista Mexicana de Estudios Antropológicos,* dirigida por Alfonso Caso. Tanto la Sociedad como su órgano de expresión tuvieron un carácter predominantemente arqueológico, ya que la recuperación del pasado prehispánico ayudó a la construcción del nacionalismo mexicano y la identidad nacional.

El mismo año se impartió un Curso de Lingüística en la Universidad Nacional. Como los lingüistas mexicanos eran pocos, la mayoría de los participantes fueron miembros del Instituto Lingüístico de Verano: Eugene Nida, L. G. Christiansen, Walter Miller, Max Lathrop y Cameron Townsend. Con su trabajo convencieron a los asistentes de que la aplicación de la lingüística en el desarrollo de los alfabetos de lenguas indias ayudaría a la incorporación de millones de habitantes a la nación mexicana. Este curso ayudó a Silva y Aceves a proponer la creación de la licenciatura en lingüística en la Universidad, y a demostrar la importancia de esta disciplina. Además mejoró su relación con el director de Educación Indígena de la Secretaría de Educación Pública, Carlos Basauri.

También tuvo lugar la Tercera Conferencia Interamericana de Educación, donde se reunieron los maestros de todos los países de América poblados por indios, en la que los educadores y científicos sociales mexicanos partidarios de la educación bilingüe pudieron explicar y promover sus programas. Las diferencias de criterios de Carlos Basauri, partidario de la educación en lenguas indígenas, y Rafael Ramírez, defensor del método directo para la castellanización, se hicieron patentes. Una de las resoluciones aprobadas en la Conferencia fue la de optar por el bilingüismo en la educación del indio, por ser el mejor medio para alfabetizar e introducir el conocimiento del idioma español. Debía darse al indio el idioma oficial como un instrumento para interactuar con el resto de la población y para su defensa.

La mayoría de los maestros rurales no disponían de conocimientos técnicos lingüísticos y se esforzaban por amoldar los sonidos y gramáticas de los idiomas indios al alfabeto y gramática del español, obstaculizando así el aprendizaje. Kenneth Pike, que tomó la sucesión de Townsend en la dirección del Instituto Lingüístico de Verano, ofreció al secretario de Educación sus servicios y los de su personal para preparar materiales didácticos basados en transcripciones fonémicas (sistema de sonidos propio de cada lengua). Por su parte los recién egresados del Departamento de Antropología se esforzaron en preparar cartillas y proyectaban la creación de un mapa de las necesidades educativas de la nación. Publicarían revistas, libros y periódicos de cada grupo lingüístico.

Ya Vicente Lombardo Toledano, en su libro *Un viaje al mundo del porvenir*, publicado en 1936, había propuesto cinco soluciones al problema de México. En cuanto a las comunidades indígenas señaló que era necesario elaborar cartillas en lenguas indígenas para que los grupos étnicos pudieran ser alfabetizados en su idioma materno. Su contribución a esta tarea fue su tesis de doctorado sobre la *Diversidad Lingüística de la Sierra Norte de Puebla* (1931), donde desarrolló una técnica para enseñar a los indios la lectura y la escritura en su lengua. La enseñanza del español sólo se iniciaría cuando supieran leer en sus propias lenguas.[50]

Mayor peso que las discusiones educativas, fue la búsqueda de soluciones al problema agrario que impedía reconocer la diversidad y especificidad étnica del sector campesino. Esto se reflejó durante el Segundo Congreso Indígena que tuvo lugar en Uruapan, Michoacán, el 14 y 15 de diciembre de 1937 y con la creación al año siguiente de la Confederación Nacional Campesina (CNC), encabezada justamente por Graciano Sánchez, quien dejó la dirección del Departamento de Asuntos Indígenas para asumir este nuevo cargo. Durante este congreso todavía se hablaba de incorporar al indio a la nación mexicana, a la "civilización".

Luis Chávez Orozco fue nombrado director del DAAI, en reconocimiento a su trayectoria como historiador y estudioso de

---

[50] Shirley Brice Heath, *op. cit.*, pp. 164-165; Vicente Lombardo Toledano, "Geografía de las lenguas de la Sierra de Puebla con algunas observaciones sobre sus primeros y sus actuales pobladores", en *Vicente Lombardo Toledano. Obra histórico-cronológica*, t. II, vol. 2, *1931*, Centro de Estudios Filosóficos, Políticos y Sociales Vicente Lombardo Toledano, México, 1995, pp. 191-252.

la población prehispánica. El departamento a su cargo, en coordinación con el Departamento de Antropología del Instituto Politécnico Nacional convocaron a la Primera Asamblea de Filólogos y Lingüistas para discutir ampliamente los problemas de enseñanza en las lenguas indígenas; el debate estaba encaminado a buscar las técnicas adecuadas para el aprendizaje de la lectura y escritura. La asamblea se realizó del 9 al 13 de mayo de 1939, organizada y dirigida por Miguel Othón de Mendizábal.

Las instituciones asistentes fueron el Departamento de Asuntos Indígenas, el Departamento de Antropología, el Departamento Agrario, el Instituto Nacional de Antropología e Historia (recién fundado), el Instituto Panamericano de Geografía e Historia, la Sociedad Mexicana de Antropología, la Sociedad Hueytlatekpanaliztle, Linguistic Society of America y el Instituto Lingüístico de Verano. Asimismo acudieron representantes de 14 grupos lingüísticos: chinanteco, totonaco, otomí, mexicano, popoloca, tarasco, matlatzinca, cuicateco, huasteco, cuitlateco, mazateco, zapoteco, mixteco y maya.[51] También participaron funcionarios nacionales, investigadores mexicanos y distinguidos lingüistas y filólogos extranjeros.

En el discurso inaugural, Luis Chávez Orozco transmitió las ideas de Cárdenas sobre la manera en que debían resolver los problemas indígenas: "echando mano de todos los medios y recursos que la técnica y las ciencias contemporáneas brindaban".[52] El temario de la asamblea fue diverso. Entre las ponencias importantes cabe destacar la de Miguel Othón de Mendizábal que presentó *Discusión general del problema de la enseñanza rural en lenguas indígenas*; la de William Cameron Townsend, *Problemas de la enseñanza rural en lenguas indígenas y la enseñanza de las*

---

[51] Evangelina Arana de Swadesh, "¿Cuál será el futuro de la Educación Indígena?", en *INI 30 años después, revisión crítica, México indígena*, órgano de difusión del INI, México, 1978, p. 239 (número especial de aniversario). El procurador de la República, licenciado Genaro Vázquez, fue quien presentó a los delegados indígenas ante la asamblea.

[52] Marco Antonio Calderón Mólgora, *op. cit.*, p. 181.

lenguas indígenas y la de Mauricio Swadesh, *Problemas sobre los alfabetos, en la utilidad del alfabeto fonético universal para la escritura de las lenguas indígenas.* En estos trabajos el idioma se concibió como un medio y un fin en la enseñanza, también se expresó que los modelos de interpretación y el conocimiento de la realidad están directamente relacionados con los signos y los hábitos lingüísticos. Hasta ese momento el indigenismo mexicano no había tomado en cuenta que las diferentes concepciones del mundo de los pueblos indígenas estaban presentes en sus lenguas.

La asamblea resolvió transformar el método de la enseñanza directa del español al método de enseñanza bilingüe. Se creó un programa piloto para demostrar la efectividad de la alfabetización en la lengua materna. Se determinó que las tareas inmediatas serían:

1. Realizar una amplia propaganda para crear confianza en la labor de alfabetización en lenguas indígenas.
2. Utilizar en todo trabajo de educación indígena a los maestros rurales nativos que se prepararan en las Escuelas Normales Rurales, así como las personas interesadas en prestar su cooperación.
3. Emplear un solo tipo de letra de imprenta minúscula para las cartillas. Elaborar discos fonográficos, cartillas y periódicos murales, propaganda por radio, periódicos murales, volantes y letreros.
4. Organizar misiones alfabetizadoras.
5. Utilizar el método psicofonético (sistema de sonidos propios de cada lengua) para la enseñanza de la lectura.
6. Enseñar el español como materia del plan de estudios, a partir del segundo o tercer año de enseñanza primaria.

Asimismo, la Asamblea acordó la creación del Consejo de Lenguas Indígenas y la implementación del Proyecto Tarasco, propuesto por Swadesh. Ambos quedaron a cargo de este último y recibieron el apoyo del Departamento de Antropología y del Departamento de Asuntos Indígenas. Este Consejo se convertiría en el eje rector de la nueva política. Sus atribuciones fueron coordinar y dirigir el trabajo entre instituciones e investigadores nacionales y extranjeros; proporcionar los nuevos marcos lingüísticos de la enseñanza en las zonas indígenas y su difusión en todo el país.

El Proyecto Tarasco

El Proyecto Tarasco fue un programa de investigación del Departamento de Antropología. Se estableció en el Internado Indígena de Vasco de Quiroga, ubicado en Paracho, Michoacán, en el año de 1939. Su objetivo fue llevar a cabo una extensa campaña de alfabetización en lengua tarasca. En él participó un equipo de científicos mexicanos y estadunidenses que se encargaron de la aplicación de la nueva política del lenguaje. Mauricio Swadesh fue designado su director. Otros colaboradores fueron el doctor Alfredo Barrera Vásquez, antiguo director del Museo de Yucatán; el lingüista Wigberto Jiménez Moreno, del Museo Nacional de México; Juan Luna Cárdenas, distinguido nahuatlaco, presidente de la Sociedad Mexicana Hueytlatepanaliztli; el filólogo Ignacio M. del Castillo, de la Universidad Nacional; el estudiante de lingüística Adrián F. León, del IPN; y los extranjeros, Francisca León, estudiante de lingüística de la Universidad de Yale y el señor Maxwell Dwight Lathrop, miembro activo del Instituto Lingüístico de Verano, con residencia en Michoacán desde 1936.[53]

El proyecto tuvo un primer periodo de entrenamiento del cuerpo de investigadores. Se les capacitó en cuestiones gramaticales con el fin de elaborar un alfabeto y también realizaron tra-

---

[53] Véase Tania Ávalos Placencia, *op. cit.*, pp. 123-151.

bajos de campo para identificar las diferencias regionales de la lengua tarasca. El programa inició formalmente con la segunda etapa del plan, la cual consistió en la realización de la Convención Regional de Paracho, los días 20 y 21 de junio de 1939, donde se reunieron diversas autoridades a las que se les expusieron los objetivos del proyecto y asignaron una serie de tareas correspondientes a la región. Pero el propósito de Swadesh no sólo consistía en llevar a cabo una campaña de alfabetización, sino integrar y controlar la estructura de educación institucionalizada de la zona tarasca. Motivo por el cual chocó con el aparato burocrático educativo de la región e incluso tuvo oponentes y críticos al programa. El más férreo opositor al proyecto fue el profesor Enrique Castillo Janacua, inspector federal de Educación, quien tuvo un enfrentamiento directo y personal con Swadesh.[54]

La tercera etapa del trabajo consistió en la investigación dialectal. Para tal efecto los investigadores realizaron recorridos por diversas poblaciones a fin de conocer sus peculiaridades en el uso de las variaciones de la lengua tarasca y establecer una forma estándar para la alfabetización. De la misma forma se elaboró una síntesis lingüística y geográfica de los datos, preparando gramáticas y diccionarios y un atlas lingüístico. Finalmente, el proyecto asumió como variación dialectal el tarasco hablado por el poblado de Cherán, aunque no sería el único empleado en la alfabetización. Esta variante se entendía con mayor facilidad en toda el área. Pero esta elección tuvo implicaciones sociales y culturales que pronto se hicieron notar. Los críticos argumentaron que era una reproducción de la afamada unidad lingüística del país practicada por las autoridades de la Secretaría de Educación Pública.

La cuarta etapa de la campaña fue el entrenamiento del magisterio. Se reclutó un equipo de maestros nativos, provenientes

[54] Egresado de la Escuela Normal de Morelia, colaboró en la Estación Experimental de Incorporación del Indio en Carapan bajo la dirección de Moisés Sáenz, realizó labores en el Centro Social, probablemente el único de origen tarasco de los colaboradores del programa.

de distintas instituciones de la ciudad de Morelia, como era el caso de la Escuela Normal, la Universidad Michoacana, la Escuela Regional Campesina de la Huerta y la Escuela Técnica Industrial Álvaro Obregón. Los primeros cursos de capacitación fueron iniciados en Pátzcuaro, en la Escuela Hijos del Ejército. Esta fase estuvo a cargo de la Universidad Michoacana. Posteriormente, los maestros fueron trasladados a Paracho con el fin de capacitarlos en el empleo del alfabeto tarasco, la traducción y los métodos de alfabetización. A finales de 1939 se había concluido la capacitación a la primera generación de profesores y se concretó la Iniciación del Alfabetismo Tarasco en los pueblos. Las labores de enseñanza se realizaron por medio de misiones a cargo de lingüistas especializados junto con educadores nativos, para ello, se elaboraron dos cartillas de alfabetización. Éstas seguían un método silábico para propiciar de manera progresiva la formación de palabras, frases y textos. Se hicieron también ejercicios de escritura para fomentar el uso de la letra de molde. Para la socialización de la escritura se creó un periódico mural ambulante.

Al terminar el sexenio del presidente Cárdenas, no se continuó con éste por varias razones. Una de ellas fue la oposición de los maestros de la SEP, en especial del inspector de la zona, quien criticó los trabajos de los profesores nativos y del lingüista norteamericano Mauricio Swadesh, por no seguir con precisión el orden determinado por el sistema escolar oficial. Los argumentos que esgrimía eran respecto a las plazas magisteriales cedidas al programa y que los profesores locales guardaban un profundo desacuerdo respecto a la enseñanza bilingüe, considerando que la educación en lengua materna impedía el progreso del indígena e incluso estaba fuera de los marcos jurídicos de la nación, ya que el artículo 45 de la Ley reglamentaria del artículo 3º constitucional disponía que la enseñanza debía ser en castellano en todos aquellos núcleos indígenas que habitaban en el país.

El proyecto priorizó la aplicación de una estrategia que promovía la diversidad lingüística, y la enseñanza de la lectoescritura en las lenguas indígenas. Su duración fue de aproximadamente año y medio, llegó a su fin con el sexenio del general Cárdenas. Se cerró así un capítulo de la historia de la educación indígena, y de la política del lenguaje en México.

Otros logros del Departamento Autónomo de Asuntos Indígenas

Cárdenas, al igual que los investigadores del Departamento, era consciente de la pluralidad étnica y lingüística de la población indígena, su dispersión geográfica, y la diferencia de las condiciones climatológicas que enfrentaba cada grupo. Por lo tanto, fue construyendo diferentes estrategias para solucionar los problemas de cada región. Fue por ello que dio respuestas a las demandas que los indígenas le plantearon en los congresos celebrados en: Ixmiquilpan, Hidalgo (otomíes); en Paracho, Michoacán (tarascos); en Tamazuchale, San Potosí (mexicanos o nahuas); en Tantoyuca, Veracruz, y Tancanhuitz, San Luis Potosí (huastecos); en Ixtlahuaca, Estado de México (mazahuas), y en Villahermosa, Tabasco (chontales).

Miguel Othón de Mendizábal atendió la zona del Mezquital. Realizó trabajo de campo para conocer las necesidades de los indígenas y elaboró un exhaustivo estudio etnográfico. Sus peticiones las dividió por rancherías: la construcción de escuelas, dotación de útiles, mejoramiento de planteles escolares, nombramientos de maestros rurales, construcción de casas para los maestros, mojoneras, construcción de puentes, justicia, castigo a crímenes cometidos bajo pretexto de la defensa rural, suprimir los abusos de despojos de tierra, cancelación de contribuciones atrasadas, dotación de agua potable, estudio de los minerales de la región, protocolización del acta constitutiva de la Sociedad de

Crédito Agrícola formada por pequeños agricultores de Ixmiquilpan, construcción de línea telefónica, entre otras. Mendizábal
participó al presidente las necesidades y las sometió a su consideración, sugirió que era necesaria la ayuda económica pertinente "... para que los habitantes de la región tengan, por primera
vez en la historia, la satisfacción de haber sido escuchados en sus
justas demandas".[55] El Valle del Mezquital recibió continua atención por parte del Departamento y del presidente.

A los campesinos mixtecos y popolocas del norte del estado
de Oaxaca y sur de Puebla, que vivían principalmente de la producción y venta de sombreros de palma, el presidente les asignó
ocho millones de pesos para la organización de cooperativas. Los
yaquis de Sonora recibieron 40 000 hectáreas de tierras de riego,
además de implementos, maquinaría agrícola, dirección técnica,
crédito suficiente y la organización de un coordinador ejidal, hospitales, clínicas y servicios médicos y sociales.[56]

Durante el Congreso Huasteco, efectuado en la zona fronte-
riza mexicano-huasteca, Chávez Orozco, representante del presidente, expresó que deseaba saber en qué forma el gobierno federal podía ayudarlos. Un hombre de mediana edad tomó la palabra
y en su lengua materna contestó:

[si] era el representante del presidente de la República, y el general
Cárdenas estaba en efecto interesado en saber qué es lo que deseaban del gobierno federal, pues él se apresuraba a contestar, nosotros
lo único que queremos es que nos dejen vivir nuestra propia vida,
[...] es que nos dejen en paz, que no se metan con nosotros.[57]

---

[55] Miguel Othón de Mendizábal, *Obras Completas*, vol. V, Talleres Gráficos de la Nación, México, 1947, pp. 210-223.

[56] Miguel Othón de Mendizábal, "Los problemas...", *op. cit.*, p. 163.

[57] Luis Chávez Orozco, "Política Indigenista", en James y Edna Wilkie, *Frente a la
Revolución Mexicana, 17 protagonistas de la etapa constructiva*, t. I, UAM, México, 1995,
pp. 89-90.

Por esta experiencia y el conocimiento adquirido por los miembros del Departamento, al llevarse a cabo el Primer Congreso Indigenista de la Raza Mixteca en diciembre de 1939, el discurso indigenista había cambiado. Se señaló "explícitamente que la integración de los grupos étnicos a la nación debía realizarse respetándose su propia lengua, costumbres y demás manifestaciones específicas de la unidad étnica".[58]

En otra ocasión Luis Chávez Orozco recibió una llamada telefónica de Papícuano, jefe de la tribu de los indios kikapús, del poblado de Nacimiento, Coahuila. Estaba muy preocupado porque un miembro de la tribu se estaba segregando por trabajar como obrero en el ferrocarril y se olvidaba de las instituciones indígenas; arrebatándoles el poder. Pedían ayuda y deseaban venir a visitar al general Cárdenas para que les auxiliara a resolver el problema. Chávez Orozco le comunicó al general y éste le ordenó ir personalmente en su representación a tratar de ayudar. A su llegada se encontró con que el jefe hacía unos rituales dentro de su choza. Lo esperó a que terminara y al salir Papícuano, le dijo que no podía resolver nada con él, que se tenía que reunir con los ancianos de la tribu para exponer el problema. El Consejo de Ancianos se llevó a cabo en su presencia, todos hablaban al mismo tiempo y después de 60 minutos de deliberaciones el conflicto se resolvió. Llegaron a un acuerdo. Apenas terminaron de hablar el acusado dijo: "bueno, ya me han condenado mis compañeros. Yo entrego el archivo". Traía en una bolsa todo el archivo de la tribu, lo entregó y se retiró. Al respecto, Chávez Orozco comentó que lo que había presenciado era:

... una demostración de la supervivencia de los métodos democráticos prehispánicos entre los indígenas, [...] las llamadas Repúblicas de Indios que no eran otra cosa sino los ayuntamientos

[58] Marco Antonio Calderón Mólgora, *op. cit.*, p. 164.

de las comunidades indígenas, que todo lo resolvían, repito, en función de los intereses de la comunidad, y después de una discusión.[59]

El Sindicato de Trabajadores Indígenas

El Congreso Indígena en Chiapas se realizó en 1940. El general Cárdenas consciente de las condiciones de trabajo que prevalecían en la región, desde abril de 1936 había nombrado una comisión intersecretarial para estudiar y resolver la situación de los trabajadores tzeltales y tzotziles que por la precariedad de sus tierras, tenían que salir a buscar trabajo a las tierras bajas. Desde principios de la década de los treinta, las organizaciones obreras y campesinas habían sido cooptadas por la corriente oficial del Partido Nacional Revolucionario (PNR) y subordinadas a la corriente cardenista del partido en Chiapas. Estos indígenas eran explotados por los finqueros y enganchadores; antes de empezar a trabajar ya estaban endeudados por lo cual "el gobierno federal tenía la obligación de organizar a la fuerza laboral indígena y asumir su función".[60]

La lucha por el control político de la región se manifestó en las elecciones para gobernador de 1936. Fue en este contexto que los cardenistas trajeron la revolución a los Altos. Los tzotziles y tzeltales constituían una tercera parte de la población y el mayor volumen de la fuerza de trabajo migratoria que sustentaba la producción agrícola destinada a la exportación. A pesar de ello nadie los había organizado políticamente. Si el PNR los movilizaba y

---

[59] Luis Chávez Orozco, *op. cit.*, p. 78.

[60] Erasto Urbina, *El despertar de un pueblo*, manuscrito inédito depositado en el Centro de Investigaciones Ecológicas del Sureste, San Cristóbal de las Casas, 1944, pp. 20 y 22, citado por Jan Rus, "La Comunidad revolucionaria institucional: la subversión del gobierno indígena en los altos de Chiapas, 1936-1968", en Juan Pedro Viqueira y Mario Humberto Ruz (eds.), *Chiapas, los rumbos de otra historia*, UNAM/CIESAS, México, 2004, p. 257.

supeditaba, se convertirían en una fracción importante de la coalición obrero-campesina con la que se podría ganar el control del
estado. Erasto Urbina fue el responsable de llevar a cabo esta tarea, debido a su participación en la Comisión del Trabajo de 1934,
y por conocer la región cafetalera, ya que había fungido como
funcionario de inmigración. Además, dominaba las lenguas tzotzil y tzeltal por haber nacido en San Cristóbal de Las Casas, de
padre mestizo y madre indígena oriunda de San Juan Chamula
(hablante de tzotzil). Urbina conocía las condiciones de explotación de los indígenas jornaleros:

> Comida insuficiente, tareas demasiado grandes, jornadas largas,
> por trabajar... a destajo. Los trabajadores que [protestaban eran]
> encarcelados para intimidar a los demás. Los domingos los peones
> [eran] obligados a acarrear leña, de modo que no tenían tiempo
> para bañarse, lavar su ropa o remendarla. Cuando estaban enfer-
> mos eran dejados solos en las galleras o en el campo, sin que se les
> proporcionara medicinas; hubo muertos.
>
> Al fugarse, los peones podían ser aprehendidos con facilidad
> en el trayecto hacia los Altos donde estaban apostados los guardias
> blancas que revisaban las tarjetas de personas que pasaban y si no
> las tenían selladas en señal de haber cumplido con su servicio en la
> finca, eran devueltos y castigados.[61]

Urbina supo del reclamo de comida de los indígenas y de la
negativa de los finqueros a aumentar la ración. Como funcionario de migración informó de ello a la Secretaría de Gobernación
y al Departamento de Trabajo, instituciones que enviaron a sus
inspectores. Así sirvió de enlace con los indígenas y juntos reco-

---

[61] Erasto Urbina, *Raza indígena del Estado de Chiapas*, s/e, 1944, p. 7, citado por Daniela Spencer, "Economía y movimiento laboral en las fincas cafetaleras de Soconusco",
en Brígida von Mentz *et al.*, *Los empresarios alemanes, el tercer Reich y la oposición de
derecha a Cárdenas*, vol. I, CIESAS, México, 1988, pp. 261-262.

rrieron la zona cafetalera y San Cristóbal, lugar donde comienza la explotación.[62] Además veía con ojos críticos a los enganchadores y la constante inmigración de trabajadores guatemaltecos. Por diferencias con su nuevo jefe, renunció a su cargo y encabezó la campaña electoral del candidato cardenista en Los Altos. Reclutó indígenas bilingües de la zona, a quienes había conocido en su juventud, para formar un comité electoral que visitaría todas las comunidades y daría a conocer la candidatura a gobernador de Efraín Gutiérrez por el PNR. Durante las elecciones, los miembros del comité que desempeñaron la función de inspectores de las elecciones federales, supervisaron el cierre de las urnas. Gutiérrez resultó el ganador gracias al voto indígena de Los Altos.

En enero de 1936 Urbina fue comisionado por la Procuraduría General de la República para organizar el "Sindicato de Trabajadores Indígenas" (STI) y reclutar a todos los trabajadores cafetaleros migrantes de la región. El 23 de diciembre del mismo año, en la reunión celebrada en la finca Las Maravillas propiedad de Juan Luttmann, quedó constituido el Sindicato, a pesar de la oposición manifiesta de los finqueros. Urbina tendría que ganarse la aceptación de los indígenas y consolidar la alianza. Sabía que no podía delegar responsabilidades en los ancianos que controlaban los ayuntamientos, tampoco podía confiar en los intermediarios bilingües que trabajaban para los antiguos secretarios municipales. Por lo tanto, se dedicó a buscar jóvenes bilingües y alfabetizados en todos los municipios para asignarles el cargo de escribanos en los ayuntamientos de sus comunidades.

Al tomar posesión Efraín Gutiérrez, el 1º de diciembre, debía llevar a la práctica el programa político cardenista; es decir, brindar protección a los indígenas a nivel laboral y estímulo a nivel educativo. Para ese fin formó a principios de 1937 el Departamento de Protección Indígena (DPI) y Urbina fue nombrado su

---

[62] *Idem.*

titular. Meses después se creó la Agencia Gratuita de Colo-
caciones, encargada de los contratos entre los peones y los
finqueros, con lo que quedaba eliminado el sistema de engan-
ches. Los representantes de la directiva del sindicato eran indígenas y desconocían la dinámica sindical, por ello eran aseso-
rados por el DIP.

Urbina se convirtió en el representante del DPI en la región.
Algunos indígenas lo acompañaban en sus recorridos por las
comunidades y fungían como interpretes en las oficinas del Departamento en San Cristóbal. Vigilaban a los ladinos que tenían
negocios en tierras indígenas, boicoteaban sus comercios, amenazaban a los contratistas explotadores y expulsaban a los trafi-
cantes de bebidas alcohólicas.

Asimismo, algunos agentes montados del Departamento invadieron y entregaron a un grupo de chamulas una finca expropiada por Urbina en los Altos. Respecto a este hecho uno de los
terratenientes expropiados expresó que:

el 13 de febrero de 1937, el señor Erasto Urbina llegó a mi rancho
San Antonio Las Rosas... con un grupo de individuos armados, y
sin tramitación legal, ni pedimento alguno de tierras, lo entregó en
unos cuantos minutos a un grupo de chamulas, so pretexto de ser
terrenos ociosos.[63]

Los trámites de la reforma agraria eran demasiado lentos y
de hecho nunca habían funcionado en Los Altos. Por estas razones Urbina se dedicó a embargar las propiedades y dejó que otros
más adelante se encargaran de realizar los trámites legales y las
indemnizaciones.[64] Con ello se ganó la simpatía de los indígenas y
en el verano de 1937 los delegados del sindicato fueron elegidos

[63] Jan Rus, *op. cit.*, pp. 260-261.
[64] Véase Daniela Spencer, "La reforma agraria en Soconusco y la contraofensiva del
finquero cafetalero", en Brígida von Mentz *et al.*, *op. cit.*, pp. 279-311.

por diferentes ayuntamientos, entre los jóvenes escribanos. Cinco de ellos eran chamulas, el secretario general tenía 22 años.

En febrero de ese año se fundó en San Juan Chamula el Sindicato Único de Trabajadores de las Fincas Cafeteras del Soconusco (SUTFCS) que adquirió la titularidad del contrato colectivo. Éste tenía a los mismos afiliados que el sindicato de Trabajadores Indígenas (STI). Seis meses después el Sindicato inició su primer reclutamiento masivo de trabajadores en San Cristóbal para la cosecha del café de otoño. A finales del año se habían inscrito casi 25 000 indígenas. La contratación de recolectores que no poseyeran una credencial del sindicato era ilegal. Las condiciones de trabajo de los indígenas mejoraron gracias a su representación, ya no habría más reclusiones en espera de la partida hacia las fincas, ni endeudamientos abusivos, ni obligación de adquirir uniformes en tiendas de raya y adelantos salariales estrictamente documentados. El primer paso del sindicato fue situar al gobierno entre los productores cafetaleros y su fuerza laboral. Los contratos de trabajo pasaron a ser colectivos, las empresas empezaron a pagar los gastos del viaje de Los Altos a las fincas. Se empezó a proporcionar servicios médicos básicos, el salario se llegó a pagar en efectivo semanalmente y el jornal se estipuló en $1.50. Los antiguos enganchadores se resistieron a este cambio e incluso trataron de asesinar a Urbina. Finalmente aceptaron que "el gobierno se dedicó a la tarea de asegurar un flujo constante de trabajadores hacia la zona cafetalera".[65]

Bajo este sistema los productores de café y sus contratistas depositaron toda la responsabilidad en los jóvenes funcionarios del sindicato, quienes recurrían incluso a la policía local para reunir a mayor número de trabajadores. Era necesario cumplir con las cuotas mensuales de contratación y aplicaban sanciones locales a los que abandonaran las fincas antes del término, castigos

---

[65] Jan Rus, *op. cit.*, p. 260.

que podían llegar a la cárcel. Durante todo este tiempo el STI no emplazó ni una sola vez a huelga y ninguno de los representantes indígenas recuerda haber participado en las sesiones de negociación entre finqueros y funcionarios del gobierno estatal. El sindicato no tenía una relación orgánica entre su liderazgo y sus miembros.[66]

Urbina no sólo se conformó con el control de las contrataciones sino también con el de los municipios indígenas. A finales de 1938 el DPI anunció que a partir del siguiente año sólo trataría con presidentes municipales bilingües, lo cual significaba que los ancianos quedarían excluidos. En algunos municipios no hubo oposición, como fue el caso de Zinacantán, pero en Chamula provocó un conflicto: Chamula tendría dos presidentes municipales: un anciano monolingüe promovido mediante el sistema tradicional de cargos y el otro un joven escribano, que sólo sería considerado como ayudante del presidente en Chamula, pero hacia el exterior representaría a la comunidad en calidad de presidente municipal en los tratos con el gobierno. Esa duplicidad se convirtió en un modelo para el resto de la región de Los Altos. Tras años de organizar sus comunidades y resguardarlas de la intromisión de los fuereños, los tzotziles y tzeltales se encontraron con el hecho que sus estructuras comunitarias habían sido cooptadas por el Estado y por el partido entre 1936 y 1940. Los terratenientes y finqueros también quedaron subordinados al gobierno federal como al partido.

Pero el STI y el DPI obedecían a los intereses del gobierno local, en tanto que la política indigenista del gobierno federal se ejercía a través del Departamento de Asuntos Indígenas (DAI). Esta oposición de políticas se hizo patente cuando:

el DAI se comprometió a cancelar las deudas de los trabajadores temporales de las fincas, algunas de las cuales se habían heredado de padres a hijos; y el DPI se encargó de establecer una vigilancia

[66] *Idem.*

estricta en el cumplimiento de los contratos y en el saldo de las deudas por parte de los indígenas.[67]

Contrariamente a lo que proponía la política cardenista, en esta región el resultado fue violento y no ayudó a liberar a los indígenas de los contratistas, sólo cambio de manos. Hacia 1940 se recrudeció el conflicto con motivo del Congreso Regional Indígena en San Cristóbal de Las Casas, promovido por el presidente Lázaro Cárdenas. A esta reunión concurrieron alrededor de 800 indígenas. Fue muy difícil llevarla a cabo por la diversidad lingüística de los pueblos del estado. El desempeño de los intérpretes del Departamento permitió conocer las necesidades de los indígenas. Este congreso marcó el momento culminante del enfrentamiento entre las instituciones federales y locales. Al término del mandato presidencial de Cárdenas, las políticas implementadas por el Departamento Autónomo de Asuntos Indígenas no continuaron y como consecuencia el gobierno local se fortaleció.

El Consejo Supremo Tarahumara

Los grupos indígenas de la Sierra Tarahumara se diferenciaban del resto de las comunidades indígenas por su dispersión, las características de su hábitat y su excelente condición física. Cuando se habla de las etnias de la región se hace alusión a los tarahumaras o *rarámuris*, y se omite a los otros tres grupos: *warijó* o warijíos, *ódami* o tepehuanes y *o'oba* o pimas, de los cuales se tiene menor información.

Desde su inicio los programas del Departamento de Asuntos

---

[67] Ma. Dolores París Pombo, "El indigenismo cardenista y la renovación de la clase política chiapaneca (1936-1940)", *Revista Pueblos y Fronteras digital. Tierra y Población en el Chiapas Decimonónico*, núm. 3 (2007), en la página web: http://www.pueblosyfronteras.unam.mx (consulta 21 de junio de 2008).

Indígenas se instauraron en la Sierra Tarahumara. Las tareas de
esta institución se centraron en la defensa de los derechos agrarios
de los núcleos indígenas a través de sus procuradores; el funcionamiento de las Misiones Culturales, ahora llamadas Brigadas de Mejoramiento Indígena y la operación de los Internados Indígenas,
rebautizados en 1938 como Centros de Capacitación Económica y
Técnica. En 1936 el general Cárdenas creó una comisión para elevar las condiciones de vida de los indígenas, integrada por representantes de los Departamentos del Trabajo, de Asuntos Indígenas,
Agrario, Forestal, de Salubridad y de las Secretarías de Educación,
Comunicaciones y Economía. Dicha comisión fue presidida por el
Departamento del Trabajo, la cual hizo una propuesta para la organización política del pueblo tarahumara y sugirió una nueva legislación indígena para el estado de Chihuahua. En ella se propuso una
autonomía indígena respecto a las autoridades estatales y federales,
como si se tratara de una etnia con una organización homogénea,
jerárquica y territorial, cuando en realidad estaba constituida por
un conglomerado de asentamientos y poblados dispersos entre los
cuales no existía una articulación orgánica.

En la Sierra Tarahumara se dieron intentos radicales del indigenismo, encabezados por:

un grupo de maestros, formados en los principios del nacionalismo, la escuela rural y el agrarismo cardenista, quienes, desde la óp-
tica del marxismo, comenzaron a pensar en las etnias serranas en
términos de nacionalidades, planteando abiertamente una larga lucha en torno a sus derechos agrarios, culturales y políticos.[68]

Los maestros eran: Francisco M. Plancarte, Ernesto y José
Cano Ruiz, José Hernández Labastida, J. Patrocinio López y Fran-

[68] Juan Luis Sariego Rodríguez, "Indigenismo e identidad en la Sierra Tarahumara", en
*El indigenismo en la Tarahumara. Identidad, comunidad, relaciones interétnicas y des-
arrollo en la Sierra de Chihuahua*, INI/Conaculta / INAH, México, 2002, p. 92.

cisco Javier Álvarez. Éstos descubrieron en la experiencia soviética una fuente de inspiración para enfrentar la situación de la
Tarahumara y organizaron un seminario de discusión sobre el
problema indígena en México y Chihuahua. De sus discusiones
teóricas pasaron a la acción, realizaron varias giras por la sierra y
diseñaron una estrategia basada en tres puntos: la lengua y la
cultura, la defensa de su territorio y la lucha por su organización
política. En el primero se implementaron medidas para reformar
la orientación y los métodos de la educación que se practicaban
en los internados indígenas de la región. Tenía como principal
meta oficializar la educación bilingüe y crear un cuerpo de maestros tarahumaras.

El indigenismo más radical giraba en torno a la tenencia de
la tierra, "[reivindicando] los derechos históricos de los pueblos
indios de la Sierra sobre sus tierras y bosques implicaba inevitablemente entrar de lleno al ámbito conflictivo de las relaciones
interétnicas".[69] Habían sido despojados de su territorio por los
mestizos que habían presentado escrituras apócrifas, mismas que
fueron legitimadas por las autoridades de Batopilas, siendo así
que la propiedad de la tierra cambió de manos. Los indígenas tarahumaras trabajaban en sus ranchos a base de terror. Ante estas
condiciones los maestros decidieron presionar a las autoridades
del Departamento Agrario exigiendo que atendieran las demandas de dotación de ejidos que muchas comunidades habían comenzado a tramitar desde los años veinte. Reclamaban el respeto
y hacer valer los viejos derechos de propiedad de los pueblos indígenas sobre su territorio.

El poblado de Guachochi, de unos 40 kilómetros de largo por
30 de ancho, situado en pleno corazón de la Tarahumara, abundante en agua, pastizales, tierras de cultivo y bosques, fue considerado como el lugar estratégico para recuperar el territorio y

[69] *Ibidem*, p. 93.

concentrar a la población. Consideraron incluso convertir a Guachochi en una gran "metrópoli indígena", donde se instalarían cooperativas, almacenes y talleres de maquinaria e implementos
agrícolas, aserraderos, escuelas, centros de salud y servicios diversos que cubrieran las necesidades de la población. Aspiraban a
que la ciudad fuera la sede del poder de la autonomía indígena.
Este proyecto debía culminar con la promoción de formas de organización y representación políticas, que al mismo tiempo que
les otorgara cierta autonomía del sistema tradicional de gobierno
sirviera de puente entre los indígenas y el gobierno nacional. Para
ello invitaron a un grupo de profesores tarahumaras que habían
estudiado en la Casa del Estudiante Indígena (entre 1928 y 1931)
y habían regresado a trabajar en la sierra. Algunos de ellos tomaron
parte activa en la política, llegando a ocupar puestos de representación popular en presidencias municipales y diputaciones estatales.

En 1935 los maestros idearon crear el Consejo Supremo Tarahumara. Para su consecución era necesario convencer a los gobernadores de los pueblos o *siríames* de las ventajas de este nuevo organismo. Se trataba de crear una organización con un peso
político que representara las demandas indígenas, que terminara con la atomización de los núcleos indígenas y su desvinculación
con el resto de la nación. Cuatro años después se convocó a la
realización del Congreso de la Raza Tarahumara o Asamblea de
Gobernadores de Pueblos o *siríames* y representantes indígenas
en Guachochi. Éste contó con el apoyo del presidente Cárdenas
y del gobernador de Chihuahua, Gustavo L. Talamantes, quien lo
presidió. Las sesiones tuvieron una duración de tres días en las
que se discutieron ampliamente los problemas agrarios, forestales, agropecuarios, educativos, de comunicación y de salubridad,
así como quejas contra grupos mestizos presentadas por los gobernadores tarahumaras.

El acuerdo más importante del congreso fue la conformación del Consejo Supremo Tarahumara, concebido como un ór-

gano de defensa y gestión de las innumerables demandas, expresadas a través de los gobernadores. También se acordó nombrar como dirigentes del consejo a los siguientes maestros indígenas: Ignacio León Ruiz, Eleuterio Rodríguez Calleja, Patricio Jaris Rosalío, Santiago Recalache García y Francisco Martínez Aguirre. En calidad de delegados quedaron los 150 gobernadores de los municipios de Guadalupe y Calvo, Morelos, Nonoava, Balleza, Carichí, Bocoyna, Urique, Batopilas, Chínipas, Ocampo, Guazapares, Uruachi y Guerrero.

La tenencia de la tierra
en las comunidades indígenas

La mayoría de las comunidades indígenas habían sido despojadas de la tierra de sus ancestros, sus sitios simbólicos, y reclamaban su restitución. A pesar de la intención de la reforma agraria, las dificultades procesales derivadas de la exigencia de probar la propiedad original con títulos primordiales y su ilegítimo despojo lo impidieron. Sólo se llevaron a cabo 500 restituciones de 30 000 núcleos agrarios. Cárdenas aceleró el reparto agrario. Durante su mandato se ejecutó la

> dotación de tierras con superficie de 17 890 000 has. [...] en beneficio de 774 009 jefes de familia. De éstos, alrededor de 200 000 fueron indígenas. [...] Cárdenas consideró que el reparto de la tierra sólo resuelve un aspecto del problema agrario, de ahí que a esa conquista, tiene que seguirla el crédito, la técnica, el mejoramiento de las especies animales, la introducción de semillas mejoradas, las obras de riego, la fertilización de la tierra y, principalmente, la organización que haga posible lograr altos rendimientos que sólo se pueden alcanzar, dentro de las condiciones del agro mexicano mediante la explotación colectiva. Cárdenas afirmó: "Las piedras fun-

damentales de las nuevas granjas colectivas de México, son la psicología comunal de los indios.[70]

El reparto trajo consigo cambios estructurales en las comunidades agrarias que acabaron asimilándose al ejido como forma de organización de la propiedad social con las mismas instancias de autoridad: la asamblea, el comisario de bienes comunales y el consejo de vigilancia. Históricamente, los bienes comunales habían sido la forma de propiedad entre los indígenas. Esto provocó confusión e hizo que se llamara comunidad indígena a la comunidad agraria y originó una ambigüedad entre la comunidad y la propiedad indígena. Por tales causas hubo más indígenas ejidatarios que comuneros.[71] Por razones prácticas y económicas todo lo concerniente a las restituciones, dotaciones y ampliaciones de tierra se dirimían en las capitales de los estados, únicas sedes de las oficinas agrarias.

El Congreso Interamericano Indigenista

La política indigenista del general Cárdenas había sido construida e institucionalizada. Se habían resuelto muchos problemas y otros estaban pendientes. México se había perfilado continentalmente como innovador en las políticas públicas encaminadas al mejoramiento e incorporación de la población indígena. Por ello, durante la VII Conferencia Internacional Americana, celebrada en Montevideo en 1933, la delegación mexicana sometió a consideración de la Asamblea una iniciativa para que

[70] Luis Torres Ordóñez, "Comentarios: reflexiones sobre Cárdenas y el indio", en *Acción y pensamiento vivos de Lázaro Cárdenas*, Conferencias al cumplirse un año de su muerte en la Sociedad Mexicana de Geografía y Estadística, Federación Editorial Mexicana, México, 1973, p. 163.
[71] Véase Arturo Warman, "La población indígena y el reparto de la tierra", en *El campo mexicano en el siglo XX*, FCE, México, 2004, pp. 98-111.

como muestra de interés de los gobiernos americanos a favor de los indios, que constituyen gran porcentaje de reserva y población, podría celebrarse un Congreso Indígena Americano, al cual concurrirían individuos de raza indígena capacitados para afrontar el estudio de los puntos del programa del Congreso, o, en todo caso, elementos identificados con los problemas del mismo.[72]

La Unión Panamericana organizó un congreso destinado a estudiar los problemas de la población indígena de América y resolvió celebrarlo en La Paz, Bolivia. En la VIII Conferencia Internacional Americana en Lima en 1938 se reiteró la recomendación hasta entonces incumplida y se instó a los gobiernos americanos a hacerse representar en dicho congreso que debía efectuarse en agosto de 1939. Ante un nuevo aplazamiento del gobierno boliviano, el gobierno mexicano se ofreció como sede. Del 14 al 24 de abril de 1940 se llevó a cabo el Primer Congreso Indigenista Interamericano en Pátzcuaro, Michoacán.

En el Reglamento del congreso se establecieron tres categorías de participantes:

a) Los delegados oficiales de los países invitados.
b) Representantes genuinos de los principales grupos indígenas de cada país, igualmente designados por los gobiernos de dichos países.
c) Los miembros del Comité Organizador, que lo serían *ex oficio.*

Después se creó una nueva categoría de carácter consultivo, que correspondió a instituciones e individuos.

Al congreso asistieron la mayoría de los países del continente. Participaron representantes oficiales, diplomáticos y fun-

---

[72] Miguel Othón de Mendizábal, "El Primer Congreso Indigenista Interamericano", en *op. cit.*, vol. IV, p. 326.

cionarios administrativos, que tenían a su cargo el trabajo social y educativo en los medios indígenas de los diversos países, especialistas y representantes indígenas. Las delegaciones oficiales de cada país, independientemente del número de representantes, tendrían un solo voto.

El Comité Central Organizador de México dividió el trabajo del Congreso de la siguiente manera:

1. Biológica. Alimentación, habitación, vestido, menaje doméstico. Problemas económicos y culturales. Enfermedades, epidemias, vicios, maternidad e infancia. Problemas que afectan la salubridad regional y la vida. Situación actual de la higiene pública y asistencia social y proyectos para su mejoramiento.

2. Económica. Localización geográfica de los grupos, situación agraria. Agricultura, explotaciones forestales, caza y pesca. Utilización de otros recursos naturales. Régimen de producción, tecnología. Gravámenes oficiales y particulares. Comunicaciones. Comercio. Proyecto de mejoramiento tecnológico para elevar la productividad. Rendimiento del trabajo, salarios, costos de la vida, proyectos para elevar el estándar real de la vida del indígena.

3. La acción educativa en los medios indígenas. Sus fines y sus métodos. Crítica de los resultados obtenidos. Proyecto de intensificación y mejoramiento. El problema lingüístico. El grado de difusión de la lengua nacional. La supervivencia de las lenguas indígenas. La enseñanza monolingüe y bilingüe.

4. Social. Organización interior de los grupos indígenas. Relaciones entre los diversos grupos de una misma región. Relaciones con las autoridades civiles y eclesiásticas.

5. Jurídica. Exposición y crítica de la situación jurídica de

las comunidades. El problema de las legislaciones priva-
tivas. Reformas legislativas tendientes a estimular el mejoramiento de las condiciones económicas, sociales, culturales y políticas de los grupos indígenas.

En su discurso inaugural, el presidente Lázaro Cárdenas
señaló:

> Al indígena deben reconocérsele derechos de hombre, de ciudada-
> no y de trabajador, porque es miembro de comunidades activas,
> como individuo de una clase social que participa en la tarea colec-
> tiva de la producción [...] que ha trazado las veredas por donde
> circula desde hace siglos la vida comercial de las comarcas y ha
> conservado sus sistemas de trabajo, mientras puede adaptarse a las
> necesidades de la gran industria moderna.
>
> Por ello, la unidad indígena, más aún que por el color de piel, y
> que por las formas externas de la organización política o de las ma-
> nifestaciones del arte, se advierte en su posición de clase oprimida,
> destinada a subsistir en las más duras labores agrícolas, en las más
> antihigiénicas tareas de las minas, en los campos petroleros, en los
> bosques y en todas partes en donde el trabajo barato sirve de base a
> las empresas de explotación.
>
> [...] Ahora queremos encontrar la forma de emancipación
> efectiva y la supresión de los privilegios injustos y artificiales. Esto
> es lo que debemos buscar en los trabajos del Congreso Indigenista
> Interamericano...[73]

El general Cárdenas consideró que los indígenas poseían la
capacidad necesaria para abordar la discusión de los temas que
afectaban su vida: salubridad, economía, cultura y justicia. Asimismo, reconoció la influencia que las ciencias sociales habían

---

[73] Lázaro Cárdenas, "Discurso de Pátzcuaro, 1940", en *Palabras y documentos públicos*,
1928-1940, vol. 1, Siglo XXI, México, 1978, p. 402.

ejercido al activar los proyectos mexicanos fundados en el reconocimiento del indio como ser social, capaz de conservar su integridad cultural. Declaró que México buscaba métodos y técnicas para mejorar la salud y la higiene, así como para participar en asuntos de las comunidades locales y lograr un cambio progresivo en la vida económica, social y política de la nación. La masa indígena, sus representantes, los intelectuales y los políticos fueron actores fundamentales para crear una política indigenista que sería retomada sexenios después y que perduraría durante muchas décadas.

La delegación mexicana al Congreso estuvo presidida por Luis Chávez Orozco. Sin embargo, la voz de la delegación fue la de Vicente Lombardo Toledano, quien además de ser el líder de la Confederación de Trabajadores de México (CTM), se había ganado la reputación del teórico y táctico de la ideología y práctica revolucionarias.[74] Otros miembros de la delegación fueron profesionales de las ciencias antropológicas, como Manuel Gamio, Moisés Sáenz, Miguel Othón de Mendizábal, Alfonso Caso, Daniel Rubín de la Borbolla, Gilberto Loyo y Mauricio Magdaleno, así como los estudiantes Julio de la Fuente y Alfonso Villa Rojas. Entre los maestros extranjeros estaban Mauricio Swadesh, Norman McQuown y Pablo Kirchhoff, quienes contribuyeron como miembros de la delegación mexicana a configurar la nueva política indigenista. Debe destacarse que William Cameron Townsend no figuró como delegado, pero su influencia se hizo presente en las resoluciones sobre el uso de las lenguas indígenas.

En los debates los lemas sobre la redención e incorporación del indio fueron sustituidos por "emancipación e indigenismo científico". Los estudios metodológicos se centraron en aplicar los resultados de la investigación entre los pueblos indígenas para resolver problemas prácticos. Los mexicanos llegaron a la conclu-

---

[74] Véase Gonzalo Aguirre Beltrán, "Introducción", en Vicente Lombardo Toledano, *op. cit.*, p. 38, y Gastón García Cantú, *Excélsior* (19 y 24 de julio de 1984).

sión de que era necesario solucionar el problema económico antes que el cultural, por ello Vicente Lombardo Toledano expresó:

> La delegación de México ante este congreso presentó una iniciativa relacionada con el problema de proporcionar tierra, aguas, crédito y ayuda técnica a los núcleos de indígenas. [...] ya no hablamos de incorporar al indígena a la civilización, [...] a la cultura, ahora hablamos de incorporarlo a la economía del país, y más aún, hablamos de hacer de los indígenas organizados, económica y técnicamente, un factor de importancia en la vida social de México. [...] Hemos hallado que la única solución posible consiste en colocar a los indígenas en el mismo plano de posibilidades que los mestizos y los blancos.
>
> [...] Ya no pensamos en que la escuela pudiera redimir al indio, si antes no hay tierras para el indio, [...] La escuela ha sido un factor trascendental, decisivo, cuando la comunidad cuenta con los recursos materiales indispensable para poder realizar su progreso.[75]

La conclusión que aprobó la Sección de Asuntos Económicos-Sociales fue la misma presentada en la iniciativa de México. Lombardo expresó que no se trataba de seguir la experiencia mexicana como una lección, "pretendemos ofrecerla como un camino, porque ella misma ha planteado y ha resuelto muchos problemas que todavía están por definirse y resolverse en otros países, puede servir de objeto de análisis".[76] Otras aportaciones de los delegados mexicanos fueron de gran importancia para el desarrollo y éxito del congreso. De las 72 dos recomendaciones a que se llegó, podemos mencionar, entre otras, la realización de planes integrales en la investigación de los pueblos indígenas; la

---

[75] Vicente Lombardo Toledano, "Discurso pronunciado por Vicente Lombardo Toledano, Delegado de México, respecto al problema fundamental del Indio (1940)", en Vicente Lombardo Toledano, *op. cit.*, pp. 127-135.

[76] *Idem.*

creación de un congreso de lingüística aplicada a los idiomas amerindios; utilización de la antropología aplicada para planear y administrar programas encaminados al bienestar del indio; aportaciones de los etnólogos a la solución de los problemas que afectan a los grupos indígenas; posición de las ciencias antropológicas frente a los problemas de los núcleos indígenas; protección de las artes populares indígenas y la integración de la comunidad indígena a la comunidad nacional.

Los mexicanos admitieron que el ideal de prosperidad del indio no podría alcanzarse en el espacio de una generación, como tampoco se podría lograr sin que una institución central se encargara de difundir la información y de coordinar los programas basados en principios e investigación fundados en las ciencias sociales. Para ello, el congreso propuso que cada país estableciera una organización especial —un instituto nacional— para la elaboración de programas de promoción e investigación de la población indígenas. Estos institutos nacionales habrían de quedar afiliados con libertad al Instituto Indigenista Interamericano, que fue fundado en México, en 1940. Se designó como su director a Moisés Sáenz, pero su inesperada muerte llevó a nombrar como sustituto temporal a Carlos Girón Serna. Finalmente Manuel Gamio se convirtió en su dirigente. Como primer paso para la difusión de la investigación y del progreso logrado por los científicos sociales de las Américas, esta organización empezó a publicar la revista *América Indígena* y el *Boletín Indigenista*, que proporcionaron valiosa información sobre todas las actividades de antropología social aplicada en México. Su primer ejemplar apareció en 1941.

Asimismo, los antropólogos mexicanos propusieron la sustitución del término indianismo por indigenismo. Subrayaron su convicción de que el "problema indio" no era un problema racial, toda vez que el aislamiento y el subdesarrollo eran generales de la población rural. El problema consistía en las diferencias culturales que separaban a los indígenas de la cultura nacional. La delegación mexicana deseaba conseguir que el gobierno ratificara una política definida por ellos como protección y desarrollo de los indígenas. Demandaban además que las ideologías cambiantes que sustentaban los más altos funcionarios de la nación no afectaran la teoría y la práctica del indigenismo, ni tampoco se interrumpieran los programas a causa de los cambios en el liderazgo político de cada sexenio.[77]

La creación del Instituto Nacional de Antropología e Historia

Desde las postrimerías del siglo XIX los monumentos arqueológicos fueron revalorizados como una expresión de la cultura del pueblo, y el estudio de éstos permitió develar nuestro origen, la historia de los primeros pobladores del territorio mexicano.

El principal objetivo durante el Porfiriato fue la proyección internacional de una imagen gloriosa y espectacular del pasado mexicano, que era exaltado desde el poder político y aceptado como un valor en la formación de la nacionalidad y de la conciencia identitaria colectiva.

La preocupación por fijar el pasado prehispánico como parte de una herencia universal, es decir, de inscribirlo en el proceso civilizador [...] fue la responsable del desarrollo de algunos de los proyectos arqueológicos de mayor envergadura durante el Porfiriato [...] entre ellos destacan los de Leopoldo Batres en Mitla, Monte Albán, Xochicalco y sobre todo los de Teotihuacan, en especial los trabajos realizados en la Pirámide del Sol [...] como parte de los festejos del centenario del movimiento de independencia de México.[78]

---

[77] Véase Shirley Brice Heat, *op. cit.*, pp. 180-184; Juan Comas, *op. cit.*, pp. 48-50.

[78] Enrique Nalda, "La arqueología Mexicana", *Arqueología*, 5° aniversario, vol. V, núm. 30 (marzo-abril de 1998), pp. 7-8.

Los planteamientos del patrimonio cultural del país y su conservación de Manuel Gamio transformaron la visión sobre éste y repercutieron en las medidas adoptadas oficialmente por los gobiernos posrevolucionarios, pues colocó a los pueblos indígenas en el centro de atención y dio un giro a la dirección del mensaje de la revaloración patriótica del pasado; como un elemento de cohesión social e identidad cultural.

Después del triunfo revolucionario el estado asumió la salvaguarda del patrimonio como parte de sus funciones y postulados nacionalistas. La Dirección de Monumentos de la Secretaría de Educación Pública llevó a cabo una revisión en todo el país de los monumentos arqueológicos que habían sido dañados, y la revisión de los posibles conflictos originados por la tierra en que existían restos arqueológicos. Se realizaron levantamientos cartográficos y condujeron los procesos judiciales necesarios para conferir a la nación la indudable propiedad de los sitios arqueológicos. Se estableció el triple propósito de delimitar las zonas, protegerlas y adjudicar legalmente su posesión al Estado.[79]

En 1923 Gamio publicó un proyecto de ley para la conservación y el estudio de los monumentos arqueológicos de la República: la Ley Arqueológica Mexicana fue aprobada en 1939, y dictaminó que el comercio y el saqueo de objetos arqueológicos constituye un caso de ilegalidad que deberá ser sancionado, y estableció que los sitios arqueológicos son de propiedad federal, por lo que el gobierno tiene la responsabilidad de su custodia. La institución encargada del cumplimiento de estos objetivos es el Instituto Nacional de Antropología e Historia (INAH), creado a través de la Ley Orgánica publicada en el *Diario Oficial de la Federación* el 3 de febrero de 1939, que le confirió las siguientes atribuciones:

---

[79] Véase Jaime Litvak y Sandra L. López Varela, "El patrimonio arqueológico. Conceptos y usos", en Enrique Florescano (coord.), *El patrimonio nacional de México*, t. II, Conaculta/FCE/Biblioteca Mexicana, México, 1997, p. 191.

—Exploración de las zonas arqueológicas del país.

—Vigilancia, conservación y restauración de monumentos arqueológicos históricos y artísticos de la República, así como de los objetos que en dichos monumentos se encuentren.

—Investigaciones científicas y artísticas que interesen a la arqueología e historia de México, antropológicas y etnográficas, principalmente de la población indígena del país.

—Publicación de obras relacionadas con las materias expuestas en las fracciones que anteceden.

—La demás que las leyes de la República le confieren.[80]

La institución nació con pocas dependencias. Éstas fueron el Departamento de Monumentos Históricos, Artísticos y Arqueológicos, entonces integrado a la SEP, y el Museo Nacional de Arqueología, Historia y Etnografía. Por disposición de su ley orgánica, el Departamento de Monumentos quedó dividido en las direcciones generales de Monumentos Prehispánicos y Monumentos Coloniales y además se creó el Museo Nacional de Historia. Al frente del instituto quedó el doctor Alfonso Caso, que tenía la obligación de asesorarse por un Consejo Consultivo compuesto por los jefes de las dependencias y por el personal técnico para las declaraciones de monumentos, proyectos, obras, permisos y expedición de normas generales. Para tal efecto contaba con una Comisión de Monumentos que estaba formada por representantes de diversas instituciones gubernamentales, científicas, profesionales y de la Universidad Nacional.

El instituto tenía a su cargo la protección de los monumentos, los museos, los archivos, las bibliotecas y posteriormente la Escuela Nacional de Antropología. Inició la sistematización de

[80] Julio César Olivé Negrete y Francisco González Rul, "Instituto Nacional de Antropología e Historia", en Carlos García Mora (coord.), *La antropología en México, panorama histórico*, vol. 7, *Las instituciones*, INAH, México, 1988, pp. 206-229 (Colección Biblioteca INAH).

los museos regionales, locales y de sitio y concentró el acervo bibliográfico y documental en la Dirección de Publicaciones y Bibliotecas, bajo la responsabilidad del profesor Antonio Pompa y Pompa. Se organizó una Subdirección Administrativa, la Secretaría General, y posteriormente los Departamentos de Museografía, Promoción y Difusión.

Al arquitecto Ignacio Marquina se le responsabilizó de la Dirección de Monumentos Prehispánicos, destinado a la investigación y protección de los monumentos arqueológicos así como a la restauración de las zonas. Los monumentos coloniales e históricos quedaron encomendados a la dirección de ese nombre, encabezada por el profesor Jorge Enciso. Las investigaciones de antropología física, etnología y lingüística se mantuvieron al principio dentro del Museo Nacional, del que era director el doctor Daniel Rubín de la Borbolla. Las investigaciones prehistóricas estuvieron a cargo de Pablo Martínez del Río, Manuel Maldonado, Luis Aveleyra. Las investigaciones etnohistóricas quedaron bajo la responsabilidad del profesor Wigberto Jiménez Moreno.

Las investigaciones arqueológicas dirigidas por el doctor Alfonso Caso, en las que destacó el doctor Ignacio Bernal, arrojaron luces sobre los orígenes del calendario y de la escritura en las culturas prehispánicas, logrando descifrar algunos códices mixtecas, y el conocimiento de la secuencia dinástica de los señoríos correspondientes, por la lectura de sus propias fuentes escritas hasta el siglo VIII de nuestra era. Las excavaciones arqueológicas realizadas en Tula por Jorge Acosta permitieron establecer las secuencias culturales teotihuacanas y toltecas.

En cuanto a la lingüística en México no había suficientes profesionales, como hemos señalado en páginas anteriores, lo cual permitiría años más tarde otorgar la responsabilidad de los proyectos de educación indígena a extranjeros, en particular al Instituto Lingüístico de Verano.

Con la creación del Instituto Nacional de Antropología e Historia se concretaron las preocupaciones de un siglo sobre la conservación del patrimonio, influenciadas por las demandas de un nuevo proyecto cultural de Estado; el instituto fue:

> ... un parteaguas histórico, entre el México pequeño, intenso y agrario y la incipiente pero segura modernización industrial. Se concibe como un organismo que cumplirá objetivos centrales para la identidad cultural del país, en momentos de fuerte transformación de los modos de vida y de los conocimientos, en una palabra, de todo el campo de la cultura.[81]

La concreción de esta política a favor del rescate del patrimonio arqueológico e histórico pudo desarrollarse y legitimarse a partir del proyecto nacionalista del general Cárdenas, toda vez que sus ideas indigenistas no se limitaron al mejoramiento de las comunidades indígenas sino también a la apropiación del pasado prehispánico como un legado cultural de los mexicanos, en el que había que buscar nuestras raíces.

Conclusiones

La política indigenista en sí misma posee una contradicción al ser su objetivo la incorporación del indígena a la cultura nacional, negando su derecho a la diferencia. Sin embargo, las acciones emprendidas durante el gobierno de Cárdenas demostraron que había que mexicanizar al indio sin desindianizarlo. El tema indí-

---

[81] Carlos San Juan, "La creación del INAH, notas sobre cultura y poder en el México contemporáneo", en Sonia Lombardo (coord.), *Primera reunión para definir una política nacional de conservación de monumentos*, p. 6, citado por Sonia Lombardo de Ruiz, "El Patrimonio arquitectónico y urbano", en Enrique Florescano (coord.), *El Patrimonio...*, *op. cit.*, p. 220.

gena, que había sido tratado como un problema de los indios, a partir de este momento se reconoció como un problema de una nación pluriétnica y multilingüística.

Fue el general Cárdenas el primer mandatario en reconocer la diversidad de la población, e implementar políticas encaminadas al mejoramiento de sus condiciones de vida y educación escolarizada. Para ello creó el Departamento Autónomo de Asuntos Indígenas e institucionalizó los congresos indígenas para oír directamente sus demandas. Las soluciones se fueron dando determinadas por las regiones. El indígena no sólo era el destinatario de la política indigenista, sino un legítimo interlocutor del gobierno.

El general Cárdenas manifestó durante el primer Congreso Indígena que su gobierno no cesaría en tratar de resolver los problemas que aquejaban a las comunidades. Cada región era diferente, sin embargo, siempre apareció constante la demanda por la tierra, tierra que se les había arrebatado desde la Conquista y se agudizó con la expedición de las Leyes de Reforma, durante el mandato del presidente de origen indígena, Benito Juárez. La tierra de las comunidades indígenas les fue despojada y fueron orillados a vivir en lugares de difícil acceso, en una geografía accidentada y en ocasiones en laderas y barrancos; en su mayoría tierras de bajo rendimiento agrícola. Con las Leyes de Baldíos y las compañías deslindadoras durante el Porfiriato también se despojó a gran parte de la población de sus tierras. Los indios pasaron a formar parte de la mano de obra en las haciendas y plantaciones, 50% de los indios fueron sometidos al sistema del peonaje. La tierra era indispensable para subsistir, sin ella, sin territorio no había comunidad. El general Cárdenas repartió gran cantidad de tierras ejidales. La mayor parte de los ejidatarios se afiliaron a la Confederación Nacional Campesina, formando parte de esta organización obrero-campesina, organizados políticamente como fue el caso de los trabajadores en las fincas del Soconusco, o los Tarahumaras. Además este tipo de organización trajo consigo su afiliación al partido y pasaron a formar parte de una masa votante, ejerciendo así sus derechos políticos. Muchas comunidades se reconstituyeron y en algunos casos la repartición de las tierras no tuvo los resultados esperados.

Las obras y litigios demandados se llevaron a cabo en su mayoría, unos resueltos por el gobierno, otros por los caciques locales, o por los maestros. Sin embargo, un buen número de problemas quedaron pendientes.

Cabe destacar que se hizo un gran esfuerzo por conocer las necesidades y por comunicarse con las diferentes etnias del país. Se puso especial interés en la instrucción en lenguas indígenas. Estos esfuerzos fueron abandonados por el presidente Ávila Camacho. Otra razón fue la coyuntura de guerra, ya que los lingüistas estadunidenses fueron requeridos por el ejército de su país. El desempeño llevado a cabo por los lingüistas extranjeros fue un gran aporte a la enseñanza en las lenguas indígenas y al desarrollo de la disciplina lingüística.

Con la creación del Departamento de Asuntos Indígenas la ciencia antropológica tuvo un gran desarrollo. La Antropología Social Aplicada surgió en esta época, los mexicanos fueron los grandes pioneros en este campo. México se perfiló en América Latina como un innovador en la creación e implementación de la política indigenista, lo cual se puso de manifiesto durante el Primer Congreso Indigenista Interamericano.

A pesar de que las acciones implementadas para mejorar las condiciones de vida de la población indígena del país durante el periodo cardenista no tuvieron una continuidad inmediata, se sentaron las bases de una política que años más tarde sería retomada y aplicada durante muchas décadas. Puede afirmarse que se fortalecieron las comunidades y su diversidad, tal vez no se generaron las condiciones para su reconocimiento, pero el tiempo hizo que se consolidaran.

Si bien la apropiación del pasado prehispánico ayudó a la

construcción de la identidad nacional y a legitimar el discurso nacionalista de Estado, no podemos soslayar el desempeño del Instituto Nacional de Antropología e Historia que ha sido el responsable de la custodia, administración, investigación y difusión del patrimonio arqueológico e histórico de los mexicanos, además de gran parte de la investigación antropológica.

Como comentó el general Cárdenas a Townsend "el problema indígena era imposible resolverlo en seis años, pero esto no es ninguna excusa para abandonarlo", por esta razón Townsend lo nombró "el primer presidente de los indios".

El nuevo presidencialismo, corporaciones y partidos políticos durante el cardenismo

JAVIER MAC GREGOR CAMPUZANO*

> El miércoles pasado, a eso de las once de la mañana, el Teatro de Bellas Artes fue invadido por quinientos delegados de los sectores obrero, campesino, militar y popular, y presenció —sufrido, acojinado—, el arte no muy bello de formar partidos revolucionarios.
>
> SALVADOR NOVO
> México, D. F., 9 de abril de 1938[1]

Introducción

El presente ensayo se aboca a estudiar la forma en que se desarrollaron las principales agrupaciones políticas y su relación con las organizaciones sociales durante el periodo intermedio del cardenismo.

El eje de esta perspectiva será el análisis de la transformación del Partido Nacional Revolucionario en Partido de la Revolución Mexicana entre marzo y abril de 1938, pues su transfigu-

---

* UAM-Iztapalapa.

[1] Salvador Novo, *La vida en México en el periodo presidencial de Lázaro Cárdenas*, INAH/Conaculta, México, 1994, p. 247.

ración impactó de manera directa la estructuras y propuestas del conjunto de las organizaciones políticas del periodo, e imbricó, sin mediaciones, a las más importantes agrupaciones obreras, campesinas y populares cuyo anhelo de participación política crecía incesantemente.

La transformación del partido oficial en un partido de sectores sólo fue posible una vez que el poder presidencial estuvo plenamente consolidado. Cualquier intento de modificación previa a esto hubiera sido vana y hubiera, quizás, socavado de manera más directa a la rama ejecutiva de la nación. Pero este cambio, logrado en medio de los consensos fundamentales, apuntaló la estructura política necesaria para continuar y consolidar el proceso de reformas sociales en que el gobierno cardenista se había embarcado.

Comunistas, "socialdemócratas", trotskistas, cetemistas, campesinos, laboristas, antiguos agraristas, todos fueron sacudidos por la metamorfosis penerreana, y si acordamos con Thomas Benjamin que, en este periodo, y "de manera considerable, la historia del partido de la revolución es la historia del estado mexicano posrevolucionario", entonces podemos dimensionar la magnitud de la importancia política de este proceso.[2]

La historiografía sobre los partidos políticos en México es muy extensa, y abarca desde los panoramas generales (Fuentes Díaz, Daniel Moreno, Martha Singer, Jesús Anlen, Osorio Marbán, León y G. Pérez, entre otros), hasta los recuentos detalladísimos sobre el hasta hace poco partido oficial: el PRI (Osorio Marbán, González Compeán, Alejandra Lajous, Luis Javier Garrido, Marván/León/Loyola/Peschard, etcétera).

---

[2] Thomas Benjamin, "The Leviatán on the Zocalo. Recent Historiography of the Postrevolutionary Mexican State", *Latin American Research Review*, vol. XX, núm. 3 (1985), p. 210. En lo que concordarían Marván y León al asentar que este movimiento "dio lugar no sólo a una reestructuración del partido, sino a una refundamentación del propio Estado mexicano", Samuel León e Ignacio Marván, *En el cardenismo (1934-1940)*, Siglo XXI/ IIS, UNAM, México, 1985, p. 300 (La Clase Obrera en la Historia de México, núm. 10).

La perspectiva adoptada por este capítulo no difiere en manera sustancial de muchos de los planteamientos ya contenidos en algunas de las obras anteriores, pero enfatiza el abordaje del proceso desde la perspectiva crítica de las modernizaciones, en su carácter progresivo o retardatario. Nuestra hipótesis es que desde la perspectiva del gobierno de Lázaro Cárdenas, y como mecanismo indispensable para apuntalar políticamente el desarrollo de las reformas cardenistas, el Partido de la Revolución Mexicana desempeñó un papel fundamental como catalizador de la acción política popular, y como definidor del proceso de transición hacia una nueva etapa política nacional; en este sentido, no podemos decir que se trató de un mero cambio de denominación.

Los años de 1936 a 1938 contienen los hechos y procesos más significativos para la explicación cabal de esta etapa histórica. Si bien es cierto que su esclarecimiento pleno requeriría de su abordaje desde una perspectiva temporal mucho más amplia, considero que en este breve intervalo se contienen los elementos fundamentales para dar cuenta de su plena significación.

Las fuentes para el estudio de los partidos y sus vínculos con las organizaciones sociales son muy variadas. Por supuesto, como ya mencioné las fuentes secundarias, particularmente la bibliografía es muy amplia, y es necesario valorarla para ubicar la aportación específica de este ensayo. Respecto a las fuentes primarias, el material principal utilizado por los historiadores hasta ahora ha sido la prensa, pero aparece como cada vez más necesario su diversificación y despliegue. A este respecto, la sistematización cada vez mayor de documentos de archivo relacionados con los partidos políticos, las elecciones, la relación centro-estados, el ejército, y la gestión de la administración pública en general (por ejemplo, a través del grupo documental de la Dirección de Investigaciones Políticas o el de la Dirección General de Gobierno contenidos en el Archivo General de la Nación), arroja información y perspectivas novedosas, que si bien no significa necesariamente una visión radicalmente diferente sobre la cultura política de la primera mitad del siglo xx, sí contribuyen a tener un panorama cada vez más rico y pleno de matices de la misma.

Uno de los temas centrales desde una perspectiva como la que enmarca este trabajo —la historia crítica de las modernizaciones— debe señalar, o cuestionar cuando menos, qué elementos del engranaje político fueron los que se mantuvieron y cuáles cambiaron durante los años en que se ubica este trabajo.

Indudablemente, las piedras angulares del sistema a partir del cual se llevaron a cabo las reformas cardenistas —presidencialismo y partido de estado fuerte— ya existían en el país antes de la llegada del general michoacano a la presidencia. Incluso, temas considerados como emblemáticos de la administración cardenista, como la educación socialista, el reparto agrario o el incremento de la movilización obrera, se habían manifestado ya con fuerza desde antes de diciembre de 1934. Y sin embargo, la llegada de Cárdenas al poder los resignificó de manera tal que, en conjunto con el resto de las políticas públicas instrumentadas, marcan a este sexenio como una etapa histórica clave dentro de la evolución política del país. Para decirlo con palabras de Luis Javier Garrido refiriéndose al partido del Estado, "hubo una ruptura y una continuidad"; trasladado esto al conjunto político y social del país, podemos decir que hubo muchas rupturas y muchas continuidades, que deberán ser aquilatadas de manera sistemática conforme nuevas investigaciones y nuevos acervos documentales se lleven a cabo. Este es, naturalmente, un proceso historiográfico continuo al cual esperamos aportar, cuando menos una síntesis clara.

Cardenismo

Al igual que Alan Knight analiza la historiografía de la Revolución mexicana a partir de diversas generaciones de sus estudiosos, podemos analizar el sexenio cardenista a partir de la obra de diversos autores, cuya ubicación en el tiempo caracteriza en buena medida el sentido y significación de su gestión. Así, por ejemplo, tenemos también una primera generación de estudiosos del periodo cardenista que al igual que en la tipología del historiador inglés, podemos definir como testigos-participantes: Frank Tannenbaum, Silvia y Nathaniel Weyl, Emilio Portes Gil, Ramón Beteta, Antonio Bahamonde, William C. Townsend, Miguel Ángel Velasco, Salvador Novo, Alfonso Taracena y Verna Carleton Millan, entre otros, escribieron testimonios o caracterizaciones del periodo cardenista desde sus simpatías o antipatías, y muchas veces en contacto físico muy cercano al divisionario de Jiquilpan. Como todos los testimonios directos, deben ser considerados con enorme cuidado, pues escribieron al calor de los acontecimientos que vivían y, por ello, pueden presentar sesgos o inclinaciones deliberadas. Sus textos, sin embargo, son invaluables precisamente por la cercanía con el fenómeno que estudian y acerca del cual arrojan información que, de otra forma, no sería accesible.

Un segundo grupo de autores que escriben con mayor lejanía temporal del periodo, aunque todavía les tocan destellos y contactos con los actores del mismo, escriben desde un ámbito más académico, pero rodeados aún del calor y agitación del momento. Paul Nathan, Merrill Rippy, Alberto Bremauntz, Stephen Goodspeed, Jesús Silva Herzog y Daniel Cosío Villegas, entre otros publicaron trabajos mucho más rigurosos desde el punto de vista de la investigación, pero no estuvieron exentos de polémica y debates. Al respecto, es paradigmática la presentación que la revista *Problemas Agrícolas e Industriales de México* hizo del texto de Paul Nathan, con los comentarios de Victoriano Anguiano, Valentín Campa, José Alvarado, Silvano Barba, Ignacio García Téllez, Manuel Moreno Sánchez, Javier Rojo Gómez, Jesús Silva Herzog y Leopoldo Zea, en el que los participantes del periodo analizado por el académico estadunidense realizaron una crítica severa de su enfoque.

Finalmente, la historia propiamente académica ha arrojado numerosos impresos importantes de aquellos que podríamos caracterizar como integrantes de una tercera generación de historiadores, quienes ahora, provistos de las herramientas y técnicas propias de la investigación histórica, publicaron obras cuyo objeto de estudio es específicamente el periodo cardenista: Luis González, Arnaldo Córdova, Lorenzo Meyer, Arturo Anguiano, Alicia Hernández, Victoria Lerner, Adolfo Gilly, Samuel León, Ignacio Marván, Anatol Shulgovski, Hans Werner Tobler, Daniela Spenser, Mary Kay Vaughan, Albert Michaels y el propio Alan Knight, entre otros muchos. La valoración de sus aportaciones continúa siendo objeto de estudio y crítica, pero se les ha reconocido su calidad y rigor.

El mundo de autores es muy amplio y por lo mismo la valoración a veces crítica, a veces laudatoria, de la obra del presidente michoacano es inevitable. Existen, sin embargo, ciertos puntos acerca del cardenismo como fenómeno histórico que son reconocidos casi generalizadamente, y que Luis González sintetiza de la siguiente forma:

La vida en México en los seis años correspondientes al periodo gubernamental (1934-1940) del presidente Cárdenas, cuyos momentos estelares fueron la expulsión del Jefe Máximo, la distribución de las haciendas entre los peones de las mismas, la expropiación de los bienes de las compañías petroleras y la inmigración masiva de españoles, se caracterizó, en lo demográfico, por poblacionista; en lo económico, por industrializador, nacionalista y bisectorial; en lo social, por agrarista, indigenista y obrerista; en la política interior, por un presidencialismo puro y patriarcal; en la política exterior, por antiimperialista proaliado; en lo cultural, por la educación socialista, la literatura y el arte populacheros y la ciencia asumida con profesio-

nalismo y especialización sin precedentes. Se distinguió de inmediato de sus inmediatos antecesores por haber suprimido la persecución religiosa.[3]

Alan Knight condensa algunas características de este estilo
personal en las políticas de "súplica personalista" y "clientelismo
político" que, afirma, obstaculizaron la democracia representativa. Y éste es un tema fundamental desde la perspectiva en que
aquí lo abordamos, pues si bien es cierto que, según por ejemplo,
los Weyl, Cárdenas era un demócrata convencido ("su devoción
a la democracia es genuina"), también es cierto que el resultado
de su estilo de gobierno no arrojó por resultado un gobierno democrático (aunque sí *más* democrático):

> ... su estilo activo de gobierno estuvo acompañado —sobre todo
> entre 1935 y 1937— de un incremento de los recursos federales.
> Al hacerlo no socavó una democracia preexistente: sin duda, cual-
> quier cálculo aproximado de la movilización y el acceso políticos
> deja ver que la suya fue una administración *más democrática* que
> las de sus predecesores. *No era*, sin embargo, institucionalmente
> democrática: la movilización involucraba a una multitud de ac-
> tores colectivos —ejidos, sindicatos, comunidades— y a aliados
> claves (caciques) cuyas prácticas formalmente democráticas no
> admitían un examen minucioso; y el acceso al presidente depen-
> día de acuerdos, favores, conexiones, un tenaz cabildeo y una bue-
> na dosis de suerte.[4]

Sin embargo, no podemos visualizar el sexenio cardenista
como un bloque monolítico, que se mantuvo sin variaciones du-

[3] Luis González y González, *Los días del presidente Cárdenas*, Colmex, México, 1981,
p. 317 (Historia de la Revolución Mexicana, núm. 15).
[4] Alan Knight, "Lázaro Cárdenas", en Will Fowler (coord.), *Presidentes mexicanos*,
tomo II (1911-2000), INEHRM, México, 2005, p. 207. Las cursivas son mías.

rante los seis años, pues sabemos que la dinámica política y social tuvo variaciones temporales significativas.

En este sentido, es útil la subperiodización que realiza Tobler de esta gestión, pues considera que podemos distinguir tres fases diferenciables entre sí. La primera, que comienza con su ascenso a la presidencia en diciembre de 1934, llega hasta la primavera de 1936, cuando Calles fue expulsado del país, y se caracterizó por la consolidación de una base de poder propio. Podemos llamarla también de depuración y afirmación del poder presidencial y tuvo, naturalmente, como momento principal la crisis producida en junio de 1935 a raíz de las declaraciones del general Calles en contra del estado de agitación en que se encontraba el país, y la rápida respuesta que a la misma ofreció el general Cárdenas.

La segunda, que ubica entre 1936 y 1938, consistió en "el auge de las reformas sociales en el agro, la política de nacionalización y en la promoción de los sindicatos por parte del estado", y fue seguida de una tercera, entre 1938 y 1940, que llanamente es caracterizada por el historiador suizo como de consolidación política del régimen.[5]

El carácter distintivo entre estos subperiodos es tal que algunos autores han ubicado los primeros seis meses del gobierno cardenista como parte todavía de la hegemonía sonorense, y el último año y medio de su gestión como parte de la transición hacia los gobiernos posrevolucionarios que, a partir de 1940, redefinieron el rumbo del país. A fin de cuentas, su radicalismo, en general, y a lo largo de los tres periodos, se dio de acuerdo con Alan Knight "sin salirse de los términos ortodoxos, institucionales".[6]

---

[5] Hans Werner Tobler, *La Revolución Mexicana. Transformación social y cambio político, 1876-1940*, Alianza, México, 1994, p. 617.

[6] Alan Knight, "Mexico, c. 1930-1946", en Leslie Bethell (ed.), *Historia de América Latina*, vol. 13, *México y el Caribe desde 1930*, Cambridge University Press/Crítica, Barcelona, 1998, p. 22.

No me detendré demasiado en las particularidades de cada una de las etapas arriba mencionadas. Sólo diré que es en la segunda donde se ubica el marco temporal de este estudio, pues la transformación del partido del Estado en marzo de 1938 es parte de la movilización y la agitación sociales existentes durante los años de 1936 a 1938, y no se puede explicar al margen de ellas. Es más, existe quien considera que la transformación del PNR fue producto de la oleada social generada por la expropiación petrolera de ese mismo mes aunque, como explicaré más adelante, el proyecto de cambio en el partido oficial venía de tiempo atrás.

"La utopía propiamente cardenista —explican Héctor Aguilar y Lorenzo Meyer— consistía en tratar de ir más allá del keynesianismo o del fascismo, sin desembocar en el modelo soviético."[7] Los términos, sin embargo, se mezclaban peligrosamente. Cuando los Weyl afirmaban que, a diferencia de la teoría social democrática europea, el procedimiento de Cárdenas consistía en que "el Estado se convierte en organizador consciente de los sindicatos, en guía del pueblo en la lucha de clases, y en el custodio de un procedimiento educativo que prepara a la nueva generación para las tareas específicas del largo periodo del cambio social revolucionario",[8] eso podía sonar igual a fascismo o al soviet. Y eso era precisamente frente a lo que Cárdenas se quería distinguir, y para ello la política adecuada era la del frente popular y el nacionalismo revolucionario. Para ello fue fundamental el cambio en la estructura y el discurso del Partido Nacional Revolucionario, aunque no fue éste lo único que cambió al respecto.

---

[7] Lorenzo Meyer y Héctor Aguilar Camín, *A la sombra de la Revolución Mexicana*, Cal y Arena, México, 1990, p. 154.

[8] Nathaniel y Silvia Weyl, "La reconquista de México (Los días de Lázaro Cárdenas)", *Problemas Agrícolas e Industriales de México*, vol. VII, núm. 4 (octubre-diciembre de 1955), p. 333.

Partidos, sindicatos y corporaciones

La geometría política tradicional se vio profundamente alterada durante la administración del general Lázaro Cárdenas, pues durante la misma aparecieron todo tipo de distintivos políticos que iban desde la izquierda más enjundiosa, hasta la derecha más retardataria y proclerical.

La izquierda no parecía tal, y la derecha se metamorfoseó continuamente. Por ejemplo, a mediados de 1936 la sección mexicana de la Liga Comunista Internacionalista llamaba a la creación de un nuevo partido revolucionario, que deslindara al proletariado de "los prejuicios, errores y traiciones en que actualmente le sumergen el Partido Comunista oficial y demás líderes reformistas (Lombardo Toledano, etc.)", y prevenía contra las supuestas bondades del proyecto cardenista ("el más profundo mentís a la engañifa estaliniana de que Cárdenas hará la Revolución Agraria es que las tropas federales desalojan a los campesinos de las tierras ocupadas revolucionariamente"), y hacían un llamado vibrante:

> ¡Trabajadores de México! La burguesía mundial se sobrevive exclusivamente gracias a la ayuda traidora que le prestan la II y III Internacionales. Una nueva y poderosa ola revolucionaria hace trepidar al edificio social de la propiedad privada. Es preciso que el choque violento que amenaza al capitalismo sea esta vez decisivo. Rompamos pues el frente traidor de reformistas y stalinistas; forjemos el arma revolucionaria de la IV Internacional! En el éxito de su desarrollo está el éxito de la revolución.[9]

---

[9] *Por la IV Internacional*. Edición de la Liga Comunista Internacionalista, Sección Mexicana. México, 30 de mayo de 1936. Hoover Institution Archives, Col. Bertrand D. Wolfe, Caja 67, Exp. 2. Trotski había roto con la Tercera Internacional desde 1933, "como consecuencia del ascenso del nazismo al poder en Alemania", y sin embargo, la Cuarta Internacional no se formaría hasta 1938. Daniel Spenser, *"Unidad a toda costa": la Tercera Internacional en México durante la presidencia de Lázaro Cárdenas*, CIESAS, México, 2007, p. 46.

Del otro lado del espectro político, comenzaron a aparecer organizaciones de derecha que crecieron sistemáticamente (Unión Nacional de Veteranos de la Revolución, la Unión Nacional Sinarquista, el Comité Pro-Raza, la Acción Revolucionaria Mexicana, el Partido Social Anticomunista, etc.).[10] De este heterogéneo y poco articulado catálogo conservador destaca la existencia del Partido Social Demócrata Mexicano, el cual fue creado durante el mes de marzo de 1935, pero realizó sus mayores esfuerzos de incorporación al entramado nacional entre los años de 1936 y 1937. Algunos de sus impulsores (Diego Arenas Guzmán, Juan Sánchez Azcona, Jorge Prieto Laurens y Heriberto Barrón), habían tenido una importante trayectoria política, pero desde mediados de la década anterior se habían dedicado sistemáticamente a combatir al estado sonorense y a su sucesor cardenista. En un manifiesto fechado en abril de 1935 exclamaban:

Ante el fracaso de las normas e instituciones que rigieron hasta hoy la vida social, económica y política de la mayor parte de las naciones de la tierra, se está provocando en México una reacción extremista contra los postulados del liberalismo puro, que hace unos cuantos años eran tenidos como una ley sagrada e intocable.[11]

Mantenido dentro de los límites legales que posibilitaran su acción electoral, esta agrupación consiguió su registro como partido nacional en febrero de 1937,[12] pero después de una poco favorable experiencia electoral, radicalizó su discurso y paulati-

[10] Un análisis de este conjunto de fuerzas políticas se encuentra en Javier Garciadiego, "La oposición conservadora y de las clases medias al cardenismo", *Istor*, año VI, núm. 25 (verano de 2006), pp. 30-49. Sobre la ARM, puede verse el libro de Alicia Gojman de Backal, *Camisas, escudos y desfiles militares. Los Dorados y el antisemitismo en México (1934-1940)*, FCE, México, 2000.

[11] *Manifiesto y Estatutos del Partido Social Demócrata Mexicano*, México, 1935 (Benson Latin American Collection, 1298, S62, A2, 193 M, LAC).

[12] AGN/GD: DGG, 2.312 (29), vol. 27, exp. 21, f. 1, México, D. F., 8 de febrero de 1937, "Oficio del Secretario de Gobernación a los gobernadores de los estados", f. 1.

namente se fue extinguiendo. La presencia de organizaciones opositoras, algunas de ellas incluso armadas, al gobierno cardenista fue una constante a lo largo de todos esos años, pero el carácter efímero de la mayoría de ellas no permitió el establecimiento de una alternativa real a la del régimen revolucionario.

Naturalmente, llama la atención aquí la actuación de un actor que emergía de la clandestinidad y de la persecución, y que fue uno de los primeros beneficiarios de la política de apertura del gobierno cardenista: el Partido Comunista de México, sección de la Internacional Comunista.

Recién salido de la política de ilegalidad a la que había estado sometido por los gobiernos del Maximato, el Partido Comunista tuvo inicialmente una política de recelo hacia el gobierno cardenista al cual, por una conjunción de circunstancias internacionales e internas, se acercó paulatinamente hasta convertirse en uno de sus más fervientes defensores (esto será particularmente importante cuando se planteó la transformación del partido oficial). El paso de caracterizar al Cárdenas candidato a la presidencia y a su Plan Sexenal como fascistas, pasando por la consigna de "Ni con Calles, ni con Cárdenas, con las masas Cardenistas" durante el inicio de sexenio del general michoacano; el apoyo al gobierno durante la crisis de junio de 1935 con la inclusión de sus organismos adherentes en el Comité Nacional de Defensa Proletaria, hasta la adopción de la política de frente popular a raíz del VII Congreso de la Internacional Comunista celebrado en Moscú entre julio y agosto de 1935 —que les permitió participar en la creación de la Confederación de Trabajadores de México en febrero de 1936— y su radicalización con la política de "unidad a toda costa" debida a la escisión suscitada en el IV Consejo Nacional de la CTM de abril de 1937, muestran un camino zigzagueante. Por supuesto, al final el Partido Comunista apoyó al candidato perremeano, Manuel Ávila Camacho, frente a la acometida de que fue objeto su candidatura por el alud de fuerzas conservadoras y de derecha que por docenas surgieron en el marco de la sucesión presidencial, entre las que sobresalieron el Partido Revolucionario Anticomunista, la Confederación de Clase Media y el Partido Revolucionario de Unificación Nacional (PRUN).

Todo esto es parte de un proceso mucho más complejo, que no podemos explicar en detalle aquí, pero que un estudioso del comunismo mexicano ha sintetizado de la siguiente forma:

A modo de resumen, se puede señalar que las tácticas del PCM sufrieron varios cambios durante el periodo de 1934 a 1940. Primero atacado, luego tolerado y finalmente aclamado por el PCM como un presidente progresista, Cárdenas sucesivamente le dio libertades políticas ante su oposición y aceptó el apoyo cuando los intereses de su administración parecían coincidir con los de los comunistas. El movimiento de frente popular atrajo en ese tiempo a gran cantidad de gente en todas partes, cuando los problemas económicos internacionales aumentaban y la ola del fascismo amenazaba tragarse al mundo.[13]

El proceso político de la sucesión presidencial que comenzó de manera temprana desde 1936, pero aceleró su ritmo a mediados de 1938, trajo consigo una nueva explosión de organizaciones políticas, a favor y en contra de los candidatos cuyos nombres se comenzaron a barajar, y que se resolvería plenamente hasta la nominación de Manuel Ávila Camacho en noviembre de 1939, primero, y las elecciones del 7 de julio de 1940, después.[14]

[13] Lyle C. Brown, "Los comunistas y el régimen de Cárdenas", *Revista de la Universidad de México*, vol. XXV, núm. 9 (mayo de 1971), p. 34. Un análisis amplio de la participación del Partido Comunista se encuentra, además, en Anatol Shulgovski, *México en la encrucijada de su historia (La lucha liberadora y antiimperialista del pueblo mexicano en los años treinta y la alternativa de México ante el camino de su desarrollo)*, Ediciones de Cultura Popular, México, 1972 y de la crisis del IV Consejo de la CTM en Samuel León e Ignacio Marván, *op. cit.*, pp. 238-301.

[14] Un análisis desde el estudio de la prensa sobre este proceso, se encuentra en Silvia

Una complicación adicional en el universo político del cardenismo la significó la participación de sindicatos y confederaciones obreras y campesinas, cuyas ansias de participación política fueron encontrando cauces cada vez más claros conforme la antigua oposición "acción directa/acción múltiple" se diluía, aunque el principio de que no se mezclara la dirección de los diversos sectores se mantuvo intacto a lo largo de todos estos años.

La Confederación de Trabajadores de México (CTM), la Confederación Campesina Mexicana (CCM, posteriormente Confederación Nacional Campesina), la Confederación Regional Obrera de México (CROM), la Confederación General de Trabajadores (CGT) y otras marcas se habían reagrupado desde finales del año de 1936, a lo que contribuyeron las señales que emanaban de las oficinas del partido oficial. De hecho, la misma Internacional Comunista le otorgó a Vicente Lombardo Toledano, líder de la CTM, la función de unificar a las fuerzas progresistas de México por sobre el Partido Comunista, "precisamente por su relación con el gobierno mexicano y porque dirigía una confederación obrera".[15]

Estos extremos presentes en el escenario político del país, le otorgaban al partido oficial la posibilidad de aparecer como una opción moderna, con un discurso incluyente y progresista, que le permitiría concitar las simpatías de importantes sectores de la población que no gustaban de los extremos para canalizar su actuación política.

El instrumento político-electoral del Estado, la Ley para la Elección de Poderes Federales, no se modificó a lo largo de todos estos años. A partir de su promulgación el 2 de julio de 1918, este marco legal reguló los heterodoxos comicios que intentaban llevarla a la práctica (una práctica plagada de irregularidades) así

González Marín, *Prensa y poder político. La elección presidencial de 1940 en la prensa mexicana*, UNAM/Siglo XXI, México, 2006.

[15] Daniela Spenser, *op. cit.*, p. 64.

como los requisitos exigidos por el Estado para la creación y registro de organizaciones políticas.[16]

Las mismas disposiciones que otorgaban facultades a quienes instalaban las casillas, la misma norma que obligaba a los
propios partidos a imprimir sus boletas electorales, el enorme
peso que se le seguía otorgando a las autoridades municipales en
el control del proceso electoral, los requisitos para que las organizaciones políticas pudieran ser registradas como partidos formales (artículo 106) y el mismo procedimiento de instalación de
juntas computadoras y autocalificación por el Colegio Electoral
de la Cámara de Diputados seguían existiendo. Este fue sin duda
uno de los grandes pendientes (y cuestionamientos) del proceso
político cardenista: la conservación de una ley electoral a todas
luces arcaica y disfuncional para los requerimientos necesarios
para el logro de una modernización política paralela al resto del
proceso reformista por el que el país firmemente transitaba.

Algo, sin embargo, había cambiado de manera sustancial, si
no en el código electoral propiamente dicho, sí en cuanto a los
objetivos hacia los que el procedimiento apuntaba. A partir de
marzo de 1933, la modificación del artículo 59 constitucional
había establecido que los diputados y senadores al Congreso de
la Unión no podrían ser reelectos para el periodo inmediato, y
sólo los suplentes que no hubieran estado en ejercicio, podrían
erigirse en propietarios. Esto, de acuerdo con Benito Nacif, "incrementó la capacidad del partido oficial para cooptar movimientos sociales y organizaciones políticas emergentes", y "generó
una poderosa tendencia hacia la centralización en el interior del
PNR".[17] Al mismo tiempo, se desarrolló el proceso mediante el

[16] Véase, por ejemplo, Javier Mac Gregor C., "Elecciones federales intermedias en la
ciudad de México durante el cardenismo", *Lázaro Cárdenas. Modelo y legado*, INEHRM,
México, 2009, pp. 393-422.
[17] Benito Nacif, "La no-reelección consecutiva y la persistencia del partido hegemónico en la Cámara de Diputados de México", en *Los legisladores ante las reformas políticas de México*, Colmex/Cámara de Diputados, México, 2001, pp. 91-93.

cual la selección del presidente del Comité Ejecutivo Nacional del partido estuviera plenamente de acuerdo con el proyecto presidencial. El nombramiento de Emilio Portes Gil a partir de la crisis de mediados de 1935, y su sustitución en agosto de 1936 por Silvano Barba González obedecían a este propósito.

Esto cerraba el círculo de lo que definió el nuevo atributo del ejercicio presidencial en México:

> Para la XXXVII Legislatura (1937-1940) ya estaban reunidas las cuatro condiciones para un fuerte presidencialismo metaconstitucional: presidencialismo constitucional, gobierno unificado, disciplina partidista y el presidente era el jefe del partido... El presidente ya no tuvo necesidad de usar las facultades extraordinarias para legislar. El congreso aprobaría cualquier iniciativa que él quisiera, con pocos debates o demoras, e incluso con pocas enmiendas.[18]

Así, el conjunto integrado por partidos, organizaciones sociales, marco electoral y presidencialismo renovado comenzaba a generar un atributo particular que definiría la impronta del proceso político que seguía hacia delante.

La transformación del partido oficial

En el estudio que publicó a mediados de 1936 en donde analizaba las diversas dependencias de la administración pública federal, el general José Mijares Palencia, entonces gobernador del estado de Puebla, no tuvo remilgos en incluir como una dependencia más al Partido Nacional Revolucionario. Aquí, el gobernante poblano asentaba que:

---

[18] Jeffrey Weldon, "Las estrategias presidenciales con gobierno dividido en México, 1917-1937", en *Gobernar sin mayoría. México, 1867-1997*, CIDE/Taurus, México, 2002, p. 283.

El PNR, fundado por las mayorías proletarias de la Nación, tiene por objeto mantener entre los elementos revolucionarios del país una disciplina de sostén del orden legal; definir y depurar la doctrina de la Revolución y consolidar sus conquistas. A fin de lograr unidad de acción, asume la organización y el control de los elementos citados y los unifica en un solo Instituto Político.[19]

Mijares Palencia pasaba revista por los principales órganos directivos del partido, por sus principios, por su programa, por sus sectores integrantes (campesinos, acción femenil, jóvenes), pero resaltaba dos aspectos centrales: su relación con el gobierno ("procurar la estabilidad de los gobiernos emanados de su acción política" y "el programa del partido no es otro que el del Gobierno"), y lo que denominaba *la última posición ideológica del Partido*: "es indianista, es sindicalista y cooperativista y es socialista".[20]

El Partido Nacional Revolucionario fue objeto de diversas transformaciones parciales previas al gran cambio de la primavera de 1938. Del "partido de partidos" que había surgido en 1929 para controlar la crisis política originada por el asesinato del presidente electo Obregón en julio del año anterior, al partido de ciudadanos en que se convirtió gracias al sistema de afiliación individual establecido en diciembre de 1933 por la Segunda Convención Ordinaria, tuvo también importantes cambios posteriores que señalaban la necesidad cada vez más apremiante de una modificación mayor, más allá del plano organizativo formal:

El PNR se había convertido en los últimos años en un aparato poco efectivo frente a la complejidad de la sociedad mexicana y fue reformado de hecho en el curso del periodo 1935-1937. En tanto que organización, y a pesar de la voluntad de innovación de los carde-

[19] José Mijares Palencia, *El gobierno mexicano. Su organización y funcionamiento*, Sociedad Mexicana de Publicaciones, México, 1936, p. 329.
[20] *Ibidem*, p. 338.

nistas, el Partido siguió desarrollando sin embargo en el curso de estos tres años ciertas características que lo habían marcado desde su nacimiento: la ausencia de debates democráticos en sus diversas instancias, la tendencia a una centralización burocrática de las decisiones y en general el abismo existente entre sus tesis oficiales y su acción real fueron algunos de los rasgos del periodo callista que continuaron caracterizando el funcionamiento del "Partido de la Revolución".[21]

De esta manera, la transmutación aparecía como algo inminente. El partido oficial era parte de toda la estructura política y administrativa que Cárdenas debía ajustar firmemente para lograr afianzar la base de su poder personal, y a partir de ello, apuntalar y fortalecer el proceso de reformas sociales. Esto aun cuando, como ya hemos mencionado, ya había iniciado la sustitución de los cuadros dirigentes del partido.

El objetivo de este apartado es analizar el proceso de creación del Partido de la Revolución Mexicana para, en el marco del estudio crítico de las modernizaciones en México, reflexionar sobre qué tanto este cambio representa un verdadero salto adelante, una medida modernizadora de corte funcional, o hasta qué punto fue solamente un maquillaje a una estructura inmodificable en lo esencial. Para ello, abordaré en primer lugar algunos antecedentes de la asamblea de marzo de 1938; después, indagaré en detalle la forma en que ésta se desarrolló a lo largo de sus tres días de reuniones. Posteriormente, examinaré las posturas de los diputados integrantes del Bloque Nacional Revolucionario en el Congreso, y por último, reflexionaré sobre las características de este proceso, a partir del análisis de lo sucedido y de la reflexión compartida por muy diversos estudiosos de este proceso.

El Partido Nacional Revolucionario poseía una estructura

---

[21] Luis Javier Garrido, *El partido de la revolución institucionalizada. La formación del nuevo estado en México (1928-1945)*, Siglo XXI, México, 1982, p. 230.

organizativa y estaba integrado por algunos elementos que no se adecuaban a los tiempos que la llegada del gobierno cardenista —pese a provenir de esa misma estructura y estar relacionado con esos mismos elementos— le significaban al país. La sustitución de los cuadros dirigentes fue un proceso necesario, que se dio de manera paulatina pero firme, hasta convertirlo en el apoyo político central que la política presidencial requería frente al proyecto de cambio social que estaba en puerta. La designación de Emilio Portes Gil como presidente del partido en junio de 1935 intentó conciliar la diversidad de posiciones tanto de izquierda como las conservadoras que se agitaban al interior del partido. Básicamente, para el tamaulipeco "el PNR al incluir en su proyecto de labores actividades que tienen similitud con las gubernamentales, lo que anhela es apretar sus filas para cooperar en la intensa labor que desarrolla el señor Presidente Cárdenas".[22] Sin embargo, ni este propósito ni las labores informadas en la gestión que ese mes cumplía su primer año, ni el informe de la gestión de ese primer año[23] le posibilitaron a Portes Gil una estancia amplia en la dirección del partido oficial.

En agosto de 1936 presentó su renuncia del Comité Ejecutivo Nacional, y fue sustituido por Silvano Barba González, quien hasta entonces había sido el titular de la cartera de Gobernación. Fue a partir de este momento que se empezó a visualizar la transformación en estructura y programa de esta organización, la cual de

---

[22] *Programa de Acción del Partido Nacional Revolucionario para el periodo 1936-1937,* La Impresora, México, 1936, p. 6.

[23] *Un año de gestión del Comité Ejecutivo Nacional, 1935-1936.* La Impresora, México, 1936. En este documento, Portes Gil informaba de uno de los procesos de los que más se preciaba: "En lo que se relaciona con la emisión del sufragio, el PNR designa sus candidatos por medio de elecciones internas. Es decir, se efectúa una previa emisión de votos, dentro del mismo partido, para averiguar cuál de los pre-candidatos que se presentan para cubrir determinado puesto de elección popular, debe sostenerse en los comicios, considerándolo como el candidato del Partido", p. 41. Portes Gil siempre caracterizó a ésta como una aportación propia, proveniente de su experiencia con el Partido Socialista Fronterizo de Tamaulipas desde la década anterior.

manera retrospectiva puede verse a través de cuatro momentos
claves:

- el "Manifiesto a las clases proletarias" emitido por el PNR
  el 4 de septiembre de 1936.[24]
- el "Manifiesto" del presidente Cárdenas del 18 de diciembre de 1937, en el cual anunció la transformación del PNR
  en el Partido de la Revolución Mexicana.[25]
- la "Convocatoria a la Asamblea Nacional Ordinaria" del
  PRM, del 18 de enero de 1938.[26]
- la Asamblea Nacional Constituyente del PRM.

A continuación, analizaré los tres primeros documentos en
su significación política, y dedicaré un segundo apartado específico al estudio de la asamblea constituyente, por tratarse del tema
menos abordado por la historiografía específica de este actor político, y ser el centro del interés de este ensayo. Un tercer inciso re-
pasa los debates que se realizaron en la Cámara de Diputados relacionados con la transformación de esta organización partidaria.

1. A principios de 1938, el influyente *Political Handbook of the
World* editado desde hacía ya 10 años por la Universidad de Yale,
caracterizaba al PNR como la consolidación de varios grupos locales en un partido nacional; sin embargo, afirmaba también que
"... el presidente Cárdenas, en un mensaje especial en diciembre
de 1937, propuso que el Partido Nacional Revolucionario sea su-

---

[24] El texto del Manifiesto se encuentra en *Historia Documental*, vol. 3, 1981, pp. 351-
357. El análisis del Manifiesto se encuentra desarrollado en Luis Javier Garrido, *op. cit.*,
pp. 212-219.

[25] El texto del Manifiesto se encuentra en *Historia Documental*, vol. 3, 1982, pp. 371-
374, y su análisis se encuentra en *ibidem*, pp. 233-238, y en Samuel León e Ignacio Marván, *op. cit.*, pp. 288-289.

[26] El análisis más completo de la Convocatoria se encuentra en Luis Javier Garrido,
op. cit., pp. 239-242.

plantado por un partido más popular que incluya trabajadores, campesinos y soldados".[27]

Efectivamente, desde mediados del año de 1936 a raíz del cambio en la integración del Comité Ejecutivo Nacional del partido, se buscaba una incorporación cada vez más activa y dinámica de los distintos sectores sociales organizados en el partido oficial: "La *nueva democracia* a que aspira el PNR se concibe en términos de una creciente influencia de los obreros y los campesinos organizados en la dirección política y económica de la comunidad".[28]

Este documento, además, prevenía en contra de dos tendencias negativas frente a las cuales había que precaverse: las luchas intergremiales y las agitaciones preparatorias de actividades electorales, que "por su emplazamiento en el tiempo, resultan notoriamente prematuras".[29]

Esto tenía que ver con la agitación electoral que ya se apreciaba a raíz de la cercanía de las elecciones federales de mediados de 1937, en las que se experimentaría con una nueva forma de presentar las postulaciones a los diversos cargos en disputa, y con acontecimientos externos que contribuían a reforzar el llamado por la integración de "frentes populares" en todo el mundo: "La política de 'puerta abierta' [a mujeres y jóvenes], el Manifiesto de septiembre de 1936 y la línea frentepopulista habían permitido al PNR, a pesar de las resistencias que se manifestaban, presentarse como un frente ampliado".[30]

El frente electoral popular, que prepararía la participación de diversas organizaciones progresistas en las elecciones de julio de 1937, se presentó como un "pacto integrado por el PNR, la CTM,

---

[27] Malcolm W. Davis y Walter H. Mallory (eds.), *A Political Handbook of the World. Parliaments, Parties and Press*, Yale University Press, 1938, p. 133.
[28] "Manifiesto del Comité Ejecutivo del PNR", 4 de septiembre de 1936, en *Historia Documental*, vol. 3, 1981, p. 352. Las cursivas son mías.
[29] *Ibidem*, p. 356.
[30] Luis Javier Garrido, *op. cit.*, p. 224.

la CCM y el Partido Comunista, pero dada la iniciativa ya tomada
por Cárdenas, este pacto constituía en verdad una mera y transitoria etapa hacia la constitución del PRM".[31]

De esta forma, el 18 diciembre de este mismo año, el presidente Lázaro Cárdenas lanzó un manifiesto que puso prácticamente a toda la clase política en movimiento, pues definió con
precisión lo que muchos veían venir desde mucho tiempo atrás:
"la idea de que debe transformarse desde luego el instituto político de la Revolución":[32]

> [existe la] necesidad de analizar ciertas fases de su misión y algu-
> nos detalles de su estructura para poner ambos aspectos a tono
> con la evolución de nuestras reformas y en concordancia con va-
> riados elementos sociales que nacidos al impulso de la Revolución
> mexicana tienen ahora vida fecunda, personalidad definida y tal
> afinidad con la doctrina de nuestra lucha que ameritan incorporar-
> se ellas mismas al instituto político siempre que éste se transforme
> y se modifique.[33]

[31] Tzvi Medin, *Ideología y praxis política de Lázaro Cárdenas*, Siglo XXI, México, 1990,
p. 104 [1973]. Sobre el sentido real que tendría la presencia comunista en esta coalición,
Marván y León consideran que su exclusión no fue muy significativa, pues "el PC, que
había sido importante en otros momentos decisivos del periodo, comenzaba para estas
fechas, marzo de 1937, a perderse en la nueva coalición de fuerzas políticas". Samuel León
e Ignacio Marván, *op. cit.*, p. 270. La prueba de la aseveración anterior fue el desplazamiento brutal de la candidatura de Hernán Laborde como candidato a diputado federal
por el quinto distrito del D. F., frente a la cual no tuvieron sino que resignarse y apoyar a
su desplazante, Francisco Soto. Al respecto, véase Javier Mac Gregor C., *op. cit.*, pp. 4-5.
En junio de ese año el PCM había lanzado la consigna de ¡Unidad a toda Costa! Carmen
Nava sostiene que la CTM quedó también supeditada al binomio gobierno-PNR durante
la existencia del frente electoral. Carmen Nava, "Lázaro Cárdenas", en *Ideología del Partido de la Revolución Mexicana* (Primera Parte), Centro de Estudios de la Revolución
Mexicana, México, 1984, p. 267. Esto lo confirma Pedro Salmerón Sanginés, "El partido
de la unidad nacional (1938-1945)", en Miguel González Compeán y Leonardo Lomelí
(coords.), *El partido de la Revolución. Institución y conflicto (1928-1999)*, FCE, México,
2000, pp. 151-152.
[32] "Manifiesto a la Nación", 18 de diciembre de 1937, en *Historia Documental*, vol. 3,
1981, pp. 371-374.
[33] *Ibidem*, p. 371.

El énfasis era que el partido se transformara en un partido de trabajadores, incorporando a campesinos, obreros, mujeres, intelectuales, agrupaciones juveniles y al ejército, haciendo desaparecer los descuentos obligatorios y vigorizando el "organismo creado para la defensa de la Revolución".

No todos supieron leer que la revisión de "detalles de la estructura" del partido a la que se refería el presidente significaba la creación de un nuevo partido, que si bien se basaba en el anterior, lo superaba en muchos aspectos, redefinía su doctrina y su programa, y lo organizaba de una forma completamente novedosa respecto a lo que el PNR tradicional había significado hasta entonces.

Entre quienes sí lo supieron leer bien, se encontraba Vicente Lombardo Toledano quien, ante el anuncio presidencial de una transformación partidaria significativa, y siguiendo los impulsos que la situación internacional le demandaba, hiló bien los cabos del proceso en su conjunto, y vio la oportunidad para la central obrera que encabezaba, la CTM:

> ... la iniciativa de la CTM para la creación del Frente Popular Mexicano va a verse cumplida al fin: esto quiere decir que al concurrir los diversos sectores a la formación de un nuevo partido, porque eso entraña la transformación de la estructura del PNR, cada una de estas instituciones de estos sectores debe conservar su plena autonomía y su plena personalidad.[34]

El énfasis de Lombardo era muy claro: por un lado, la CTM mantendría su autonomía como la principal central obrera del país, y por el otro, el partido que se creaba no sería una agrupación exclusiva del proletariado, ni un partido sólo de izquierda.

---

[34] "El criterio de la CTM sobre el nuevo partido. Vicente Lombardo Toledano, 15 de enero de 1938", en *Historia Documental*, vol. 3, 1981, p. 393. Véase, además, Raquel Sosa, *Los códigos ocultos del cardenismo*, Plaza y Valdés/UNAM, México, 1996, p. 279.

Sería un partido auténticamente popular, no hegemonizado por un solo sector.

Pocos días después de esta valoración lombardista, el 18 de enero de 1938 se publicó la "Convocatoria para la Asamblea Nacional Constituyente", en donde retomando el manifiesto de septiembre de 1936 y el manifiesto publicado por el presidente Cárdenas en diciembre de 1937, el Comité Ejecutivo Nacional hacía una autocrítica y preparaba su renovación radical. A partir de la necesidad de estrechar la acción del partido con la política gubernamental, y ampliar el acercamiento entre los elementos laborantes y su participación en el poder público, lo cual había enfrentado obstáculos para lograrse plenamente, se consideró que era el momento de remover estos obstáculos. El punto central era aumentar la influencia de los obreros y los campesinos organizados, e incorporar de manera activa a la mujer y a la juventud dentro de la revolución.

Al mismo tiempo:

> Los dirigentes del partido, abundando en las ideas del Jefe de la nación, como él mismo lo expresó [en el manifiesto de diciembre de 1937], consideran que es necesario rectificar los factores que aún hacen estrecho el contenido político-social del Partido Nacional Revolucionario, estimando que debe transformarse desde luego en una agrupación de los trabajadores, de los soldados y, en general, todos los elementos revolucionarios del país.[35]

A partir de esta convocatoria las manifestaciones de apoyo a la propuesta transformadora se presentaron de manera inmediata: obreros (CROM y CTM), campesinos, comunistas, profesionistas y diversos grupos que se organizaron con miras a integrar el sector popular comenzaron a tomar posiciones.[36]

---

[35] CEN del PNR, "Convocatoria a la Asamblea Nacional Constituyente", en *Historia Documental*, vol. 3, 1981, p. 405.

[36] Luis Javier Garrido, *op. cit.*, p. 240.

Se realizaron amplios esfuerzos por dirimir diferencias previas a la instalación de la asamblea constitutiva en el Palacio de
Bellas Artes. Sin embargo, es claro que la reunión de fuerzas tan
disímbolas y tan, digamos, históricamente enfrentadas entre sí
(como la CROM y el ejército, o Lombardo y los comunistas), requeriría de un trabajo de acuerdos mucho mayor para llevar a
buen puerto el barco del nuevo partido.[37]

2. Una de las más lúcidas voces durante el cardenismo fue la de la
activista estadunidense, Verna Carleton, quien realizó una radio-
grafía de muy diversos ámbitos de la vida mexicana durante ese
periodo (arte, política, mujeres, reparto agrario). Con un sentido
muy agudo, Carleton afirmaba que los más interesantes espectácu-
los políticos no eran para el público, sino que se realizaban entre
telones, con los actores improvisando y, a veces, con un clímax
inesperado, incluso para aquellos que jalan las cuerdas detrás del
escenario; ése fue el caso, según esta autora, de la formación
del nuevo partido, el Partido de la Revolución Mexicana (PRM).
    Después de constatar la irritación presidencial frente a un
PNR cuya incómoda maquinaria y corruptos elementos, que los
callistas habían usado casi por una década para sus propios fines
y que habían sobrepasado cualquier límite, la escritora comentaba el anuncio presidencial del 18 de diciembre de 1937 para
transformar de manera profunda al partido.
    Cárdenas, según Carleton, estaba profundamente impresio-
nado por la experiencia del Frente Popular en España, y leía prác-

---

[37] Por ejemplo, días antes de la asamblea constituyente, el dirigente comunista Hernán
Laborde consideraba que el nuevo partido, "con ser ya en sí un frente popular, debe hacer
una política de frente único nacional amplio", y que debía llamarse Partido Popular Mexicano. Esta terminología era ajena a la mayor parte de los delegados. "El criterio del Partido
Comunista. Hernán Laborde, s.f.", en *Historia Documental*, t. 3, 1981, p. 399, y la CROM
afirmaba que asistiría a la convención por conducto del Partido Laborista Mexicano, lo cual
no fue aceptado en el momento de las acreditaciones. "Declaraciones de la CROM en torno
a la fundación del PRM. 16 de marzo de 1938", en *Historia Documental*, t. 3, 1981, p. 449.

ticamente todo lo que encontraba sobre este tema, lo cual se probaba en sus discursos, que revelaban la influencia de sus lecturas pero, "más importante aún, en sus conversaciones uno advierte su convencimiento de que la derrota del Frente Popular se debió a la traición y no a una teoría impracticable".[38]

"Así es que el treinta de marzo de 1938 nació el Partido de la Revolución Mexicana, con el más grande apoyo de masas detrás de cualquier partido a través de la historia de México, un frente unido que hubiera sido impensable sólo unos años atrás."[39] La virtud principal de este logro, finalmente, consistía en que México al fin tenía alguna coherencia y definición en su escena política: "después de décadas de completo caos, era una proeza obtener una unidad de propósito, aunque fuera momentánea, para todas las organizaciones que representaban el apoyo de masas al gobierno".[40]

Pero, ¿cómo se pudo llegar a este gran acuerdo, que hasta grupos no plena, ni cabalmente representados, finalmente aceptaron? Ése es el objeto de este apartado, y trataré de realizar su reconstrucción a partir, principalmente, de fuentes primarias.

La importancia de la convocatoria del Comité Ejecutivo Nacional del PNR para la Asamblea Constituyente de marzo de 1938 fue tal, que la Secretaría de Gobernación envió, al menos, a cinco agentes al Palacio de Bellas Artes para que informaran los pormenores de la misma. De esta forma, los agentes confidenciales PS-12, PS-6, VS-12 y Concepción González, informaron sobre las actividades del día 30, y los mismos PS-6, PS-12, VS-2, y además, el PS-4 y S-19 atendieron la sesión del 1º de abril.[41]

---

[38] Verna Carleton Millan, *Mexico Reborn*, Houghton Mifflin, Boston, 1939, p. 239. En esto coincide Raquel Sosa, aunque Joe Ashby ve mayores similitudes con el modelo de Francia durante la administración de Leon Blum. Raquel Sosa, *op. cit.*, p. 279, y Joe C. Ashby, *Organized Labor and the Mexican Revolution Under Lázaro Cárdenas*, The University of North Carolina Press, Chapel Hill, 1967, p. 51.

[39] Verna Carleton Millan, *op. cit.*, p. 239.

[40] *Ibidem*, p. 240.

[41] El conjunto de estos informes se encuentra en AGN/GD: DIPS, 312-45, vol. 205,

Una de las ventajas innegables de estos informes por sobre los reportes de prensa o los de los historiadores que han tratado este tema (basados casi siempre en la hemerografía nacional), es que incluyen testimonios que los agentes recogieron de manera informal y destacan intervenciones que no fueron, quizá, publicadas por la prensa.

En la asamblea del 30 de marzo, se reunieron 393 delegados, de los cuales "100 venían de las organizaciones obreras, 96 de las Ligas y de los sindicatos campesinos, 96 de los grupos del sector popular y 101 de las fuerzas armadas, lo que mostraba una voluntad de equilibrar la fuerza de los sectores".[42]

El partido, que se mencionaba inicialmente que se llamaría Partido de Obreros, Campesinos y Soldados,[43] y que para el día 30 ya se reportaba como Partido de la Revolución Mexicana, se formó en una asamblea dirigida inicialmente por el secretario ge-

---

exp. 4, fs. 1-19, 22-48 y 52-79. México, D. F., marzo/abril de 1938. "Formación del Partido de la Revolución Mexicana".

[42] Luis Javier Garrido, *op. cit.*, p. 246. A la inteligencia militar norteamericana le interesaba, en particular por supuesto, la composición de los participantes del ejército, por lo que informaban sobre su integración de la siguiente forma: "un representante de cada uno de los 50 batallones de infantería, de los 40 regimientos de caballería, dos de los regimientos aéreos, dos de los regimientos de artillería y dos de los batallones de zarperos; así como cinco representantes de los altos departamentos de la Secretaría de la Defensa Nacional". El informante solicitaba la expresión de la opinión de su superior sobre cuáles eran los propósitos reales en la realización de la reorganización del PNR. *U.S. Military Intelligence Reports: Mexico, 1919-1941.* Reel I. 0621— Memo, México, En. 21/Feb. 16 1938. "National Convention for Reorganization of the PNR".

[43] Un borrador inicial hablaba de un Partido Socialista Mexicano, como posible denominación para el nuevo organismo; sin embargo, ésta no aparece en los reportes de gobernación mencionados aunque sí en el Acta Constitutiva del PRM (en muchos párrafos que se leían para poner a discusión entre los asambleístas se destacaba que había que sustituir la denominación Partido Socialista Mexicano por Partido de la Revolución Mexicana). Sobre la denominación de Socialista Mexicano, véase Vicente Fuentes Díaz, *Los partidos políticos en México*, t. II, *De Carranza a Ruiz Cortines*, s/e, México, 1956, p. 60; Francie R. Chassen, *Lombardo Toledano y el movimiento obrero mexicano (1917/1940)*, Extemporáneos, México, 1977, pp. 245-246, y Fabio Barbosa, *La lucha interna en el partido oficial. PNR-PRM, 1933-1938*, Acere, México, 1980, pp. 52-143, quien publica los documentos programáticos del Partido Socialista Mexicano que, con excepción del nombre, son prácticamente idénticos a los del Partido de la Revolución Mexicana.

neral del PNR, Esteban García de Alba, y cuya mesa directiva fue presidida por Silvano Barba González y por Heriberto Jara, como presidente y vicepresidente de la misma. Los representantes de los diversos sectores fueron Alfonso Corona del Rosal, por el sector militar; Luis Padilla, por el sector campesino; Alfonso Sánchez Madariaga, por el sector obrero, y Esteban García de Alba, por el sector popular.

En seguida, se dio paso a las diversas intervenciones desde la del presidente de la Asamblea, Silvano Barba, hasta la de los representantes de los diversos sectores, tales como Vicente Lombardo Toledano (CTM), Juan José Ríos (sector militar), Ramírez Escamilla (CROM), León García (sector campesino), Francisco García Carranza (sector popular), Julio Ramírez (CGT), Refugio García (Frente Pro-Derechos de la Mujer) y Hernán Laborde (Partido Comunista).

Silvano Barba enfatizó en su intervención inaugural la reorganización del instituto político de la Revolución, reiterando el llamado a todos los revolucionarios del país "para la formación, o mejor dicho, la reorganización del Partido Revolucionario de México", y destacó dos temas que eran interesantes en el marco de la discusión política que se suscitaría. Por un lado, dijo, a los campesinos del país "por la situación especialísima de abandono y de miserias seculares" el gobierno mismo oficialmente los organizaba,[44] y por otro, el hecho de que dado que, según él, "el derecho político es la base del derecho económico y del derecho social", eso le asignaba una importancia y significación particular a ese momento político.[45]

En seguida, Vicente Lombardo Toledano realizó la más esperada, y larga perorata de la convención. Hiperbólicamente, Lombardo manifestaba que "México ocupa en estos momentos la

---

[44] "Intervención de Silvano Barba. 30 de marzo de 1938", en *Historia Documental*, t. 3, 1981, p. 453.

[45] *El Universal*, 31 de marzo de 1938.

vanguardia de todos los pueblos libres de la tierra", y con Cárdenas en la presidencia "la Revolución entra en una fase de incal-
culable trascendencia".[46]

Dos temas fueron el centro de su interés acerca del nuevo
partido: que se tratara de un partido para todo el pueblo del país
("que sea el genuino representante de todos los sectores del pueblo"), y que luchara por el respeto al sufragio de los sectores organizados lo cual por supuesto, implicaba la crítica a los métodos
poco transparentes del PNR en todo lo que se refería a la cuestión
electoral.[47] Este acto, terminó Lombardo, sería el acto político más
importante de la historia moderna de nuestro país.

Después de la intervención del líder cetemista, habló en la
asamblea a nombre de los militares el general Juan José Ríos
—quien era apoyado fuertemente por un sector importante de la
asamblea para presidir el partido que se creaba— el que, de acuerdo con el informe del agente:

> Leyó un discurso [...] expresando a grandes rasgos la situación actual
> del Ejército, que no constituyen una casta odiosa y privilegiada como
> otras que han existido, se refirió al origen genuinamente proletario
> de los soldados. Finalmente exhortó a sus compañeros de armas para
> que estuvieran perfectamente unidos en torno al C. Presidente de
> la República, colaborando desinteresadamente en el nuevo Partido.[48]

En seguida, se informó que acababa de llegar un mensaje de
Washington, "anunciando que el gobierno norteamericano había

---

[46] "Reunión de la Asamblea Constitutiva. 30 de marzo de 1938. Discurso de Vicente
Lombardo Toledano", en *Historia Documental*, t. 3, 1981, p. 456.

[47] *Ibidem*, p. 460. Esto fue bien subrayado por el informe del agente VS-2, quien destacó que Lombardo criticó "duramente los casos electorales de épocas pasadas, haciendo
[énfasis] muy especialmente a las farsas electorales". AGN/GD: DIPS 312-45, vol. 205,
Exp. 4. México, D. F., 30 de marzo de 1938. "Agente VS-2 a Jefe de Información política y
social", f. 16.

[48] *Ibidem*, f. 17.

reconocido el derecho del de México para expropiar las compañías petroleras mediante compensación adecuada".[49] Esto, según el inspector PS-12 fue aplaudido "estruendosamente y se vitorea con loco entusiasmo al general Cárdenas".[50]

El diputado León García habló por el sector campesino quien después de expresar el apoyo incondicional al proyecto político que ahora congregaba a todos, destacó también que

> no era un misterio el papel que en la Revolución había desempeñado el sector campesino y que no obstante esto era la clase que no había obtenido el remedio necesario a su situación, por lo que consideraba que era el conglomerado que más exigencia y derecho tenía para obtener las conquistas y beneficios con la Revolución.[51]

Por el sector popular, el diputado Francisco García Carranza manifestó que, pese a tener en su seno grupos de los más disímbolos (mujeres, jóvenes, intelectuales, etc.) "la buena fe, la honradez y la sinceridad serían los medios para la estrecha colaboración con los demás sectores que integrarían el partido".[52]

Inmediatamente después de las intervenciones de los representantes de la CROM (Ramírez Escamilla) y de la CGT (Julio Ramírez), quienes básicamente protestaron por las dificultades que tuvieron para acceder y acreditarse en la asamblea, e incluso acusando de porrismo a grupos de la CTM, hablaron por las mujeres Refugio García y Mercedes Martínez, quienes pidieron derechos para la mujer y elogiaron la actitud del ejército, "refiriéndose

---

[49] *El Universal*, 31 de marzo de 1938.

[50] AGN/GD: DIPS 312-45, vol. 205, Exp. 4, México, D. F., 30 de marzo de 1938. "Inspector PS-12 a Jefe de la Oficina de Información Política y Social", f. 4. Cuando se pidió orden, consigna el inspector, "la asamblea dice que lo hay, que sus gritos son de entusiasmo patriótico".

[51] *Ibidem*, México, D. F., 30 de marzo de 1938. "Inspector VS-2 a Jefe de información política y social", f. 17.

[52] *Ibidem*, f. 18.

también a la abnegación de la mujer compañera del soldado que ha contribuido también a realizar la Revolución".[53]

Finalmente, se dio la palabra al dirigente comunista Hernán Laborde. El veracruzano comenzó agradeciendo la oportunidad de participar en el Congreso con una delegación fraternal, para señalar inmediatamente que la "transformación del PNR señala un nuevo capítulo de la Revolución mexicana",[54] y que la expropiación del petróleo significaba el primer paso hacia la industrialización y el desarrollo económico y cultural independiente de la República. La consideraba, de hecho, el grito de la segunda independencia de México.

Después de repasar las condiciones internacionales que suscitaban el apoyo al presidente Cárdenas y la unión del pueblo dijo: "Por eso nosotros saludamos con gran alegría revolucionaria la constitución del nuevo partido, que agrupando a todas las fuerzas progresistas de la nación, será una garantía de triunfo, de progreso y de prosperidad del pueblo mexicano".[55]

Finalizaba reclamando un puesto de lucha y de peligro en el proceso que se avecinaba, y garantizaba que querían ser útiles a la Revolución y a su gobierno. La influencia de la política de "unidad a toda costa" encontraba en estas palabras, un grado de cristalización que tan sólo unos años antes hubiera sido inimaginable. Pese a que la presencia comunista no fue tomada en cuenta, como no lo había sido el año anterior en la política del frente electoral popular, el partido tenía que seguir ofreciendo la mayor colaboración a un gobierno que garantizaba la resistencia y combate al fascismo y fuerzas acompañantes.

Como detalle final, la Confederación de Clase Media protestó porque se le negaron los estatutos para nombrar legítimos re-

---

[53] *Ibidem*, f. 18.
[54] "El PRM: una coalición de fuerzas populares. Discurso de Hernán Laborde. 30 de marzo de 1938", en *Historia Documental*, t. 3, 1981, p. 456.
[55] *Ibidem*, p. 467.

presentantes, dado que se iba a constituir un sector popular del cual, suponemos, se sentían los más legítimos representantes.[56]

Como no podía faltar en una reunión de estas características, las suspicacias abundaron: "En el grupo del sector popular entre los que se encontraban muchos políticos, Senadores, Diputados y Revolucionarios, observé cierto disgusto, porque creen que ya el antiguo PNR, tenía designadas a las personas que ocuparán las comisiones que antes digo".[57]

Los cinco informes relacionados con la sesión del día 1º de abril fueron más escuetos, pues más que discursos largos y grandilocuentes, la dinámica reportada por los inspectores trató básicamente de acuerdos entre los grupos creados en torno a la definición de la presidencia del partido, y de la reanudación del recelo con mayor intensidad: "Otro militar dijo, que todo aquello estaba hecho por Lombardo, para mezclarlos a ellos —los militares— en asuntos soviéticos".[58]

En la misma sesión, el agente VS-2 informó de una división mayor dentro del grupo de asambleístas, y la sintetizó de la siguiente forma:

... el suscrito en esos precisos momentos se adhirió al grupo que discutía con el Lic. Lombardo Toledano, y éste indicó a sus delegados, que el fracaso que señalaba a los trabajos de la Convención, era debido a las maniobras que están realizando Muñoz Cota y el Sen. Soto Reyes, con el propósito de derrocar a la actual mesa directiva que

---

[56] *El Universal*, 31 de marzo de 1938. Esta organización, como desquite y a menos que se trate de un homónimo, fue una de las principales impulsoras de la candidatura del principal opositor al candidato del PRM en la elección de julio de 1949, Juan Andreu Almazán.

[57] AGN/GD: DIPS, 312-45, vol. 205, exp. 4. México, D. F., 30 de marzo de 1938. "Concepción González a Jefe del Departamento de Información Política y Social", f. 2.

[58] *Ibidem*, México, D. F., 1º. de abril de 1938. "Inspector PS-12 a Jefe de la Oficina de Información Política y Social", f. 30. Respecto al acta de la sesión anterior, este agente informaba que, según el decir de un coronel, era "sintética y homeopática", sin explicar qué quiso decir con ello.

preside el Lic. Barba González, y a su vez controlar la elección definitiva para la Dirección del "Partido de la Revolución Mexicana."[59]

Según el agente Pérez Aldama (VS-2), el grupo de Lombardo apoyaría a Luis I. Rodríguez para la presidencia del partido, y el grupo encabezado por Muñoz Cota, Soto Reyes y Julio Ramírez al general Gildardo Magaña. Esto tuvo su manifestación física en una lluvia de volantes que cayeron sobre los delegados en Bellas Artes, y que también se repartieron en las afueras del recinto.

Así, según este agente, "se observó muy claramente que los sectores militar, campesino, una parte del popular y la mitad del sector obrero, están unidos en sus ponencias, todos ellos inclinados en contra de los delegados representantes de la CTM que dirige el Lic. Lombardo Toledano".[60] Los nombres de Muñoz Cota y de Soto Reyes sonaban como los más interesados de oponerse a las propuestas provenientes de la CTM (algún político le comentó a un coronel que quizás no se llegara al final del congreso sin que hubiera sus "catorrazos" y otro expresó que aquello era un "revoltijo endiablado").

El panorama se complicó con la presentación por parte de los militares de la candidatura del general Juan José Ríos (apoyado también por los agraristas, según el agente PS-4), frente a la propuesta presentada por la mayoría del sector obrero que pretendía sacar avante el nombre de Luis I. Rodríguez como presidente del partido.[61]

[59] *Ibidem*, México, D. F., 1° de abril de 1938. "Inspector VS-2 al Jefe de Información Política y Social", fs. 31-32.

[60] *Ibidem*, f. 32. En lo que coincidió el inspector S-19, quien afirmaba que "concretando, en general se notó un marcado distanciamiento entre los sectores militar, obrero por la CROM y CGT, parte del sector popular, en contra de la CTM, pues persisten en la idea de que ese sector es el de la imposición". *Ibidem*, México, D. F., 1° de abril de 1938. "S-19 a Jefe del Depto. de Información Política y Social", f. 37.

[61] *Ibidem*, México, D. F., 2 de abril de 1938. "PS-4 al Jefe de la Oficina de Información Política y Social", f. 39.

Previo a la designación, se suscitó un debate complicado en torno a dos puntos principales: al acta de la sesión anterior y la exigencia de las representantes femeninas en la asamblea, las cuales exigían que se dictaminara de inmediato la creación de una Secretaría de Acción Femenil para el partido, enfatizando, sin embargo, que su dirección no recayera sobre la comunista Cuca García. Sobre el primer punto, Roberto Bonilla, delegado militar, apoyado por Julio Ramírez, Bonilla, Vidal Díaz Muñoz y Treviño, cuestionaron un acta esquemática que se les había entregado, y exigieron una más detallada. Finalmente, Carlos Madrazo presentó el dictamen en lo general y en lo particular cada uno de los incisos de la declaración de principios.

Respecto a la participación femenina, ésta había sido muy intensa a lo largo de la asamblea, y se dio en medio de polémicas y debates no siempre amistosos.[62] De hecho, la propuesta de creación de la Secretaría de Acción Femenil fue desanimada por algunas de las activistas más destacadas como Concepción Michel (de la Secretaría Femenina de la CCM), Sara Gomina López (del Instituto Revolucionario Femenino), Juana Gutiérrez de Mendoza (por la Amiga de la Obrera) y Elvia Carrillo Puerto (por la Liga Orientadora de Acción Cívica Femenina), entre otras. En un volante repartido durante la asamblea constitutiva del PRM estas activistas expresaron que estaban completamente de acuerdo en la creación de un Secretariado Femenino dentro del partido, pero que "en cuanto a la designación de los elementos que formen ese Secretariado y los principios que rijan su funcionamiento, deberán ser fruto de la Convención Nacional de Mujeres que hemos propuesto".[63] Es probable que el énfasis en la realización

---

[62] *Acta Constitutiva*, 1938, pp. 37-419. El facsímil de este documento se publicó en PNR/PRM/PRI, *Actas constitutivas. Documentos básicos*, 1991.

[63] AGN/GD: DGIP 312-45, vol. 205, Exp. 4. Volante "A la mujer mexicana. Al C. General Lázaro Cárdenas, presidente de la República. Al Congreso Constituyente del Partido de Trabajadores y Soldados y a la Nación en general. 29 de marzo de 1938", f. 51.

de la convención y que de ahí proveyera la Secretaría de Acción
Femenil ("DESCONOCEMOS LA FÓRMULA DE PRINCIPIO Y LA RE-
PRESENTACIÓN DE LA MUJER QUE SE IMPONGAN EN ESE PARTIDO,
SIN PREVIO ACUERDO GENERAL") tuviera que ver con las posibili-
dades elevadas que la representante Cuca García tenía de acceder
a ese cargo, si se decidía en ese momento.

Otro tema que suscitó gran polémica en el marco de la condición de la mujer, fue la del derecho a la tierra que tenía o no la
mujer campesina (punto sexto del programa de principios presentado a la asamblea para su discusión). Esta propuesta fue rechazada por participantes como Concepción Michel, José Martínez y León García, y apoyada por Carlos Madrazo, Refugio García
y Vicente Lombardo Toledano.[64]

En todo caso, lo curioso del resultado del debate sobre el tema
de la condición de la mujer, en donde se aprobó la inclusión del
inciso i) en la Declaración de Principios que otorgaba a la mujer
campesina el derecho a la tierra en condiciones iguales al hombre,
independientemente de su estado civil, y el cual se logró "después
de una acalorada discusión", fue que dicho párrafo no apareció en
la declaración de principios aprobada y publicada por el partido.[65]

El día 2 de abril, después de la discusión sobre los puntos restantes de los principios y estatutos del partido, fue finalmente
designado Luis I. Rodríguez como presidente del PRM y Esteban

[64] "Acta Constitutiva del Partido de la Revolución Mexicana", en PNR/PRM/PRI,
Actas constitutivas. Documentos básicos, CEN del PRI, México, 1991 [1938], pp. 72-80
(ed. facs.).
[65] "Segunda reunión de la Asamblea del PRM. En la formulación de la Declaración de
Principios, Estatutos y Programas de Acción, surgen debates acerca de la colectivización
de la tierra y los derechos de la mujer. 2 de abril de 1938", en *Historia Documental*, t. 3,
1981, p. 650-652. En el "Acta Constitutiva...", *op. cit.*, después de transcribir el debate sobre este punto, sólo se menciona que cuando se iba a proceder a la votación de esta propuesta, "habiéndose formulado una moción suspensiva, y estando de acuerdo la comisión
dictaminadora en retirar momentáneamente la proposición para cambiar impresiones
brevemente en lo particular, con los compañeros del sector campesino, quedó pendiente
de votación la misma" (p. 80). Seguramente, ese intercambio de "impresiones" culminó
en la eliminación de este párrafo.

García de Alba como su secretario general[66] lo cual, naturalmente, no acalló los rumores ni las divisiones. Los problemas de Rodríguez, en realidad, no hacían más que comenzar, pues el resto de la información dirigida a la oficina de investigaciones políticas y sociales se refirió a la falta de fondos en la tesorería del partido, y a la necesidad de recortar al personal en la que se vio involucrada la nueva directiva.

Un balance realizado por el inspector SP-7, pocos días después de realizada la asamblea, informaba por sectores el sentir respecto a la designación del guanajuatense como presidente del partido. En la Secretaría de la Defensa Nacional "el sector militar se encuentra muy indignado por falta de energía de los Delegados para imponerse a la maniobra política, en que resultó electo el Lic. Luis I. Rodríguez", pues algunos lo consideran "muy falso y muy farsante"; en la Cámara de Senadores algunos miembros como Soto Reyes, estaban indignados contra la que consideraban una maniobra de Lombardo, pues "llegó a sorprender al Sr. Presidente de la República, por haberle asegurado que la junta de Gobernadores la había controlado el Lic. Rodríguez cosa inesacta (sic)"; la Cámara de Diputados, según este informe, se encontraba dividida, pues "mientras unos están a favor del Lic. Rodríguez otros manifiestan en forma marcada su inconformidad"; en la Confederación Campesina "se encuentran muy disgustados en contra del diputado León García, por haber traicionado sus principios y al C. Prof. Graciano Sánchez, al haberse adherido al Lic. Luis I. Rodríguez".[67]

Lejos de aclararse con los días, la situación se veía empeorar, al grado de que todavía el día 7 de abril, el inspector S-19 informaba lo siguiente:

[66] Formalmente, esta propuesta fue presentada a la asamblea por el representante del sector campesino, León García.
[67] AGN/GD: DGIP, 312-45, vol. 205, México, D. F., 4 de abril de 1938. "Informe del inspector SP-7 al C. Jefe de la Oficina de Información Política y Social", fs. 60-62.

... habiendo estado con algunas personas, todas opinan en el senti-do de que el nuevo Partido Político, no tendrá más de un año de vida y los más disgustados, hasta dicen que el Lic. Rodríguez, su-frirá un atentado, pues por labor de algunas logias, que parece no están muy de acuerdo con él, opinan que hay que suprimirlo.[68]

En realidad, Luis Rodríguez tuvo apenas un año de vida como presidente del partido, pero hasta donde sabemos no fue objeto de algún atentado. Su gestión sí fue, sin embargo, polémica. De acuerdo con Osorio Marbán, Rodríguez fue acusado constante-mente de sovietizante y de estar en contra de los principios fun-damentales de la Revolución mexicana. Más aún:

Fue uno de los presidentes nacionales más combatidos y cuyas re-acciones de defensa ocasionaron diversas expulsiones en la organi-zación, muchas de ellas francamente escandalosas como las de Ju-lio Ramírez y Ramón F. Iturbe, éste último, habría de formar más tarde el llamado Partido Democrático Mexicano.[69]

Un logro inmediato de la Asamblea Constituyente del nuevo organismo político fue la aprobación de sus documentos progra-máticos, los cuales condensan, en la expresión de Loyola, el "idea-rio político del cardenismo",[70] con su particular mezcla de radica-lismo, nacionalismo, colectivismo y pretensiones democratizantes.

El Pacto Constitutivo, la Declaración de Principios y los Es-tatutos del Partido de la Revolución Mexicana[71] constituyen un

[68] *Ibidem*, México, D. F., 7 de abril de 1938. "Informe del agente S-19 al Jefe del Depto. de Información Política y Social", f. 68.

[69] Miguel Osorio Marbán, *El Partido de la Revolución Mexicana (Ensayo)*, 3 t., Talle-res de Artes Gráficas México, 1982, p. 72. En realidad el nombre de la agrupación era Frente Constitucional Democrático Mexicano.

[70] Rafael Loyola Díaz, "1938: el despliegue del corporativismo partidario. La fundación del PRM", en *El partido en el poder. Seis ensayos*, El Día Libros/IEPES, México, 1990, p. 167.

[71] Partido de la Revolución Mexicana, *Pacto Constitutivo, Declaración de Principios y Estatutos*, La Impresora, México, 1938.

bien logrado cuerpo documental tendiente a señalar la nueva ruta que un cuerpo integrado por cuatro sectores bien establecidos, con la complejidad que significa su imbricación en una sola agrupación y camino políticos, significaba.

Tres puntos son, generalmente, señalados como los más emblemáticos y característicos de la nueva agrupación:

- Los sectores que integran el partido, se comprometen a "no ejecutar acto alguna de naturaleza político-electoral, si no es por medio del Partido de la Revolución Mexicana, y con estricta sujeción a los estatutos".[72]
- Se reconoce la existencia de la lucha de clases, "como fenómeno inherente al régimen capitalista de producción, y sostiene el derecho que los trabajadores tienen, de contender por el poder político".[73]
- La cuarta declaración generó cierta inquietud pues establecía que el partido "considera como uno de sus objetivos fundamentales la preparación del pueblo para la implantación de una democracia de trabajadores y para llegar al régimen socialista".[74]

Para no generar suspicacias innecesarias, Lombardo Toledano —que fue sin duda el orador principal y más influyente en todos los debates de la asamblea constituyente— aclaraba en el

[72] *Ibidem*, p. 5.
[73] *Ibidem*, p. 9.
[74] *Ibidem*, p. 10. Esta conceptualización sí denota la tensión que existió al interior del PRM, pues desde su toma de posesión Luis I. Rodríguez hablaba de un partido que "considera como objetivo fundamental la preparación del pueblo para la implantación de un régimen de producción más justo y dentro de un proceso histórico, llegar por la vía pacífica a la *democracia social*". "Discurso de Luis I. Rodríguez en la toma de posesión como presidente del Comité Central Ejecutivo del Partido de la Revolución Mexicana. 2 de abril de 1938", en *Historia Documental*, t. 3, 1981, p. 470. Las cursivas son mías. Nótese que no se refiere a un *régimen socialista*.

debate sobre el punto referido a la condición de la mujer, pero refiriéndose a este 4º principio que:

> A nadie se le había ocurrido pensar que queremos socializar la propiedad privada mañana. Ya hemos dicho que en la etapa actual de la evolución histórica de nuestro país no podemos establecer un régimen socialista; pero es una aspiración profunda del pueblo mexicano, llegar indiscutiblemente a la propiedad socialista. Éste es el valor que tiene la aspiración para que las mujeres del campo también trabajen y sean responsables, ellas mismas, de su propia libertad, de su propio pensamiento.[75]

De esta forma, se manifestaba la ruptura respecto al ideario anterior, más radical y más acorde con el desarrollo de los acontecimientos nacionales e internacionales: la nacionalización de la industria petrolera realizada ese mismo mes, generó en México una efervescencia popular y una reacción de unidad, que los organizadores de la transformación del partido supieron canalizar adecuadamente; por otro lado, a nivel internacional, la misma situación que Cárdenas supo cristalizar respecto al petróleo —un estado de guerra inminente y la experiencia de los frentes populares en Francia y España— fue bien utilizada por los dirigentes del partido para poder concretar su programa.

Así, dice el más reconocido estudioso de esta agrupación:

> En el momento de su constitución, el PRM se presentaba a la vez como una continuación y una ruptura en relación al PNR; se consideraba como el heredero legítimo de las fuerzas que habían luchado durante "la Revolución" y al mismo tiempo se reclamaba de Lázaro Cárdenas, es decir, de las reformas que el callismo había sido incapaz de realizar.[76]

[75] Acta Constitutiva, p. 76.
[76] Luis Javier Garrido, *op. cit.*, p. 252.

Finalmente, la concreción de la propuesta de transformación partidista había dado por resultado una agrupación que, una vez aplacadas las pasiones que se habían enfrentado durante la Asamblea constituyente, y que en el realineamiento por los puestos políticos y los cargos públicos, se entendía como indispensable tener un lugar claro y de apoyo preciso a la política presidencial.

3. Un último nivel en el que se presentó la discusión sobre la creación del Partido de la Revolución Mexicana y sus implicaciones, fue en el seno del Bloque político que actuaba en la Cámara de Diputados.

Desde que apareció el "Manifiesto" del presidente Cárdenas del 18 de diciembre de 1937, informando sobre la transformación que se avecinaba en el Partido Nacional Revolucionario, los diputados del Bloque pertenecientes a esta agrupación en el Congreso de la Unión comenzaron a discutir sobre las implicaciones que este cambio tendría sobre su propia labor parlamentaria, sobre todo a nivel organizativo.

El martes 21 de diciembre de ese mismo año, el diputado León García quien, como ya vimos, sería uno de los principales representantes de los intereses campesinos en la asamblea constitutiva del partido, planteó las perspectivas de la transformación, y las ubicó en el marco de la política del frente popular que se discutía,

porque los que hemos pugnado desde las organizaciones revolucionarias sindicales y agrarias por la creación del Frente Popular Mexicano, pensamos que dicho Frente, que será en último análisis, aunque se llame de otro modo, el futuro Partido Nacional Revolucionario, el Frente Popular tendrá una función no exclusivamente político-electoral, sino una función social que tienda a la solución ingente de los problemas del pueblo mexicano.[77]

[77] *Diario de los Debates*, Cámara de Diputados, 21 de diciembre de 1937, México, p. 59.

Este tema, que en cierta forma ya había sido adelantado por el diputado Miguel Ángel Menéndez en esa misma reunión, no llegó a tener un desarrollo muy amplio en las discusiones entre los diputados, porque allí lo que se discutiría sería la transformación del Bloque del partido en el congreso, y no la del propio partido. De hecho, en esta misma sesión, la Cámara aprobó nombrar una comisión (Alfonso Francisco Ramírez, León García y Fernando Amilpa) para estudiar las reformas a los estatutos del Partido Nacional Revolucionario.

La siguiente reunión del Bloque Nacional Revolucionario en torno al tema del nuevo partido, se realizó el 31 de diciembre de 1937, y en ella el diputado Emilio Acosta planteó, ante la información aún escasa que se tenía sobre el proyecto, que "el empleado público deja de ser el único sostén económico de este partido, y va a tener necesidad de recurrir a los elementos revolucionarios que van a formarlo".[78]

Tres meses después, cuando ya el PRM se había creado, el Bloque volvió a discutir sobre su propia razón de ser. El dilema, para el presidente de la Cámara León García, era muy sencillo: el Bloque Nacional Revolucionario de la Cámara de Diputados, "órgano hasta la desaparición del Partido Nacional Revolucionario debe simplemente transformarse y pasar a ser un órgano del Partido de la Revolución Mexicana, o debe declarar terminadas sus funciones y erigirse en un nuevo órgano político dependiente del Partido de la Revolución Mexicana".[79] Este aparente falso problema generó una larga polémica, que se resolvió en los términos propuestos por el diputado Menéndez, quien, insistiendo en que el cambio implicaba la adhesión *a la ideología* del Partido de la Revolución Mexicana, proponía poner fin en esa sesión al Bloque Nacional Revolucionario.[80]

[78] *Ibidem*, 31 de diciembre de 1937, p. 44.
[79] *Ibidem*, 4 de abril de 1938, p. 4.
[80] *Ibidem*, p. 7. Las cursivas son mías.

El acuerdo, tal como se redactó al final, fue el siguiente:

Hoy, 4 de abril de 1938, se declara desaparecido el Bloque Nacional
Revolucionario de la Cámara de Diputados de la XXXVII Legislatura del Congreso de la Unión, y constituido formalmente el Bloque de la propia Cámara, como órgano del Partido de la Revolución
Mexicana.[81]

Finalmente, el Bloque de la Cámara de Diputados en el Consejo Nacional Directivo del Partido de la Revolución Mexicana
declaró como su representante ante el partido al diputado Margarito Ramírez, después de una áspera discusión que enfrentó
esta candidatura a la del general Enrique Estrada, en la que el jalisciense triunfó por 77 contra 29 votos.[82]

Como corolario, el día 20 de abril se celebró un banquete que
en honor de los presidentes saliente y entrante del PRM, Silvano
Barba y Luis I. Rodríguez, tanto diputados como senadores ofre-
cieron su colaboración al comité del nuevo partido.

Crípticamente, el inspector PS-11 informó que, de acuerdo
con los comentarios vertidos por el senador Lizárraga, el partido
tenía un nuevo horizonte, y "de acuerdo con las palabras del señor Lic. Portes Gil, este nuevo Partido ya no será una 'máquina
trituradora de sus dirigentes'".[83]

De esta forma, se termina con el proceso de adecuación y
replanteamiento estructural que el partido en el gobierno requería. Éste no fue muy duradero (la salida de los militares, primero, y su transformación en Partido Revolucionario Institucional, después), nos hablan de una temporalidad breve, pero

---

[81] *Ibidem*, p. 8.
[82] *Ibidem*, 13 de abril de 1938, p. 11.
[83] AGN/GD: DIPS 312-45, vol. 205, exp. 4, México, D. F., 20 de abril de 1938. "Informe
del inspector PS-11 dirigido al Jefe de la oficina de Información Política y Social",
fs. 73-75.

crucial en cuanto a su papel de apoyo y organización de las fuerzas sociales y políticas que participaron en el proceso de reformas cardenistas.

Consideraciones generales

Como mencioné líneas arriba, no existe consenso entre los historiadores encargados de estudiar el recorrido y avance de esta agrupación política, a fin de cuentas, de corta vida, pero de profundo impacto social y político, y sobre la significación plena de su influencia.

Para Paul Nathan, por ejemplo, en los diversos cambios del partido oficial "no hubo ningún cambio fundamental en la forma de actuar o en el personal dirigente",[84] mientras que algunos analistas más actuales, consideran que la fundación del PRM fue uno de los momentos cruciales de la Revolución mexicana, pues "ahí se expresaba la evolución del pacto político que daba cuenta de la estructuración del poder fundamentado en una política de alianzas y coaliciones. Los grandes actores sociales le daban un perfil y particularidad al Estado mediante la implementación de la política del frente popular".[85]

En esta línea, para Tzvi Medin, de manera quizás hiperbólica, "no se trataba de la reestructuración política de un partido, sino de la reestructuración política de la nación";[86] como sea, el hecho es que su impacto fue pleno y necesario para el apoyo en la continuación del proceso de reformas cardenistas, aun cuando, como menciona Knight, su creación se da en un momento en que dicho proceso comienza a detenerse.

---

[84] Paul Nathan, *México en la época de Cárdenas* en *Problemas Agrícolas e Industriales de México*, vol. VII, núm. 3 (julio-septiembre de 1955), p. 37.
[85] Samuel León y G. Pérez, *De fuerzas políticas y partidos políticos*, Plaza y Valdés/ UNAM, México, 1988, pp. 58-59.
[86] Tzvi Medin, *op. cit.*, p. 107.

Este proceso no fue terso ni límpido, como algunas versiones de los procesos de negociación y acuerdo político revolucionarios han querido propalar; de hecho, como menciona Salvador Novo en el epígrafe de este ensayo, era "un arte no muy bello", pero que culminó exitosamente.

De acuerdo con las discusiones y polémicas que pudimos ver tuvieron lugar durante esos días, el proyecto de Cárdenas fue el que triunfó, pero tuvo resistencias y oposiciones significativas. Uno de los artífices de este proceso, si no es que el operador fundamental, fue Vicente Lombardo Toledano quien, pese a la barreras presentadas por grupos de militares, campesinos y las otras centrales obreras (CROM y CGT), logró imponer su proyecto tanto programático como de dirigentes políticos. Detrás de ello, se encontraba la idea del Frente Popular *a la mexicana* y, ciertamente, la forma en que cristalizó este proyecto semejaba algunas de las experiencias contemporáneas (sobre todo, en España y en Francia). Como ellas, ésta también tuvo una vida breve.

La asamblea constitutiva del Partido de la Revolución Mexicana constituye un momento interesante del debate político nacional entre sectores que, fuera de momentos particulares como el apoyo a las decisiones nacionalistas del gobierno —como la expropiación petrolera— tenían poco intercambio entre sí. El partido era un aglutinador fundamental en la conservación de los equilibrios y contrapesos entre todos los sectores. Además, por supuesto, era el vehículo de la participación electoral al cual todos se comprometían a atender. La búsqueda del respeto a la autonomía en la acción de las agrupaciones sociales, implicaba el correlativo respeto a la observancia de los principios establecidos por el partido para la participación política-electoral.

Pedro Salmerón considera que los cardenistas vieron en la transformación de la estructura y funcionamiento del partido: "La posibilidad de fortalecerlo y convertirlo, de una vez por todas, en el instrumento político de organización de las masas y canalización de sus demandas, apoyo al gobierno y aparato político-ideológico del grupo en el poder".[87]

El problema con esta caracterización es, precisamente, el preguntarnos hasta dónde efectivamente podemos hablar de un "aparato político-ideológico" del grupo en el poder, cuando al interior del mismo los conflictos afloraban y a veces de manera violenta, tal como lo vemos en la discusión sobre el partido, de manera recurrente.

Y esto tiene que ver con el tema de las continuidades y los cambios en la perspectiva crítica de la historia de las modernizaciones. Como ya había mencionado antes, los pilares del sistema político que se consolidó durante el periodo cardenista, partido de Estado y presidencialismo, existían ya desde —al menos— la consolidación del grupo sonorense en el poder (continuidad). Y, sin embargo, es claro que estas dos variables tuvieron durante el sexenio presidido por el general Cárdenas, una significación sustancialmente distinta a la del periodo anterior (cambio). Esta transformación no se realizó de manera precisa con el ascenso del divisionario michoacano al Poder Ejecutivo en diciembre de 1934, sino que se realizó en medio de un proceso político complejo y peligroso, pero que le arrojó a Cárdenas por resultado la posibilidad de darle un contenido particular a las piezas claves del sistema político. Éste fue el caso de la transformación del Partido Nacional Revolucionario, el cual no dejó de ser un partido de Estado, pero mutó en una figura organizativa más moderna y funcional para los fines del gobierno cardenista. La incorporación de los sectores sociales al PRM, pero no sólo su incorporación, sino su participación en el mismo proceso de cambio, significó una diferencia muy significativa respecto a la forma organizativa anterior. No dejó de ser un proceso dirigido "desde arriba" (ya mencionamos el caso particularmente notable de los campesinos en

---

[87] Pedro Salmerón Sanginés, *op. cit.*, p. 152.

este sentido), pero también es cierto que la participación de los integrantes de los sectores a través de sus líderes (¿se podía haber hecho de otra forma?) llevó efectivamente su voz a la asamblea constitutiva y a los documentos derivados de ella.

José Rivera menciona que "al someter a los grandes sectores de la población, éstos quedaban sujetos al partido de Estado, ya que a partir de la creación del PRM, la que había sido una enorme movilización de las principales agrupaciones obreras y campesinas disminuyeron su actividad",[88] lo cual muestra que, pese a los llamados en contrario del propio Lombardo, la acción del partido sí socavó la autonomía de las agrupaciones sociales. En este sentido, la función de las mismas es similar al que tenían en el periodo anterior, pero también es cierto que si pensamos en la influencia de la acción del partido como medio de consolidación política del proceso de reforma social, su importancia se redimensiona.

La valoración plena de la acción de los partidos políticos en el periodo de Lázaro Cárdenas, la nueva relación con las organizaciones sociales y sus corporaciones, la fuerza del nuevo presidencialismo —reconfigurado por y hacia los procesos anteriores— son parte de un proceso de modernización política que es necesario aquilatar desde una nueva perspectiva. Los estudios recientes plantean nuevas preguntas, y contribuyen a una mayor comprensión de esta etapa, en donde la pregunta sobre las rupturas y las continuidades siguen siendo fundamentales.

---

[88] José Rivera Castro, "El PRM: de la movilización social al corporativismo autoritario", *Sólo Historia,* año 2, núm. 13 (julio-septiembre de 2001), p. 63.

La política exterior del cardenismo

Agradecimientos

Este ensayo no habría sido posible sin la valiosa ayuda de Samuel León, Guadalupe Farías, Francisco Márquez Aguilar, Eduardo Nava, Irene Zea y Emilio Cárdenas. Todos ellos me señalaron algunas precisiones históricas y me facilitaron textos pertinentes.

Etiopía

Al mediodía del 19 de junio de 1954 el emperador Haile Selassie I arribó a la Ciudad de México. En Palacio Nacional, ante el presidente Adolfo Ruiz Cortines, pronunció un emotivo discurso: "Etiopía no olvida que México se negó a reconocer los hechos consumados por las fuerzas italianas, y que alzó la voz en defensa de la razón [...] y el derecho; [...] empleamos la palabra hermanos para referirnos a México y a los mexicanos".[1]

El 24 de junio de 1954, pasadas las siete de la mañana, el general Lázaro Cárdenas se reunió con el emperador en el Hotel del Prado. Iba acompañado de su hijo y de Alejandro Carrillo. En la suite pre-

---

* Facultad de Ciencias Políticas y Sociales, UNAM.
[1] Haile Selassie I, "El León de Judah en México", en página web: Black King, www.geocities.com/leondejudah/him_mexico.htm (consultado el 15 de julio de 2008).

sidencial, Su Majestad honró al ex presidente otorgándole la más alta condecoración del Imperio en reconocimiento por la defensa de la soberanía de Etiopía en el seno de la Sociedad de Naciones.

Esta historia comenzó en 1888, cuando el primer ministro Francesco Crispi, llevó a Italia a adoptar una política colonial. Ese mismo año, el ejército italiano se apoderó de Massaouah, en Etiopía y después intentó extender sus dominios hasta Benadir, al noreste de Addis Abeba.

Inglaterra y Francia apoyaron a Menelik II en la lucha contra sus invasores. A cambio, la primera de estas dos potencias extendió sus dominios coloniales en la cuenca del Nilo mientras los galos construyeron el ferrocarril de Djibuti a Addis Abeba.

En 1923 Inglaterra y los Estados Unidos rechazaron la solicitud de Etiopía para formar parte de la Sociedad de Naciones. No obstante, se creó un bloque liderado por Francia que consiguió la aceptación de los etíopes.

A finales de 1934 las tropas italianas apostadas en Somalia fueron supuestamente atacadas en los pozos de Ual Ual, por tropas etíopes. Era el pretexto que Mussolini esperaba para empezar su conquista.[2]

El 2 octubre de 1935 el emperador de Abisinia envío una carta de protesta a la Liga de las Naciones, en la cual afirmaba:

Las tropas italianas acaban de invadir el territorio de Etiopía habiendo penetrado por un punto situado al oeste de monte Moussali cerca de la frontera de la Somalia francesa. [...] 50 000 soldados italianos iniciaron hoy el avance. Llevando tanques, artillería de diversos calibres y protegidos por varias cuadrillas de aviones.[3]

[2] La razón de fondo era la política migratoria y colonial de Mussolini, cuyo gobierno estaba obsesionado con el problema del exceso de población. *Cf.* Louis Rogers, "Los imperios coloniales europeos", en Michael Howard y W. Roger Louis, *Historia Oxford del siglo* xx, traducción de Cristina Pagés y Víctor Alba, Planeta, Barcelona, 1999, pp. 162-163 [1998].

[3] s/a, "Cincuenta mil italianos son los que invadieron ya Etiopía", *El Universal*, Méxi-

El Duce afirmó que su patria cobraba venganza por una vieja afrenta: la derrota de la batalla de Adwa en 1896, cuando Italia pretendió apoderarse de Etiopía y Somalia. Pero 40 años después, al iniciar la segunda guerra italo-etíope, el gobierno fascista tenía ventajas considerables. En siete meses la nación africana se convirtió en una colonia.

Inglaterra y Francia intentaron mediar pero el gobierno de Roma afirmó que estaba dispuesto a continuar la invasión "con, sin o contra Ginebra".[4] La Sociedad de Naciones declaró a Italia "agresor" y solicitó que se aplicaran las sanciones prescritas por el artículo 16 del pacto, el cual afirma que "Si un Miembro de la Sociedad recurriere a la guerra los estados miembros se comprometen a romper toda relación comercial o financiera con él". Salvo Austria, Hungría y Albania, naciones que se sentían amenazadas por el imperialismo italiano, todos los miembros de la Liga votaron a favor de las sanciones.

Acerca de la invasión italiana, el 10 de octubre de 1935, el delegado de México en la Sociedad de Naciones, el ingeniero Marte R. Gómez, quien formaba parte del Consejo, declaró:

> Mi país concede toda la importancia que merece a la sensible constatación hecha por los miembros del Consejo en la sesión del 7 de octubre de que *nos encontramos ante el caso de una guerra emprendida contrariamente a las obligaciones* [...] *del Pacto.* [...] México [...] no se substraerá a las responsabilidades que se desprenden de las obligaciones señaladas por el Pacto.[5]

---

co, 2 de octubre de 1935. *Cf.* "La Segunda Guerra Mundial. 1933-1939", *El Universal*, México, 1989, p. 87.

[4] Sede de la Sociedad de Naciones.

[5] Isidro Fabela, *La política internacional del presidente Cárdenas. Antecedentes histórico-jurídicos de la expropiación petrolera. Intervenciones diplomáticas*, Jus, México, 1975, p. 26.

¿Fue éste el inicio de la política cardenistas de defensa de los principios del derecho internacional? No encontramos instrucción alguna del presidente Cárdenas para llevar a cabo la reclamación. Incluso, el mandatario mexicano tenía la impresión de que Mussolini no duraría mucho en el poder. Bajo este prisma, no era necesario concertar una política de ayuda material a Abisinia. Y de hecho, tal ayuda no existió.[6]

El 18 de noviembre de 1935, México puso en vigor las sanciones contra Italia y cuando Hoare, el canciller británico, y Laval, el francés, propusieron en la Sociedad de Naciones la transacción que desmembraba el reino del Negus, intervino "el representante mexicano, protestando contra tal medida al decir que [...], *una solución que no es aceptada libremente por Etiopía nos parece incompatible con el espíritu del Pacto".*[7]

De cualquier manera, el "acuerdo Hoare-Laval anuló en la práctica la aplicación de dichas sanciones".[8] El 5 de mayo de 1936 las tropas italianas ocuparon Addis Abeba y cuatro días más tarde Mussolini se anexó el país vencido creando el Imperio del África Oriental y el rey Víctor Manuel III se hizo llamar emperador de Etiopía. México retiró a su embajador de Roma y mantuvo sólo un representante de negocios en la capital italiana.

En el seno de la Asamblea de la Liga, el representante mexicano, Narciso Bassols, declaró: "Porque estamos dispuestos a continuar aquí, animados de buena fe, nos interesa evitar el colapso de la seguridad colectiva y la ruina de la Sociedad de las Naciones".[9]

La negativa de la Liga y el aislamiento al que fue sometida la

---

[6] *Cf.* Lázaro Cárdenas, *Obras. I Apuntes 1913-1940*, UNAM, México, 1972, p. 328.

[7] Isidro Fabela, *La política...*, *op. cit.*, p. 26.

[8] Miguel A. Marín, "Isidro Fabela", Ma. Teresa Jarquín Ortega (coord.), *Isidro Fabela. Pensador, político y humanista (1882-1964)*, Instituto Mexiquense de Cultura/Colegio Mexiquense, Toluca, 1996, p. 67.

[9] s/a, "Contra las conquistas y contra el imperialismo", *El Universal*, México, 4 de julio de 1936. Incluido en *"La Segunda..."*, *op. cit.*, pp. 107-108. *Cf.* María de Lourdes Sierra Kobeh, *La doctrina mexicana ante el derecho internacional. Isidro Fabela, Manuel J. Sierra, Narciso Bassols*, tesis de licenciatura, UNAM, 1972, p. 121.

delegación mexicana por la defensa de Etiopía, indignó a ciertos políticos mexicanos.[10] El 31 de mayo, un grupo de senadores, liderados por el general Cándido Aguilar, se entrevistaron con Cárdenas y le plantearon que México debería abandonar, en señal de protesta, la Sociedad de Naciones. El presidente escribió su opinión al respecto: "quienes secundan en nuestro país que la tendencia a que México se separe de la Liga sirven, quizá inconscientemente, a los intereses del imperialismo".[11]

Posteriormente, Isidro Fabela, representante de México en Ginebra, narra el intento de excluir a Etiopía de la Sociedad de Naciones. El 16 de mayo de 1937 inició la sesión de la Liga y el doctor Quevedo, representante de Ecuador y presidente de la Asamblea, otorgó la palabra a Komarniski, representante polaco.

> Invitado por el presidente a pasar a la tribuna, se negó a ello diciendo que era muy breve lo que iba a manifestar. [...] En voz muy baja [...] comenzó a hablar. Dándome cuenta de que sus intenciones eran [...] que no se le oyera, [...] me acerqué al delegado polaco [...]. Pude comprender que no hacía propuesta alguna, sino que con mañosa habilidad sólo remarcaba el hecho de que Etiopía había dejado de existir como país independiente. Esto con el fin de que la Asamblea asintiera con su silencio.[12]

Una vez concluida la exposición del polaco, Isidro Fabela pidió la palabra y expresó:

> Acabo de escuchar la declaración hecha por el honorable representante de Polonia [...]. No ha hecho ninguna proposición concreta.

[10] Ya fuera porque a sus intereses inmediatos así convenía o debido a su simpatía por el fascismo, incluso algunas naciones latinoamericanas repudiaron la posición mexicana. *Cf.* Fedro Guillén, *Fabela y su tiempo. España, Cárdenas y Roosevelt*, UNAM, México, 1989, p. 136.
[11] Lázaro Cárdenas, *Obras...*, *op. cit.*, p. 350.
[12] Isidro Fabela, *La política...*, *op. cit.*, p. 29.

Sin embargo, como parece dar a entender que el Estado etíope ha dejado de existir y el silencio de México podría interpretarse en el sentido de dar su conformidad a esa declaración, en nombre de mi país declaro [...] que protesto contra toda maniobra tendiente a expulsar del seno de la Sociedad de las Naciones a ningún miembro de ella.[13]

Entonces, muchos miembros de la asamblea se percataron de las intenciones del delegado de Polonia. Más tarde, la delegación mexicana en Ginebra, al notar que se estaba "omitiendo el nombre de Etiopía en algunos documentos oficiales de la Sociedad, dirigió una protesta a su secretario general". Esta omisión era un paso "hacia el reconocimiento de la supresión de ese país como Estado miembro, supresión que sólo podía decretar la asamblea, de acuerdo con el pacto".[14]

En respuesta, el emperador Haile Selassie I telegrafió al presidente Lázaro Cárdenas: "... es un gran consuelo [...] enterarse de la enérgica protesta de México ante los representantes reunidos en Ginebra [...]. El soberano legítimo [...] y su pueblo dirigen a vuestra nación [...] los más vivos agradecimientos".[15]

Los pronunciamientos de Marte R. Gómez y Narciso Bassols fueron producto de la simpatía espontánea por los pueblos oprimidos antes que los pasos meditados de una ruta diseñada por el Ejecutivo en materia de política exterior. En el ambiente de celebración tras el destierro de Calles, el presidente no tenía tiempo para preocuparse por la situación mundial.[16]

Pero a finales de 1936, el nombramiento de Isidro Fabela anuncia una política exterior dictada con toda claridad por el presidente

---

[13] *Ibidem*, p. 30.

[14] Fernando Serrano Migallón, "La política internacional del presidente Cárdenas", en Ma. Teresa Jarquín Ortega (coord.), *Isidro Fabela...*, *op. cit.*, p. 206.

[15] Berta Ulloa, "Isidro Fabela. 1882-1964", en Ma. Teresa Jarquín Ortega (coord.), *Isidro Fabela...*, *op. cit*, p. 38.

[16] *Cf.* Luis González, *Los días del presidente Cárdenas*, Colmex, México, 1981, p. 79.

Cárdenas,[17] quien en esta ocasión estaba dispuesto a ir más allá de
la posturas tradicionales de la política exterior mexicana. Los críticos del mandatario afirman que, incluso, la postura mexicana en el
conflicto español contradijo flagrantemente la doctrina Estrada.

El conflicto sino-japonés

El 7 de octubre de 1937 Japón agredió a China. El presidente Cárdenas designó a Primo Villa Michel para asistir a la Conferencia
de Bruselas, en donde la Sociedad de Naciones trataría el asunto.

Isidro Fabela preparó unas notas en donde explicaba al mandatario los antecedentes de la invasión de los nipones. El análisis
del diplomático comienza en 1872, cuando Japón se apoderó de
algunas islas cercanas a China. En 1895 China, derrotada por las
tropas japonesas, reconoció la independencia de Corea, que en
realidad se convirtió en un satélite del Imperio del Sol. En 1931,
los japoneses tomaron Manchuria. En septiembre el gobierno
chino apeló a la Sociedad de Naciones. Ante la falta de medidas
efectivas de la Liga, Japón no tuvo obstáculo para continuar con
la ocupación y avanzar hacia el sur de la Gran Muralla.[18] En 1934,
el emperador del Manchukuo, que era un títere de los japoneses
celebró con "Tokio un tratado por el que éste se reserva el derecho de vigilar los asuntos exteriores, la economía y la defensa
nacional del nuevo Estado".[19]

---

[17] Al estallar la revuelta en contra de la República, el presidente Cárdenas se mostró con-
fuso e incluso llegó a creer que los rebeldes eran en realidad los liberadores del pueblo español. Incluso, unos meses antes de la insurrección, el embajador mexicano en Madrid había
condecorado a algunos generales españoles, entre quienes figuraba Franco. No obstante, sólo
unas semanas después de iniciado el conflicto, Ramón Beteta, Isidro Fabela y el embajador
español, Félix Gordón Ordás, convencieron a Cárdenas de ponerse del lado de la República.
Mario Ojeda Revah, *México y la guerra civil española*, Turner, Madrid, 2004, pp. 77,
110 y 147.

[18] *Cf.* Miguel A. Marín, "Isidro...", *op. cit.*, p. 67.

[19] Isidro Fabela, *La política...*, *op. cit.*, p. 36.

En mayo de 1937 el ministro Hayashi-Sato fue destituido. Este político que abogaba por el expansionismo económico, era el último gran personaje que se resistía a la política imperialita del Partido Militarista. La diferencia entre uno y otro, respecto a China, era que mientras el moderado reconocía al gobierno de Nankin, los militaristas lo negaban.

En octubre, los japoneses argumentaron que comenzaban la guerra en defensa propia y magnificaron algunas escaramuzas en zonas fronterizas.

Isidro Fabela mantuvo una estrecha comunicación con el delegado de China ante la Sociedad de Naciones. El doctor Koo, además de afirmar que la estrategia de China era una guerra que desgastaba el espíritu de los japoneses y hacía reaccionar a las potencias para intervenir contra el imperialismo japonés, confesó "que la superioridad de los ejércitos japoneses sobre los chinos es como de 20 a 1, especialmente porque a los chinos les faltan aviones, tanques y marina". Ulteriormente, los chinos tenían otra debilidad: la desunión.

Primo Villa Michel llegó a Bruselas con una montaña de argumentos, redactados por Isidro Fabela para la defensa de China.[20] La posición de México fue ignorada por los demás miembros de la Sociedad de Naciones y Fabela explica la razón:

En el último fracaso político de la Sociedad de las Naciones, el de la guerra imperialista de Japón contra China, para evitar la persistencia de la agresión habría sido indispensable que Inglaterra,

[20] Japón trasgredió las convenciones I (que pide no emplear todos sus esfuerzos para evitar la guerra con China), III (cuyo artículo 1º solicita que previo al inició las hostilidades se envíe un ultimátum con una declaración de guerra condicional) y IX (cuyo artículo 1º prohíbe bombardear por fuerza naval los puertos, ciudades, poblaciones, habitaciones o edificios no defendidos) de La Haya, el tratado de 1923 (que sostiene, en su artículo 1º, inciso a, que se debe respetar la soberanía, independencia e integridad territorial y administrativa de China), el acuerdo Briand-Kellog (que condena que se recurra a la guerra para solucionar conflictos internacionales), entre otros.

Francia, Rusia y los Estados Unidos, hubieran resuelto una acción conjunta contra el agresor.[21]

Fabela explica la actitud particular de cada potencia[22] y anticipa, con su análisis, lo que en la Conferencia de Bruselas encontró Villa Michel: las potencias europeas y Estados Unidos se mostraron débiles. En cambio, Japón afirmó que cerraba la puerta a las negociaciones y no detendría el avance de sus conquistas en China.

La delegación mexicana en Bruselas protestó contra la invasión pero nuestro delegado no encontró eco en la conferencia. Posteriormente, Isidro Fabela se entrevistó con el doctor Ho Chi Tsai, representante del gobierno chino, quien le solicitó que si México quería ayudar a su país no pidiera convocar a la reunión del Comité de la Sociedad de Naciones, porque este organismo no llegaría a nada práctico. Y posteriormente: "me contó que Francia, Inglaterra y Rusia les han prometido ayudarlos de manera efectiva".[23] El diplomático mexicano "accedió, pero aclarando la naturaleza de su voto".[24]

La invasión nipona a China no fue un asunto que preocupara mucho al presidente Cárdenas. En octubre y noviembre de 1937,

---

[21] Isidro Fabela, *Cartas al presidente Cárdenas*, Offset Altamira, México, 1947, p. 80.

[22] En cuanto a la URSS concluye: "no creemos que se arriesgue [...], salvo si viese que los nipones pudieran absorber la Mongolia [...] porque entonces los soviéticos verían en grave peligro su imperio asiático", *ibidem*, p. 51.

La política de Francia fue errática: al principio ayudó a los chinos permitiéndoles usar el ferrocarril de Indochina para transportar armas. Pero el gobierno nipón amenazó con represalias contra las islas francesas del sureste asiático. El 13 de octubre de 1937, Francia prohibió el tráfico de armas por territorio indochino.

A los ingleses la intervención los obligaría a descuidar sus posiciones en el Mediterráneo y la India. Asimismo, no pueden desatender sus posiciones en Europa mientras Mussolini y Hitler no amainen sus arrogantes pretensiones. Asimismo, el rearme del ejército británico no terminará sino hasta 1938.

Respecto a los Estados Unidos Fabela concluye: "se necesitaría que los japoneses, imprudentes o torpes, se propusieran herir al sensible pueblo estadunidense, para que éste reaccionara en su contra", *ibidem*, p. 56.

[23] *Ibidem*, p. 63.

[24] Berta Ulloa, "Isidro Fabela...", *op. cit.*, p. 41.

la reforma agraria era el centro de sus actividades y durante 1938, lo fue el conflicto petrolero.[25]

México y la URSS

En enero de 1930 México suspendió sus relaciones diplomáticas con la URSS. Como resultado inmediato, comenzaron los mítines de los prosoviéticos en contra de las embajadas mexicanas por todo el mundo. El gobierno de Emilio Portes Gil se mantuvo en silencio ante las provocaciones de los comunistas. En el Expediente 6934 del Departamento Diplomático, cuya firma está "reservada", leemos:

> El gobierno de México ha estado recibiendo informes sobre manifestaciones comunistas realizadas ante nuestras embajadas [...] a pretexto de protestar por las medidas que aquí se han venido tomando contra algunos agitadores extranjeros que se mezclaban en nuestros asuntos interiores [...]. También tuvo noticias, con anticipación, de que se preparaban dichos actos. [...] En ninguna ocasión ha protestado por ellos [...]. El gobierno de México sabe [...] que esta propaganda contra nuestras instituciones y la revolución nacional, ha sido preparada y dirigida desde Rusia [...]. Como consecuencia [...] el gobierno dio instrucciones [...] para que su ministro en Moscú, saliera de aquella capital.[26]

La relación de nuestro país con la Unión Soviética había comenzado con muchas ambigüedades. El establecimiento de un régimen revolucionario en Moscú generaba simpatías en México.

[25] Cf. Lázaro Cárdenas, *Obras...*, *op. cit.*, pp. 376 y ss.
[26] Enrique Arriola Woog (comp.), *Rusos y Rusia. Antología documental. Recopilación documental*, Lotería Nacional para la Asistencia Pública/INAH, México, 1994, pp. 331-332.

Pero la política de expansión ideológica y subversiva que los bolcheviques llevaban a cabo en nuestro país, generaba animadver-
sión.[27] Además, los comunistas mexicanos se habían convertido en
chivos expiatorios del maximato, primero al acusárseles de estar
implicados en el asesinato de Obregón y posteriormente de intentar desestabilizar al país. En realidad, Calles había optado por mantener buenas relaciones con Estados Unidos y estaba dispuesto a
pagar el costo de reprimir a algunos comunistas para lograrlo.[28]

En México no faltaban incluso quienes consideraban que los
rusos tenían mucho que enseñarnos. El 3 de mayo de 1929, en su
informe confidencial a la Secretaría de Relaciones Exteriores,
Silva-Herzog, ministro en Moscú, escribió: "creo que hay aquí
muchas cosas que pueden adaptarse allá".[29] Pero sólo dos meses
después, el mismo embajador pasó del amor al odio y admitió
haberse equivocado:

> lamentable error, error que debíamos haber conocido hace mucho
> tiempo. No se nos conoce, no se nos entiende ni estima. En las
> etiquetas fabricadas por una ideología ortodoxa y fanática nos co-
> rresponde el título de gobierno pequeño burgués [...]; se nos trata
> con la misma tibia cortesía con que tratan a los países que conside-
> ran sus enemigos.[30]

En la carta del 16 de diciembre de 1929 dirigida a Marte R.
Gómez, Eduardo Villaseñor escribió acerca de su viaje a Rusia:

---

[27] *Cf.* María Teresa Gómez Mont, *Manuel Gómez Morin, 1915-1939. La raíz y la simiente de un proyecto nacional,* FCE, México, 2008, pp. 401 y ss.

[28] Destaca el fusilamiento de José Guadalupe Rodríguez, quien era miembro del comité de la Liga Nacional Campesina y del comité central del Partido Comunista de México. *Cf.* Miguel Ángel Velasco, "El Partido Comunista durante el periodo de Cárdenas", en
Lázaro Cárdenas, FCE, México, 1975, p. 30.

[29] Enrique Arriola Woog (comp.), *Sobre rusos y Rusia..., op. cit.,* p. 321.

[30] *Ibidem,* p. 324.

¡Interesantísimo! Sobre todo por la cantidad de prejuicios que dejé en el camino. [...] Rusia es una vista de lejos y otra [...] de cerca. La Revolución mundial, cuando menos tal como la esperábamos [...] no vendrá y menos en los actuales tiempos. [...] Rusia sola, y aun en ella sólo hay 1 300 000 comunistas tan convencidos como el 1 200 000 que tenía la CROM: un pequeño grupo de fanáticos; el resto, de falsos comunistas, por el terror de la tiranía del Partido. [...] Cualquier diferencia de criterio significa la muerte por hambre o la pared donde se fusila a los traidores, o Siberia.[31]

La hostilidad del gobierno soviético hacia la legación diplomática mexicana era intensa. El 3 de diciembre de 1929 el embajador escribió a la Secretaría de Relaciones Exteriores sobre "el hecho de que la correspondencia de todas las misiones extranjeras, incluyendo la de México, es violada en una departamento especial de las oficinas de correos de Moscú y Leningrado".[32]

Aunque Lázaro Cárdenas simpatizaba e incluso impulsaba algunas de las acciones de los comunistas mexicanos, el gobierno y el PC nunca lograron conciliar sus opiniones respecto a la Unión Soviética. Miguel Ángel Velasco considera que tres fueron los errores del gobierno mexicano al respecto: no reanudar relaciones diplomáticas con la URSS, no apoyar la invasión del ejército rojo a Finlandia y haber criticado el pacto nazi-soviético. Por el contrario, los comunistas coincidieron en la política exterior mexicana referente al apoyo a la República española, el rechazo al nazismo y el fascismo, y finalmente la defensa del interés nacional en el conflicto petrolero.[33]

Durante el cardenismo, Luciano Joublanc Rivas, encargado de negocios para la Unión Soviética, informaba sobre las contra-

[31] Marte R. Gómez, *Vida política contemporánea. Cartas de Marte R. Gómez*, t. I, FCE, México, 1994, pp. 249-250 [1978].
[32] Enrique Arriola Woog (comp.), *Sobre rusos y Rusia...*, *op. cit.*, p. 327.
[33] *Cf.* Miguel Ángel Velasco, "El partido comunista...", *op. cit.*, pp. 37-38.

dicciones del régimen soviético: los comunistas que proclaman la paz entre los hombres y hacen una crítica feroz al egoísmo competitivo de los capitalistas terminan en una "sorda pugna dentro del Partido Comunista". Más aún, hablaba sobre un régimen caníbal: las purgas stalinistas no solamente condenan a los enemigos tradicionales del comunismo sino incluso a gran cantidad de hombres otrora considerados héroes del bolchevismo.

Joublanc denunciaba al gobierno soviético que se autoproclamaba justo e igualitario, pero llevaba a cabo medidas políticas racistas y proponía la deportación masiva de los judíos a Siberia. Asimismo, los bolcheviques se calificaban a sí mismos de pacifistas pero llevaban a cabo una política militarista.[34]

El 12 de febrero de 1935, Joublanc escribió a Eduardo Hay acerca de las terribles condiciones de los campesinos: "en cualquier otro país que no fuera Rusia [...] ya se hubieran sublevado contra el régimen [...] pero la indolencia eslava [...] y el temor a la GPU[35] [...] hacen que soporten en silencio sus calamidades".

En 1937 Luciano Joublanc describía cómo empeoraba la salud mental de Stalin: "la Unión Soviética está gobernada por [...] un maniático con delirio de persecución, que [...] ha privado al ejército rojo de su mejores especialistas y técnicos". La consecuencia inmediata del autoritarismo stalinista fue la pérdida de prestigio.[36]

De cualquier manera, en México había también quienes opinaban lo contrario respecto a los bolcheviques. En julio de 1935 Luis Cabrera le envió una carta a Víctor Manuel Villaseñor, quien acudiría al VII Congreso de la Internacional Comunista en Moscú. En la misiva le solicitaba que el objeto de su visita debiera ser "estudiar las condiciones de México a la luz de la situación rusa. El resultado [...] aplicado al estudio de los dificilísimos proble-

---

[34] Cf. Enrique Arriola Woog, *Sobre rusos y Rusia...*, *op. cit.*, pp. 389, 416, 424 y 425.
[35] Policía secreta soviética.
[36] Cf. Enrique Arriola Woog, *Sobre rusos y Rusia...*, *op. cit.*, pp. 293, 428 y 429.

mas de México".[37] A mitad del camino, en Nueva York, Villaseñor respondió a Cabrera:

> Ojalá que el resultado de mi viaje [...] me permita afinar el criterio que he intentado formarme con respecto a lo que para el futuro de la humanidad puede significar el hecho de que por primera vez en la historia, uno de los países más atrasados de Europa haya dado el salto al socialismo.[38]

Posteriormente, ya en la URSS, Víctor Manuel Villaseñor se sintió impresionado. En Leningrado, en el palacio de Pedro el Grande, tuvo lugar su "encuentro con el pueblo ruso". En ese lugar

> se hallaban congregados millares de jóvenes cantando, bailando y discutiendo alegremente. Nos mezclamos con la gran masa del pueblo, [...] que lejos de trasuntar la tristeza y el agobio que con énfasis recalcaban los diarios mexicanos, irradiaba salud, fuerza y entusiasmo.[39]

Éste no fue el único punto en el cual los informes diplomáticos contrastaban con los de los comunistas. Ahí en donde la legación mexicana se había sentido hostigada, Lombardo Toledano y Víctor Manuel Villaseñor se sentían amados; en donde Silva-Herzog y Lucio Joublanc habían descrito un régimen de intrigas y terror, los comunistas describían "multitudes desbordantes de alegría"; en donde los enviados del gobierno veían un régimen armamentista que tentaba a la guerra a los alemanes, los socialistas veían en los soviéticos a los mayores promotores de la paz.

---

[37] Víctor Manuel Villaseñor, *Memorias de un hombre de izquierda. Del Porfiriato al cardenismo*, Grijalbo, México, 1976, p. 353.
[38] *Ibidem*, p. 358.
[39] *Ibidem*, p. 361.

Aun cuando los comunistas mexicanos se enfrentaban a la evidencia del despotismo soviético, encontraban una manera de justificarlo:

> Nadie ignora que el primer plan quinquenal [...] tropezó en el agro con la hostilidad de los kulaks[40] [...]; de los hombres que habían principiado a enriquecerse durante el periodo de la NEP, de sacerdotes ortodoxos arraigados al pasado; de los fanáticos mulas [...] que instigaban el asesinato de las jóvenes que en Asia Central se atrevían a abandonar el velo con que [...] la mujeres ocultaban el rostro; del sabotaje al que recurrían los agentes de los países situados al sur de las fronteras soviéticas para cuyos gobiernos retrógrados el desarrollo del comunismo en el Cáucaso significaba una amenaza. Frente a tales adversarios no cabía una labor de prédica [...]. Se estaba llevando a cabo una revolución, la más trascendental conocida en la historia, y la violencia es inevitable.[41]

En noviembre de 1935, Vicente Lombardo Toledano, ya en México, declaró: "Mi viaje a la URSS como delegado de la Confederación General de Obreros y Campesinos de México, me permitió conocer [...] la construcción de la sociedad socialista que ahí se levanta como ejemplo de lo que habrá de ser el mundo futuro".[42]

El 7 de noviembre de 1937, en su calidad de presidente de la Sociedad de Amigos de la URSS, Víctor Manuel Villaseñor organizó un evento para conmemorar el aniversario de la Revolución de Octubre. Destacó entre los oradores Narciso Bassols, quien pidió al gobierno mexicano reanudar las relaciones diplomáticas con el coloso comunista. Cárdenas y su gabinete guardaron silencio.

El Ejecutivo mexicano desconfiaba de Stalin. Por una parte,

[40] Terratenientes.
[41] *Ibidem*, pp. 364-365.
[42] *Ibidem*, p. 368.

estaba bien informado por sus representantes en Moscú de las atrocidades del régimen bolchevique; por otra parte, sabía que los agitadores y los espías soviéticos no dudaban en buscar una situación para desestabilizar a México. Pero también era consciente de que el riesgo de atacar a los comunistas en nuestro país era muy grande: al victimizarlos podría fortalecerlos; o bien, de tener éxito la reducción de sus fuerzas, haría excesivamente fuerte a la derecha. Asimismo, Cárdenas comprendía que la izquierda en México estaba muy dividida y que la CTM de Vicente Lombardo Toledano era un instrumento útil para su proyecto de modernización y como fuerza antifascista.[43]

El Ejecutivo tenía entonces que ser muy cauteloso y auspiciar los equilibrios. Y así lo hizo. Si permitió e incluso contribuyó al fortalecimiento del sindicalismo mexicano, también buscó darle una orientación nacionalista. Asimismo, si permitió a los comunistas actuar con enormes libertades, incluso en sus actividades de agitación, igualmente los desafío al ofrecer exilio a su peor enemigo: León Trotski, a quien el régimen mexicano recibió como si se tratara de un héroe.[44]

Las gestiones para el exilio del enemigo de Stalin fueron realizadas por Diego Rivera, con la ayuda del general Múgica.[45] Respecto al asilo de Trotski los mexicanos se dividieron en opositores y favorables. En el primer grupo figuraban la derecha vasconcelista, la CTM, el Partido Comunista Mexicano, algunos miembros del gabinete, como los secretarios de Relaciones Exteriores y Gobernación, el presidente del PNR y un grupo de diputados y senadores.

[43] Cf. Alan Knight, "México, c. 1930-1946", en Leslie Bethell (ed.), Historia de América Latina, vol. 13, México y el Caribe desde 1930, Jordi Beltrán (trad.), Crítica/Cambridge University Press, Barcelona, 1998, pp. 44 y ss. [1990].

[44] Cf. Olivia Gall, Trotski en México y la vida política en el periodo de Cárdenas, 1937-1940, Era, México, 1991, pp. 20-21.

[45] Cf. Lázaro Cárdenas, Obras..., op. cit., p. 362; cf. Lázaro Cárdenas, Epistolario de Lázaro Cárdenas, Siglo XXI, México, 1974, pp. 291-292.

En cuanto a quienes se mostraron en favor del exilio estaban el presidente Cárdenas y el secretario de Comunicaciones y Obras Públicas; una parte de la derecha y algunos intelectuales; los amigos y simpatizantes de Trotski, la Liga Comunista Internacionalista y algunos sindicatos independientes de la CTM. Para todos ellos, lo importante era que "al igual que cualquier otro perseguido político, Trotski debía poder disfrutar del derecho mexicano de asilo y que su presencia en México no podía implicar peligro alguno si [...] se comprometía a [...] no intervenir ni participar en asuntos internos".[46]

De cualquier manera, Trotski opinó sobre asuntos internos, pero fue siempre favorable a Cárdenas, de quien dijo "se coloca entre los hombres de Estado que han cumplido un trabajo comparable al de Washington, Jefferson, Abraham Lincoln y el general Grant". En otro artículo escribió: "el único gobierno valiente y honesto de esta época es el gobierno de Cárdenas".[47]

El régimen cardenista permitió a Trotski llevar a cabo un "contraproceso", en el cual se juzgarían los temibles procesos de Moscú. Para juzgar, en ausencia, a Stalin, se creó la comisión Dewey. El 10 de abril en Coyoacán, en la casa de Diego Rivera, comenzaron las sesiones. Este tribunal fue la oportunidad de Trotski "para defenderse de las acusaciones soviéticas ante el tribunal de la opinión mundial".[48]

Y respecto a México, al iniciar las sesiones John Dewey declaró:

> Con sumo placer me encuentro de nuevo en México, después de diez años de ausencia [...]. El hecho de que estas sesiones, en las que un extranjero va a defenderse frente a otros extranjeros, tengan lugar en tierras mexicanas representa un honor para México y

[46] Cf. Olivia Gall, *Trotski en México...*, *op. cit.*, p. 40.
[47] *Ibidem*, pp. 226-227.
[48] *Ibidem*, p. 96.

un reproche para aquellos países cuyo sistema político o cuya política en sí misma impide la realización de nuestra reunión en su territorio.[49]

El contraproceso tuvo como resultado poner al descubierto "el carácter dictatorial, totalitario, que revestía el régimen soviético".[50]

Desde México, Trotski continuó su labor intelectual en contra de la Unión Soviética e incluso, un extenso trabajo sobre Stalin que dejó inconcluso. De cualquier manera, logró escribir acerca de la infancia de su acérrimo enemigo:

se daba cuenta [...] de ciertos defectos suyos, como son su torpeza, su falta de talento, la general mediocridad de su continente físico y moral. Su arrogante ambición estaba impregnada de envidia y malevolencia. Su impertinencia corría pareja con su espíritu vengativo. El destello ictérico de su mirada inducía a las personas sensibles a la cautela. Ya en sus días de colegio se hizo notar por su maña en advertir las flaquezas de los demás y por insistir sobre ellas despiadadamente.[51]

Quizás lo más molesto para el líder georgiano es que Trotski sostuviera la tesis de que el carácter autoritario y asesino del régimen soviético derivaba de la personalidad enferma de Stalin.

El 20 de agosto de 1940 Trotski fue herido de muerte en su propio despacho, mientras corregía un artículo que le había enviado su propio victimario. Según narra el general Leandro A. Sánchez Salazar, jefe del Servicio Secreto de la policía mexicana en aquel entonces, el soviético fue golpeado en la cabeza con un zapapico de alpinista y dejó de existir el 21 de agosto a las 17:25

[49] *Ibidem*, p. 101.
[50] *Ibidem*, p. 102.
[51] León Trotski, *Stalin*, cap. I, en página web: http://www.librodot.com (consultado el 12 de septiembre de 2008).

horas. Las investigaciones policiacas llegaron a la conclusión de que el asesino era un agente soviético, de origen catalán, llamado Ramón Mercader.[52]

El funeral fue en sí mismo un homenaje a la tradición mexicana de solidaridad con los exiliados políticos. Acudieron 200 000 personas a las calles por las cuales fue llevado el cuerpo de Trotski al crematorio, para despedirse del infortunado asilado. Olivia Gall concluye:

> la condena del asesinato por parte de esta mayoría [de mexicanos] [...] expresaba [...] una posición política [...]: el apoyo a Cárdenas. Los mexicanos no sabían casi nada acerca de León Trotski, pero a *Tata Cárdenas* lo conocían muy bien [...] seguían sintiéndose [...] representados por su pensamiento y por su acción. [...] El pueblo apoyaba a Cárdenas, sobre todo cuando se trataba de defender la soberanía nacional.[53]

La guerra en España

El advenimiento de la Segunda República, acaecido en 1931, implicó una nueva experiencia para los políticos y la sociedad española. El país se fragmentó entre realistas, socialistas, comunistas, anarquistas, liberales; habitantes del norte industrial y del sur agrícola; progresistas y conservadores; clericales y ateos; militares y defensores del poder civil; regionalistas y centralistas... Los españoles no encontraron una fórmula adecuada para la convivencia. Las cuerdas de la política se tensaban al máximo y a veces se rompían; las muestras excesivas de dogmatismos

---

[52] *Cf.* Leandro Sánchez, *Así asesinaron a Trotski*, Editora de Periódicos, México, 1955, pp. 120-122 y 253-255.
[53] Olivia Gall, *Trotski en México...*, *op. cit.*, p. 342.

ideológicos y los conflictos callejeros demostraban el malestar generalizado.

El embajador de México en París, Marte R. Gómez, describía la crisis ibera y hacía una predicción: "En España no puede esperarse paz por un largo tiempo".[54]

La situación se agravó aún más en 1936, cuando los partidos de derecha[55] fueron aplastados en las elecciones por los del Frente Popular. Una de las primeras acciones del nuevo gobierno fue decretar la ilegalidad de la FE de las JONS y encarcelar a José Antonio Primo de Rivera, su dirigente.

Aprovechando el descontento de los grupos reaccionarios, el 17 de julio de 1936 se sublevó la guarnición africana de Melilla. En Teután, el general Franco, recién llegado desde Inglaterra en una avioneta Dragon Rapid alquilada a la Olley Airways Company, sublevó a la guarnición. En el extranjero, previo a la guerra, Franco habían comenzado ya las gestiones con sus aliados. El 28 de julio recibió los primeros refuerzos alemanes e italianos.

La intervención oficial de México en el conflicto comenzó desde el inicio mismo de la rebelión.[56] En agosto de 1936, en respuesta a la petición de Félix Gordon Ordaz, el presidente ordenó a la Secretaría de Guerra y Marina que pusiera, en el puerto de Veracruz, a disposición del embajador, 20 000 fusiles 7 milímetros y 20 millones de cartuchos.[57] El mandatario reflexionó sobre el futuro y el 20 de agosto escribió:

El gobierno mexicano está obligado moral y políticamente a dar su apoyo al gobierno republicano de España [... que] tiene la simpatía

[54] Marte R. Gómez a Manuel Gómez Morin, Archivo de Manuel Gómez Morin, París, 13-II-1931, 235/753.

[55] Agrupados en la Falange Española de las Juntas de Ofensiva Nacional-Sindicalista o FE de las JONS.

[56] Cf. Pere Foix, Cárdenas. Su actuación, su país, Fronda, México, 1947, p. 294.

[57] Cf. Fernando Benítez, Lázaro Cárdenas y la Revolución Mexicana. III. El Cardenismo, FCE, México, 1984, p. 176 [1977].

del gobierno y sectores revolucionarios de México. [...] Representa el presidente Azaña las tendencias de emancipación moral y económica del pueblo español.[58]

No obstante, en México no había una opinión homogénea al respecto. La Iglesia y los españoles en México se manifestaron, casi homogéneamente, en favor de Franco. El ya para entonces disidente Manuel Gómez Morin, exponía el punto de vista de los opositores a la República: "la culpa entera del conflicto recaerá sobre los gobiernos de izquierda y, especialmente, sobre esa mafia internacional que pretendió adueñarse de España, y que parece haberlo logrado, por lo menos en cuanto al gobierno, en Francia y en Inglaterra".[59]

La división mexicana respecto al conflicto español se hizo evidente cuando el ministro Manuel Pérez Treviño, argumentando razones humanitarias, permitió que los franquistas utilizaran la embajada en Madrid como refugio y centro de propaganda fascista. En diciembre de 1936, el general y viejo opositor a Cárdenas en la campaña de 1933, fue transferido de la embajada en España a la de Chile.[60]

Al principio, el gobierno de Francia decidió apoyar a los republicanos españoles. Sin embargo, tras las vacilaciones del gobierno de Blum y la presión inglesa de conformar un Comité de No-Intervención, finalmente los franceses se declararon neutrales.[61] Estados Unidos optó por mantenerse, al menos en cuanto a su posición oficial, neutral[62] y años más tarde, Sumner Welles,

[58] Lázaro Cárdenas, *Obras...*, *op. cit.*, pp. 354-355.
[59] María Teresa Gómez Mont, *Manuel Gómez Morin...*, *op. cit.*, p. 713.
[60] *Cf.* Manuel Pérez Treviño, *Manuel Pérez Treviño*, compilación e introducción Alejandra Lajous y Susana García Travesí, LIII Legislatura, Senado de la República, México, 1987, pp. 201 y ss.
[61] *Cf.* Isidro Fabela, *Cartas...*, *op. cit.*, pp. 28-32; Juan de Dios González Ibarra, *La circunstancia franquista y el florecimiento español en México*, UAEM/Fontamara, México, 2006, p. 32.
[62] En mayo de 1937, el Acta de Neutralidad de los Estados Unidos se convirtió en ley.

subsecretario de Estado bajo la presidencia de Roosevelt, escribió que: "en la larga historia de la Administración de Roosevelt, no ha habido, a mi juicio, error más capital que el de la política adoptada durante la guerra civil en España".[63]

El Comité de No-Intervención fue incapaz de frenar el tráfico ilegal de armamento y soldados, alemanes e italianos para los falangistas y soviéticos para los republicanos. Tampoco pudo detener el armamento transportado clandestinamente para los republicanos. Parte de ese armamento provenía de la Unión Soviética, otra de Francia y otra más de Austria. En el negocio de las ventas subterráneas, Adalberto Tejeda, ministro de México en París, jugó el papel de intermediario.[64]

El mandatario de la República española, con la esperanza de que las potencias democráticas le ayudaran, aceptó las condiciones del acuerdo de neutralidad. El 21 de enero de 1937, en Valen-

En la élite política norteamericana había posturas encontradas respecto a la guerra española. La esposa del presidente, Eleanor Roosevelt, apoyaba a los republicanos mientras que Cordell Hull simpatizaba con los rebeldes. Pero lo que convenció al presidente Roosevelt de mantener una política de alejamiento fue la recomendación de Churchill.

De cualquier manera, aunque clandestinamente, el gobierno de Roosevelt contribuyó a la derrota de los republicanos: "En los primeros días de enfrentamientos, Vacuum Oil se negó a cumplir con un contrato para dar combustible a las naves republicanas [...] y Texaco desvió a los fascistas cinco buques tanque con gasolina que iban dirigidos a la República [...]. Durante la guerra, Texaco entregó al menos 1 866 000 toneladas métricas de productos del petróleo a Franco. Ford, General Motors y Studebaker vendieron un total de 12 000 camiones a Franco, comparados con los 1 700 de Italia y 1 800 de Alemania. Ni combustible ni camiones fueron vendidos a la República [...].

"Las compañías [norteamericanas] [...] vendieron armas a los fascistas enviándolas primero a Alemania, desde donde fueron transbordadas a España". s/a, *La Guerra Nacional Revolucionaria en España*, en la página web: http://www.45-rpm.net/palante/gnr02.htm (consultado el 1º de agosto de 2008).

Pero en 1938, Roosevelt, ante los embates de Hitler, cambió de opinión y apoyó a la República. Fue un apoyo "tardío, tímido y, al fin y al cabo, infructuoso". Andreu Mayayo, *Franco a dos bandas*, Red de Aragón, 10 de marzo de 2008, en la página web: http://www.nodo50.org/unidadcivicaporlarepublica/nuestra%20memoria%202008/franco%20dos%20bandas.htm (consultado el 29 de julio de 2008).

[63] Pere Foix, *Cárdenas...*, *op. cit.*, pp. 313-314.

[64] *Cf.* Friedrich Katz, *Nuevos ensayos mexicanos*, Paloma Villegas y Amalia Torreblanca (trads.), Era, México, 2006, p. 403.

cia, al ver que los meses pasaban y la ayuda no llegaba, el presidente Manuel Azaña declaró: "Para limitar la guerra, el gobierno de la República ha aceptado sacrificios respecto a sus derechos".[65]

Poco antes de su llegada a Ginebra, Isidro Fabela hace el análisis de la postura del gobierno español. Considera que se trata de un absurdo, pues al suscribir el acuerdo de No-Intervención, los republicanos renunciaron a los derechos de protección y ayuda militar que les ofrecía la Liga. España aceptó "como cierta la inexactitud [...] de que las potencias asociadas no deben intervenir en el caso de España porque allí se desenvuelve una guerra civil, cuando [... en realidad] existe una guerra internacional".[66]

También en enero, Cárdenas encomendó, por primera vez, una misión de importancia al experimentado diplomático Isidro Fabela. A diferencia de lo ocurrido en los conflictos de China y Etiopía, desde su comienzo, la guerra española interesó personalmente al mandatario. El presidente comprendió que se trataba de un conflicto que podía tener serias repercusiones internas, pues el fascismo era también una amenaza en nuestro país.

El nombramiento de Fabela como representante de México ante la Sociedad de Naciones era garantía de que México dejaría patente, con argumentos sólidos de derecho internacional, que se oponía a la caída de la República. La postura mexicana en el conflicto ibero puede resumirse en dos puntos: la neutralidad, en el caso de los miembros de la Sociedad de Naciones es ilegal y el Comité de No-Intervención es un organismo violatorio de los derechos de la República y por lo tanto, México asume su responsabilidad enviando, así sea modestamente, armas y pertrechos al gobierno de Manuel Azaña.[67]

Isidro Fabela, conocedor de los juegos de la diplomacia, sabía

[65] Isidro Fabela, *Cartas...*, op. cit., p. 17.
[66] *Ibidem*, p. 16.
[67] *Cf.* Isidro Fabela, *La política...*, op. cit., p. 23, y *cf.* Isidro Fabela, *Cartas...*, op. cit., pp. 22-24.

LA POLÍTICA EXTERIOR DEL CARDENISMO

que el derecho está siempre limitado por la política. De cualquier manera, intentó hacer ver a las potencias democráticas que no les convenía dejar crecer al fascismo.

El 27 de julio de 1937 Fabela escribió una carta para el presidente Cárdenas, en la cual le explicó la pasividad de los ingleses ante el avance del fascismo en España.

Hasta ahora [...] se había mantenido un statu quo en el Mediterráneo, que, asegurando a las grandes potencias sus colonias [...] sus posesiones estratégicas [...] alejaba toda ambición y [...] conflicto internacional entre [...] Inglaterra, Francia e Italia, y [...] Rusia, Turquía, España [...]. Pero desde el momento en que [...] Mussolini [...] conquistó Etiopía, aquel statu quo [...] tenía que sufrir alteraciones [...].

La Gran Bretaña, para conservar su vasto imperio en África, Asia y Oceanía, requiere la libertad completa [...]; libertad que pueden restringirle Italia y [...] Alemania. [...]. Si las tropas italianas y alemanas no acatan el Plan Eden y no evacuan la Península ibérica, el conflicto habrá surgido, pues la posición estratégica de Gibraltar estará amenazada, [...] por las fortificaciones e instalaciones de cañones alemanes [...] colocados en la costa marroquí. Esto sin contar con los dos nuevos campos de aterrizaje [...] acondicionados en Mallorca, y el artillamiento de esta isla y la de Ibiza, [...] pues España sólo controla, de las Baleares, la Isla de Menorca.[68]

Explica posteriormente que la pasividad francesa para evitar el disgusto británico, ha tenido un alto precio para los mismos galos: "Si las tropas de Hitler y Mussolini [...] permanecen en territorio español [...] Francia quedará en situación delicadísima",[69] pues estará amenazada por Alemania e Italia.

En febrero de 1939, cuando la derrota de los republicanos se

[68] *Ibidem*, pp. 35-36.
[69] *Ibidem*, p. 36.

hacía inminente, Fabela se entrevistó con Azaña quien comentó con amargura: "Franco [...] sin el auxilio poderoso que le prestó la política británica y [...] la de Francia, y sin el apoyo decidido de Mussolini y de Hitler [...] jamás nos habría vencido".[70]

El 1º de abril de 1939, en Burgos, los republicanos fueron derrotados definitivamente.[71] Días más tarde el gobierno de México solicitó la expulsión de España de la Sociedad de Naciones. Esta actitud no sólo fue asumida por la Liga, sino que, posteriormente, la ONU tomó, bajo los argumentos presentados por la delegación mexicana, la decisión de no incluir en el seno de su Asamblea al régimen franquista.

El exilio

A finales de abril de 1937 la Legión Cóndor bombardeó centros de población civil matando a muchos inocentes. Durante "la Guerra Civil perdieron la vida alrededor de 130 000 niños frente a los 275 000 adultos que encontraron la muerte de forma violenta".[72] La de los fascistas era una guerra brutal que tenía por objetivo despertar pánico en el enemigo.[73]

Como consecuencia se conformaron organizaciones de evacuación masiva, al inicio de niños y posteriormente, de todo tipo de población. Una de las primeras iniciativas al respecto fue la llevada a cabo por Amalia Solórzano, quien conformó un grupo de voluntarios mexicanos y catalanes para la creación del Comité de Ayuda a los Niños del Pueblo Español.[74]

---

[70] *Ibidem*, p. 114.

[71] *Cf.* Juan de Dios González Ibarra, *La circunstancia franquista..., op. cit.*, pp. 22-29.

[72] Ada Simón y Emilio Calle, *Los barcos del exilio*, Oberon, Madrid, 2005, p. 21.

[73] "La primera expedición infantil hacia Francia tuvo lugar el 20 de marzo de 1937 y condujo a 450 niños vascos de entre cinco y doce años", Juan de Dios González Ibarra, *La circunstancia..., op. cit.*, p. 60.

[74] *Cf.* Amalia Solórzano de Cárdenas, *Era otra cosa la vida*, Nueva Imagen, México, 1994, pp. 57 y ss.

Los primeros frutos de dicha organización maduraron en julio de 1937, cuando más de 440 niños hispanos, la mayoría huérfanos que perdieron a sus familias en el frente de batalla, llegaron al puerto de Veracruz para después establecerse en Morelia.[75]

Si a la primera dama debemos la idea original de exiliar niños españoles durante la guerra, a Daniel Cosío Villegas debemos la creación de la Casa de España en México, a finales de 1936.[76] Este centro tenía como finalidad la integración académica de intelectuales y científicos españoles.[77]

Mientras la recepción de los niños exiliados tenía lugar, Marcelino Domingo, ex ministro de Instrucción Pública de la administración del presidente Azaña, visitaba México. El presidente Cárdenas le dijo que si la República española era vencida, "México abrirá sus puertas a todos los republicanos españoles que quieran venir".[78]

Ante el cruento avance de los ejércitos franquista, alemán e italiano, miles de españoles huyeron de su país. La mayoría simplemente cruzó los Pirineos. En febrero de 1939, Isidro Fabela visitó algunos de los campos de refugiados en el sur de Francia: "El arribo inesperado [...] de una inmigración [...] de 400 000 personas, entre militares y civiles, obligó al gobierno francés a internar a toda esa gente en diferentes campamentos que se estable-

---

[75] *Cf.* Elizabeth Yolanda Molina Velázquez, *Exilio, destino: Morelia*, tesis de licenciatura, UNAM, México, 2007, pp. 69 y ss.

[76] Que en agosto de 1938 se convirtió en El Colegio de México.

[77] "Cosío Villegas [...] fungía como embajador en Portugal cuando se celebraban las primeras reuniones del Comité Internacional de no intervención". Alarmado, sugirió al presidente Cárdenas "que el gobierno mexicano abriera sus puertas a un grupo de intelectuales [...] para que prosiguieran su labor en nuestro país", Juan de Dios González Ibarra, *La circunstancia..., op. cit.*, pp. 62-63.

El otro gran impulsor de la creación del exilio de intelectuales y científicos españoles a México fue Alfonso Reyes. *Cf.* Clara E. Lida, "La España perdida que México ganó", *Letras Libres* (mayo de 2003), en página web: http://www.letraslibres.com/index.php?art=8806 (consultado el 27 de julio de 2008).

[78] Pere Foix, *Cárdenas..., op. cit.*, p. 285.

cieron en Argelès, San Ciprián, Arles [...], Boulou, Amélie-les-Bains y otros".[79]

En el primero de estos campos se concentraban más de 100 000 hombres. Estaban instalados entre el mar y una cerca de alambre con púas. En el exterior había villas habitadas por autoridades francesas y algunos españoles de confianza para los franceses, que prestaban servicios de emergencia. El campo no tenía ni una

> tienda de campaña, ni una barraca, ni un cobertizo, ni un muro, ni una hondonada, ni una colina; ni tampoco árboles, arbustos ni piedras. Es en la playa abierta y arenosa frente al mar, y, tierra adentro en terrenos eriazos y viñedos escuetos, donde [...] viven los refugiados. [...] No tuvieron [...] abrigo de ninguna especie, ni fuego para contrarrestar el frío invernal, [...] ni una pared que les defendiera de los aires marinos.[80]

En tales condiciones había todos los días muertos de frío y de hambre. Semanas después, los españoles construyeron barracas, pero "se dio el caso de que soldados irresponsables las destruyeron [...] para hacer fuego con ellas".[81]

Los servicios sanitarios eran también deficientes. No había agua para lavarse y muy poca para beber. Los refugiados sólo contaban con la ropa que llevaban puesta. Eran individuos en condición deplorable: llevaban barbas largas, ropas desgarradas y sucias, zapatos deshechos; además, estaban despeinados y un alto índice tenía sarna, tuberculosis, piojos y granos.

En los campos los médicos "carecían de desinfectantes para curar a los heridos, de anestésicos para las intervenciones quirúrgicas y [...] de analgésicos para calmar las dolencias".[82]

---

[79] Isidro Fabela, *Cartas...*, *op. cit.*, p. 119.
[80] *Idem.*
[81] *Ibidem*, p. 120.
[82] *Ibidem*, p. 123.

Además de las lamentables condiciones físicas que padecían los refugiados, había que sumar otros sufrimientos.

Más de 40 000 niños han sido repartidos en toda Francia [...]; pero sin llevar estadísticas de ningún género, lo que hará que cuando las madres deseen recoger a sus hijos no podrán [...] saber dónde se encuentran [...]. Las esposas fueron también separadas de sus maridos [...].

Un grupo de soldados republicanos propuso a la autoridad francesa hacer los censos de aquella gente [...]. Las autoridades francesas se negaron.

El mismo grupo de militares sugirió la idea de establecer diferentes magnavoces en el inmenso campamento para anunciar noticias urgentes [...]. La autorización [...] fue también rechazada.

Algunos empleados del servicio postal de la República, propusieron [...] organizar el servicio de estafeta dentro del campo, para recoger la correspondencia y repartir las cartas que por miles se acumularon en el campo. El permiso [...] también fue negado.[83]

La idea de la emigración masiva a México por parte de los republicanos, Fabela la escuchó por primera vez durante su visita a los campos de refugiados. Ahí se encontró con

buen número de universitarios que desean ir a México [...]. No quieren [...] regresar a su patria. Asimismo, muchos mecánicos, militares salidos de las Academias, aviadores, que también quisieran radicarse en nuestra tierra a la mayor brevedad posible. [...] Se les ve hondamente preocupados, pues [...] se dan cuenta de que si no se resuelve en breve plazo su inmigración a México, corren el riesgo [...] de ser entregados al rebelde Franco.[84]

[83] *Ibidem*, p. 124.
[84] *Ibidem*, p. 125. Los reportes posteriores, realizados tanto por autoridades del cuerpo

El gobierno mexicano fue asumiendo gradualmente mayores compromisos de atender a los exiliados españoles. En su misión de apoyo a los refugiados, nuestro país no estuvo solo. Gran cantidad de organizaciones humanitarias, como los cuáqueros y el Partido Socialista Francés, hicieron lo propio.

Conforme los franquistas avanzaban, miles de españoles huían. Las autoridades francesas encerraron a muchos de los refugiados en campos de concentración ubicados en la frontera con España y en Argelia. Los más afortunados de estos exiliados consiguieron contratos para trabajar en la industria o el campo. Algunos otros "reclamados por sus familiares", habían regresado a su país "confiados en una hipotética amnistía".[85]

Una vez iniciada la segunda Guerra Mundial, la condición de los españoles empeoró, porque miles de ellos fueron clasificados, por las autoridades francesas, como *movilizables*. A partir de ese momento, gran cantidad de españoles fueron tratados como esclavos. Algunos de ellos se ocuparon en la construcción del ferrocarril del Sahara, otros más se alistaron en la legión extranjera "la mayoría, sin embargo, se quedó en los pueblos, viviendo con las familias que los habían acogido o vegetando en condiciones inhumanas en algún campo de refugiados a la espera de embarcarse de nuevo, esta vez con rumbo a América".[86]

Aunque muchos de los refugiados lucharon o llevaron a cabo servicios para el ejército de Francia, al momento de ser capturados por los nazis no fueron reconocidos por Vichy. Así, ni siquiera contaron con las garantías mínimas de los prisioneros de guerra. Si la situación era bastante mala una vez iniciada la gue-

---

consular mexicano como por agencias humanitarias internacionales y por autoridades del gobierno republicano español en el exilio, constatan cómo los sufrimientos se fueron agudizando con el tiempo. *Cf.* Luis I. Rodríguez, *Misión de Luis I. Rodríguez en Francia. La protección de los refugiados españoles, julio a diciembre de 1940*, Colmex/Conacyt/SRE, México, 2000, pp. 414-417, 453-457 y 462.

[85] Juan de Dios González Ibarra, *La circunstancia..., op. cit.*, p. 34.

[86] Ada Simón y Emilio Calle, *Los barcos..., op. cit.*, p. 58.

rra, tras la caída de Francia en manos de los alemanes, en junio de 1940, la situación fue aún peor. Muchos de ellos fueron deportados a los campos de concentración alemanes o españoles. Otros más lograron escapar y se unieron a la Resistencia.

El debate sobre los expatriados

En septiembre de 1939, Cárdenas anunció

> un decreto en virtud del cual todos los españoles residentes en México podían adquirir la nacionalidad mexicana en cuanto lo desearan, dispensándoles de trámites e impuestos [...]. El decreto, hecho para favorecer a los refugiados republicanos, les daba una patria cuando carecían de ella; les protegía cuando por doquier eran insultados y despreciados.[87]

Pero el ambiente era contrario a que México admitiera a los desterrados. La mayoría de los mexicanos, influidos "por la Iglesia y la llamada prensa independiente, veían en los expatriados a verdaderos asesinos e incendiarios, violadores de monjas y verdugos de los prelados de la Iglesia católica".[88]

Incluso al interior del gabinete de Cárdenas algunos funcionarios de alto nivel se oponían a que México acogiera a los refugiados.[89] El presidente convocó a un Consejo de Ministros y planteó la necesidad de admitir a todos los ex combatientes republicanos españoles desterrados en Francia.

[87] Pere Foix, *Cárdenas...*, *op. cit.*, p. 291.

[88] *Ibidem*, p. 294.

[89] *Cf.* Mercedes Montero Caldera, "La acción diplomática de la Segunda República Española en México", *Espacio, tiempo y forma. Historia Contemporánea*, Serie V, núm. 14 (2001), http://www.e-spacio.uned.es:8080/fedora/get/bibliuned:ETFSerieV/demo:Collection/view, p. 274 (consultado el 4 de agosto de 2008); *cf.* Luis I. Rodríguez, *Misión de Luis I. Rodríguez...*, *op. cit.*, pp. 15-17.

Cárdenas apoyó a quienes respaldaban el exilio y encomendó la organización de los traslados colectivos a su secretario de Gobernación, Ignacio García Téllez. El secretario convocó al presidente de la República en el exilio, Juan Negrín. "Señor Negrín —le dijo García Téllez—, el presidente de la República quiere que vengan a México todos los refugiados que están en Francia; [...] se impone la rápida organización de viajes colectivos. Fleten ustedes barcos [...] y tráiganlos todos a México."[90]

Pero la orden del Ejecutivo no se cumplió y solamente llegaron poco más de 20 000[91] expatriados. Los comentaristas coinciden en que el número no fue mayor por las dificultades que tuvieron los organismos españoles de conformar una naviera eficiente[92] y por las circunstancias adversas en Francia y posteriormente, en toda Europa.[93] De cualquier manera, México fue el país que más exiliados recibió. Le siguió Chile, que admitió a 3 000. Al inicio, Argentina se negó rotundamente a recibirlos, aunque después recibió a un número reducido. Brasil los declaró indeseables mientras Colombia aceptó a unos centenares. República Dominicana aceptó a 2 000, para que cultivaran sus inhóspitos campos; su suerte fue espantosa, muchos de ellos murieron de inanición y algunos más de paludismo. A Panamá y Venezuela llegaron unos centenares. Los más de 22 000 desterrados republicanos que llegaron a tierras norteamericanas

---

[90] Pere Foix, *Cárdenas...*, *op. cit.*, pp. 294 y 295.

[91] De acuerdo con documentación reciente, fueron 21 750, considerando el periodo 1939-1949. *Cf.* Ada Simón y Emilio Calle, *Los barcos...*, *op. cit.*, p. 38.

[92] Los franquistas hacían todo por entorpecer semejante empresa —con acciones que iban desde las expropiaciones de las flotas que hacían trabajos para los republicanos, hasta el hundimiento de los barcos que trasladaban a los refugiados.

Además, los países que generalmente rentaban sus navíos a los españoles tenían dificultades para hacer arreglos con un gobierno exiliado y caótico. Por si esto fuera poco, había grupos al interior del gobierno republicano en el exilio, que eran hostiles entre sí y eso dificultaba aún más los convenios. *Cf. ibidem*, pp. 33 y ss. y 78 y ss.

[93] *Cf.* Fernando Benítez, *Lázaro Cárdenas...*, *op. cit.*, p. 179, y Pere Foix, *Cárdenas...*, *op. cit.*, p. 287.

sufrieron el rigor de las leyes migratorias estadunidenses y miles de ellos fueron deportados a España.

El traslado

En febrero de 1939, al tiempo que Isidro Fabela hacía su recuento sobre las trágicas condiciones de los campos de refugiados en Francia, el presidente republicano en el exilio, Negrín, creó el Servicio de Evacuación de Refugiados Españoles (SERE), que funcionaba con dinero y bienes extraídos de las arcas del gobierno recién derrocado.

Ese dinero llegó a Francia, pero ante la perspectiva de una Europa hostil, Negrín consideró que lo mejor sería llevarlo a México. Fue así como comenzó la aventura del *Vita*, el yate que transportaba los tesoros del Banco de España. Por desgracia para la causa del presidente en el exilio, el gobierno mexicano encargó a Indalecio Prieto, embajador español en México y enemigo de Negrín, hacerse cargo del tesoro. El cónsul recibió el respaldo de las Cortes, que funcionaban desde París como autoridad legislativa del gobierno en el exilio. El presidente quedó debilitado y en julio de 1939 los diputados republicanos formaron la Junta de Auxilio a los Republicanos Españoles (JARE), con el presupuesto que estaba destinado para la SERE. Lo más triste fue que

en medio de las disputas entre Prieto y Negrín quedaron los refugiados: los que consiguieron salir de los campos de concentración y los que no lo lograron. Se calcula que 300 000 exiliados recibieron apoyo económico y burocrático del SERE y de la JARE antes y después de llegar a sus destinos. No obstante, dicho esfuerzo ha quedado empañado por los enfrentamientos internos de los dirigentes. [... Además] el yate, adquirido para hacer varios trayectos en los que se llevaría más recursos a los exiliados, tras su viaje de regreso permaneció varado a causa del conflicto Prieto-Negrín. Muchos de los recursos del patrimonio nacional permanecieron en Francia y, por tanto, terminaron en manos de tratantes de armas o de nazis.[94]

El pleito de estos dos personajes continuó a lo largo del periodo del exilio. La SERE y la JARE, lejos de coordinar sus esfuerzos, reflejaron el conflicto de las izquierdas españolas.

A principios de 1940 Cárdenas encomendó a Luis I. Rodríguez la misión de organizar, desde Francia, el traslado de los refugiados. El 1º de abril el enviado diplomático recibió su primera misiva del presidente:

> Manifieste usted al gobierno francés que México está dispuesto a acoger a todos los refugiados españoles [...] residentes en Francia. [...] Si el gobierno francés acepta [...] nuestra idea, expresará usted que desde el momento de su aceptación todos los refugiados españoles quedarán bajo la protección del pabellón mexicano.[95]

El gobierno cardenista tenía una estrategia compleja al respecto. Se puso en contacto con los gobiernos italiano y alemán para solicitarles que no obstaculizaran las labores de traslado.[96] Asimismo, buscó la cooperación de los gobiernos de Estados Unidos y América Latina para llevar a cabo la titánica empresa de transportar a cientos de miles de refugiados.

Italia no respondió. El Reich contestó que se oponía a la sali-

---

[94] Ada Simón y Emilio Calle, *Los barcos...*, *op. cit.*, p. 86.

[95] Luis I. Rodríguez, *Misión...*, *op. cit.*, p. 3.

[96] México había conseguido negociaciones importantes con los países del Eje, a los cuales les vendió cantidades importantes de petróleo hasta 1941. *Cf.* Lorenzo Meyer, *México y Estados Unidos en el conflicto petrolero (1917-1942)*, Colmex, México, 1972, pp. 422 y ss. [1968].

da de los españoles.[97] En América, ningún gobierno respondió al llamado de Cárdenas.[98]

El 8 de julio de 1940, Luis I. Rodríguez, de acuerdo con las órdenes del Ejecutivo, sostuvo una entrevista con el mariscal Pétain, encargado del gobierno de Vichy.

El jefe de Estado francés se sirvió recibirme [...] Departimos [...] sobre la encomienda que el gobierno de México me había dado [...].

—*¿Por qué esa noble intención [...] que tiende a favorecer a gente indeseable?*

—*Le suplico la interprete [...] como un ferviente deseo de beneficiar y amparar a elementos que llevan nuestra sangre y nuestro espíritu.*

—*[...] ¿Qué problema puede plantearse cuando mi patria quiere servir con toda lealtad a Francia, deseosa de aligerar la pesada carga que soporta sobre sus espaldas, emigrando al mayor número de refugiados hispanos?*

—*Ninguno* —replicó con aplomo—, *pero llamemos a esa actitud impulso de humanidad, mejor que auxilio a Francia, porque de sobra conocemos que en las grandes miserias las ratas son las primeras que perecen y, en el caso nuestro, los exiliados de España estarían obligados a llevar ventajosa delantera a mis compatriotas.*

[...] En algún instante, al calor de la discusión, invocando el nombre del señor presidente de la República mexicana, sentí que vibraba mi espíritu de alegría al interrumpirme el mariscal con estas palabras:

—*Cárdenas suena mucho en Europa. Yo lo admiro como soldado y lo envidio como ciudadano.*

---

[97] Cf. Luis I. Rodríguez, *Misión...*, *op. cit.*, p. 178.

[98] Cf. *ibidem*, pp. 98-99. Los germanos se opusieron a la salida de los españoles, pues tenían planeado utilizarlos como esclavos. El gobierno mexicano se enteró al respecto en noviembre de 1940. Cf. *ibidem*, p. 446.

Y para terminar:

—*Diga usted que estoy conforme con el plan que se me propone.*[99]

Pétain informó a Ribbentropp de las intenciones del gobierno mexicano y éste, a la vez consultó a Franco, quien no se opuso a la empresa del exilio.[100]

Para llevar a cabo la misión del traslado se conformó una Comisión Franco-Mexicana,[101] que en su segunda reunión, llevada a cabo en Vichy el 25 de julio de 1940, aprobó las siguientes apreciaciones:

1a. El éxodo de los republicanos a Francia acusa en los primeros meses de 1939 la suma [...] de 500 000 personas, comprendiendo ex combatientes y allegados.

2a. Hasta la fecha del armisticio nazi-francés, los contingentes españoles [...] habían sufrido una merma de alrededor de 10% evacuada a los países del extranjero y casi 30% reincorporada a su patria de origen.

3a. De los 300 000 restantes [...] en los territorios de Francia, se explica su presencia de la siguiente forma:

Alistados como voluntarios en el ejército francés	30 000
Miembros de las compañías de trabajadores	50 000
Recluidos en campos de concentración	40 000
Asilos de inválidos	10 000
Industrias familiares y quehaceres domésticos	50 000
Beneficiarios de organismos republicanos españoles	30 000
Sostenidos por sus recursos propios	10 000

[99] *Ibidem*, p. 10.

[100] Para Franco, tener a miles de republicanos en la frontera significaba un gran peligro. Por otra parte, tampoco consideró viable que los exiliados regresaran a España, puesto que habría tenido que encerrarlos en costosos campos de concentración o bien, liquidarlos. Ambas opciones tendrían además, un costo político muy alto. *Cf.* Friedrich Katz, *Nuevos ensayos mexicanos..., op. cit.*, pp. 415-416.

[101] Antes del convenio los españoles evacuados a México eran ya más de 6 600. *Cf.* Luis I. Rodríguez, *Misión..., op. cit.*, pp. 61-65.

Indigentes	50 000
Sin ningún control	30 000
Suma	300 000

[...] La delegación mexicana, sin dejar de rendir un homenaje a la reconocida hospitalidad del pueblo francés [...] renueva su simpatía a los exiliados españoles.[102]

Por otra parte, estaban también los campos de concentración de Túnez y Marruecos y los de españoles en las zonas ocupadas por los alemanes. El número de estos desdichados es aún desconocido. El gobierno mexicano realizó negociaciones diplomáticas con el Reich para rescatarlos, pero fracasó.

Con la ocupación alemana la situación de los refugiados empeoró considerablemente.

Gente que se había resistido a escapar en las primeras expediciones colectivas —como las del Sinaia, Mexique, Ipanema, o Winnipeg [...]— sintió el apremio de subirse a cualquier cosa que flotara: los riesgos de acabar en campos de exterminio aumentaron [...] y pensar en volver a España dejó de ser una ilusión entre los exiliados. Bajo estas circunstancias cualquier intento de huida se tornó mucho más complicado.[103]

Quienes tenían alguna fortuna tramitaron por su cuenta la salida en barcos particulares. Pero la mayoría no tuvo tanta suerte. Cuando "comenzaron a correr los rumores sobre barcos de ayuda a los refugiados en colaboración con la embajada de México [...] casi todo el mundo quiso hacerse un hueco en cualquiera de ellos".[104]

El SERE y Narciso Bassols, organizaron las primeras acciones

---

[102] *Ibidem*, p. 20.
[103] Ada Simón y Emilio Calle, *Los barcos..., op. cit.*, p. 38.
[104] *Idem*.

conjuntas del traslado. Los gastos eran compartidos por el gobierno mexicano y el republicano. La misión humanitaria del
presidente Cárdenas no se detuvo en sus intentos por ayudar a
los españoles; también ayudó, aunque en una pequeña proporción, a los otros refugiados en Francia, a quienes se habían opuesto al fascismo en sus países o bien, quienes habían participado
en las Brigadas Internacionales durante la Guerra Civil.[105]

La misión de ayuda del gobierno mexicano tuvo tal resonan-
cia que muy pronto, hombres y mujeres en las más diversas condiciones solicitaron víveres, medicamentos, asesoría jurídica y
sobre todo, asilo en nuestro país. La suerte de estos infortunados
fue muy variada. Algunos de ellos regresaron o fueron trasladados a los campos de exterminio de los nazis, otros más consiguieron unirse a la resistencia en las zonas ocupadas y algunos
consiguieron escapar de Europa.

Ante la situación desesperada de miles de refugiados en los
campos franceses, el gobierno mexicano amplió su ayuda; desde el
20 de noviembre de 1940, en lugar de sólo tramitar los traslados
de exilio, la delegación mexicana tuvo a su cargo también, proveer de víveres y artículos de primera necesidad a los internos de
los campos. Por supuesto, esta ayuda fue siempre insuficiente.[106]

Al concluir el sexenio de Cárdenas, el ministro Luis I. Rodríguez presentó su renuncia al cargo de "enviado extraordinario y
ministro plenipotenciario" en Vichy. Pero la misión humanitaria
y de traslados continuó hasta 1943, cuando el gobierno mexicano rompió relaciones con el gobierno de Pétain. El presidente
Ávila Camacho encargó la misión de ayuda al embajador Gilberto Bosques.[107]

[105] *Cf.* Luis I. Rodríguez, *Misión...*, *op. cit.*, pp. 403, 456, 458, 520 y 521.
[106] *Cf. ibidem*, pp. 464, 466, 474, 490 y 491.
[107] *Cf.* Arturo Jiménez, "Rinden homenaje al diplomático Gilberto Bosques en el Museo del Holocausto", *La Jornada*, México (8 de julio de 2007), en pagina web: http://www.
jornada.unam.mx/2007/07/08/index.php?section=cultura&article=a06n1cul (consultado el
5 de agosto de 2008).

México contra Hitler

La política cardenista ante los nazis fue producto de dos circunstancias contradictorias: la defensa de los principios del derecho internacional y los intereses económicos inmediatos.[108]

Para México, la conexión entre la política de anexiones alemanas (*anschluss*) y la Guerra Civil española comenzó a finales de 1937. Isidro Fabela intentó mediar entre los gobiernos de Checoslovaquia y el republicano español, deseoso de comprar armamento. Los motivos por los cuales la transacción no se concretó, nos acercan ya al inicio de la segunda Guerra Mundial.

En el negocio vemos el temor de los jefes de Estado de Europa Central a Alemania. Nos encontramos también frente a la negativa francesa de permitir que pasara el armamento por su territorio. El gobierno del presidente Azaña no valía tanto para una Europa que no deseaba provocar la ira de Hitler ni de Mussolini.

En noviembre de 1937, Isidro Fabela y los demás enviados diplomáticos en Europa, informaban al presidente Cárdenas de los excesos del Tercer Reich. Los ministros mexicanos estudiaron los acontecimientos y anticiparon el inicio de la segunda Guerra Mundial y con toda precisión, señalaron que ésta comenzaría con las invasiones germanas de Austria, Checoslovaquia y Polonia.[109]

Respecto a estas invasiones, los diplomáticos mexicanos en Europa mantuvieron una línea similar a la adoptada durante la guerra de España: condena a Alemania e Italia e indignación por la pasividad de Francia e Inglaterra. El costo de semejante postu-

---

[108] Lo mismo puede decirse de la política de los nazis: por un lado, les repugnaba la ideología del gobierno cardenista y por el otro, sus intereses comerciales les imponían mantener relaciones corteses con México. *Cf.* Friedrich Katz, *Nuevos ensayos...*, *op. cit.*, p. 348.

[109] *Cf.* Luis Ignacio Sáinz (coord.), *México Frente al Anschluss*, SRE, México, 1988, pp. 89-92; *cf.* Isidro Fabela, *Cartas...*, *op. cit.*, pp. 55-69.

ra fue, de nueva cuenta, el aislamiento diplomático de México en el seno de la Sociedad de Naciones.[110]

En cuanto a la anexión alemana de Austria, ocurrida el 13 de marzo de 1938, la Secretaría de la Sociedad de Naciones publicó, el 20 de marzo, la nota que le envió el delegado permanente mexicano, Isidro Fabela. La primera frase decía: "Austria murió como Estado independiente. El autor de este atentado internacional fue Hitler".[111]

Algunos días antes del golpe de Estado, ante las repetidas amenazas de derrocamiento o invasión, el gobierno democrático del canciller Schuschnigg organizó un plebiscito y los nazis austriacos protestaron pues temían que "el voto pudiera acusar una mayoría en favor de la absoluta independencia de Austria frente al Führer".[112] El régimen alemán reaccionó de inmediato y el secretario de Estado, Keppler, llegó a Viena y le presentó al gobierno un ultimátum "exigiéndole el aplazamiento del plebiscito y el cambio del gabinete", y de no cumplir, lo amenazó con enviar 200 000 soldados nazis. "El gobierno dimitió. Seiss-Inquart, *gauleiter* de Hitler, asaltó." La madrugada del 13 de marzo los invasores ocuparon Salzburgo, Innsbruck y Linz. Por la tarde, Hitler llegó a Braunau y Seiss-Inquart le dio la bienvenida.

Por la noche, el canciller Seiss-Inquart proclamó la ley del *Anschluss*: Austria es un país del Reich alemán. Al día siguiente no sólo el golpe de Estado había sido consumado, sino que comenzó la persecución política.

Fabela no se conformó con describir las acciones de los germanos, también denunció a ingleses y franceses: "¿Qué hacían, mientras tanto las grandes potencias? Prácticamente nada".[113]

[110] Así lo reporta Isidro Fabela a Eduardo Hay el 7 de enero de 1938. *Cf.* Luis Ignacio Sáinz (coord.), *México...*, *op. cit.*, pp. 72-73.
[111] *Cf.* s/a, "La voz de México en la liga de las naciones", *El Universal*, México, 21 de marzo de 1938, incluido en "La Segunda Guerra...", *op. cit.*, p. 147.
[112] Isidro Fabela, *La política...*, *op. cit.*, p. 68.
[113] *Ibidem*, p. 70.

Más aún, ante el asombro del mundo, la Sociedad de las Naciones enmudece pero Fabela no se calla:

> Austria ha dejado de existir como Estado independiente por obra de una agresión exterior que viola [...] nuestro pacto constitutivo, así como los Tratados de Versalles y San Germán, que consagran la independencia de Austria como inalienable [...]
>
> Esa inalienabilidad ha debido ser respetada, no sólo por las grandes potencias signatarias del Protocolo de Ginebra de 1922 —en el que se declaró [...] que ellas respetarían la independencia [...] de Austria [...].
>
> [...] Todo convenio o resolución que menoscaba la independencia de Austria debe considerarse [...] ilegal [...].
>
> La circunstancia de que las autoridades de Viena hayan entregado el poder nacional [...] no puede servir de excusa a los agresores, ni la Liga de las Naciones debe aceptar el hecho consumado sin [...] las reacciones indicadas en el Pacto.
>
> [...] Las autoridades que abandonaron el Poder Ejecutivo no representan al pueblo austriaco [... y] no obraron con libertad [...].
>
> [...] El gobierno de México [...] protesta por la agresión [...] de que es víctima [...] Austria y declara [...] que [...] la única manera de conquistar la paz [...] es cumplir las obligaciones que imponen el Pacto.[114]

No es gratuito que Fabela hiciera referencia a los casos de violaciones anteriores al pacto de la Sociedad de Naciones. De hecho, la defensa de los principios del derecho internacional parecía no tener ninguna contradicción con el resto de la diplomacia mexicana.

A propósito de los casos de Etiopía y China, como hemos visto, no había una línea clara desde el Ejecutivo. Pero la postu-

---

[114] *Ibidem*, p. 73.

ra tomada por los representantes de México en la Liga sirvió, posteriormente, para que el presidente Cárdenas declarara, a propósito de su posición ante el conflicto en España, que no hacía más que seguir los principios de la diplomacia mexicana. El caso austriaco parecía confirmar nuevamente esta línea, sin embargo, la expropiación petrolera no permitió mantener la congruencia entre las acciones y las posturas mexicanas en los órganos internacionales.

La expropiación petrolera

En 1935 operaban en México más de 20 compañías petroleras y con excepción de Petromex, todas eran de capital extranjero. Las más importantes eran la Compañía Mexicana de Petróleo El Águila,[115] la Huasteca Petroleum Company,[116] la Sinclair, la Standard Oil de California, la Sábalo Transportation Company, el grupo Imperio y la Mexican Gulf.

Cada una de estas corporaciones tenía un contrato de trabajo con sus empleados y obreros, de tal forma que había tantos contratos como empresas. La fragmentación de las petroleras contribuía a la fortaleza de los patrones en detrimento de los obreros. Más aún, algunas de las compañías se subdividieron y crearon, artificialmente, varias empresas.

En respuesta a la maniobra de las petroleras, los trabajadores fundaron en 1936, el Sindicato de Trabajadores Petroleros de la República Mexicana (STPRM). Su primer acto fue "exigir de todas las compañías un contrato colectivo de trabajo".[117]

La negociación no rindió frutos y en mayo de 1937 los tra-

---

[115] Subsidiaria de la Royal Dutch Shell.
[116] Subsidiaria de la Standard Oil Company de Nueva Jersey.
[117] Texto de Jesús Silva Herzog, fotografías de Miguel V. Casasola, *La expropiación del petróleo. 1936-1938. El álbum fotográfico*, FCE, México, 1981, p. 9.

bajadores declararon la huelga en todas las empresas que explotaban el petróleo. Casi de inmediato se hicieron sentir las consecuencias: las calles semidesiertas; las fábricas inactivas; las máquinas para la explotación agrícola detenidas. El gobierno propuso a los dirigentes sindicales que regresaran a sus labores e interpusieran una demanda ante la Junta Federal de Conciliación y Arbitraje. El Ejecutivo defendió la tesis de que cada industria debía pagar a sus obreros no de acuerdo con la situación de oferta y demanda de la mano de obra, sino según su capacidad económica. La Junta nombró un comité de tres peritos,[118] para que establecieran si era viable el aumento solicitado por los trabajadores. Silva-Herzog describió su experiencia al respecto:

> A medida que se fue avanzando en la investigación fuimos descubriendo aspectos muy interesantes de la industria petrolera. [...] Revisando la contabilidad, encontramos numerosas triquiñuelas [de las compañías petroleras] [...]. Los peritos llegamos a la conclusión de que las empresas podían aumentar en salarios y en otros servicios en provecho de los trabajadores, veintiséis millones de pesos.[119]

Pese a las objeciones de las petroleras, el 18 de diciembre de 1937, la Junta Federal pronunció un laudo, en el cual aceptaba las recomendaciones de los peritos. Las compañías respondieron con una campaña difamatoria contra la autoridad del Trabajo. Asimismo, comenzaron también una batalla en el frente económico. Era un hecho conocido que México no podía sostener el tipo de cambio de $3.60 por dólar, debido a las condiciones desfavorables de la balanza de pagos. El gobierno cardenista estaba obligado a devaluar la moneda. Fue entonces cuando

---

[118] Que fueron el señor Efraín Buenrostro, subsecretario de Hacienda y Crédito Público; el ingeniero Mariano Moctezuma, secretario de la Economía Nacional, y Jesús Silva-Herzog, consejero del secretario de Hacienda.

[119] Texto de Jesús Silva Herzog, fotografías de Miguel V. Casasola..., *op. cit.*, pp. 12-13.

las empresas petroleras [...] llevaron a cabo una ofensiva financiera propalando la noticia de que el dólar tendría que subir, y comprando ellas mismas con pesos, grandes cantidades de la divisa norteamericana. [...] Numerosos depósitos en pesos se transformaron en dólares y se refugiaron en el extranjero [...]. El Banco de México tuvo que hacer enormes esfuerzos [...] para mantener el tipo de $3.60 durante los primeros meses de 1938.

[...] Las empresas estaban seguras que los 26 millones de pesos de fines de 1937, representarían para ellas una suma menor, puesto que buena parte de sus productos los exportaban y al recibir dólares, podían comprar mayor número de pesos al venir la desvalorización.[120]

Las corporaciones recurrieron también a la Suprema Corte de Justicia de la Nación y demandaron la rectificación del laudo de la Junta. Pero el 1º de marzo de 1938, la Corte confirmó el laudo. Ante lo cual las empresas respondieron, de nueva cuenta, que no tenían capacidad económica.[121] Se declararon entonces en rebeldía en contra del más alto tribunal de la República.

El 18 de marzo de 1938, el presidente Lázaro Cárdenas firmó

[120] *Ibidem*, p. 15; *cf.* Diana Guillén, "Intereses políticos versus intereses económicos: el Congreso de los Estados Unidos de América y la expropiación petrolera en México, 1938-1942", en Ana Rosa Suárez Argüello (coord.), *Pragmatismo y principios. La relación conflictiva entre México y Estados Unidos, 1810-1942*, Instituto Mora, México, 1998, p. 388.

[121] Eduardo Suárez fue el único funcionario mexicano "que estuvo presente en la última y decisiva conversación entre el presidente de la República y el representante de las compañías petroleras, cuando éste reiteró que las empresas no tenían capacidad económica para acatar la sentencia de la Junta [...] y que la suma real a que se las condenaba era superior a la que indicaban en su dictamen los peritos. [...] Cárdenas replicó que él se comprometía a que la suma fuese exactamente la anunciada [...]. Suárez rechaza versiones que llegaron a su conocimiento de que el representante de las compañías hubiese preguntado al presidente Cárdenas: *Y a usted, señor presidente, ¿quién lo garantiza?* El presidente no habría tolerado semejante falta de respeto. La entrevista concluyó sin llegar a nada, pero fue formalmente correcta". Antonio Carrillo Flores, "El maestro, el jurista y el diplomático", en Eduardo Suárez, *Comentarios y recuerdos (1926-1946)*, Porrúa, México, 1977, p. XXVI.

el decreto de expropiación de las industrias petroleras en territorio nacional. El mandatario escribió, el 19 de marzo:

> Ayer se decretó la expropiación de las instalaciones industriales de las empresas petroleras que operan en el país. [...] A las 22 horas de ayer, 18 de marzo, dirigí en Palacio un mensaje a la Nación, participándole el paso trascendental que da el gobierno de México, reivindicando la riqueza petrolera que explotan empresas extranjeras.[122]

Los resultados inmediatos de la expropiación fueron: al interior del país, el presidente obtuvo apoyo de los sindicatos y una enorme cantidad de ciudadanos que mostraron abiertamente sus simpatías. Pero también hubo mexicanos que estuvieron en contra. Algunos empresarios regiomontanos consideraron que era una medida que perjudicaba a los inversionistas y predijeron que habría una aguda crisis económica.

Los petroleros pidieron ayuda a sus gobiernos y acusaron al gobierno cardenista de haber llevado una expropiación ilegal, planeada con mucha antelación y afirmaron que el conflicto laboral era solamente un pretexto.[123] Así, comenzó un largo conflicto diplomático entre México, los Estados Unidos, Inglaterra y Holanda.[124]

---

[122] Lázaro Cárdenas, *Obras...*, *op. cit.*, p. 391.

[123] Se trataba de un argumento falaz. De hecho, Eduardo Suárez, días antes de la expropiación, llevaba a cabo en los Estados Unidos dos negociaciones para atender la angustiosa situación financiera de México. *Cf.* Antonio Carrillo Flores, "El maestro, el jurista...", *op. cit.*, p. xxv.

[124] *Cf.* Lázaro Cárdenas, *Obras...*, *op. cit.*, pp. 383, 394 y 395. En primer lugar, las corporaciones petroleras intentaron, en los tribunales mexicanos, anular la expropiación. Al fracasar esta medida, el conflicto se concentró sobre los montos y plazos de la indemnización. A finales de 1938 los petroleros señalaban que el valor de sus propiedades expropiadas oscilaba entre los 400 y 500 millones de dólares. La valuación hecha por el gobierno mexicano era de 200 millones de dólares. El caso mexicano sólo consideraba los bienes de la superficie, argumentando que, constitucionalmente, el producto del subsuelo era mexicano de antemano. Las petroleras no estuvieron de acuerdo. El gobierno mexicano dijo a las empresas que haría el pago a lo largo de 10 años. Los petroleros, nuevamente, no estuvieron de acuerdo.

Además del enfrentamiento diplomático, los opositores a la política de Cárdenas utilizaron algunas otras tácticas. Por ejemplo, apoyaron a Saturnino Cedillo quien desde 1937 había comenzado la rebelión contra el régimen. El cacique de San Luis Potosí intentó conglomerar a los militares descontentos para hacer un levantamiento contra Cárdenas. Los petroleros norteamericanos solicitaron al Departamento de Estado que apoyara la rebelión, pero falló.[125] Por otra parte, al interior del Partido Nacional Revolucionario, el general Almazán buscó ganarse las simpatías de los inversionistas extranjeros. También fracasó, pues Cordell Hull interpretó que los grupos fascistas en México eran un peligro mayor que el régimen cardenista.

Los cálculos de Cárdenas

El gobierno mexicano utilizó diversas tácticas para llevar a cabo los arreglos posexpropiatorios con las compañías afectadas. La negociación partió de los supuestos de la doctrina mexicana del derecho internacional, según la cual, los inversionistas extranjeros no deben acudir a sus países para buscar protección, pues la ley mexicana les ofrece todas las garantías y la intromisión de otras naciones en cuestiones de política interior es violatoria de la soberanía. La negociación, al menos en un primer momento, fue directamente con las corporaciones.

Cárdenas se percató de que las petroleras se encontraban en situaciones diferentes, por lo cual sus intereses estaban fragmentados. Sólo una cuestión las había unido: el decreto del 18 de marzo.

---

[125] De cualquier manera los petroleros le proporcionaron seis aviones Howard, mismos que fueron capturados y "es posible que el grupo de los *camisas doradas*, que estuvo ligado a Cedillo, haya llegado a establecer contacto con representantes petroleros con objeto de obtener un apoyo político y económico, pero tales contactos no tuvieron mayores resultados". Lorenzo Meyer, *México...*, *op. cit.*, p. 364.

Una vez corroborado el hecho de que las petroleras tenían distintos intereses, el gobierno mexicano intentó negociar con ellas por separado y a principios de 1940, en conversaciones secretas llevadas a cabo primero en Nueva York y posteriormente en Washington, se consiguió un acuerdo satisfactorio con la empresa Sinclair.[126] Después de laboriosas negociaciones, el 30 de abril se llegó al acuerdo de que México pagaría ocho y medio millones de dólares en cinco años. El 5 de mayo Silva-Herzog anunció a la prensa: *"Señores, debo darles la noticia de que México ha roto un flanco del frente de batalla de las empresas petroleras*, y les comuniqué [...] el arreglo con Sinclair".[127] Gracias a este acuerdo la administración Roosevelt se inclinó en favor del gobierno mexicano, pues quedaba demostrado que no era éste el intransigente.

Los cálculos de Cárdenas fueron, en muchos sentidos, correctos. La expropiación afectó en mayor medida a las petroleras inglesas que a las norteamericanas. Las primeras tenían inversiones más cuantiosas que las segundas. Pero en 1938 Inglaterra tenía problemas en Asia con Japón, en el Mediterráneo con Italia y en Europa central con Alemania. Para el gobierno de Su Majestad abrir un nuevo frente era inconveniente. En mayo, los gobiernos británico y mexicano rompieron relaciones. Los ingleses dejaron en manos de los norteamericanos las negociaciones con la administración cardenista. Holanda siguió los pasos de la diplomacia cuasi pasiva inglesa.

En el gobierno norteamericano había tres posturas: la del embajador Josephus Daniels, quien simpatizaba con la acción tomada por el presidente Cárdenas porque veía en la medida cierta

[126] Por la Sinclair acudieron a esta negociación el líder sindical Lewis, quien representaba a la Consolidated Oil Corporation y era amigo íntimo de Roosevelt, y el coronel Hurley. Por parte del gobierno mexicano estuvieron Eduardo Suárez, Francisco Castillo Nájera, embajador en Washington, y Jesús Silva-Herzog.
[127] Texto de Jesús Silva Herzog, fotografías de Miguel V. Casasola, *La expropiación...*, *op. cit.*, p. 101.

similitud con el New Deal —como método para evitar el ascenso del comunismo— y porque consideraba que la política de la
Buena Vecindad era de enorme importancia ante la amenaza internacional del fascismo.[128]

En segundo lugar estaban quienes apoyaban a los petroleros.
El FBI "no sólo sostuvo que el gobierno cardenista estaba [...]
influido por elementos comunistas, sino que también estaba
[...] infiltrado por agentes nazis".[129] Más importante fue el punto
de vista de Cordell Hull, quien también se mostraba crítico a la
política cardenista pero no creía en las exageraciones de Edgar
Hoover.

La tercera postura era la del presidente Roosevelt, quien intentaba hacer de su política un punto intermedio. Se debía presionar al general Cárdenas para obtener una buena indemnización
pero no era adecuado amenazarlo. Era conveniente comprender que el gobierno mexicano había sido víctima de la explotación y la corrupción de las petroleras, pero no era buena idea
abrir la puerta a nuevas expropiaciones. El conflicto se extendió

[128] *Cf.* Josephus Daniels, *Diplomático en mangas de camisa. Embajador de los Estados Unidos en México, de 1933 a 1942*, Salvador Duhart M. (trad.), Talleres Gráficos de la Nación, México, 1949, pp. 280 y ss.

[129] *Cf.* Lorenzo Meyer, *México...*, *op. cit.*, p. 378. La inteligencia norteamericana y el FBI tenían pocos elementos para juzgar la influencia de los nazis en México. Solieron exagerarla, pero el Departamento de Estado tenía una idea más exacta. Dimensionó correctamente que los nazis no serían una amenaza si Cárdenas y posteriormente, Ávila Camacho, tenían las riendas del país.

De cualquier manera, oficiales de inteligencia norteamericana reportaban que, al inicio de la segunda Guerra Mundial, la influencia germana en México era considerable. En cuanto a los intereses económicos, había importantes inversiones en áreas industriales, en los laboratorios químicos y farmacéuticos, en la aviación y en equipo eléctrico. Asimismo, había presencia propagandística de los nazis, quienes contaban con el periódico *Últimas noticias*. En 1941, el vicepresidente Henry A. Wallace y Nelson Rockefeller intentaron influir en el gobierno mexicano para contrarrestar la fuerza germana. La línea antinazi fue adoptada por el diario *Excélsior*. *Cf.* Stephen R. Niblo, *Allied Policy toward Germans, Italians and Japanese in Mexico During World War II*, La Trobe University, Melbourne, Australia, 1998, en página web: http://bibliotecavirtual.clacso.org.ar/ar/libros/lasa98/Niblo.pdf (consultado el 27 de julio de 2008).

hasta 1942, cuando la guerra impuso a los norteamericanos la necesidad de llegar a un arreglo, así fuera favorable al gobierno mexicano.[130]

Estas tres posiciones ya se habían mostrado en los conflictos previos, en 1937, causados por la nacionalización de The Mexican National Railways y la expropiación de las tierras del Yaqui en manos de estadunidenses. La dominante de estas posiciones, fue la de Roosevelt.[131]

Las tres posturas se encontraban también en el Legislativo. Históricamente el Legislativo había defendido los intereses de los petroleros, pero con la hegemonía rooseveltiana se consiguió una posición intermedia.

La disputa en torno al tema de la expropiación petrolera descompuso el ambiente del Congreso. Quienes defendían la medida cardenista fueron acusados de participar en el nuevo negocio de la exportación del petróleo mexicano a las naciones del Eje. En ocasiones estas acusaciones fueron probadas. Por otra parte, quienes defendían a los petroleros fueron acusados de recibir financiamiento de las corporaciones perjudicadas.

Debido al contexto internacional, el Ejecutivo estadunidense privilegió la unidad del sistema interamericano,[132] en el cual México jugaba un papel relevante,[133] sobre los intereses de los petroleros.[134] El cálculo de Cárdenas resultó adecuado: ni los ingle-

---

[130] Lo cual se logró marginando a los petroleros de la negociación. *Cf.* Lorenzo Meyer, *México...*, *op. cit.*, pp. 422 y ss. y 443 y ss.

[131] *Cf.* Diana Guillén, analiza la fuerza del presidente y la contrasta con la debilidad del Cordel Hull. *Cf. ibidem*, p. 393.

[132] Cuyas reuniones más importantes fueron las celebradas en Lima (1938) y Panamá (1939). *Cf.* Lorenzo Meyer, *México...*, *op. cit.*, p. 445; *cf.* Lázaro Cárdenas, *Epistolario...*, *op. cit.*, pp. 283-289.

[133] La cooperación mexicano-estadunidense se concretó, hacia finales de 1940, con la formación de la Joint Defense Comission.

[134] Entre Cárdenas y Roosevelt había muchas simpatías. Josephus Daniels, el embajador estadunidense, influyó favorablemente en la opinión de la Casa Blanca hacia el gobierno mexicano. No se trataba de un embajador más. Por el contrario, había sido secretario de Marina del presidente Wilson y ya en ese entonces, cultivó la amistad con su subsecre-

ses ni los holandeses tenían posibilidades reales de tomar medidas contra México. Asimismo, para el gobierno de Estados Unidos los petroleros no eran la prioridad. Por ejemplo, estaban por encima de ellos los intereses de las compañías mineras, sobre todo las dedicadas a la plata.[135]

Finalmente, la decisión de Cárdenas de apoyar la candidatura de Ávila Camacho obedeció, en parte, al intento de evitar la escalada del conflicto diplomático con los Estados Unidos y con los empresarios mexicanos.

Los intereses contra los principios

Una vez llevada a cabo la expropiación, los empresarios afectados boicotearon el funcionamiento de la industria petrolera mexicana. En abril, el subsecretario de Relaciones Exteriores, Ramón Beteta, afirmó: "Estoy [...] preocupado porque si los manufactureros y comerciantes norteamericanos rehúsan vendernos los materiales indispensables para que la industria petrolera continúe trabajando, se nos arrojará en los brazos de Alemania".[136]

---

tario, Franklin D. Roosevelt. No es exagerado afirmar que "Daniels quiso a nuestro país y lo demostró de diversas maneras [...]. Entre los hechos trascendentes destaca, sobre todo, el casi apoyo y simpatía que dio el embajador norteamericano a la expropiación petrolera. Probablemente sin un presidente Roosevelt y sin un embajador Daniels, las consecuencias y el desenlace de la expropiación hubieran sido diferentes". José Iturriaga de la Fuente, *Anecdotario de viajeros en México*, t. II, FCE, México, 1993, p. 230 [1989].

Daniels cultivó amistad con gran cantidad de políticos mexicanos, entre quienes figuraban Lázaro Cárdenas, Plutarco Elías Calles, Pascual Ortiz Rubio, Abelardo Rodríguez, Puig Casauranc, Ramón Beteta, Ezequiel Padilla, Jaime Torres Bodet, Eduardo Hay y Castillo Nájera. Se consideraba a sí mismo, la encarnación del buen vecino. De la mano del embajador Daniels, entre 1933 y 1941, además de los acuerdos por deudas reclamadas a México por parte de ciudadanos estadunidenses, se firmaron gran cantidad de tratados, algunos de ellos bilaterales y otros multilaterales, pero todos, incluyendo la participación de México y Estados Unidos. *Cf.* Josephus Daniels, *Diplomático..., op. cit.*, p. 154.

[135] *Cf.* Diana Guillén, "Intereses...", *op. cit.*, pp. 377-378 y 394.

[136] Josephus Daniels, *Diplomático..., op. cit.*, p. 306.

Además de la cuestión del funcionamiento mismo de la industria, estaba el asunto de las exportaciones.[137] Y continúa Beteta:

> Parece que su país [Estados Unidos] se opone a que nosotros vendamos petróleo a Alemania, Italia y el Japón; pero la Standard Oil sí está vendiendo a esos mismos países, sin protesta alguna [...]. Nosotros queremos y deseamos vender nuestro petróleo a los países democráticos [...]; pero si los Estados Unidos e Inglaterra nos boicotean, no tendremos otra alternativa.[138]

Los Estados Unidos dejaron de comprar, casi por completo, el crudo mexicano. En América Latina, por recomendación del Departamento de Estado, las compras también fueron mínimas. Inglaterra y Francia, también se negaron a comprar el crudo azteca.[139]

En cambio, los alemanes se mostraron entusiastas por la expropiación.[140] Las negociaciones para venta de petróleo con los países del Eje comenzaron en junio de 1938.[141] En el periodo

---

[137] En 1938 más de la mitad de la producción petrolera mexicana estaba destinada al mercado externo. En cuanto a la importancia de estas ventas, recordemos que, en 1937, el crudo representaba casi 20% de las exportaciones de México.

[138] *Ibidem*, p. 306.

[139] *Cf.* Eduardo Suárez, *Comentarios...*, *op. cit.*, pp. 212 y 213.

[140] Hasta el momento de la expropiación los nazis se opusieron al gobierno de Cárdenas. "Esa hostilidad debe atribuirse a la política interior revolucionaria del gobierno mexicano y a su actitud francamente antifascista, como el apoyo que proporcionó a la República española.

"Si bien el comercio germano-mexicano aumentó [...] las firmas alemanas hicieron constar [a las autoridades germanas] en 1937 que: *de manera estrictamente confidencial le participamos que [...] en las altas esferas gubernamentales* [mexicanas] *existen disposiciones en virtud de las cuales sólo se habrá de encargar en Alemania lo que no se pueda en modo alguno eludir o sustituir.*

"[Además,] el gobierno de Hitler se negó [...] a vender armas a México, ya que temía que pudiera suministrarlas a la República española". Friedrich Katz, *Nuevos ensayos...*, *op. cit.*, p. 344.

[141] *Cf.* s/a, "Le vendemos a Alemania", *El Universal*, México, 30 de junio de 1938, incluido en "La Segunda Guerra...", *op. cit.*, p. 151.

1938-1940, de las exportaciones mexicanas de petróleo "Alemania absorbió el 48% e Italia el 17%".[142] Aunque las ventas del crudo mexicano al Imperio del Sol Naciente fueron risibles, el gobierno japonés instaló la "Nippon Loda Oil Company, operando bajo la cobertura de un alto político y de la Compañía Petrolera Veracruzana".[143]

Después de los fracasos por comercializar el combustible en las democracias europeas, Estados Unidos y América, Eduardo Suárez, en Nueva York, describe un afortunado acontecimiento, quizás planeado desde el Tercer Reich:

> me encontré con el señor William R. Davis, a quien conocía porque me había visitado en algunas ocasiones en la Secretaría de Hacienda, presentándome proyectos a los que por demasiado fantásticos no les había yo prestado ninguna atención. En esta ocasión Davis me dijo: *Estamos muy cerca de mis oficinas en la Quinta Avenida, y le ruego a usted tenga la bondad de acompañarme unos momentos a mi despacho. Conozco la difícil situación en que se encuentran el país y usted por no poder vender en el exterior el petróleo expropiado.*[144]

Davis realizó una propuesta sólida y respaldada por el First National Bank of Boston.[145] El secretario de Hacienda invitó al

---

[142] Lorenzo Meyer, *México...*, *op. cit.*, p. 428. *Cf.* Leslie B. Rout y Jr. John F. Bratzel, *The Shadow War. German Espionage and United States Counterespionage in Latin America during World War II*, Maryland, University Publications of America, Inc., Lanham, 1986, p. 54.

[143] Lorenzo Meyer, *México...*, *op. cit.*, p. 434.

[144] Eduardo Suárez, *Comentarios...*, *op. cit.*, p. 214.

[145] "El Banco de Boston, una de las instituciones más sólidas de los Estados Unidos, y sus funcionarios me manifestaron que tenían plena confianza en Davis, que los había sacado de una situación difícil en Alemania, donde tenían muy importantes sumas de dinero bloqueadas, y que Davis se había ingeniado para que esos créditos fuesen [...] puestos a disposición del banco en los Estados Unidos. Que, por lo tanto, autorizaban cualquier operación que hiciese con México", *ibidem*, p. 215.

empresario norteamericano a México para hablar con Cárdenas. Se logró un acuerdo. Davis intentó vender el petróleo a diversos países de Europa. Pero al llegar los barcos a Francia y Bélgica, fueron embargados bajo el argumento de que el petróleo era robado y que pertenecía a las compañías demandantes. Posteriormente, Davis logró vender el crudo mexicano en algunas cooperativas escandinavas, pero en pequeñas cantidades. De nueva cuenta, en julio de 1939 Davis se entrevistó con Cárdenas

> y le dijo que los mercados en donde tenía influencia la Gran Bretaña [...], estaban cerrados [...]. El señor presidente le dijo a Davis [...] que [...] necesitando el país vender el petróleo, se lo vendía al señor Davis, ciudadano americano, y que él podría venderlo en aquellos lugares donde creyese oportuno.[146]

La Davis Oil Company llegó a controlar casi dos terceras partes del petróleo exportado por México y casi todo ese combustible terminaba en manos de los alemanes. De cualquier manera, cabe recordar que no sólo el gobierno mexicano y su pequeña socia norteamericana vendieron petróleo a las potencias del Eje. Lo mismo hicieron, pero a lo largo de toda la guerra, la Standard Oil y la Shell.[147]

El 28 de septiembre Cárdenas propuso a Roosevelt organizar un bloqueo petrolero a Alemania. La respuesta del mandatario norteamericano no fue muy alentadora. En su carta del 10 de octubre al Ejecutivo mexicano escribió: "considero que en atención al hecho de que el peligro inmediato de la declaración de

[146] *Ibidem*, p. 216.
[147] *Cf.* Charles Higham, *Trading with the Enemy. The Nazi-American Money Plot 1933-1949*, Barnes & Noble, Nueva York, 1995, pp. 32-61, en donde se describen las transacciones de Standard Oil con los nazis, durante la segunda Guerra Mundial. También, *cf.* Milton Magruder, "La Standard Oil acusada de traición a Estados Unidos", *El Universal*, México, 27 de marzo de 1941, incluido en "La Segunda...", *op. cit.*, p. 163.

guerra en Europa parece haberse evitado, no hay ocasión inmediata para llegar a una decisión sobre aquellas sugestiones".[148]

Al no concretarse el acuerdo, el gobierno mexicano continuó sus ventas a las naciones del Eje.

Para enterarnos hasta qué punto estaban intrincados en las relaciones entre México y los Estados Unidos los asuntos del petróleo y el interés de la defensa hemisférica, leamos las siguientes líneas de la comunicación del embajador mexicano en Washington:

MEMORÁNDUM PARA EL SEÑOR PRESIDENTE CÁRDENAS
Conferencia con el presidente Roosevelt, el día 4 de febrero de 1939.

[...] Roosevelt habla de la situación de España, dando por cierto el triunfo militar de Franco. [...] Si las tropas italianas no abandonan la península española esto indicaría que Italia exigirá ventajas en el Mediterráneo, en el Canal de Suez y en Túnez; [...] Francia e Inglaterra tendrán que unirse y afrontar una guerra. Al presentarse el conflicto, los países de América tendrán que decidirse y [...] los Estados Unidos y México manifestarán su preferencia por las democracias [...].

[...] Roosevelt se refiere a nuestros tratos comerciales con Alemania y con Italia y a la disminución de las exportaciones de los Estados Unidos a México. Le aseguré que tan pronto como hayamos arreglado el asunto pendiente con los petroleros, nuestro comercio internacional volverá a sus cauces normales [...].

Roosevelt [...] insiste de nuevo en la solución del conflicto petrolero y me promete que instará a Richberg y a Hurley para que [...] muestren la mayor flexibilidad a fin de que se concierte el arreglo más satisfactorio para todos los interesados.[149]

Meses más tarde, el 31 de agosto, el presidente estadunidense escribió a Cárdenas:

[148] *Cf.* Lázaro Cárdenas, *Epistolario..., op. cit.*, pp. 336 y 337.
[149] *Ibidem*, pp. 344-346.

los gobiernos de México y de los Estados Unidos pueden dar, a un mundo acosado por la desconfianza, el temor y la violencia, un admirable ejemplo de cómo, con buena voluntad, los dos gobiernos y pueblos de dos países vecinos, pueden resolver sus diferencias de una manera pacífica, amistosa y satisfactoria.[150]

Las ventas de petróleo mexicano a las potencias del Eje provocaron inquietud en el gobierno norteamericano. Hacia finales de 1939 Roosevelt se mostró conforme con que los Estados Unidos compraran enormes cantidades de petróleo a México.

Por otra parte, los petroleros intentaron boicotear algunas áreas estratégicas de la economía mexicana y en ocasiones lo consiguieron. Pero en general las corporaciones estadunidenses se negaron a dejar de hacer negocios con México.

Sólo unos meses después de la denuncia de Isidro Fabela por la anexión nazi de Austria, el gobierno de Cárdenas comenzó a vender petróleo a las potencias del Eje, trasgrediendo varios de los artículos de la Liga, mismos que anteriormente la delegación mexicana había usado para condenar la pasividad de Francia e Inglaterra en el conflicto español.

Pese a la decisión de Cárdenas de anteponer los intereses económicos a los principios del derecho internacional, los delegados mexicanos ante la Sociedad de Naciones continuaron actuando como si nada hubiera ocurrido: el ministro mexicano ante la Liga denunció la incursión fascista en la guerra española y las invasiones alemanas a Checoslovaquia, Polonia y los Balcanes.[151] No sabemos si las divisiones motorizadas de los nazis en estas operaciones fueron movilizadas con petróleo mexicano.

La nueva actitud del gobierno cardenista ante la sociedad internacional modificó los criterios, incluso de su máximo defen-

---

[150] *Ibidem*, p. 362.
[151] *Cf.* Isidro Fabela, *Cartas...*, *op. cit.*, pp. 93-101, 143-153, 205-213 y 241-243.

sor del derecho. El 3 de septiembre de 1939, Isidro Fabela se alejó del idealismo y escribió:

> Francia e Inglaterra han declarado hoy la guerra a Alemania. [...] La guerra, señor presidente, va a constituir una hecatombe para la humanidad [...]. Por fortuna nuestra patria está lejos del lugar de los acontecimientos y [...] en vez de resentir perjuicios inmediatos y directos, tendrá al contrario las ventajas que todo país neutral recibe cuando vende sus productos a los beligerantes, a buenos precios.[152]

También en septiembre de 1939, el gobierno mexicano, que otrora había criticado la pasividad de las potencias europeas en el conflicto español, se declaró neutral ante los conflictos en Europa.[153] ¿Valían menos las vidas de los polacos y los checos que las de los españoles? De cualquier manera, el armamento, la ayuda económica y gestiones diplomáticas que Cárdenas pudo haber proporcionado, habrían sido insignificantes.

El gobierno del presidente Cárdenas no fue el único que, atrapado en los acontecimientos internacionales, tuvo que sacrificar sus principios por sus intereses. El embajador Castillo Nájera escribió al mandatario mexicano dos cartas, el 3 y el 4 de octubre de 1940, respectivamente, en donde hacía mención de cómo tanto republicanos como demócratas estaban dispuestos a llevar a cabo una política contradictoria de sus principios y firmar un acuerdo de colaboración militar con la URSS.[154]

A finales de los años treinta y hasta 1942, las relaciones de México con las potencias del Eje eran muy intensas. En un memorándum del vicepresidente de la Cámara de Comercio de Es-

---

[152] *Ibidem*, pp. 199-200.
[153] *Cf.* "Neutralidad de México", *El Universal*, México, 27 de septiembre de 1939, incluido en "La Segunda...", *op. cit.*, p. 209.
[154] *Cf.* Lázaro Cárdenas, *Epistolario...*, *op. cit.*, pp. 423-424.

tados Unidos, Wallace, titulado "Camacho, Manuel A.", del 6 de diciembre de 1940, se lee:

> Los miembros de la Cámara del Comercio de Estados Unidos que tenían intereses en México solicitaron a su gobierno que impulsara planes de inversión. De no ser así, advertían: *los nazis harán las inversiones.* De hecho, el Reichbank contaba con grandes facilidades para movilizar capitales en la Ciudad de México.[155]

Cordell Hull escribió en sus memorias que, a finales de los años treinta había dos fuerzas enemigas en América Latina: los comunistas y los fascistas. Veía en los últimos una amenaza más inmediata que la de los comunistas. Ello debido a dos factores: por un lado, los artífices del New Deal sentían mayor repugnancia por Hitler que por Stalin. Asimismo, consideraban que en el continente americano había una base étnica de emigrantes o descendientes de alemanes, italianos y japoneses, que convertían a estas naciones en una amenaza más importante que la URSS.[156]

En 1936 los alemanes firmaron con los nipones el Pacto Anti-Comintern. Los norteamericanos respondieron impulsando los acuerdos de seguridad hemisférica, para contar con la ayuda militar de América Latina. Ese mismo año se celebró la Conferencia Panamericana en Buenos Aires y dos años después, en Lima. El secretario Hull sabía que la influencia del Eje era una amenaza real en algunas naciones latinoamericanas, pues los partidos de ultraderecha comenzaban a ganar terreno.[157]

[155] Stephen R. Niblo, *Allied Policy...*, *op. cit.*; *cf.* Charles Higham, *Trading...*, *op. cit.*, p. 67.

[156] "La Alemania fascista concentró sus esfuerzos políticos, en primer lugar, sobre Argentina, Brasil y Chile, países en los que económicamente estaba más interesada, donde existía un mayor número de inmigrantes alemanes y donde la influencia de Estados Unidos era todavía débil". Friedrich Katz, *Nuevos ensayos...*, *op. cit.*, p. 327.

[157] *Cf.* Cordell Hull, *The Memoirs of Cordell Hull*, 2 vols., Macmillan, Nueva York, pp. 601 y 814. La rivalidad germano-estadunidense en Latinoamérica tenía una larga historia. En el terreno económico el rearme de los nazis requería de materias primas. Alemania no

En septiembre de 1939, los Estados Unidos y las naciones latinoamericanas firmaron la Declaración de Panamá cuyas cláusulas incluían la prohibición del uso de territorio del continente americano por parte de los naciones beligerantes en Europa, considerando también los territorios marítimos a 1 000 millas de distancia de las costas; la prohibición de la emisiones de estaciones de radio del Eje; la suspensión del comercio económico con los países agresores; e incentivaba una mayor cooperación de los sistemas de inteligencia de las naciones americanas.

Tras la invasión alemana de Holanda y Francia los norteamericanos temieron que las colonias de aquellos países en América quedaran en manos del Reich. A solicitud del secretario Hull, tuvo lugar, en julio de 1940, la Conferencia de La Habana. Era una reunión de cancilleres, pero México fue representado por su secretario de Hacienda. Los norteamericanos, apoyados por el enviado mexicano, obtuvieron concesiones. En la Resolución de La Habana se votó que habría una Administración Provisional de Colonias, lo cual permitía a los Estados Unidos colocar bases militares en algunas islas consideradas estratégicas. Asimismo, se acordó que gradualmente la Administración Provisional sería sustituida por una Comisión Americana de Administración Territorial

podía comprarlas a otras potencias pues para ello habría tenido que comprarlas con divisas, y no contaba con ellas. Buscó entonces otra alternativa: comprarlas en países pobres donde era posible pagar mediante trueques. En 1935, Otto Kiep, otrora cónsul general alemán en Nueva York, visitó algunos países latinoamericanos para negociar y en algunos casos firmar tratados comerciales. Desde 1933 hasta 1938 las importaciones alemanas aumentaron constantemente en los países latinoamericanos.

Para los germanos el comercio con América Latina significaba reducir su dependencia comercial frente a Estados Unidos. Sólo Europa Oriental y el Cercano Oriente superaban a América Latina en cuanto a relaciones comerciales con Alemania. Debido a la crisis mundial, para los países latinoamericanos dicho comercio significaba un respiro.

En 1939 el valor de las inversiones alemanas en América Latina era de 969 millones de dólares, lo cual representaba 10% de la inversión extranjera en Latinoamérica.

En cuanto a la rivalidad política, los germanos se condujeron por tres caminos: procuraron ganarse a los gobiernos latinoamericanos para una actuación conjunta; apoyarse en los movimientos políticos locales fascistas; ganarse y organizar a los alemanes del extranjero. *Cf.* Friedrich Katz, *Nuevos ensayos..., op. cit.*, pp. 320-322 y 327.

cuya finalidad sería la independencia de dichas colonias. Fue el primer paso en el proceso de descolonización de posguerra.

En la Resolución de La Habana se adoptó la Asistencia Recíproca y Cooperación Defensiva de las Naciones Americanas, que es para muchos historiadores, el primer antecedente del Tratado Interamericano de Asistencia Recíproca (TIAR) de 1947.

También de gran importancia fueron los acuerdos sobre la solución pacífica de los conflictos (Resolución XIV), cooperación económica para incrementar el comercio interamericano (Resolución XXV) y contra las actividades subversivas (Resolución VII).[158]

En donde sí encontró resistencia el secretario Hull, fue en la propuesta de establecer bases militares en algunos países latinoamericanos. De cualquier manera, conforme avanzó la guerra algunas naciones hicieron acuerdos bilaterales a este respecto con Estados Unidos a cambio de ayuda militar, armamento e inversión en infraestructura.[159]

Sin embargo, México no dejó de tener relaciones económicas con las potencias del Eje sino hasta 1942. El gobierno estadunidense cuestionó dicho comercio, a lo cual, el mexicano respondió que quería controlar tanto a los ciudadanos como a los capitales alemanes en México pero que debía hacerlo con cautela, pues las inversiones de estos extranjeros eran enormes y el riesgo de una crisis económica por la salida masiva de los capitales era muy alto.[160]

Hasta su ingreso en la Guerra Mundial, México mantuvo

---

[158] Bajo el título Propaganda de Doctrinas Tendientes a Poner en Peligro el Común Ideario Democrático Interamericano, o a Comprometer la Seguridad y Neutralidad de las Repúblicas Americanas.

[159] *Cf.* Citlalli Gutiérrez, *Jaime Torres Bodet: escritor y diplomático. Su función como secretario de Relaciones Exteriores. Conferencias de Quintandinha y Bogotá*, tesis de licenciatura, UNAM, México, 2004, cap. 5.

[160] Las firmas alemanas más importantes en México eran: Beick Felix y Cia., Casa Bayer, S. A., Merck-Mexico, S. A., Instituto Behring, Laboratorios Codex, S. A., Química Schering Mexicana, Gran Drogería del Refugio, Carlos Stein y Cia., Drogería Stein, Cia.

una política de contrapesos: aunque vendía petróleo a Alemania, se indignaba por las acciones militares y la ideología germanas, al tiempo que se mostraba cooperativo con la policía norteamericana en cuanto a la expulsión de algunos agentes y propagan-

Gral. de Anilinas, Casa Lammers, S. A., Cía. Explotadora de Gas Carbónico, Unión Química, S. A. y Gas Carbónico, S. A.

El rompimiento con Japón afectaría a la industria textil mexicana, incluidas las grandes compañías Seda Natural, Textiles Lyon, Hilos Torcidos y Mafisa.

Las principales inversiones niponas en México estaban concentradas en tres corporaciones. La Compañía Mexicana de Petróleos La Laguna, S. A. conformada en 1935 y cuyo presidente era el ingeniero Carlos Almazán y sus directivos eran Kisso Tsuru, Agustín González Palavicini, Jesús M. Villaseñor y Pablo O. Alarcón.

Carlos Almazán fue presidente Municipal de Tampico y después, diputado. Se distinguió por ser un aliado de Emilio Portes Gil.

La segunda empresa era la Compañía Petrolera Veracruzana, S. A., formada en 1934 y cuyos directores eran: ingeniero Modesto C. Rolland, presidente y administrador general; Rafael Murillo, tesorero; Rafael Pous Cházaro, secretario y Luis Flores Esponda, interventor. La junta fue reorganizada en 1937, cuando el doctor Kisso Tsuru se sumó como director y al mismo tiempo obtuvo también el mismo cargo en la petrolera La Laguna.

En tercer lugar, había otras firmas japonesas como la Compañía Internacional de Drogas, S. A., subsidiaria de Kokasai Seiyaku Kabushiki Kaisha de Toyama. Kisso Tsuru, presidente de la compañía, le cambió el nombre por Compañía Internacional de Comercio, S. A., y amplió sus actividades. Entre ellas, intentó comprar mercurio a México.

También había otras empresas japonesas de importancia regional, como aquellas que dominaban la pesca en la costa noroeste de México.

Al ser derrotada Francia por los alemanes, los capitales francos se convirtieron en capitales del Reich. Creció así, en un instante, la influencia económica alemana en México. Josephus Daniels reportó que las inversiones francesas en México ascendían a más de 160 millones de pesos. Los inversionistas franceses controlaban ocho casas comerciales (destacaba la Mexican Light and Power o Mexlight), siete fábricas y un banco (Banamex). El gobierno mexicano no estableció vínculos con los nazis a propósito de estas empresas; simplemente tomó el control de ellas. Algo similar ocurrió con las inversiones holandesas en México, una vez que los Países Bajos y Bélgica cayeron bajo dominio alemán.

En 1940 había cerca de 6 500 alemanes, 6 000 italianos y 4 300 japoneses en México. Muchos de ellos ocupaban cargos empresariales de importancia.

El doctor J. G. A. Hertslet, del Ministerio de Economía del Reich y Eugene Brieschke, miembro de la Junta Alemana de Importaciones de Petróleo, visitaron México. Poco después, en agosto de 1938, el embajador Daniels reportó que había rumores sobre un convenio que sería firmado por México y Alemania. Cuando el secretario de Hacienda, Suárez, fue interrogado por Daniels al respecto, tuvo dificultades en negarlo.

En 1941, al declarar la guerra, el presidente Ávila Camacho, ordenó a La Junta de Administración y Vigilancia de la Propiedad Extranjera tomar el control de 346 firmas del Eje en México. *Cf.* Stephen R. Niblo, *Allied Policy..., op. cit.*

distas de la causa nazi en México. Además, el gobierno cardenista no vaciló en utilizar los foros de seguridad hemisférica para denunciar el imperialismo norteamericano e integrar, en la agenda de las conferencias, el tema de la igualdad de condiciones entre naciones americanas.[161]

En más de una ocasión la actitud del gobierno mexicano desconcertó a los enviados de Hitler. Éstos intentaron provocar un conflicto grave entre México y los Estados Unidos. No lo consiguieron.[162]

Cabe recordar que aunque los nazis no tenían posibilidades reales de ejercer influencia en el gobierno mexicano y se mostraban amigables con el régimen cardenista, llevaban simultáneamente una política subterránea de espionaje, apoyo a los enemigos del régimen[163] y propagación de las ideas nazis. Ninguna de esas estrategias resultó fructífera. Cárdenas desconfiaba del gobierno alemán, pues estaba bien enterado de las actividades extraoficiales de los alemanes en México; tampoco le simpatizaban las ideas del nacionalsocialismo ni creyó que los alemanes triun-

---

[161] Cf. Harry Thayer Mahoney, y Marjorie Locke Mahoney, El espionaje en México en el siglo xx, Eliane Casenave (trad.), Promexa, México, 2000, pp. 155 y ss.; cf. Josephus Daniels, Diplomático..., op. cit., pp. 91-93; cf. Lázaro Cárdenas, Epistolario..., op. cit., pp. 425-428.

[162] Cf. Friedrich Katz, Nuevos ensayos..., op. cit., p. 349; cf. Luis Ignacio Sáinz (coord.), México..., op. cit., p. 212; cf. Lázaro Cárdenas, Obras..., op. cit., p. 439.

[163] Los franquistas, la Iglesia y en general las fuerzas derechistas en México —incluidos algunos militares—, recibieron y en muchas ocasiones aceptaron ofertas de armamento, dinero e información de los enviados nazis. Destacaba el hecho de que el jefe de Estado Mayor de Saturnino Cedillo fuera Ernst von Merck, un alemán que mantenía contacto con el embajador Rüdt. También destacaban los sinarquistas, que contaban entre sus fundadores con Hermann Otto Schreiter y con Troter —secretario de Abascal, el líder de la Unión—, quienes trabajaban para las organizaciones nazis en el extranjero y con José Antonio Urquiza, quien había peleado en el ejército franquista.

El apoyo alemán a estos grupos disminuyó a partir de la expropiación de marzo de 1938, cuando México comenzó a ser visto por los nazis como una base petrolífera. Además, incluso del grupo más importante, el de los sinarquistas, se puede concluir que "a pesar de su crecimiento [...] nunca pudo llegar a constituir un peligro realmente serio para México". Cf. Friedrich Katz, Nuevos ensayos..., op. cit., p. 351.

farían en la guerra.[164] A pesar de ello, decidió no romper relaciones con la administración de Hitler, pues el beneficio comercial era considerable.

¿Una élite peligrosa en el exilio?

Desde la crisis del 29 las relaciones comerciales entre México y los Estados Unidos habían disminuido considerablemente. Plutarco Elías Calles y Abelardo Rodríguez tuvieron la intención de reactivar los intercambios y promovieron un acuerdo con los estadunidenses. Pero Lázaro Cárdenas decidió no gastar sus energías ni su carta diplomática para beneficiar a un grupo vinculado al maximato[165] con el fin de obtener un arreglo comercial que, además, contrariaba su proyecto de modernización nacional.[166] Hubo que esperar hasta 1942 para la firma del acuerdo bilateral.

[164] Cf. Enrique Arriola Woog (comp.), Sobre..., op. cit., pp. 435-436; Friedrich Katz, Nuevos ensayos..., op. cit., pp. 344, 356 y 402.

[165] Cf. Paolo Riguzzi, ¿Reciprocidad imposible? La política del comercio entre México y Estados Unidos, 1857-1938, El Colegio Mexiquense/Instituto Mora, México, 2003, p. 254. Quienes más presionaron por la firma del tratado comercial fueron: "las Cámaras de Comercio de El Yaqui (Sonora), de San José (Baja California), de Monterrey y de Piedras Negras (Coahuila); los fabricantes de cordelería de Yucatán, el Ferrocarril SudPacífico, y la empresa Pan American Commercial Company de Los Ángeles. [...] Se trataba de intereses regionales, en su mayoría norteños", ibidem, p. 252.
Al hacer a un lado el acuerdo comercial, Cárdenas marginó a uno de los sectores que habían apoyado a Calles: "los agricultores de Sonora y Sinaloa. Favorecer sus condiciones económicas mediante la remoción de las barreras arancelarias estadunidenses no resultaba ciertamente útil para el nuevo gobierno. Más bien, los intereses que integraban la base social del callismo (y que propugnaban la negociación con Estados Unidos) fueron el blanco de la política de expropiación agraria del régimen cardenista. En sintonía con esta orientación, el órgano de prensa del PNR exaltaba las ventajas de los acuerdos internacionales de trueque al estilo alemán e italiano, que permitían el manejo integral del comercio por parte del Estado y promovían la fraternidad entre países al abolir la moneda", ibidem, p. 257.

[166] "El Plan Sexenal del PNR, elaborado entre 1933 y 1934, marcaba una senda de nacionalismo económico y mostraba hostilidad hacia la exportación de materias primas, prometiendo una revisión de las prácticas del comercio exterior y una intervención organizadora del Estado en la materia. Pero la indicación principal consistía en el reparto

No sólo en materia económica se manifestó el conflicto entre Cárdenas y Calles. El 14 de junio de 1935, el mandatario se reunió con los miembros de su gabinete en Palacio Nacional para manifestarles que "consideraba embarazosa su situación por la amistad que los liga con el general Calles", asimismo, les dijo que "aceptaba que presentaran su renuncia".[167] Como resultado,

> el 17 de junio de 1935 se renovó el gabinete que había sido nombrado en noviembre de 1934, todo ello con la finalidad de desplazar a miembros importantes de la fracción callista. Lo mismo ocurrió en las Cámaras legislativas [...]. Diversos gobernadores [...] fueron desconocidos en el transcurso de esos meses [...]. Durante 1935 por desaparición de poderes, mediante licencias forzosas o nulificación de elecciones, los cardenistas impusieron diversos gobernadores.[168]

Entre aquellos funcionarios que renunciaron sin ser ratificados en el cargo ni nombrados de nueva cuenta en otra posición del gabinete, destaca Narciso Bassols García, quien fue designado representante de México ante la Sociedad de Naciones y posteriormente embajador en Francia, desde donde contribuyó al exilio español.[169] ¿Era un embajador con misiones especiales del presidente Cárdenas? ¿O era acaso un enemigo alejado del país con suavidad por el mandatario?[170]

agrario y en el bosquejo de una economía dirigida. A comienzos de 1935, en el mensaje presidencial dirigido a la nación, Cárdenas, además de hacer hincapié en la consigna típica del nacionalismo de los años treinta [...] anunciaba que, en cuanto a compromisos internacionales su gobierno no realizaría *arreglo alguno que no responda a los intereses del país*", ibidem, p. 255.

[167] Lázaro Cárdenas, *Obras...*, *op. cit.*, p. 321.

[168] Samuel León e Ignacio Marván, *En el cardenismo*, Siglo XXI, México, 1999, p. 94 [1989].

[169] Narciso Bassols ocupó el cargo de secretario de Educación de Pública en el gobierno de Pascual Ortiz Rubio. Posteriormente, el presidente Abelardo L. Rodríguez lo nombró secretario de Gobernación. *Cf.* Víctor Manuel Villaseñor, *Memorias...*, *op. cit.*, p. 399.

[170] No es extraño entonces que al mismo tiempo que Narciso Bassols era nombrado embajador, uno de sus colaboradores más cercanos, Puig Casauranc, también fuera nom-

En otros casos Cárdenas fue más precavido. A Marte R. Gómez lo exilió desde el principio. Le dio el nombramiento de embajador en Francia, Austria y la Sociedad de Naciones desde el 1º de enero de 1935.[171]

Por otra parte, Primo Villa Michel, destacado callista, quien en 1937 fue nombrado embajador de México en Londres, desde donde tuvo un papel activo ayudando a materializar el exilio español, no era un experimentado diplomático. Así lo demuestra su actuación ante la Sociedad de Naciones, cuando acudió a Bruselas para manifestar la postura de México ante la invasión japonesa a China. En realidad suplía a Isidro Fabela, quien no se pudo presentar por problemas personales. Fabela, sabedor de la falta de experiencia del embajador, preparó las notas que Villa Michel simplemente leyó en la conferencia.[172] De nueva cuenta, el nombramiento parece más un acto de alejamiento político que un elemento en la estrategia de la política exterior de Cárdenas. En pleno conflicto petrolero, ¿era conveniente conservar en Petromex a un representante del maximato? Plutarco Elías Calles se había entendido muy bien con los petroleros en el pasado, ¿no podría nuevamente entenderse con ellos y contribuir a desplazar a Cárdenas?[173]

Está también el caso de Manuel Pérez Treviño, quien compitió por la candidatura presidencial contra Lázaro Cárdenas. Una

brado representante de México en el extranjero. Ocupó el cargo de embajador en Argentina. *Cf.* John W. F. Dulles, *Ayer en México. Una crónica de la revolución (1919-1936)*, Julio Zapata (trad.), FCE, México, 2000, pp. 579 y 608 [1961]; *cf.* Josephus Daniels, *Diplomático..., op. cit.*, pp. 129-130.

[171] Fungió como secretario de Agricultura del presidente Emilio Portes Gil y a la sombra del maximato logró ser diputado federal y posteriormente, senador por Tamaulipas. Posteriormente, al mostrar que no tenía ningún interés en seguir apoyando a Calles, Cárdenas le ayudó a convertirse en gobernador de Tamaulipas.

[172] Bajo el manto protector de Calles, Villa Michel ocupó los cargos de gobernador del Distrito Federal y secretario de Industria y Comercio.

[173] *Cf.* Isidro Fabela, *La política..., op. cit.*, pp. 139 y ss.; Josefina Zoraida Vázquez y Lorenzo Meyer, *México frente a Estados Unidos. Un ensayo histórico*, Colmex, México, 1982, pp. 157 y ss.

vez llegado al poder, el general Cárdenas lo envío como embajador ante España y Portugal a pesar de no contar con antecedentes en la carrera diplomática.[174] Posteriormente, en 1937, fue
nombrado el general Adalberto Tejeda, quien, un año antes ya
había fungido como embajador ante Francia. Fue ministro hasta
el 1º de enero, cuando México rompió relaciones diplomáticas
con España.[175]

Destacan también los exilios de Eduardo Vasconcelos,[176] Leónides Andrew,[177] Francisco Javier Aguilar González[178] y por supuesto, la decisión de Cárdenas de ratificar al caudillo Gonzalo
N. Santos como embajador en Bélgica.

Pero estos hombres no estaban solos. Junto a los políticos
exiliados estaban también los grandes diplomáticos. México,
después de verse envuelto en conflictos internacionales a lo largo del siglo XIX e inicios del XX, tenía ya, para el sexenio cardenista, una larga tradición diplomática. Sin ninguna duda, el producto más acabado de esta tradición fue Isidro Fabela.

Algunos otros políticos, aunque no tenían una larga carrera
en el servicio exterior demostraron un enorme olfato y dedica-
ción en sus labores diplomáticas. En este rubro destacan Luis I.
Rodríguez y Gilberto Bosques.

---

[174] Durante el Maximato fue nombrado secretario de Industria y Comercio y posteriormente, fue elegido gobernador de Coahuila. *Cf.* Samuel León e Ignacio Marván, *En el
cardenismo..., op. cit.*, p. 24; *cf.* Mercedes Montero Caldera, "La acción diplomática...",
op. cit., pp. 271-272.

[175] El presidente Plutarco Elías Calles lo nombró secretario de Comunicaciones y
Obras Públicas y posteriormente, lo impulsó para ser, por segunda ocasión, gobernador
de Veracruz.

[176] Embajador de México en Hungría el 1º de enero de 1935. De 1932 a 1934 fue secretario de Gobernación.

[177] En 1936 Leónides Andreu Almazán, ex gobernador de Puebla y hermano de Juan,
fue nombrado embajador en Inglaterra y después en Alemania y Holanda.

[178] Caudillo villista que fue nombrado embajador en Italia en 1935 y posteriormente,
en China.

Balance

La política exterior del presidente Cárdenas no obedeció a una
sola guía. Podemos distinguir tres líneas aparentemente incon-
gruentes pero que en realidad son adaptaciones a los diferentes
contextos del sexenio.

En primer lugar, está la falta de una línea de acción diplomática enviada desde el Ejecutivo, producto de que los embajadores
mexicanos ante la Liga de las Naciones no representaban al cardenismo, sino que cumplían un exilio con comodidades que les
había sido impuesto por ser notables callistas. Ejemplo de esta
actuación fueron los pronunciamientos de los ministros mexicanos en la Asamblea de la Sociedad de Naciones a propósito de
los conflictos de ítalo-etíope y sino-japonés.

En segundo lugar tenemos la defensa de los principios del
derecho internacional, ordenada desde el Ejecutivo. Aquí, la diplomacia mexicana se valió, entre otros, del experimentado diplomático Isidro Fabela. Esta nueva estrategia se llevó a cabo a
propósito de la Guerra Civil española. Cárdenas simpatizó con la
República. En esta misma tónica los embajadores mexicanos en
la Sociedad de Naciones y en otros escenarios —algunos de ellos
clandestinos— llevaron a cabo una diplomacia activa que condenaba las invasiones de Austria, Checoslovaquia y Polonia.

Además de estas dos modalidades diplomáticas —el desorden y la coherencia ideológica— tenemos una tercera: la pragmática. Destaca el distanciamiento de México con la URSS. No
debido al temor de que la izquierda mexicana intentara desestabilizar al país con ayuda de los soviéticos, sino por la hostilidad
que los bolcheviques mostraron frontalmente hacia el gobierno
mexicano.

También en esta línea pragmática destaca la relación con
Alemania: por una parte se le condenaba por su ideología y su
brutal política exterior y por otra, se le vendía el petróleo mexi-

cano, mismo que ni ingleses ni holandeses ni estadunidenses ni españoles ni franceses ni latinoamericanos quisieron comprar debido a la expropiación de la industria petrolera. México mantuvo estrechos vínculos económicos con Alemania al tiempo que condenaba, en los foros internacionales, su política expansiva.

Finalmente, también como parte de la estrategia pragmática, está la relación con los Estados Unidos. Con dicho país Cárdenas estableció fuertes vínculos al inicio de su sexenio. Obtuvo préstamos y tratados de reciprocidad en diversas ocasiones. Pero el problema petrolero tensó la relación. Aunque la mayor parte de las industrias expropiadas en 1938 eran inglesas, había también algunas norteamericanas. Los Estados Unidos organizaron un bloqueo contra el petróleo mexicano pero la administración cardenista lo rompió vendiendo petróleo a las naciones del Eje. Roosevelt, consciente de la necesidad de la unidad panamericana en tiempos de guerra relegó los intereses de los magnates petroleros y rompió el cerco al crudo mexicano. México no se conformó con que los norteamericanos le compraran su petróleo sino que exigió un trato de igualdad entre las naciones poderosas y las débiles. Ni antes ni después del cardenismo México obtuvo una relación tan ventajosa con Estados Unidos.

Las oposiciones al cardenismo

MARTHA B. LOYO*

Este trabajo pretende mostrar la manera en que se formaron y desarrollaron los distintos grupos y asociaciones políticas de oposición al programa cardenista; cómo fue su actuación, sus demandas y cuestionamientos y cómo ejercieron su influencia; cuáles fueron sus reclamos y organizaciones más importantes y hasta dónde llegaron sus alcances. Gran parte de la historiografía respecto de la oposición está por hacerse; se ha visto a la oposición desde la perspectiva del sistema político surgido después de la Revolución mexicana, y aunque no siempre desde la visión de los disidentes al interior del grupo gobernante, pero no desde la misma oposición. Si bien es cierto que había grupos de oposición desde el inicio de la Revolución y la posrevolución, es claro que a partir de las grandes reformas cardenistas durante 1935 y 1936 surgieron otras agrupaciones y partidos que se opusieron al modelo cardenista. ¿Hasta dónde esta oposición jugó un papel preponderante en el proceso de la modernización y cambio durante estos años?

* Facultad de Estudios Superiores-Acatlán-UNAM.

436

El cardenismo

El general Lázaro Cárdenas, durante su campaña presidencial, había recorrido 30 000 kilómetros visitando pueblos, rancherías, ciudades, comunidades indígenas remotas y fábricas; el conocimiento más amplio de las condiciones que prevalecían en el país contribuyó a radicalizarlo. En diciembre de 1934 asumió la presidencia de la República y encabezó la construcción de un Estado comprometido con las demandas populares apenas comenzadas por los gobiernos posrevolucionarios; inició un proyecto reformista con una política de amplio contenido social, donde la idea de colectividad adquirió relevancia notable. En su interpretación del plan sexenal aprobado en 1933, buscó cambiar las condiciones económicas en beneficio de la clase trabajadora, haciendo efectivos los postulados de la Constitución de 1917; decidió satisfacer las demandas campesinas con un amplio reparto agrario y la liquidación de los latifundios. Prometió a los obreros contratos colectivos de trabajo y salarios mínimos y los apoyó en sus huelgas y resoluciones; además promovió su unificación en organismos nacionales estableciendo alianzas que culminaron con la creación de la Confederación de Trabajadores de México (CTM) en 1936 y la Confederación Nacional Campesina (CNC) en 1938.[1] Con la expropiación petrolera restableció el poder original sobre la explotación del subsuelo, llevó a cabo la transformación del PNR a PRM, nacionalizó los ferrocarriles, apoyó la educación socialista, a la República española y el asilo de León Trotski. Según Alan Knight: "el cardenismo fue un proyecto nacionalista y radical que afectó fundamentalmente a la sociedad mexicana y que representó la última gran fase reformadora de la Revolución".[2]

[1] Véase Arnaldo Córdova, *La política de masas del cardenismo*, Era, México, 1974, 219 pp. (Serie Popular Era).

[2] Alan Knight, "La última fase de la Revolución", en Anna Timothy, J. Bazant *et al.*, *Historia de México*, Crítica, Barcelona, 2001, p. 253.

Esta política produjo descontento en aquellos grupos que se sintieron amenazados ante la perspectiva de perder poder o fueron excluidos, o a quienes dichas reformas afectaron directamente: clases altas y medias; de igual manera campesinos y obreros, que si bien pertenecían a los grupos sociales beneficiados, no habían logrado mejoras o se vieron afectados por el aparato burocrático que en ocasiones retardó la aplicación de las reformas. Por otro lado, pequeños y medianos propietarios rurales por motivos distintos, y latifundistas, comerciantes, burócratas, profesionistas, antiguos políticos, estudiantes y militares desplazados, emprendieron acciones en las que manifestaron su desacuerdo.[3]

El gobierno cardenista había heredado una economía en ascenso que se recuperaba de la depresión de 1929 y sin efectuar cambios radicales en la estructura fiscal. La política monetaria fue expansiva para estimular la economía. Sin embargo, cuando la inflación rebasaba los límites deseados, de inmediato se trataba de reducir la base monetaria para controlar el aumento en los precios. Esta política no se utilizó para financiar el déficit público, excepto en 1938 que se debió contrarrestar la recesión externa y la salida de capitales generada por la expropiación petrolera. Sin embargo, el producto interno bruto nacional aumentó a una tasa promedio anual de 4.5% entre 1934 y 1940. A pesar de los estragos de la recesión de 1938, el déficit fiscal de ese año fue financiado con crédito del Banco de México; el tipo de cambio se debilitó, lo que permitió satisfacer el nivel de demanda para sostener el producto industrial y nacional. La balanza de pagos y las reservas internacionales del Banco de México se contrajeron; el gobierno tenía claro que los excesos en el gasto público muy por encima de sus ingresos no eran buenos para la economía; para

---

[3] Leticia E. González del Rivero, *Disidencia, Estados Unidos y las elecciones de 1940*, tesis de maestría, UIM, 1994, p. 8. Para una consulta muy general sobre la oposición política durante el siglo XX, véase el trabajo de Elisa Servín, *La oposición política*, CIDE/FCE, México, 2006.

1939 el déficit fiscal prácticamente se eliminó y la emisión de papel moneda se contuvo.[4] En consecuencia, se generaron presiones inflacionarias, aumentaron los costos de las importaciones y de los alimentos; la producción agrícola resultó afectada por la reforma agraria y los hacendados no invirtieron lo suficiente entre 1935-1939; el abastecimiento a las ciudades se vio limitado y los precios comenzaron a subir; el salario mínimo superó la inflación y el poder adquisitivo fue en aumento, beneficiando al mercado nacional y sobre todo a ejidatarios y organizaciones obreras. La inflación siguió creciendo y el sector privado, temeroso de las consecuencias de la política social del régimen, se retrajo. Se produjo una situación de escasez de crédito, ante un mercado interno creciente.[5]

La inflación amenazaba los logros obtenidos. Los créditos agrarios se redujeron y los ejidatarios se quedaron sin fuentes de capital. En un intento por conciliar los intereses norteamericanos y obtener un préstamo para el "programa de ayuda económica", la inminente expropiación petrolera echó por tierra este acuerdo.[6] El boicot de las compañías petroleras, las presiones económicas y políticas del gobierno norteamericano y la devaluación en 1938 agudizaron la crisis económica.

Se redujeron los fondos disponibles de la banca privada y parte del monto del nuevo circulante se dirigió a instituciones bancarias del extranjero. El descontento hacia la política oficial fue canalizado en distintas agrupaciones de oposición que buscaron participar en la lucha política de 1939-1940.

El mundo se había dividido en dos tendencias ideológicas: las democracias y los totalitarismos. A principios de 1939 Ale-

---

[4] Enrique Cárdenas, "La política económica en la época de Cárdenas", en *Perspectivas sobre el cardenismo Ensayos sobre economía, trabajo, política y cultura en los años treinta*, UAM, México, 1996, pp. 59-61.

[5] Luis Medina, "Origen y circunstancia de la unidad Nacional", en *Lecturas de política mexicana*, Colmex, México, 1977, p. 324.

[6] Alan Knight, *op. cit.*, p. 294.

mania se había anexado Austria y Checoslovaquia; Japón se extendía a la costa de China, e Italia había invadido Etiopía. Los Estados Unidos veían con temor al imperio japonés, y Francia e Inglaterra se alarmaban con la actitud alemana, la República española había sido derrotada con la ayuda de Alemania e Italia y se acercaba el fin de la Guerra Civil. En México, el franquismo y el fascismo ganaban adeptos.[7] Los grupos opositores expresaron su inconformidad de manera muy distinta pues su conformación no se redujo a los sectores más conservadores, ni respondió a la lógica de las diversas clases sociales, sino a dos segmentos distintos: uno de orientación religiosa, el otro, de orientación secular, surgió por una variedad de motivos y se fusionó dentro y fuera del gobierno.

La mayoría de los grupos de oposición adoptó un tono beligerante a partir de un nacionalismo que se revistió de diversas facetas: desconfianza a lo que percibían como intervencionismo estatal; odio a los Estados Unidos, que alcanzó varios grados de antisemitismo; rechazo a las ideologías extranjeras, sobre todo, al comunismo y la influencia soviética. Se oponían a la educación socialista, al deterioro del nivel de vida, las movilizaciones sindicales y al apoyo del gobierno a las cooperativas y las administraciones obreras en varias industrias, al ejido colectivo, a la ley de expropiación de 1936 y la política exterior del gobierno.[8] Sin embargo, durante la expropiación petrolera todos los sectores de la sociedad se unificaron en apoyo a las medidas tomadas por Cárdenas contra las compañías petroleras.

Durante los últimos meses de 1938 la administración cardenista perdía fuerza y la oposición crecía, en esas condiciones resultaba muy difícil la continuidad. Un sucesor radical agudizaría los problemas existentes y la oposición podría recurrir a un le-

[7] Luis Medina, "Del cardenismo al avilacamachismo", en Luis González (coord.), *Historia de la Revolución mexicana*, Colmex, México, 1978, vol. 18, p. 42.

[8] Leticia E. González, *op. cit.*, pp. 30-31.

vantamiento o incluso llegar al poder. Vicente Lombardo Toledano, secretario de la CTM e ideólogo del régimen, y el propio Cárdenas mostraron su preocupación por la unidad nacional y el equilibrio social, en consecuencia se decidió emprender el camino de la conciliación: las circunstancias imponían un cambio de rumbo: hacia la moderación.

La clase media y los industriales

La clase media y los industriales[9] desde el principio se habían opuesto al programa cardenista por el apoyo decisivo a obreros y campesinos; también estaban en contra de la educación socialista y temían que se creara un Estado obrero por el activismo de los trabajadores. Estaban hartos de la oleada de huelgas que trastornaban la vida en las ciudades y muchos mostraban simpatías por la España Nacional y el reciente movimiento encabezado por el general Francisco Franco.[10]

En junio de 1936 surgió la Confederación de la Clase Media (CCM), fundada por Enrique y Gustavo Sáenz de Sicilia,[11] "simple y estrictamente" para "unificar a toda la clase media mexicana para contrarrestar la actual tendencia comunista y nivelar la actual situación económica y social por la que está pasando esta clase".[12] Se sentían marginados y querían organizarse convocan-

[9] Javier Garciadiego, "La oposición conservadora y de las clases medias al cardenismo", ISTOR, vol. VII, núm. 25 (2006), pp. 30-49.

[10] Ricardo Pérez Monfort, *Hispanismo y falange, Los sueños imperiales de la derecha española*, FCE, México, 1992, p. 131. En septiembre de 1936 la Confederación de la Clase Media envió una carta a Franco en la que mostraba su adhesión y se declaraba portadora de los principios de la hispanidad.

[11] También Eduardo Garduño, Francisco Doria Paz, Horacio Alemán, Manuel Muñoz, Santiago Ballina y Querido Moheno.

[12] Lina Odena y Ricardo Pérez Monfort, *Por la patria y por la raza, tres movimientos nacionalistas, 1930-1940*, CIESAS, México, 1982, p. 44 (Documentos, Cuadernos de la Casa Chata, núm. 54).

do a: "los profesionistas, estudiantes, industriales, agricultores, propietarios, empleados y artesanos […], y coordinar las actividades de grupos como las juventudes Nacionalistas Mexicanas, la Asociación Nacionalista de Pequeños Propietarios Agrícolas, la Acción Cívico Nacional y el Comité Nacional Pro-Raza".[13] En un manifiesto de julio de 1936, precisaban lo siguiente:

> … mejorar las condiciones morales y económicas de los trabajadores de esa clase y todos los demás trabajadores de México; el comunismo o socialismo científico es una utopía irrealizable y una fuerza que divide al pueblo de México, las condiciones de trabajo y de los servidores públicos son intolerables. Se les puede despedir en cualquier momento y se les obliga hacer donativos voluntarios y a suscribir determinadas opiniones políticas y sociales […] El ejército sigue viviendo como tribu nómada y los oficiales de rango medio tienen sueldos inferiores a los que deberían tener.

Por lo tanto, la Confederación de la Clase Media recomienda: *a)* la organización de grupos de presión del sector medio, *b)* la creación de sindicatos de empleados de oficina, *c)* la plena aplicación del artículo 123 de la Constitución, *d)* poner fin al uso de los sindicatos con fines políticos, *e)* que el capital esté protegido de ataques injustificados y que se cumplan las demandas legítimas de los trabajadores, *f)* respeto por los logros conseguidos gracias a las leyes agrarias y por la pequeña propiedad, la creación de colonias agrícolas para los pueblos que no tengan tierras; e inmunidad para evitar la pérdida de propiedades ya afectadas por las leyes agrarias, *g)* respeto a la antigüedad en el ejército y aumento de salario para los oficiales de rangos intermedios con los fondos que resulten de eliminar el dispendio, *h)* la promulgación de una

[13] Javier Garciadiego, *op. cit.*, p. 44.

Ley de Servicio Público que exija que el despido de los trabajadores del Estado sea dictaminado por un tribunal, *i)* la organización de cooperativas de consumo de industrias familiares para reducir sus costos de materias primas, y uniones de crédito para que no caigan en manos de prestamistas, además mutualidades de seguro.[14] Si bien no era una organización numerosa,[15] sí era muy activa en cuanto a propaganda del nacionalismo de derecha.

Su descontento evidenciaba la poca atención y mejoramiento hacia este sector.[16] Rechazaban el proyecto cardenista de gobierno y de país, y sobre todo cualquier influencia de tipo "comunizante". Esta organización se vinculó, poco después de su fundación, con la Unión Nacional de Veteranos de la Revolución (UNVR), creada en junio de 1936; como su nombre lo dice, eran viejos revolucionarios que se organizaron para obtener tierras para sus miembros, abogaban por la propiedad privada y tenían gran temor de perder sus prebendas. Estas organizaciones se sumaron a la campaña almazanista en 1939-1940.[17]

Los industriales

Durante 1935, se declararon gran cantidad de huelgas que fueron apoyadas por el gobierno. Después de la ruptura Cárdenas-Calles, en junio de ese mismo año, el movimiento obrero organizado se convirtió en el apoyo fundamental de la política cardenista, lo que de entrada generó malestar entre los industriales, pero el descontento mayor se produjo a partir de las medidas tendientes

[14] *El Universal*, 21 de julio de 1936.
[15] Según ellos tenían 162,000 agremiados (Dato que parece exagerado) Javier Garciadiego, *op. cit.*, p. 45.
[16] Véase el trabajo de Soledad Loaeza, *Clases medias y política en México*, Colmex, México, 1988.
[17] Manuel Fernández Boyoli y Eustaquio Marrón de Angelis, *Lo que no se sabe de la rebelión cedillista*, s. e., México, 1938, pp. 62-66.

a la aplicación de la Ley Federal del Trabajo y a modificaciones
introducidas en 1936, por iniciativa del Ejecutivo, ya que ni la
Constitución ni la Ley Federal del Trabajo lo garantizaban. De
igual manera se instituyó el pago del séptimo día, el sistema introducido para fijar el salario mínimo por municipios, las medidas preventivas de accidentes de trabajo sobre higiene y seguridad, y la obligación patronal de pagar los salarios a días no
trabajados debido a casos fortuitos. Ante tal situación los grupos
empresariales se vieron en la necesidad de reorganizarse.[18] Al término de la lucha armada, los industriales y los comerciantes se
habían comenzado a organizar. En 1917, fundan la Confederación de Cámaras Nacionales de Comercio (Concanaco), al año
siguiente la Confederación de Cámaras Industriales (Concamin),
y en 1929 los empresarios de Monterrey crearon la Confederación Patronal de la República Mexicana (Coparmex), luego de
una larga oposición al proyecto de Ley Federal del Trabajo que
finalmente se aprobó en 1931.

La política laboral buscaba que los trabajadores gozaran del
bienestar a que tenían derecho de acuerdo con las posibilidades
de las empresas, y que los empresarios dejaran de intervenir en la
organización sindical. Cárdenas dejó claro que ante la duda en un
conflicto obrero-patronal éste se resolviera en favor del trabajador, la parte más frágil de la relación: "otorgar tratamiento igual
a dos partes desiguales no era obrar con equidad".[19] El presidente
apoyaba la intervención del Estado al lado de los trabajadores, lo
que para los industriales era parcial, injusto e inaceptable, y propició su unificación en contra de esta medida.

El enfrentamiento donde se concretó la política laboral del
régimen fue en la huelga de la Vidriera de Monterrey por la revi-

<hr/>

[18] Leticia Juárez González, *La organización empresarial en México durante el cardenismo: implicaciones internas e internacionales*, tesis de licenciatura, UNAM, 1983, p. 96.
[19] Departamento de trabajo, *La obra social de la actual administración que preside el
General Lázaro Cárdenas*, DAAP, México, 1936, p. 33.

sión del contrato colectivo de trabajo.[20] Los empresarios regiomontanos pidieron la destitución del presidente de la Junta de
Conciliación y Arbitraje, el rechazo a las demandas de los trabajadores "rojos" y el recuento para declarar la huelga inexistente;
por último amenazaron con llevar a cabo un paro. El recuento y
fallo fue favorable a los trabajadores y la reacción no se hizo esperar tanto de los sectores que apoyaban a los trabajadores, como
de los grupos patronales en contra de la política laboral. El 5 de
febrero de 1936, en Monterrey, se realizó una manifestación anticomunista de industriales, comerciantes, ganaderos, agricultores,
en la que también participaron comerciantes e industriales de
Coahuila;[21] dos días después cerró el comercio como protesta por
el avance "comunista".[22] En este clima, Cárdenas se trasladó a Monterrey y después de haber escuchado a ambas partes, ratificó el derecho de los trabajadores a buscar mejores condiciones e invitó a
los industriales a responder a las demandas laborales. Definió sus
14 puntos de política obrera[23] señalando que el Estado era el árbitro y regulador de la vida política, económica y social del país.

Con la idea de corporativización, en agosto se promulgó la
Ley de Cámaras Nacionales de Comercio e Industria, y se fusionó a la Concanaco y la Concamin en la Concanacomin, lo que
motivó la abierta oposición industrial, ya que no se habían tomado en cuenta las diferencias entre los distintos intereses; además
de que el gobierno tendría injerencia y fiscalizaría los ingresos.[24]
Los empresarios rechazaban la ley de expropiación[25] que se podía
aplicar "por razones de utilidad social":[26] difícilmente se podía de-

---

[20] Samuel León, *Clase obrera y cardenismo*, UNAM, México, 1974.

[21] *Excélsior*, 2 y 3 de febrero de 1936.

[22] *Excélsior*, 4 y 5 de febrero de 1936.

[23] Arnaldo Córdova, *op. cit.*, pp. 87-89; Tzvi Medin, *Ideología y praxis política de Lázaro Cárdenas*, Siglo XXI, México, 1985, pp. 79-80.

[24] Leticia Juárez González, *op. cit.*, p. 80.

[25] *Excélsior*, 27 de septiembre de 1936.

[26] Se expresaron ante la Cámara de Diputados: La Confederación de Cámaras Nacionales de Comercio de los Estados Unidos Mexicanos, la Cámara de Comercio de la Ciu-

terminar si en el interés de una clase estaba encarnado el interés
de todas y consideraban que la mejor distribución de los bienes
no se podía alcanzar con la expropiación, "ya que ella podría propiciar resultados contraproducentes, toda vez que generarían una
disminución en la riqueza distribuible".[27] Cuestionaban la caren-
cia de garantías para los expropiados, la indemnización y la enorme capacidad otorgada al Ejecutivo. Muchos grupos de empresarios e industriales habrían de aglutinarse al final del cardenismo
en un esfuerzo por frenar el desarrollo de la política económica y
laboral, aun cuando la industria tuvo un crecimiento considerable gracias a la ampliación del mercado interno, la restricción de
la libre competencia, la protección arancelaria y los estímulos
fiscales.

El Comité Pro-Raza y la Acción
Revolucionaria Mexicana

Uno de los antecedentes para el surgimiento de grupos de corte
fascista fue la introducción de cambios en el sistema educativo
como la enseñanza sexual y la educación socialista durante el régimen de Abelardo L. Rodríguez, en el que las asociaciones de
padres de familia, los grupos católicos, la prensa y en general la
clase media iniciaron una campaña en contra que provocó la renuncia del secretario de Educación Narciso Bassols. Durante el
régimen cardenista la política educativa continuó siendo uno de
los blancos de ataque más graves; su aplicación generó gran virulencia contra los maestros en zonas rurales, que en ocasiones
fueron asesinados o mutilados de las orejas. Uno de los grupos

---

dad de México, la Confederación Patronal de la República Mexicana, la Asociación Nacional de Almacenistas de Víveres y Similares, la Confederación de Cámaras Industriales. La
Asociación de Banqueros, la Unión de Propietarios de la Ciudad de México, la Asociación
de Empresas Industriales y Comerciales, y la Barra de Abogados entre otros.
    [27] *Excélsior*, 21 de octubre de 1936.

que se formó fue el Comité Pro-Raza, en septiembre de 1933, con
el fin de emprender una campaña de salud social nacionalista y
luchar contra la "perniciosa y perjudicial" invasión de extranjeros que no correspondían a la hospitalidad del país y sólo buscaban su propio enriquecimiento, sin respetar los derechos del
pueblo mexicano.[28] De corte fascista, su lema era "Por la patria y
por la raza" y el escudo de su bandera un águila roja con las alas
extendidas, en un triángulo se leía "Por México".[29] Sus miembros,
comerciantes, obreros, empleados industriales o agrícolas, apor-
taban fondos para llevar a cabo manifestaciones, propaganda y
boicots contra artículos producidos, introducidos o vendidos
por extranjeros, sobre todo contra los chinos y los judíos comunistas. Para pertenecer a esta organización se debía ser mexicano
por nacimiento y por sangre, no tener ligas sanguíneas inmediatas con extranjeros, no tener ligas familiares de primer grado
con extranjeros no deseables y aceptar los principios del programa;[30] definían su lucha como "francamente defensiva de los
derechos e intereses esencial y efectivamente nacionales". Pugnaban por un nacionalismo apelando a elementos de identidad
abstractos como la sangre o la raza para justificar una acción
irracional o un valor aceptado incondicionalmente.

La Acción Revolucionaria Mexicana, mejor conocida como
las Camisas Doradas, fue creada en 1934, para luchar en contra
de los comunistas y los judíos. Era una organización abiertamente
fascista, conforme al modelo de los Camisas Negras de Mussolini. Su líder, el ex general villista Nicolás Rodríguez Carrasco, había participado en varias rebeliones;[31] en 1929 organizó a los vas-
concelistas en Los Ángeles, California. Si bien la ARM compartía

---

[28] Véase el trabajo de Ricardo Pérez Monfort, *Por la patria y por la raza. La derecha
secular en el sexenio de Lázaro Cárdenas*, UNAM, México, 1993.
[29] Ricardo Pérez Monfort, *op. cit.*, p. 123.
[30] *Ibidem*, p. 130.
[31] En la rebelión delahuertista en 1923-1924 y en la rebelión escobarista en 1929.

los planteamientos del Comité Pro-Raza, tenía su propio programa y decidió llevar a su manera una lucha contra los extranjeros
indeseables que estaban acabando con la economía del país.[32]

> ... los elementos revolucionarios de los que venimos luchando des-
> de 1906 por crear una patria mejor hemos acordado unirnos... ha-
> ciendo a un lado las pequeñas diferencias que nos dividieron ayer...
> y que por encima de todo debe estar la salvación de nuestra nacio-
> nalidad, gravemente amenazada en sus más hondas raíces por la
> invasión de elementos extraños que pretenden apoderarse de lo
> poco que nos queda.[33]

Para Rodríguez, el país estaba sumergido en un caos, no era
dueño de la industria, la propiedad urbana o la tierra, y se preguntaba cómo podía ser independiente una nación que tenía todos los recursos en manos de extranjeros.[34] Consideraba a los
judíos y a los chinos como una plaga de la nación. Su lucha sería
el boicot, la propaganda, la manifestación pública; de rompehuel-
gas, mediante la intimidación y la violencia. Los Camisas doradas
eran hombres a caballo vestidos de dorado con pañuelo al cuello,
sombrero texano y con la insignia ARM bordada en la camisa; en
sus discursos destacaban la importancia de la familia, la religión
y la moral.[35] La ARM muy pronto tuvo filiales en el país entre la
clase media urbana, inconforme con los gobiernos de la Revolución, antiguos políticos y militares fracasados, y estaban organizados en grupos de choque. Al fundarse contaba con 500 hombres que fueron en aumento e irrumpían en toda ocasión donde
acudían judíos y bolcheviques. Aparecían con su clásico grito de

---

[32] Véase el trabajo de Alicia Gojman de Backal, *Camisas, escudos y desfiles militares.
Los dorados y el antisemitismo en México 1934-1940*, FCE/UNAM, México, 2000.
[33] Alicia Gojman de Backal, *op. cit.*, p. 211.
[34] *Idem.*
[35] *Ibidem*, p. 214.

¡Muerte al comunismo! y ¡México para los mexicanos! cuando grupos obreros de izquierda realizaban marchas. A principios de 1935 convocaron a una concentración nacionalista que derivó en un acto de provocación contra el Partido Comunista en la capital, ya que 100 Dorados, bajo la dirección de Ovidio Pedrero y Roque González Garza irrumpieron a caballo en un mitin que dirigía Hernán Laborde e hirieron a los dirigentes del frente Estudiantil Revolucionario; se llevaron los archivos, destrozaron el lugar y provocaron la huida de los otros en medio de una fuerte pelea.[36] En marzo atacaron las oficinas del Partido Comunista: "si nos hemos visto complicados con los comunistas es porque su meta es reemplazar el presente régimen por un sistema contrario a nuestra constitución y a nuestras costumbres".[37] También en provincia llevaron a cabo campañas violentas, como en Morelia, Tampico, Puebla, Guadalajara, Nuevo Laredo, donde tenían más simpatizantes. El 20 de noviembre, durante el desfile de la conmemoración de la Revolución, hubo un enfrentamiento en el Zócalo entre la policía, los obreros y los Dorados, con resultado de dos muertos y varios heridos: los Dorados fueron aplastados por los taxistas comunistas llamados "los tanques rojos". En febrero de 1936, Cárdenas dio instrucciones para expulsar del país, por sus actividades en contra de la estabilidad social, a Nicolás Rodríguez, quien fue trasladado a la frontera rumbo a Texas.

La ARM siguió operando en Monterrey, Coahuila y Chihuahua, llevó a cabo varias manifestaciones anticomunistas y antijudías y estableció comunicación con el general Saturnino Cedillo, secretario de Agricultura desde junio de 1935, quien mantuvo relación con la derecha radical secular y dio su apoyo a los Dorados, la Unión de Veteranos de la Revolución, la Confederación

---

[36] Véase Ricardo Peréz Monfort, "Cárdenas y la oposición secular 1934-1940", en Brígida von Mentz *et al.*, *Los empresarios alemanes, el Tercer Reich y la oposición de la derecha a Cárdenas*, vol. 2, CIESAS, México, 1988.

[37] John F. Dulles, *Ayer en México*, FCE, México, 1977, p. 574.

de la Clase Media y la Confederación Patronal de la República Mexicana. Poco después se descubrió que Cedillo ayudaba financieramente a la ARM y había nombrado a varios Dorados en puestos de la Secretaría.[38] Después de la derrota de Cedillo, en mayo de 1938, la ARM siguió publicando manifiestos a la nación para que se levantaran en armas contra Cárdenas y el comunismo. En noviembre de 1938 hubo un intento de levantamiento en Tamaulipas, pero fracasó gracias a los informes que se recibían, la actuación del gobernador Marte R. Gómez y la movilización de tropas en el estado.[39] En 1939, la ARM empezó a perder fuerza ante sus fracasos y muchos de sus integrantes se incorporaron a la campaña del general Juan Andreu Almazán. Nicolás Rodríguez pidió amnistía a Cárdenas y volvió a México, donde al parecer murió enfermo a principios de 1940.

La rebelión del general Saturnino Cedillo

Saturnino Cedillo había participado en la Revolución desde 1911, y en 1920 se incorporó a la rebelión de Agua Prieta, en 1923 luchó contra los delahuertistas y en 1926, como jefe de la División del Centro, combatió contra los cristeros de Guanajuato, Jalisco y San Luis Potosí, de donde fue gobernador de 1927 a 1931.[40] Fue secretario de Agricultura algunos meses en 1931, durante el gobierno de Pascual Ortiz Rubio. La base en que se sustentaba su poder y su utilidad para el gobierno radicaba en sus colonias

[38] Hugo Campbell, *La derecha radical en México, 1929-1949*, SEP, México, 1976, pp. 63-64 (SepSetentas, núm. 276).

[39] Alicia Gojman de Backal, *op. cit.*, p. 223.

[40] Véase los trabajos de Dudley Ankerson, *El Caudillo agrarista Saturnino Cedillo y la Revolución mexicana en San Luis Potosí*, INEHRM, México, 1994; Romana Falcón, *Revolución y caciquismo, San Luis Potosí, 1910-1938*, Colmex, México, 1984; Victoria Lerner, *Génesis de un cacicazgo: antecedentes del cedillismo*, UNAM, México, 1989; Carlos Martínez Assad, *Los rebeldes vencidos, Cedillo contra el estado cardenista*, FCE, México, 1990.

agrarias y en su habilidad para movilizar numerosos grupos de agraristas. Había prestado grandes servicios al régimen durante los años veinte y había establecido relaciones de mutua conveniencia con el poder central; mientras el gobierno central dejara mano libre en San Luis Potosí, él estaba dispuesto a seguir siendo leal. Las características de su gobierno eran más similares a las de "un patriarca de pueblo: conservadurismo social, respeto para las obligaciones de parentesco y lealtad personal".[41] Además de pertenecer al cuerpo privilegiado del ejército y tener casi un ejército privado, se convirtió en un poderoso cacique local que buscó por todos los medios sostener los privilegios que ambas circunstancias le permitían.[42] Volvió a San Luis en 1932 a ejercer su dominio y aseguró la elección de los candidatos del PNR en todo el estado, sin oposición. Un aspecto más de su poder fue su reacción ante la implantación de la educación socialista, cuyo objetivo era crear en las mentes infantiles "un concepto racional y exacto del universo",[43] y fue básicamente un intento por establecer la preponderancia de la educación laica. Según Ignacio García Téllez, secretario de Educación de Lázaro Cárdenas se pretendía inculcar en los jóvenes del país el espíritu revolucionario, con miras a su lucha en contra del régimen capitalista y "para establecer la dictadura del proletariado".[44] Cedillo, que desde la guerra de los cristeros había mostrado una actitud de tolerancia religiosa en San Luis y era conciliador con la Iglesia, consideró que la nueva política era provocadora por lo que desalentó su aplicación y permitió que prosperaran las escuelas particulares.

En mayo de 1933 Cedillo y Emilio Portes Gil —habían participado activamente en la fundación de la Confederación Campe-

[41] Dudley Ankerson, *op. cit.*, p. 138.
[42] Romana Falcón, *op. cit.*, p. 225.
[43] Véase a Victoria Lerner, "La educación socialista", en Luis González (coord.), *Historia de la Revolución mexicana, 1934-1940*, vol. 17, Colmex, México, 1979.
[44] *El Hombre Libre*, 21 de enero de 1935.

sina Mexicana—, lanzaron la candidatura de Cárdenas en un congreso agrario en San Luis Potosí. Cárdenas, una vez que asumió el poder, el 1º de diciembre de 1934, estaba decidido a fortalecer su autoridad personal, pero no podía enfrentar abiertamente a Calles, así que buscó el apoyo de Cedillo y del general Juan Andreu Almazán en Nuevo León. Ambos lo apoyarían en caso de un enfrentamiento con Calles, pero debería restringir la actuación de los líderes obreros más radicales. De inmediato, Cárdenas comenzó el reparto agrario y permitió una ola de huelgas que preocuparon a muchos; varios secretarios buscaron a Calles quien, en junio, emitió unas declaraciones en contra de las políticas de Cárdenas,[45] en especial, en contra de los líderes obreros como los causantes de la inestabilidad. Cárdenas respondió con energía y solicitó la renuncia del gabinete. En el nuevo gabinete, Cedillo ocupó la Secretaría de Agricultura. Los católicos aprobaron este cambio y esperaban que pudiera equilibrar las posturas anticlericales.

Pronto surgieron los desacuerdos debido a los planes del gobierno de formar un central campesina nacional: la Confederación Nacional Campesina (CNC), lo que resultaba consistente con la política de centralización y era un paso a la creación de un Estado corporativo.[46] La nueva organización significaba una amenaza a la fuerza de Cedillo puesto que establecía una línea directa, sin necesidad de intermediarios, entre los campesinos, los grupos locales y las autoridades federales. Sin embargo, la principal diferencia radicaba en la reforma agraria; para Cárdenas el ejido no sólo era un paso transitorio a la pequeña propiedad, como los sonorenses, sino una unidad de producción económica tan importante como la pequeña propiedad privada, por lo que estimuló la creación de grandes ejidos colectivos. Cedillo se opuso a

---

[45] Luis González, "Los días del presidente Cárdenas", en Luis González (coord.), *Historia de la revolución mexicana, 1934-1940*, vol. 15, Colmex, México, 1988, pp. 38-39.

[46] Arnaldo Córdova, *op. cit.*, pp. 146-176.

los ejidos colectivos y defendió el sistema de parcelas ejidales individuales.

En 1937, en las elecciones al Congreso federal, varios de los candidatos de Cedillo no fueron aprobados por el comité nacional del PNR; ni el gobierno federal ni el comité nacional le dieron el apoyo esperado, era evidente que Cárdenas deseaba desarticular la fuerza de Cedillo. Durante una huelga de los estudiantes de la Escuela Nacional de Chapingo para destituir al director, crear un consejo directivo entre maestros y estudiantes y mejoras para la Escuela, Cedillo solicitó el apoyo de Cárdenas para tomar medidas de disciplina con los estudiantes; Cárdenas contestó en un telegrama que aceptaba su renuncia, renuncia que nunca presentó. Cárdenas utilizó los acontecimientos de la escuela —que por lo demás, se lograron todas las demandas excepto la del consejo directivo— y se mostró como un estratega de la política.[47]

En Palomas, Cedillo comenzó a buscar aliados para su difícil posición; varios amigos lo presionaron para que participara en las elecciones de 1940 y si lo derrotaban por fraude, se rebelaría. A fines de 1937 contaba con apoyos políticos para su campaña y los preparativos para un eventual levantamiento: cierto número de organizaciones de derecha y grupos de presión que se alimentaban de los temores de la clase media con respecto a la CTM y el Partido Comunista compartían la idea de que al aumentar la burocracia central, Cárdenas sentaba las bases de un Estado parecido al de la Unión Soviética. De estas organizaciones, las tres más numerosas eran Acción Revolucionaria Mexicana, la Unión Nacional de Veteranos de la Revolución, y la Confederación de la Clase Media. Cedillo mantenía relaciones con todas éstas porque pensaba que le ofrecían una posible coalición de oposición al PNR para las elecciones de 1940. Por sus contactos con este tipo de organizaciones, la prensa de izquierda lo vinculaba con el fascis-

[47] Carlos Martínez Assad, *Los rebeldes vencidos, Cedillo contra el Estado cardenista*, FCE/UNAM, México, 1990, p. 120.

mo internacional. Su relación con los grupos de derecha se vinculaba poco hacia el fascismo, más bien buscaba aliados contra
los ataques de la izquierda.

Con conocimiento de las actividades de Cedillo en noviembre de 1937, las fuerzas federales rodearon San Luis provocando
que Cedillo perdiera su hegemonía militar y acelerara su
rebelión;[48] por otro lado, el gobierno decidió que de la Escuela
Nacional de Aviación, que Cedillo había fundado en 1928 y que
consideraba como propia, se trasladaran a la Secretaría de Guerra
en la Ciudad de México 12 aviones. Una vez que se llevó a cabo la
expropiación petrolera y se reconoció la unidad nacional ante el
exterior, Cárdenas vio la oportunidad de resolver el problema
con Cedillo: le ordenó que se hiciera cargo de la zona militar de
Michoacán a lo que Cedillo se negó pretextando enfermedad. Según la versión de Gonzalo N. Santos, al mismo Santos lo había
enviado Cárdenas a Palomas a entrevistarse con Cedillo:

"Vengo [...] a decirle a usted que lo están acusando de que pronto
se va a rebelar contra el gobierno [...] que es usted un revolucionario significado y que contribuyó mucho para el triunfo de nuestro movimiento, que ahora está amenazado por fuerzas retrógra-
das nacionales y por intereses extranjeros; le pide [...] que no se
ensangriente el estado [...] que cumpla con las órdenes que le giró
la Secretaría de Guerra y Marina [...]" Cedillo contestó: "Tengo
noticias de muy buenas fuentes de que se me prepara una trampa,
que Cárdenas no está obrando de buena fe y la prueba es que lo
mandó a usted junto con el licenciado Gabino Vázquez a sonsacar
a los jefes de mi división en el norte del estado para que defeccio-
naran de mis filas [...] está usted equivocado, el país no soporta a
Cárdenas".[49]

---

[48] Romana Falcón, *op. cit.*, p. 255.
[49] Gonzalo N. Santos, *Mis memorias*, Grijalbo, México, 1986, pp. 616-617.

El 15 de mayo el Congreso del estado de San Luis lanzó un decreto, firmado por el gobernador Mateo Hernández Netro, en el que desconocía al gobierno federal, el régimen cardenista "tiene sumido al pueblo en la más espantosa de las miserias" que lo iba conduciendo al comunismo... se nombraba a Cedillo jefe del ejército constitucionalista mexicano "que garantizará el desarrollo armado del presente movimiento legalista". El 17 de mayo Cárdenas se trasladó a San Luis, señaló que había rumores de una revuelta y llamó a que entregaran las armas y se retiraran a la vida privada. El general Miguel Henríquez Guzmán, hombre muy ligado a Cárdenas, había quedado a cargo de la 12ª Zona Militar con sede en San Luis Potosí y fue el encargado de suprimir el intento de rebelión, incluso antes de que propiamente se llevara a cabo.[50] Los rebeldes fueron capturados y desarmados y el 30 de mayo el presidente declaró liquidada la rebelión.[51] Cedillo fue alcanzado en la Sierra cerca de La Ventana y murió en combate el 11 de enero de 1939.

La Iglesia

Las relaciones entre la Iglesia y el Estado volvieron a entrar en tensiones, debido al programa de educación socialista y al anticlericalismo con el que Cárdenas comenzó su gobierno —atrás habían quedado los acuerdos que en 1929 dieron por concluida la guerra cristera, aun cuando la persecución religiosa continuaba—. Al frente de la Secretaría de Agricultura se encontraba Tomás Garrido Canabal, ex gobernador de Tabasco y líder radical del Bloque de Jóvenes Revolucionarios, los Camisas Rojas, cuyas actividades, en su estado, además de haber participado en la eliminación de la Iglesia católica, se habían orientado a la aplicación de la en-

---

[50] Elisa Servín, *Ruptura y oposición. El movimiento henriquista, 1945-1954*, Cal y Arena, México, 2001, p. 58.
[51] *Excélsior*, 25, 26 y 30 de mayo de 1938.

señanza racionalista, contra la influencia clerical y contra el consumo de alcohol.[52] Vestían pantalón negro, camisa y corbata rojas
con boina miliciana rojinegra; seguían a su líder y su activismo
debía orientarse de acuerdo con la ideología de los trabajadores.
Cárdenas admiraba el trabajo realizado por Garrido: durante la
campaña presidencial en su visita a Tabasco, acompañado por
Calles, lo había calificado como "el laboratorio de la Revolución".

El domingo 30 de diciembre de 1934, se originó un enfrentamiento entre católicos y Camisas Rojas, estos últimos realizaban un mitin de propaganda antialcohólica y anticatólica en Coyoacán. *Excélsior* informó lo siguiente:

> Cinco personas muertas y un Camisa roja linchado por la multitud
> fue el saldo de un sangriento suceso ocurrido ayer por la mañana
> en la plaza Hidalgo de Coyoacán y el cual fue provocado por un
> grupo de individuos que portaban "camisas rojas" y quienes des-
> pués de atacar abiertamente de palabra a los católicos que habían
> ido a misa de diez, contestaron al ser silbados por éstos, con una
> descarga de tiros.[53]

Alfonso Taracena registra que los católicos estaban a la expectativa pues se decía que los rojos, que siempre andaban armados, tratarían de incendiar el templo; contestaron las blasfemias
y se originó el enfrentamiento, los católicos enardecidos atacaron con palos, piedras y puñales a Ernesto Malda, un camisa roja
que apenas llegaba: "falseando totalmente los hechos, organiza la
prensa una cruzada contra los garridistas. Olvidada la ferocidad
de las turbas católicas, millares de demonios que acosaban a un

---

[52] Véase Alan Kirshner, *Tomás Garrido Canabal y el movimiento de los Camisas Rojas*,
SEP, México, 1976 (SepSetentas, núm 267); Carlos Martínez Assad, *El laboratorio de la
Revolución. El tabasco garridista*, Siglo XXI, México, 1979; Salvador Abascal, *Tomás Garrido Canabal. Sin dios, sin curas, sin iglesias, 1919-1935*, Tradición, México, 1987.
[53] *Excélsior*, 31 de diciembre de 1934.

grupo de muchachos que se defendían de ser sacrificados despiadadamente se pide la consignación de los camisas rojas".[54] En su mensaje de Año Nuevo, Cárdenas reiteró su posición de respetar la legislación anticlerical; días más tarde, un grupo de estudiantes realizaron un mitin frente a Palacio Nacional exigiendo la renuncia del secretario de Agricultura y después se concentraron junto a la sede de los camisas rojas provocando un zafarrancho que terminó con 10 estudiantes heridos.[55] Cárdenas condenó la agitación clerical culpando a la Iglesia e instruyó al secretario de Gobernación para que sólo el PNR pudiera participar en actividades político-sociales orientadas a afianzar los ideales de la Revolución que tenían por norma los revolucionarios. El día 8 declaró:

> Está apareciendo ostensible como elemento de agitación el grupo clerical, que unido a fuerzas conservadoras aprovecha los menores intentos de acción ideológica promovida por grupos revolucionarios para transformarlos en choques sangrientos y en motivo de escándalo, por lo que el Ejecutivo juzga que es necesario poner coto a estas demostraciones nocivas a la salud pública y ya se han dictado las medidas convenientes.[56]

Se prohibían las manifestaciones públicas que tuvieran por objeto protestar contra grupos o personas de ideologías distintas a los solicitantes y las que no fueran autorizadas serían disueltas. Es posible que con esto se intentara frenar los excesos anticlericales de los grupos garridistas. A fines de enero de 1935, a raíz de otro conflicto con los Camisas Rojas en la Villa de Guadalupe, en el Senado norteamericano el senador Borah pidió una investiga-

---

[54] Alfonso Taracena, *La revolución desvirtuada*, vol. 2, México, Costa-Amic, 1966, pp. 335-336. (Sobre estos acontecimientos hay varias versiones, por supuesto.)

[55] Alicia Hernández Chávez, "La mecánica cardenista", en Luis González (coord.), *Historia de la revolución mexicana 1934-1940*, vol. 16, Colmex, México, 1979, p. 47.

[56] Alfonso Taracena, *op. cit.*, vol. 3, 1967, p. 14.

ción sobre la llamada persecución religiosa, la embajada de México en Washington, a cargo de Francisco Castillo Nájera, negó que hubiera tal persecución; poco después, Cárdenas contestó en una entrevista de la agencia United Press: "no es verdad que el gobierno ni instituciones relacionadas con él persigan a ningún ciudadano por el hecho de profesar la religión católica o cualquier otra. Su acción tiende tan sólo a vigilar el exacto cumplimiento de las leyes en vigor que reglamentan el culto".[57] Desde San Antonio, Texas, en el exilio, monseñor Leopoldo Ruiz y Flores, delegado apostólico en México del papa Pío XI, escribió una carta protestando contra las declaraciones que oficialmente se hacían en nombre del presidente de la República, refutando sus afirmaciones y asegurando que en México se perseguía a la Iglesia y a los católicos; que el gobierno lejos de procurar el mejoramiento de las clases pobres estaba precipitando al país al comunismo.[58] En marzo, Cárdenas declaró que no había motivo para atacar las creencias religiosas, que el problema católico no era el problema principal del país; el enemigo era el fanatismo, no la religión.[59] Sin embargo, la tensión continuó, durante 1935 se incrementó la persecución de los católicos del Bajío que empezaron a organizarse para luchar contra la ley anticlerical, la enseñanza socialista, la política agraria, la masonería, "el comunismo".[60] En varios estados se confiscaron edificios religiosos que se destinaron a otros usos, 19 de los 32 obispos mexicanos permanecían en el exilio y los Camisas Rojas continuaron sus ataques en provincia,[61] hasta la salida de Garrido del gabinete cuando se produjo el conflicto entre Calles y Cárdenas en junio de 1935.

En septiembre se publicó la Ley de Nacionalización de Bienes,

[57] Manuel Olimón Nolasco, *Hacia un país diferente. El difícil camino hacia un modus vivendi estable, 1935-1938*, IMDOSOC, México, 2008,
[58] *Ibidem*, pp. 50-52.
[59] *El Nacional*, 5 de marzo de 1935.
[60] Eduardo J. Correa, *El balance del cardenismo*, Acción, México, 1941, pp. 24-26 y 262-263.
[61] Salvador Abascal, *op. cit.*, p. 239.

que integraba todos los decretos de los gobiernos anteriores, y que establecía que los bienes utilizados para cuestiones religiosas pertenecían a la nación. De inmediato la jerarquía católica mexicana pidió la abrogación de la ley, y la modificación de los artículos anticlericales de la Constitución, para que se impartiera enseñanza religiosa en escuelas privadas y libertad religiosa. La respuesta del gobierno fue que las leyes se aplicarían tal como estaban; como reacción la Iglesia emitió dos cartas pastorales criticando el socialismo y comunismo como "doctrinas desintegradoras".[62]

A partir de julio de 1935 se iniciaron pláticas en pos de una mejor relación y la vía más adecuada parecía ser la diplomática. Francisco Castillo Nájera empezó a presentar propuestas y Josephus Daniels, embajador de Estados Unidos en México, hablaba de la posibilidad de la presencia en territorio mexicano, de un delegado de la Santa Sede, autorizado por el gobierno mexicano; con monseñor Ruiz y Flores en el exilio, prácticamente se había eliminado un interlocutor para lograr un acercamiento. En estas negociaciones jugaron un papel importante el padre John J. Burke, figura prominente en asuntos nacionales de la Iglesia católica en los Estados Unidos, quién había trabajado en los arreglos de 1929[63] y secretario del National Catholic Welfare Conference y el subsecretario del Departamento de Estado norteamericano Sumner Welles, quienes sostuvieron conversaciones con los actores del conflicto.[64]

El gobierno mexicano quería que el representante del Vaticano fuera mexicano. La Santa Sede sugería que monseñor Gugliel-

---

[62] Manuel Olimón Nolasco, *op. cit.*, pp. 116-127.

[63] Véase el excelente trabajo de Jean Meyer, *La cruzada por México. Los católicos de Estados Unidos y la cuestión religiosa en México*, Tusquets, México, 2008, pp. 251-289.

[64] El padre Burke y el subsecretario de Estado norteamericano Welles tuvieron muchas entrevistas sobre el asunto de la Iglesia en México durante 1935 y 1936. Los documentos del padre Burke se encuentran en "Mexican records", en la Universidad Católica, CUA, en Washington y una copia microfilmada se encuentra en la Universidad Iberoamericana.

mo Piani, delegado en las Filipinas fuera nombrado y dirigir a la
Iglesia desde cualquier país cercano a México.[65] Lo cual no resolvía el problema porque la situación podría ser similar a la que se
tenía con Ruiz y Flores en Texas. Según Welles, el embajador
Castillo Nájera, le había dicho que en tales circunstancias era
imposible que el gobierno diera ese apoyo porque la situación en
México era tan compleja, que un delegado nacido en el extranjero no podría afrontarla ni entenderla por lo que se requería un
representante mexicano.[66]

A principios de 1936 el presidente comenzó a dar un viraje
respecto a la Iglesia, ya que si bien había que continuar con la política social y económica de la Revolución, no había que realizar
campañas anticlericales. Según la apreciación del ministro británico en México: "aunque el gobierno de los Estados Unidos no
ejerce presión sobre él, la importancia de no suscitar indebida-
mente el antagonismo de la opinión católica romana americana,
ejemplificada con los Caballeros de Colón, se le habría hecho saber discretamente en más de una ocasión".[67] En marzo de 1936 se
desató un enfrentamiento en San Felipe Torres Mochas donde
fueron asesinados varios maestros, lo que apresuró al gobierno a
asumir una política más conciliadora.

Pocos días después en declaraciones de Gobernación se señalaba que el objetivo de la administración era respetar la libertad de conciencia sin que se violaran las leyes federales, así se
decretó en varios estados la reapertura de las iglesias y las restricciones sobre el número de sacerdotes. Al respecto, en conversación con el embajador Daniels, en octubre de 1936, Cárdenas manifestó lo siguiente:

---

[65] Manuel Olimón Nolasco, *op. cit.*, pp. 128-129.
[66] *Ibidem*, p. 131.
[67] Murray to Eden, FO 420/289 (A 1871/1871/26, citado en Héctor Hernández García
de León, *Historia política del sinarquismo*, UIM/M. A. Porrúa, México, 2004, p. 121.

"en todos los estados de la República al ser electos nuevos gobernadores que simpatizan con mi administración, se han ido abriendo cada vez mayor número de templos y se ha ido afirmando una
política de moderación [...] la disposición por parte del gobierno
de suavizar la aplicación de las leyes severas relacionadas con la religión: ésta es la política definida del gobierno. No estamos ni a favor ni en contra del clero. Comprendiendo plenamente la necesidad de la religión y creyendo que la moralidad y la educación son
sus corolarios, siempre hemos insistido en que el clero debe limitar sus actividades a su esfera religiosa y no intentar usar su influencia en el dominio de la política o del gobierno" [...] y continuó diciendo que varios de los prelados de la iglesia católica eran
miembros de su familia y que algunos de ellos estaban más interesados en la política [...] "que en el mejoramiento social el pueblo,
por eso fue que no estuvimos de acuerdo".[68]

Cárdenas resultó muy astuto.

Algo que ayudó a resolver finalmente las diferencias fue la
designación como arzobispo primado de México, en febrero de
1937, de monseñor Luis María Martínez, quien había sido arzobispo de Morelia —en agosto tuvo lugar la renuncia de Ruiz y Flores como delegado Apostólico y su regreso del exilio a Morelia
como arzobispo—. Desde que había sido gobernador de Michoacán, Cárdenas era amigo de monseñor Luis María Martínez,
ahora el representante de la Santa Sede, quién busco la moderación,
la unificación de la jerarquía y se abstuvo de criticar la política
cardenista pues estaba convencido de que las leyes en México no
siempre se aplicaban como lo había observado en algunos lugares de Michoacán. Las relaciones entre la Iglesia y el Estado se
suavizaron y se estableció un *modus vivendi* funcional. Sería
también en este año, como reacción a los efectos de las políticas

---

[68] Josephus Daniels, *Diplomático en mangas de camisa*, Talleres Gráficos de la Nación,
México, 1949, pp. 86-87.

sociales y económicas del gobierno que surgiría una nueva organización de católicos radicales: la Unión Nacional Sinarquista (UNS).

El Sinarquismo

Este movimiento nace en León, Guanajuato, en mayo de 1937,[69] el nombre significa "con autoridad, con poder, con orden", lo contrario a la anarquía[70] pero su origen se encuentra en los arreglos de 1929 entre el Estado y la Iglesia, cuando los católicos intransigentes del Bajío intentaron crear una organización que enfrentara al régimen posrevolucionario, otros intentos fueron el movimiento localista de las legiones 1931-1934, el movimiento violento de la segunda cristiada 1931-1941 y el movimiento regional de la base 1934-1937. La UNS fue creada por varios miembros de la organización secreta conocida como "las legiones" o "la base"; eran jóvenes de clase media de entre 25 y 30 años, de la provincia del centro del país, abogados, jueces, maestros, estudiantes.[71] Los unía un catolicismo exacerbado, un nacionalismo conservador y un profundo anticomunismo: Manuel Zermeño, José y Alfonso Trueba Olivares, Juan Ignacio Padilla, Salvador Abascal, Manuel Torres Bueno, José Antonio Urquiza, entre otros. Querían contar con un organismo que actuara públicamente sin que la Iglesia estuviera mezclada, y que encauzara las demandas de los católicos contra el régimen posrevolucionario, que permitiera que los católicos divididos, desde los arreglos de 1929, se unieran en un frente común junto con otros sectores sociales descontentos

---

[69] Véase Jean Meyer, *El sinarquismo: ¿un fascismo mexicano?, 1937-1947*, Joaquín Mortiz, México, 1979; Jean Meyer, *El Sinarquismo, el cardenismo y la iglesia 1937-1947*, Tusquets, México, 2003; Pablo Serrano Álvarez, *La batalla del espíritu: el movimiento sinarquista en el Bajío, 1932-1951*, Conaculta, México, 1992; Héctor Hernández García de León, *op. cit.*

[70] Jean Meyer, *El Sinarquismo, el cardenismo...*, *op. cit.*, p. 139.

[71] Jean Meyer, *El Sinarquismo, el cardenismo...*, *op. cit.*, p. 72.

con el gobierno de Cárdenas. No pretendían desarrollar un movimiento violento de tipo nazi-fascista-falangista, sino cimentarlo en la acción pacífica, la protesta-movilización y las enseñanzas de la doctrina social de la Iglesia, en la línea de las encíclicas Rerum Novarum y Cuadragesimo Anno. Como la violencia no era la estrategia del movimiento, no habría peligro de que se les reprimiera.[72] Tampoco pretendían tomar el poder, sino obtener la libertad religiosa antes de acometer el problema social y finalmente el problema político[73] mediante la conquista de las almas, de la conciencia y de la sociedad, que condujera poco a poco al establecimiento del orden social cristiano.

El 12 de junio de 1937 lanzan su primer manifiesto: "Patria, Justicia, Libertad", donde se hacía un llamado a la abnegación y al sacrificio, y exponían sus planteamientos:

Ante los angustiosos problemas que agitan a toda la nación, es absolutamente necesario que exista una organización de verdaderos patriotas [...] que trabaje por la restauración de los derechos fundamentales de cada ciudadano, que tenga como su más alta finalidad la salvación de la patria [...] El Sinarquismo quiere una sociedad regida por una autoridad legítima, emanada de la libre actividad democrática del pueblo, que verdaderamente garantice el orden social dentro del cual encuentren todos su felicidad [...] el bien común habrá de ser su preocupación constante [...] es una manera de ser y de vivir [...] es una actividad espiritual, generosa [...] siempre dispuestos a servir a los demás [...] es un movimiento positivo, que unifica, construye y engrandece, y [...] diametralmente opuesto a las doctrinas que sustentan postulados de odio y devastación [...] proclama amor a la patria y se opondrá con todas sus fuerzas a los sistemas que pretenden borrar las fronteras de los pueblos para

convertir al mundo en un inmenso feudo en donde fácilmente im-
peren los malvados, perversos propagandistas de esas teorías.[74]

El lenguaje empleado por la UNS era común a los grupos de
derecha, lo cual no era condición suficiente para calificarla de organización fascista como lo hacían sus adversarios gobiernistas;
las tendencias católicas, nacionalistas y anticomunistas se oponían al cardenismo pero no había un compromiso con la doctrina
nazi o fascista. Salvador Abascal, el más radical del movimiento,
afirmaba:

> no puede ser nuestro modelo el nazismo, revolución específica-
> mente alemana, hija legítima de la revolución protestante de Lutero.
> Ni el fascismo, que es como el nazismo, deificación de una raza y
> de un gobierno: soberbia que ha ser castigada con el aniquilamien-
> to de Mussolini y de Hitler [...] Nos llaman nazi-fascistas, pero no
> existe en México un movimiento más sinceramente anti-nazi que
> el Sinarquismo. Somos nacionalistas radicales y no buscamos del ex-
> terior modelos que imitar ni amos a quién servir.[75]

Esto no significaba que la tentación fascista haya estado ausente; José Ignacio Padilla reconoció que admiraron el espíritu
y la voluntad de aquellos pueblos que habían salido de la crisis y
habían logrado un gran progreso material; que el saludo, la disciplina y la mística había impresionado a muchos y estuvieron dispuestos a imitarlos.[76] En cambio su admiración por la España nacionalista y por el triunfo de Franco era indiscutible sobre todo
por reafirmar su tradición católica.

[74] Manifiesto del Comité Organizador Sinarquista al pueblo mexicano. León, Gto.
Archivo General de la Nación, Colección Manifiestos del Comité Organizador Sinarquista, 12 de junio de 1937, en Pablo Serrano, *op. cit.*, p. 162.
[75] Jean Meyer, *El Sinarquismo, el cardenismo...*, *op. cit.*, p. 158.
[76] *Ibidem*, p. 159.

A fines de 1937 la UNS contaba con 5 000 miembros y en 1938, se encontraba en franco crecimiento.[77] Según Hugh G. Campbell, entre mayo de 1938 y mayo de 1939 triplicó su número de 10 000 a 30 000 y para el siguiente alcanzó 200 000. Héctor Hernández da una cifra de 300 000 y Jean Meyer de 310 365 militantes para una población nacional de 19 449 290 en 1940.[78] Se había convertido en un frente de oposición con gran fuerza nacional, regional y local; esto podía explicarse por el papel fundamental que desempeñó Salvador Abascal, el líder más importante de la UNS quien le dio fuerza, coraje, vitalidad y entusiasmo; bajo su mando las actividades fueron apasionadas, intensas y audaces.[79] Los mítines de protesta, las manifestaciones de proselitismo, las marchas, fueron medios para expresar el descontento del movimiento. A causa de los problemas de la reforma agraria, la falta de crédito y la voracidad de explotadores individuales que aumentaban la miseria campesina, se unieron miles de campesinos de los estados de Guanajuato, Querétaro, Michoacán, Jalisco, Guerrero y San Luis Potosí, además de obreros, clase media, comerciantes profesionistas, estudiantes. En reacción a la expansión de la UNS, las marchas casi siempre acababan en masacres.

En su programa dos cuestiones eran fundamentales: la defensa de la propiedad privada, y la oposición al ejido colectivo —que era considerado como la base de corrupción gubernamental— y a la educación socialista —que envenenaba la conciencia de los niños y eliminaba el derecho natural de los padres a educar a sus hijos. Desde principios de 1939 varios grupos de oposición buscaron establecer alianzas con la UNS, entre éstos, el Frente Constitucionalista Democrático Mexicano, el Partido Social

[77] En enero de 1938 apareció el boletín de la UNS, después la revista *Sinarquismo* que pasó a ser el periódico *El Sinarquista*.
[78] Hugo G. Campbell, *op. cit.*, p. 110; Héctor Hernández, *op. cit.*, p. 85; Jean Meyer presenta un cuadro estadístico de los efectivos sinarquistas por estados en relación con la población total del país, *El Sinarquismo, el cardenismo...*, *op. cit.*, p. 64.
[79] Héctor Hernández, *op. cit.*, p. 170.

Demócrata, Vanguardia Nacionalista Mexicana, los "Camisas Doradas"; en el fondo ninguno de éstos contaba con un respaldo popular como la UNS y el proyecto de alianzas fue rechazado, parecía que el sinarquismo quisiera constituirse en una organización monolítica y autónoma. Los generales Manuel Ávila Camacho y Juan Andreu Almazán buscaron el apoyo de la UNS durante la campaña presidencial sin lograrlo. La UNS estaba convencida de que habría fraude electoral, no era un partido político y se mantuvo en el terreno cívico social. Sin embargo, pocos meses antes de las elecciones, Manuel Zermeño, jefe nacional de la UNS, cambio su posición al respecto y llegó a un acuerdo secreto con Miguel Alemán, director de la campaña de Ávila Camacho, quien se comprometía a dar a los ejidatarios la propiedad de sus parcelas, a cambio de que la UNS se abstuviera de votar en las elecciones. La orden se observó indistintamente; "algunos comités reportaron que la mayoría de sus miembros habían cumplido [...] mientras que otros [...] habían votado por Almazán".[80]

El Partido Acción Nacional

En septiembre de 1939, en una junta del congreso supremo de "la Base" se tomó la decisión de fundar el Partido Acción Nacional (PAN) con el objetivo de crear una organización que se dedicara a la acción política de los católicos y de los empresarios norteños y que asegurara la representación de las fuerzas católicas en las elecciones de 1940.[81] La iniciativa se dio bajo la presión que la política cardenista ejerció sobre algunos grupos urbanos que sintieron amenazados sus intereses por los principios anticlericales

[80] *Ibidem*, p. 191.
[81] Véase Soledad Loaeza, *El Partido Acción Nacional: la larga marcha, 1939-1994: oposición leal y partido de protesta*, FCE, México, 1999; el primer capítulo de Carlos Arriola, *El miedo a gobernar, la verdadera historia del PAN*, Océano, México, 2008.

y la tendencia "socializante". Muchos de sus fundadores e integrantes habían participado en la campaña vasconcelista de 1929, otros venían de la Confederación Nacional de Estudiantes Católicos de México o de la Unión Nacional de Estudiantes Católicos (UNEC). En la Universidad Nacional Autónoma de México había profesores y alumnos inconformes con la posición del gobierno en materia religiosa y educativa, se oponían a la implantación de la educación socialista y apoyaban la defensa de la libertad de cátedra, liderada entonces por el rector Manuel Gómez Morin, quien había realizado recorridos por varios estados de la República exponiendo a los universitarios sus ideas sobre el asunto. Esas giras le permitieron hacer contactos que serían muy útiles en la primera organización territorial del Partido Acción Nacional.[82]

En su fundación participaron miembros de las clases medias urbanas conservadoras, empresarios, intelectuales, profesionistas católicos, y ex rectores de la Universidad Nacional como Manuel Gómez Morin, Fernando Ocaranza y Ezequiel A. Chávez, Agustín Aragón además de Carlos Septién García, Nemesio García Naranjo, Toribio Esquivel Obregón, Efraín González Luna, Miguel Estrada Iturbide, Rafael Preciado Hernández, Gustavo Molina Font, Luis Calderón Vega, entre otros. Gómez Morin, su líder, había participado en los gobiernos de Obregón y Calles, había sido asesor de la Secretaría de Hacienda, elaboró la Ley de Instituciones de Crédito y Establecimientos Bancarios, creó el Banco de México y organizó el Banco Nacional de Crédito Agrícola, su experiencia lo había puesto al servicio de varias empresas privadas. Había roto con el gobierno y se había involucrado en la experiencia vasconcelista en 1929.[83]

---

[82] Alonso Lujambio, *¿Democratización vía federalismo? El Partido Acción Nacional, 1939-2000: La historia de una estrategia difícil*, Fundación Rafael Preciado Hernández, México, 2006, p. 34.

[83] Véase sobre Manuel Gómez Morin a Enrique Krauze, *Caudillos culturales en la revolución mexicana*, Siglo XXI, México, 1976; Javier Garciadiego, *Cultura y política en el*

Los elementos que constituyeron el documento de sus principios de doctrina, fueron: nación, persona, Estado, orden, libertad, enseñanza, trabajo, iniciativa, propiedad, campo, economía,
municipio, derecho y política; dicha doctrina era similar a la de
la uns: defensa de la Iglesia, la educación religiosa y católica, tradición hispanista, nacionalismo y anticomunismo, y establecer
una democracia cristiana en todos los órdenes de la vida nacional.[84] Su programa y principios se basaban en la defensa del liberalismo económico; se oponían a la política social del régimen, al
prm, a los líderes sindicales y campesinos, al ejido, a la educación
socialista, a la rectoría del Estado en la economía. Sin embargo
entre el pan y la uns había diferencias notables; la base social del
primero era clase media y alta, y la de la uns era principalmente
popular. En un principio se pensó en una alianza, pero sus dirigentes no llegaron a ningún acuerdo para el proceso electoral.
Las relaciones entre ambas organizaciones nunca fueron buenas
pues se creía que los panistas querían aprovechar la fuerza de la
uns para organizar las actividades del partido. Salvador Abascal
se opuso a cualquier colaboración[85] ya que el sinarquismo era un
movimiento cívico y no un partido político.

Al interior del pan hubo dos posiciones ante las elecciones:
la de Gómez Morin y Efraín González Luna quienes sostenían la
abstención del Partido porque ello desvirtuaba su función. González Luna opinaba: "Acción Nacional no puede estar ligada a un
episodio electoral nunca [...] no puede fincar, no puede arriesgar,
mejor dicho, el tesoro inestimable de sus posibilidades de salvación futura de México, en el triste episodio inmediato, apre-

---

México posrevolucionario, cap. iii, inehrm, México, 2007, pp. 317-433; *Manuel Gómez
Morin, constructor de instituciones*, fce, México, 1997.
    [84] Vicente Fuentes Díaz, *Los partidos políticos en México, de Carranza a Ruiz Corti-
nes*, vol. II, s. e., México, 1956, p. 81.
    [85] Salvador Abascal, *Mis recuerdos: sinarquismo y colonia María Auxiliadora, 1935-
1944: con importantes documentos de los archivos nacionales de Washington*, Tradición,
México, 1980, pp. 161-166.

miante de la elección próxima". La otra, la de Aquiles Elorduy y Bernardo Ponce, en pro de la participación del partido sostenía que era una excelente oportunidad para adquirir fuerza al unirse al torrente rectificador de la política cardenista, según Ponce, era el momento para impedir que el cardenismo llevara a la "realización el comunismo, la socialización de todos los medios de producción, la negación de todas las libertades del hombre".[86]

La participación de Acción Nacional en la lucha electoral se decidió con el voto de la mayoría de los delegados provenientes de diferentes estados del país, y se apoyó la candidatura de Almazán, aunque con poco entusiasmo de los que no querían tomar parte en las elecciones; Gómez Morin opinaba años después en una entrevista: "éramos partidarios de Almazán; pero le dábamos solamente apoyo limitado. Él era la única alternativa para tener un candidato de oposición [...] había un deseo general de un cambio de gobierno; la mayoría creía que Almazán podía efectuar el cambio, nosotros nunca lo creímos".[87]

Otras organizaciones

Poco antes de 1938, se formaron distintas agrupaciones para hacer frente común contra el régimen cardenista: en 1937 la Confederación de la clase media, el Partido Antirreeleccionista Acción, la Vanguardia Nacionalista Mexicana, Acción Revolucionaria Mexicanista, las Juventudes Nacionalistas y el Partido Nacional Femenino, y en noviembre de 1938 se reorganizó el Partido Social Demócrata de Jorge Prieto Laurens, agrupando a varios sectores de la clase media de provincia; también el Frente Constitucional

[86] Carlos Arreola, *Ensayos sobre el PAN*, Porrúa, México, 1994, pp. 9-28.

[87] Manuel Gómez Morin, entrevista de Historia Oral con James y Edna Wilkie, México, 11 de diciembre de 1966, citado en Albert L. Michaels, "Las elecciones de 1940", *Historia mexicana*, vol. XXI, núm. 1 (1971), pp. 102-103.

Democrático Mexicano (FCDM), organizado por el diputado Bo-
lívar Sierra y el general Ramón F. Iturbe que reunía a pequeños
propietarios del Norte y algunos ex militares obregonistas.[88]

Las organizaciones ante la disputa preelectoral

Hacia fines de 1938 se había concretado la transformación del partido oficial de PNR a PRM, con una estructura corporativa: el sector
militar, el campesino (CCM), el obrero (CTM) y el popular (clase
media). Se creaba una organización de masas "tutelada" por el gobierno con un compromiso a largo plazo con el cambio radical. Esto
sucedió después de la expropiación petrolera con lo que se dieron
fuertes presiones, externas e internas, que provocaron que el régimen
cardenista frenara su avance y diera marcha atrás en las reformas.

En la convención nacional del partido, a realizarse el 1º de
noviembre del año siguiente se seleccionaría al candidato para
contender en 1940. La sucesión sería determinada por las organizaciones de masas creadas en estos años e incorporadas al partido oficial, sin embargo, el presidente Cárdenas no pudo impedir
las especulaciones y su decisión de no influir ni elegir a su sucesor creó una división al interior del gobierno entre los grupos de
izquierda y sus rivales de centro-derecha, que aceleró la campaña
presidencial. En noviembre de 1938, un buen grupo de legisladores y gobernadores[89] acordó evitar a toda costa que el general
Francisco J. Mújica, secretario de Comunicaciones y Transportes, amigo personal y consejero de Cárdenas, revolucionario distinguido y hombre de izquierda comprometido a extender más
las reformas radicales, fuera lanzado como candidato del PRM. El

---

[88] Ariel José Contreras, *México 1940: industrialización y crisis política*, Siglo XXI,
México, 1992, pp. 18-19.
[89] Entre éstos se encontraban Miguel Alemán, gobernador de Veracruz, Wenceslao
Labra, de México y Marte R. Gómez, de Tamaulipas, a iniciativa de Emilio Portes Gil.

Senado y la Cámara de Diputados constituyeron bloques de apoyo al secretario de Guerra, general Manuel Ávila Camacho,[90] también amigo personal de Cárdenas, con una trayectoria menos notable que la de Múgica, fama de moderado y con un apoyo sólido de los militares que en esos momentos resultaba fundamental. En el Senado de los 58 miembros, 42 apoyaban a Ávila Camacho; 10 esperaban el momento para lanzar al general Múgica, y 6 se mantenían sin definirse.[91] Al finalizar 1938 un grupo de diputados encabezado por Alfonso García decidió anunciar públicamente la formación del comité central Orientador Pro Ávila Camacho[92] y de ahí en adelante se formaron muchas organizaciones preelectorales en favor de Ávila Camacho.[93]

Para enero de 1939 la CTM y la CNC aún no se habían pronunciado por ningún candidato, lo que dio confianza a los simpatizantes de Múgica y el 20 de ese mismo mes lanzaron su precandidatura con un manifiesto en el que atacaban a los avilacamachistas de no hablar de programas sino de hombres; llamaban a la formación de un frente popular, dado que en el momento histórico que vivía el país el "ideal izquierdista puro" no podía presentarse como programa de gobierno, pero contemplaban la continuidad de la política agraria, la explotación colectiva de la tierra, la subordinación del interés privado al beneficio social, el apoyo a los derechos de los trabajadores y pugnaban porque aquellos actos esporádicos que pudieran presentarse de malos líderes fueran castigados; confiaban recibir el apoyo de las centrales obreras y campesinas.[94]

[90] Para conocer la trayectoria militar y política de Múgica y de Ávila Camacho véase el trabajo de Albert L. Michaels, *op. cit.*
[91] Ariel José Contreras, *op. cit.*, p. 29.
[92] *El Universal*, 30 de diciembre de 1938.
[93] Diferentes agrupaciones avilacamachistas impulsaron la formación de comités y asociaciones, lanzaron proclamas, enviaron adhesiones y llenaron los periódicos de inserciones pagadas para mostrar que tenían la fuerza para dirigir la campaña de su candidato.
[94] *El Universal*, 20 de enero de 1939. Los senadores que apoyaron el manifiesto fue-

A partir de este pronunciamiento comenzó la declinación de la izquierda oficial. Los dirigentes más destacados de la CNC, Graciano Sánchez y León García, expresaron sus simpatías por Ávila Camacho, y el 22 de febrero de 1939 el Consejo Nacional de la CTM declaró como precandidato del PRM a Ávila Camacho. Por otro lado, la administración cardenista buscaba una política de "unidad nacional" dada la coyuntura internacional; Cárdenas había apoyado a la República española contra el ascenso del fascismo evidente en el triunfo de Franco en España, había protestado contra las invasiones de Austria, Checoeslovaquia y Polonia, y requería un nuevo acercamiento con los Estados Unidos. Lombardo Toledano temía la posibilidad de un golpe de Estado y explicó más tarde su posición:

> En México necesitábamos un hombre que tuviera la autoridad para mantener unido al ejército, y que a la vez, tuviera vínculos con el pueblo; nuestro país necesitaba quedar perfectamente unido porque estaba cada vez más claro el estado crítico de la situación. Por esta razón, creímos que Manuel Ávila Camacho, como jefe supremo del ejército, tenía gran influencia sobre los generales, coroneles y demás oficiales militares; durante muchos años había sido amigo de Cárdenas; habían luchado uno al lado de otro desde su juventud.[95]

El partido comunista mexicano también se sumó a esta posición en aras de la "unidad a toda costa", ante las amenazas fascistas internas como externas. Además tenían otras razones para oponerse a Múgica, como haber propiciado el asilo de León Trotski y la propuesta para la creación de un frente popular fuera del partido. Los mugiquistas advirtieron del peligro de una contrarrevolución dentro de la falsa unión que proclamaba la CTM y

---

ron: Ernesto Soto Reyes, Alberto Salinas Carranza, Campos Viveros, Alejandro Góngora Gala, Carlos Soto Guevara, Ignacio L. Figueroa y seis legisladores más.

[95] Albert L. Michaels, *op. cit.*, pp. 96-97.

el PCM,[96] y tenían razón, el régimen de Ávila Camacho daría en los años siguientes un giro de noventa grados en relación con el proyecto reformista del cardenismo.

Otro factor decisivo en este proceso fue el ejército, uno de los cuatro sectores del partido, que guardaba resquemores respecto a la fuerza que había adquirido Lombardo y la CTM con su política de izquierda antimilitar, y su propuesta para que los obreros pudieran formar una milicia popular; temían que al armar a las milicias obreras, se disminuyera su poder. La mitad de los gobernadores eran militares y la mayor parte del ejército prefería a Ávila Camacho, era considerado un soldado y no un político.[97]

Dos días después que la CTM, la CNC realizó su convención, de los votos emitidos, 1 826 615 fueron para Ávila Camacho, 17 084 para Gildardo Magaña; 648 para Múgica; 151 para Rafael Sánchez Tapia; 3 para Juan Andreu Almazán; 3 para Lombardo Toledano.[98] Los mugiquistas no tenían posibilidades y el 13 de julio de 1939, Múgica renunció a su campaña. Es posible que Cárdenas hubiera preferido personalmente a Múgica; sin embargo, dirigentes de la CTM, gobernadores destacados y altos mandos del ejército se oponían a la continuidad de su proyecto.

Los callistas

Después del debate al interior del gobierno, el 8 de diciembre de 1938, se evidenció que el problema de la sucesión afectaba a otras fuerzas que estaban dispuestas a participar. El general Manuel Pérez Treviño, quien había sido presidente del primer comité ejecutivo del PNR en 1929, gobernador de Coahuila, precandidato a la presidencia de la República con Lázaro Cárdenas, y embajador

---

[96] Ariel José Contreras, *op. cit.*, p. 53.
[97] Albert L. Michaels, *op. cit.*, pp. 97-98.
[98] *Excélsior*, 25 de febrero de 1939.

en España y Chile, hizo un "llamamiento a la masa ciudadana";[99] declaraba que el PRM se había convertido en instrumento de ambiciones personalistas, que había olvidado la satisfacción de los derechos ciudadanos de las mayorías y no había logrado "cimentar y desenvolver una democracia orgánica"; e invitaba a la ciudadanía a unirse en un nuevo partido político en formación, el Partido Revolucionario Mexicano Anticomunista (PRMA).

De inmediato se produjeron reacciones en contra del callismo y los callistas, aun cuando Pérez Treviño había declarado no tener ligas con éstos, se decía que actuaba bajo la influencia de Plutarco Elías Calles, lo que de algún modo era cierto. En opinión del periódico *La Prensa*, "ni los católicos, ni los viejos revolucionarios, ni los mismos capitalistas mexicanos parecen tener simpatía alguna por el retorno callista".[100]

Estaban convencidos de que podían aprovechar el momento y volver por sus fueros, creían que era posible canalizar a su favor el descontento contra el régimen, máxime cuando ellos se habían opuesto a la política de Cárdenas.

El PRAC y el CRRN

El 30 de enero de 1939 se constituyó el Partido Revolucionario Anticomunista (PRAC).[101] Sus fundadores señalaban que la Constitución de 1917 había instituido como base de la organización política una forma de gobierno democrática, representativa y federal, y en el actual régimen, dichos principios se habían perdido, por lo tanto, rechazaban la aparición de doctrinas importadas

---

[99] Archivos Plutarco Elías Calles y Fernando Torreblanca-Archivo Joaquín Amaro. Hemeroteca, *El Universal*, 8 de diciembre de 1938. En adelante ACT-AJA.

[100] *La Prensa, Diario Popular Independiente*, 26 de diciembre de 1938.

[101] Una versión más completa sobre el PRAC está publicada: Martha Beatriz Loyo, "El Partido Revolucionario Anticomunista en las elecciones de 1940", *Estudios de historia moderna y contemporánea de México*, núm. 23 (2002), pp. 145-178.

que tendían a implantar una forma dictatorial, llámese "comunismo, nazismo o fascismo". El PRAC se presentaba como un partido democrático con un gobierno sin exclusión de grupos, ni predominio de determinada clase social sobre otra; independencia de los partidos estatales y municipales condenando el centralismo que era el vehículo de las imposiciones; respecto a la tenencia de la tierra criticaban la tendencia "comunista" como la colectivización del ejido y las afectaciones hechas a la pequeña propiedad, y planteaban el fraccionamiento de los ejidos para convertir a los ejidatarios en pequeños propietarios; garantías a la pequeña propiedad, y restaurar el juicio de amparo para proteger a los propietarios; mantener el equilibrio entre patrones y obreros, apoyo a las conquistas sindicales y depuración de los métodos sindicales. Acabar con la política oficial de agitación y demagogia, protección a la industria, garantías a los productores grandes o pequeños, combatir el monopolio, revisión del sistema fiscal, sujetar el gasto público a entradas fiscales sin recurrir al ilegal sobregiro del Banco de México, mejoramiento económico y cultural para el ejército, libertad de expresión y religiosa, desarrollo y difusión de la instrucción pública eliminando la orientación comunista. Estas declaraciones las firmaban: Manuel Pérez Treviño, Bernardo Gastélum, Melchor Ortega, Eduardo Vasconcelos, Pedro Cerisola, Agustín Riva Palacio, Bartolomé Vargas Lugo, Alberto Mascareñas, Luís Solórzano y 30 más.[102]

La estructura del partido era piramidal, y muy parecida a la del partido oficial;[103] la justificaban de momento porque tenían poco tiempo para organizarse, aunque la democracia era la máxi-

---

[102] ACT-AJA. Hemeroteca, *El Universal*, 30 y 31 de enero de 1939. El programa consta de tres capítulos y 26 puntos.

[103] A fines de 1928, el comité organizador del PNR lo integraban: Plutarco Elías Calles, Aarón Sáenz, Manuel Pérez Treviño, Basilio Vadillo, Bartolomé García Correa, Manlio Fabio Altamirano y David Orozco, y el primer Comité Ejecutivo, en marzo de 1929, lo integraron: Manuel Pérez Treviño, Luis L. León, Filiberto Gómez, Melchor Ortega y Gonzalo N. Santos.

ma aspiración. El lema era: anticomunismo, democracia y reconstrucción nacional.

El 17 de enero renunciaron a sus cargos los generales Manuel Ávila Camacho, secretario de la Defensa Nacional, Francisco J. Múgica, secretario de Comunicaciones y Obras Públicas y Rafael Sánchez Tapia, comandante de la primera zona militar,[104] para dedicarse a la actividad política, lo cual aceleraba la lucha política por la sucesión presidencial.

Calles pensaba que habría una gran división en las filas oficiales y que si Cárdenas era consecuente se inclinaría por Múgica, quien sería un fiel continuador de su obra de destrucción.[105]

Mediante una declaración, diversos partidos pequeños independientes se unieron al PRAC; señalaban que había que tomar posiciones en contra de la tendencia comunista que predicaba la sociedad sin clases y la abolición de la propiedad privada, y proponían la adhesión al Comité Organizador de la Convención Nacional Independiente; la firmaban por el Partido Social Demócrata, Jorge Prieto Laurens; por el Partido Nacionalista, coronel José A. Inclán, y por la Vanguardia Nacionalista Mexicana, licenciado Rubén Moreno.[106] También se une el Partido Antirreeleccionista "Acción" que en general compartía los postulados del PRAC.[107] Se pensaba que estas organizaciones se unificarían en una acción conjunta para respaldar a un candidato que se decidiría en una convención nacional.

A principios de febrero de 1939, se constituyó el Comité Revolucionario de Reconstrucción Nacional (CRRN) con el objeto de organizar a los partidos, agrupaciones o individuos dispuestos a luchar por una rectificación necesaria de la política cardenista.

---

[104] *El Universal*, 18 de enero de 1939.
[105] Archivo Plutarco Elías Calles-exilio, exp. 6, Amaro Joaquín, 19 de enero de 1939. En adelante APEC-exilio.
[106] ACT-AJA, Hemeroteca, *El Universal*, 12 de febrero de 1939.
[107] *El Universal*, 16 de febrero de 1939.

Lo integraban viejos revolucionarios olvidados por el gobierno: habían participado en rebeliones fracasadas, habían sido maderistas, zapatistas, carrancistas, delahuertistas, escobaristas; incluso, entre ellos, habían sido enemigos durante años. Lombardo Toledano los denominó los "cartuchos quemados", entre éstos se encontraban: el licenciado Gilberto Valenzuela, Emilio Madero, Juan C. Cabral, Marcelo Caraveo, Pablo González, Jacinto B. Treviño, Aquiles Elorduy, Carlos Roel y el Dr. Atl,[108] además de Antonio Díaz Soto y Gama, Ramón F. Iturbe, Roque González Garza, Francisco Coss, Alberto Vázquez del Mercado, Teófilo Olea y Leyva, Diego Arenas Guzmán, Antonio Caso Jr. y Cesar López de Lara.[109] Como comité perseguían la materialización de varios postulados:

El imperio efectivo de la Constitución de 1917 [...], la constitución de un gobierno de reconstrucción nacional que armonice debidamente los intereses legítimos y las justas aspiraciones de todas las clases sociales garantizando en forma efectiva y práctica los derechos del hombre, particularmente la propiedad privada con exclusión del latifundio [...] asegurar en forma definitiva a todos los ejidatarios del país el libre disfrute individual de sus parcelas [...] derogar la reforma del artículo 3º constitucional que impone una enseñanza dogmática y sectaria, sobre todo por la interpretación marxista que se le ha dado; combatir toda tendencia a implantar un régimen dictatorial ya sea de izquierda o de derecha, de un hombre o de una clase. En esta virtud se condena todo partido oficial o de Estado y toda mistificación de la soberanía popular como lo es en esencia, la llamada democracia de los trabajadores, sosteniendo la democracia integral que establece nuestra Carta Magna.[110]

[108] *El Universal*, 1º de febrero de 1930.
[109] Pedro Castro, *Soto y Gama: genio y figura*, UAM, México, 2002, p. 98.
[110] *Ibidem*, pp. 99-100.

Este grupo, aunque no abiertamente, había decidido apoyar al general Juan Andreu Almazán.

El candidato independiente: Juan Andreu Almazán[111]

También en esos días a mediados de febrero de 1939, se constituyó el Centro de Auscultación o Comité de Exploración para la candidatura del general Juan Andreu Almazán,[112] que era jefe de operaciones militares del estado de Nuevo León. Almazán le expresó a Cárdenas que numerosos amigos deseaban trabajar por su candidatura; dos meses después volvieron a verse, según Almazán, el presidente le dijo que

no tenía candidato a la presidencia y que estaba resuelto a ser el primer ex presidente de la República que viviera tranquilo en el país, por haber entregado el poder a quien el pueblo hubiera escogido libremente. Le contesté que [...] mi intención era, si comprobaba que tenía suficiente popularidad, ser candidato independiente que no pidiera al gobierno más que verdadero respeto a la ley y a la voluntad popular [...] y que en caso de triunfo [...] continuaría entusiastamente su obra en cuanto tuviera de benéfica para

[111] A la fecha, Almazán espera una buena biografía y sobre la campaña almazanista no hay un trabajo equilibrado y con rigor. Sin embargo en el AGN en la Dirección General de Investigaciones Políticas y Sociales, se encuentra información muy abundante sobre las campañas presidenciales, especialmente la de Almazán en todos los estados de la República.

[112] Véase Juan Andreu Almazán, *Memorias del Gral. J. Andreu Almazán. Informe y documentos sobre la campaña política de 1940*, E. Quintana impresor, México, 1941; *Memorias del Gral. J Andreu Almazan. Informe y documentos sobre la campaña política de 1940*, Ediciones de El Hombre Libre, México, 1941 (versión prologada y seleccionada por Diego Arenas Guzmán); Bernardino Mena Brito, *El PRUN, Almazán y el desastre final*, Botas, México, 1941; Luis Ángel Domínguez Brito, *El almazanismo*, tesis de licenciatura, UAM, 1979; Mario Ramírez Rancaño, "Juan Andreu Almazán, de militar a empresario", en Carlos Martínez Assad, *Revolucionarios fueron todos*, FCE, México, 1982.

las clases desheredadas [...] que ya era tiempo de que hubiera elecciones verdaderas, que fuera una función cívica el voto y no una tragedia.[113]

Almazán se había propuesto como candidato independiente; sabía del pacto de los gobernadores a favor del general Manuel Ávila Camacho, pero no era hostil al gobierno ni hacia Cárdenas en lo personal, incluso en abril Luis I. Rodríguez y en junio Silvestre Guerrero le habían sugerido que su candidatura figurara dentro del PRM.[114]

Almazán era originario de Guerrero y al inicio de la Revolución estudiaba medicina; había sido zapatista, maderista, huertista, felicista; el grado de general brigadier se lo expidió Victoriano Huerta, a quien se unió después de la muerte de Madero. Apoyó a Félix Díaz (muchos de los ataques a su candidatura fueron sus vínculos con el huertismo y el felicismo) y a su derrota salió al exilio en 1916. A su regreso se opuso a Carranza, se sumó a la rebelión de Agua Prieta y se incorporó al ejército nacional. Fue jefe militar en diferentes zonas del país. Su estancia de varios años como jefe de la zona militar de Nuevo León le permitió establecer relaciones con los pequeños y grandes industriales y comerciantes de Monterrey, en 1927 organizó la compañía constructora Anáhuac, de la que fue director e inició su fortuna, pues el gobierno federal le otorgó el contrato para las carreteras Laredo-México y Matamoros-Mazatlán; gran parte de sus ganancias las invirtió en la compra de terrenos en la capital y en las principales ciudades del país y se volvió un poderoso terrateniente urbano; durante el periodo del presidente Pascual Ortiz Rubio, en 1931 se desempeñó como secretario de Comunicaciones, fue entonces que obtuvo el contrato para la construcción de la carrete-

[113] Juan Andreu Almazán, *op. cit.*, p. 22.
[114] *Ibidem*, pp. 22-24.

ra Panamericana; era uno de los hombres más ricos de México.[115] Pero su prestigio entre el ejército y ciertos sectores de la clase media y alta se debió a la construcción del campo militar de Monterrey, que contó con buenas instalaciones para los soldados y sus familias.

El Comité de Exploración para la candidatura de Andreu fue organizado por el licenciado Eduardo Neri,[116] y buscaba extender las adhesiones en toda la República, sobre todo en el norte donde hacía tiempo le habían pedido que fuera candidato. El comité agrupaba a clases medias y antiguos revolucionarios de distintas corrientes, periodistas y artistas, como Salvador Azuela y Diego Rivera.

A diferencia de la campaña de Vasconcelos en 1929, ahora la clase media contaba con un aliado económicamente poderoso que buscaba participar y dar un cambio al sistema político: los empresarios de Monterrey agrupados alrededor de la Fundidora de Fierro y Acero dieron su apoyo en esta primera alianza a la candidatura de Almazán.[117] Las organizaciones que se encontraban fuera el poder político, comenzaron a ver en Almazán el candidato idóneo para llevar a cabo el programa de rectificaciones.

El manifiesto de Joaquín Amaro

El 7 de marzo, después de haber obtenido su licencia para actuar en política, y solicitar su ingreso al PRAC, el general Joaquín Amaro publicó un manifiesto con la más dura crítica al gobierno cardenista en el que condenaba las tendencias comunistas y fascistas del régimen, el ataque a la pequeña propiedad rural, el co-

[115] Véase Enrique Lumen, *Almazán: vida de un caudillo y metabolismo de una revolución*, Claridad, México, 1940.
[116] *Excélsior*, 28 de febrero de 1939.
[117] Ariel José Contreras, *op. cit.*, p. 104.

lectivismo en la explotación de la tierra como una forma de esclavitud con un patrón todopoderoso; asimismo rechazaba la política obrerista para el beneficio exclusivo de los líderes, el nepotismo y el favoritismo, y exigía poner un alto a las tendencias inflacionarias y respetar los fondos del banco de México. Concluía:

> condeno con toda energía el abuso que se ha hecho de la facultad gubernamental de expropiar, la cual se ha empleado en muchos casos sólo para satisfacer vanidades personales, sin beneficio para nadie y sin que esa acción responda a exigencias graves de interés público; y es más, juzgo que es antipatriótico crearle al país compromisos de carácter internacional a sabiendas de que no estamos financieramente capacitados para cumplirlos con grave peligro de la soberanía de la patria.[118]

Para Amaro la verdadera lucha era entre dos tendencias: continuismo del actual régimen o rectificación de los procedimientos del gobierno.

Al día siguiente, la reacción de la burocracia oficial se manifestó en una avalancha de declaraciones en su contra, como la de Múgica:

> [Amaro] nunca ha sido político y efectivamente, no ha sido político, no es político y no podrá serlo nunca, como lo prueban las contradicciones flagrantes contenidas en dicho documento que es, fundamentalmente, constancia viva de que no han bastado sus buenas intenciones de autodidacta, ya que el señor general Amaro continúa padeciendo una deplorable confusión teórica, por no decir ignorancia de nuestros problemas nacionales [...] nos ha dado muestras del móvil de su acción cuando, incongruentemente se

---

[118] APEC-exilio, exp. 6, Amaro Joaquín, 7 de marzo de 1939. *Excélsior* y *El Universal*, 8 de marzo de 1939.

dirige a la república declarando no tener ligas ni compromisos y envía simultáneamente su adhesión al partido donde se refugian los residuos del callismo.[119]

El centro pro-Ávila Camacho lo calificó como una válvula de escape del callismo al que consideraba como un cadáver.[120] La CTM opinó:

la voz del general Amaro es la voz de la reacción que quiere rectificaciones y, más todavía, la desaparición de todo movimiento progresista y revolucionario en nuestro país. Esta voz está ligada a la obra subversiva y de conspiración que desarrollan las fuerzas enemigas de la revolución [...] nos tiene sin cuidado el manifiesto rebelde del general Amaro, pues lleva una intención semejante en sus líneas a la que se embarcó en su aventura el general Cedillo.[121]

Sánchez Tapia declaró: "Amaro es el menos indicado para lanzar cargos al gobierno, pensar en Amaro es retrotraerse a la época cavernaria, pues no hay que olvidar que se trata nada menos que, del individuo que [...] es el verdadero responsable de los asesinatos de Huitzilac".[122] El senador Cándido Aguilar señaló que era el hombre menos indicado para combatir un gobierno como el del general Cárdenas, que no se ha manchado las manos con oro ni con sangre.[123]

La CNC, por su parte, comentó que Amaro no

tenía autoridad moral para discutir los problemas de carácter social y económico del pueblo de México. No tiene esa autoridad [...] por-

[119] *El Universal*, 9 de marzo de 1939.
[120] *Idem.*
[121] *El Universal*, de 9 marzo de 1939.
[122] *Excélsior*, 9 de marzo de 1939.
[123] *El Universal*, 10 de marzo de 1939.

que si jamás los entendió menos pudo analizarlos un hombre pri-
mitivo como él, que todavía en los últimos años llevaba prendida
en la oreja la huella del canibalismo, no tiene derecho a criticar una
obra que no entiende.[124]

En ese tenor continuaron las declaraciones del PRM, el bloque de la Cámara de Senadores, el frente único del Poder Legislativo, el sindicato de petroleros, la sociedad agronómica mexicana, la sección juvenil del PRM, entre otras. Cárdenas recibió
enormes cantidades de telegramas de adhesión, de la Legión de
veteranos de la Revolución, el Partido Unificador Juventud Mexicana, Sindicato Industrial de Trabajadores Mineros y Metalúrgicos de la República Mexicana, Comunistas de Campeche, comunidades agrarias de Colima, Frente único pro-derechos de la
mujer en Mérida, etc., etc., y de repudio a Amaro, tildándolo de
antipatriótico, traidor y reaccionario.[125]

La reacción contra Amaro fue encarnizada, el día 10 el procurador de justicia militar afirmó que éste carecía de derechos
ciudadanos por estar sujeto a una investigación criminal por el
caso de Huitzilac,[126] y el bloque de la Cámara de Diputados pidió
que se le diera de baja por considerársele indigno de pertenecer
al ejército.[127] Se formó una comisión para tratar el asunto con el
presidente, después apareció en la prensa una declaración: "auto-
máticamente causó baja del ejército Nacional, él mismo dictó su
propia sentencia al atacar intempestivamente, y sin justicia a las
instituciones".[128] Amaro gozaba de licencia para dedicarse a asun-

---

[124] *Excélsior*, 9 de marzo de 1939.
[125] Se encuentra una gran cantidad de telegramas en contra de Amaro y de adhesión a
Cárdenas en el Archivo General de la Nación, Fondo Lázaro Cárdenas, exp. 133.2/53 y el
Archivo Histórico de la Secretaría de la Defensa, AHSDN, Amaro, Joaquín. Exp. XI/
III/I-593, t. 6.
[126] *Excélsior*, 11 de marzo de 1939.
[127] *El Universal*, 11 de marzo de 1939.
[128] *Idem*.

tos políticos y con tiempo indefinido.[129] Y aunque se le podía expulsar, esto no ocurrió.

El PRAC por supuesto rechazó las afirmaciones de que se podía dar de baja del ejército a Amaro, ya que sólo los tribunales podían juzgar las opiniones de los ciudadanos,[130] el Partido Nacionalista felicitó a Amaro por sus valientes declaraciones que ningún jefe de la oposición había hecho y señalaba que las protestas públicas no tenían validez por provenir de los sectores burocráticos,[131] el Partido Social Demócrata de Prieto Laurens declaró que el manifiesto era viril, sereno y patriótico.[132] En *El Hombre Libre*, un diario de oposición, se advertía que quienes contendieran fuera de las filas del gobierno recibirían un trato semejante al de Amaro: serían tratados como rebeldes "cualquiera que se oponga a la candidatura de Ávila Camacho".[133]

Calles, en su exilio en San Diego, creía que la acometida contra Amaro le otorgaría mayor relieve y más simpatías,[134] sin embargo, y contrario a lo que opinaba Calles, el manifiesto le restó fuerza; había dañado sus posibilidades de lograr la unificación de la oposición en torno a su candidatura no sólo por la virulencia de la respuesta sino por la verdad que contenían las acusaciones sobre su despotismo y sus vínculos con lo que quedaba del callismo. Amaro, sin proponérselo, le estaba haciendo un gran favor a Almazán, por haber sido el primero en declarar abiertamente la necesidad de las rectificaciones del cardenismo, punto clave en el programa de la oposición, pero más que nada porque le permitía a Almazán ubicarse en una posición menos radical y extrema, más conciliadora, lo que daba lugar a una adhesión cada vez mayor a su candidatura "ni a la derecha ni a la izquierda".

[129] AHSDN-Amaro Joaquín, exp. T. 1V, f. 972, 30 de marzo de 1939.
[130] ACT-AJA. Hemeroteca, 29 de marzo de 1939.
[131] *El Universal*, 11 de marzo de 1939.
[132] *Excélsior*, 10 de marzo de 1939.
[133] *El Hombre Libre*, 13 de marzo de 1939.
[134] APEC-exilio, exp. 62, Elías Calles Chacón Rodolfo, 18 de marzo de 1939.

En adelante se dio un reacomodo de las fuerzas de la oposición para organizarse y varios intentos en la unificación, sin embargo, el CRRN que no tenía el propósito de fusionarse con ninguna organización política, ya que las fuerzas que lo agrupaban eran diversas, se conformaba como un grupo coordinador de los postulados del comité y no como partido político, manteniendo cada organización su autonomía.[135]

El 15 de abril de 1939, causando revuelo, el general Juan Andreu Almazán declaró que oportunamente solicitaría su licencia del ejército para dedicarse a actividades políticas, lo que generó enormes expectativas en las agrupaciones independientes, con miras a la unificación con un programa revolucionario alejado de extremismos.[136] El 16 de junio, después de varias muestras de adhesión, entre otras, de ferrocarrileros, obreros y campesinos del estado de Puebla, y de la confederación de la clase media dirigida por Enrique Sáenz de Sicilia, Almazán solicitó licencia para separarse del servicio activo en el ejército. Esperaba ser nominado candidato oficial.

A pesar del duro golpe al PRAC, sus dirigentes creían que el haber definido claramente su posición, les traería mayores adhesiones. A principios de junio, Amaro fue designado secretario general del partido y se inició la organización a nivel regional y local. Esperaban obtener fondos de los grandes capitalistas, los sectores populares, la clase media, los pequeños comerciantes e industriales.

El partido continuó su campaña insistiendo en sus postulados y en su programa sin designar a su candidato, lo que generaba desorientación en los centros políticos regionales, como en el caso de las agrupaciones independientes del estado de Jalisco que hicieron pública su decisión de apoyar a Amaro, quien contestó que no podía aceptar esa candidatura mientras no se lograra la

---

[135] *Excélsior*, 28 de marzo de 1939.
[136] *Excélsior*, 15 de abril de 1939.

nificación en una Asamblea Nacional de Partidos Independientes y fuera designado.[137]

A mediados de junio el CRRN estableció su plan de gobierno señalando lucha contra la impunidad, responsabilidad de los servidores públicos, armonía entre la libertad y el orden, reformas del sistema electoral para sustituir el de mayorías numéricas por representación proporcional de funciones, gremios o fuerzas sociales y económicas, implantación verdadera de justicia, libertad de culto y de expresión, libertad de enseñanza, trabajo y comercio y respeto a los derechos cívicos y respeto y consideraciones recíprocas en las relaciones internacionales.[138]

Alianza fallida: Amaro-Almazán

En abril, Manuel Pérez Treviño y Amaro se habían trasladado a Monterrey para hablar con Almazán,[139] pues vieron la posibilidad de aliarse en un programa conjunto que pudiera aglutinar a la oposición. Independientemente de sus diferencias, que las había desde que Amaro había sido secretario de Guerra, y sus posiciones políticas, que se habían definido en el enfrentamiento de Cárdenas y Calles, coincidían en puntos de vista políticos y sociales conservadores, lo que estimulaba la tentativa unión de las campañas. En junio, Amaro preparó un proyecto con 13 puntos donde se hacía hincapié en las coincidencias de objetivos, aunque retomaba en gran medida su propio manifiesto, sin tomar en cuenta las preferencias personales de los grupos con los que es-

---

[137] APEC-exilio, exp. 155, PRAC, 8 de noviembre de 1939. ACT-AJA, exp. El PRAC de Jalisco, noviembre de 1939 y exp. Amaro Domínguez Joaquín, Discursos, 15 de noviembre de 1939.

[138] *Excélsior*, 14 de junio de 1938.

[139] Véase Aaron W. Navarro, "La fusión fracasada: Almazán y Amaro en la campaña presidencial de 1940", México, *Boletín Fideicomiso Archivos Plutarco Elías Calles y Fernando Torreblanca*, núm. 49 (2005).

taban ligados, para crear una Confederación de Partidos i
pendientes que convocara a una convención nacional.[140] N\
dio ninguna alianza, la posición de Almazán era más cautelo,
menos beligerante, y aun cuando los dos estaban en el terreno ̱
la oposición, representaban intereses políticos distintos.

Un mes después, el 28 de julio, Almazán hizo público su manifiesto dirigido al pueblo de México; con respecto al campo, señalaba que los ejidatarios eran quienes debían depurar los censos
agrarios para que los verdaderos campesinos obtuvieran la ampliación de sus parcelas; que había que dar títulos para asegurar
el patrimonio parcelario, y que las cooperativas agrícolas deberían ser ajenas a toda centralización burocrática; hacer cumplir el
estricto respeto de la ley para gobernados y gobernantes; y, finalmente, se pronunciaba contra dos grupos: "el de los enemigos
sistemáticos de la Revolución mexicana que quisieran utilizarme
para crear una situación de retroceso, que les devolviera privilegios definitivamente abolidos; el de los sostenedores de la imposición más grosera que se pretende realizar en México".[141]

Al definir su posición política con respecto al manifiesto de
Almazán, el PRAC se había puesto "el saco" e interpretó que Almazán se refería a ellos como el grupo que buscaba recuperar
privilegios "definitivamente abolidos". Si bien tenían un objetivo
común, luchar contra el candidato oficial, desde este momento
se mostraban las diferencias entre los grupos que apoyaban a Almazán y al PRAC; los primeros querían llegar al poder y los se-
gundos querían recuperarlo.

El comité directivo del PRAC buscaba atraer a las clases medias —bajo la hegemonía del CRRN— que cada vez más se incli-
naban hacia la candidatura de Almazán. Aun cuando los partidos
políticos independientes esperaban celebrar una convención para
escoger a su candidato, las posibilidades de unificarse eran cada

---

[140] ACT-AJA, exp. Proyecto de Amaro para unificación con Almazán, junio de 1939.
[141] *Hoy*, 5 de agosto de 1939.

sajes, discursos, declaraciones, entrevistas y otros documentos, 1941-1970, Siglo XXI, México, 1979.

Carleton Millan, Verna, *Mexico Reborn*, Houghton Mifflin, Boston, 1939.

Carr, Barry, *Marxism and Communism in Twentieth Century Mexico*, Nebraska University Press, Lincoln y Londres, 2002.

Carrillo Marcor, Alejandro, *Apuntes y testimonios*, El Nacional, México, 1980.

Casasola, Agustín, *Historia gráfica de la Revolución Mexicana, 1900-1960*, 4 t., Trillas, México, 1960.

Castro, Pedro, *Soto y Gama: genio y figura*, UAM, México, 2002.

Cedillo, Juan Alberto, *Los nazis en México*, Debate, México, 2007.

Chassen, Francie R., *Lombardo Toledano y el movimiento obrero mexicano (1917/1940)*, Extemporáneos, México, 1977.

Chavarri Matamoros, Amado, *El verdadero Calles. Jefe de la Revolución mexicana y hoy el hombre fuerte por antonomasia*, Patria, México, 1933.

Cifuentes, Bárbara, *Letras sobre voces. Multilingüismo a través de la historia*, CIESAS, México, 1998.

———, y José Luis Moctezuma, "Un acercamiento al multilingüismo en México a través de los censos", en Martha Islas (coord.), *Entre las lenguas indígenas, la sociolingüística y el español. Estudios en homenaje a Yolanda Lastra*, El Colegio de Jalisco (en prensa).

Comas, Juan, "Algunos datos para la historia del indigenismo en México", *América Indígena*, vol. VIII, núm. 8 (julio de 1948), pp. 181-218.

———, *La antropología social aplicada en México, trayectoria y antología*, vol. III, México, 1976 (Serie Antropología Social, núm. 16).

Constitución de la Confederación de Trabajadores de México en el Cincuentenario de su formación, INEHRM/Segob, México, 1986.

Contreras, Ariel José, *México 1940, industrialización y crisis política*, Siglo XXI, México, 1992.

Córdova, Arnaldo, *La política de masas del cardenismo*, Era, México, 1974 y 1976 (Serie Popular Era, núm. 26).

Córdova, Arnaldo, *La ideología de la Revolución Mexicana. La formación del nuevo régimen*, Era, México, 1981.

——, *La revolución en crisis. La aventura del maximato*, Cal y Arena, México, 1995.

Correa, Eduardo J., *El balance del cardenismo*, Talleres Linotipográficos Acción, México, 1941.

Cosío Villegas, Daniel, *La sucesión presidencial*, Joaquín Mortiz, México, 1975.

Cronon, David E., *Josephus Daniels in Mexico*, University of Wisconsin Press, Madison, 1960.

CTM, *1936-1941*, Talleres Linotipográficos Modelo, México, 1941.

Daniels, Josephus, *Diplomático en mangas de camisa. Embajador de los Estados Unidos en México de 1933-1942*, Duhart M. (trad.), Talleres Gráficos de la Nación, México, 1949.

Dulles, John W. F., *Ayer en México. Una crónica de la revolución (1919-1936)*, Julio Zapata (trad.), FCE, México, 1997 y 2000 [1961].

Durán Juárez, Juan M., y Alain Bustin, *Revolución agrícola en Tierra Caliente de Michoacán*, Colmich, Zamora, Michoacán, 1983.

El ejército y la fuerza aérea mexicanos, 2 vols., Secretaría de la Defensa Nacional, México, 1979.

Enríquez Perea, Alberto, "Bajo la leal bandera de México", en Archivo Virtual México-España/Centro de Estudios Literarios, UNAM, México, en página web: http://www.geocities.com/perea28/pres/estudios.html.

Escárcega, Everardo, "El principio de la reforma agraria", en *Historia de la cuestión agraria mexicana*, t. 5, *El cardenismo: un parteaguas histórico en el proceso agrario nacional 1934-1940* (primera parte), Siglo XXI/Centro de Estudios Históricos del Agrarismo en México, México, 1990, pp. 39-423.

Escobar, Saúl, "El cardenismo más allá del reparto: acciones y resultados", en *Historia de la cuestión agraria mexicana*, t. 5, *El cardenismo: un parteaguas histórico en el proceso agrario nacional 1934-1940* (segunda parte), Siglo XXI/Centro de Estudios Históricos del Agrarismo en México, México, 1990, pp. 423-482.

Escobar, Saúl, "La ruptura cardenista", en *Historia de la cuestión agraria mexicana*, t. 5, *El cardenismo: un parteaguas histórico en el proceso agrario nacional 1934-1940* (primera parte), Siglo XXI/Centro de Estudios Históricos del Agrarismo en México, México, 1990, pp. 9-38.

Espíndola Mata, Juan, *El hombre que lo podía todo, todo, todo. Ensayos sobre el mito presidencial en México*, Colmex, México, 2004.

Fabela, Isidro, *Cartas al presidente Cárdenas*, Altamira, México, 1947.

————, *La política internacional del presidente Cárdenas. Antecedentes histórico-jurídicos de la expropiación petrolera. Intervenciones diplomáticas*, Jus, México, 1975.

Falcón, Romana, *Revolución y caciquismo, San Luis Potosí, 1910-1938*, Colmex, México, 1984.

Fernández Bravo, Álvaro (comp.), *La invención de la nación, lecturas de la identidad de Herder a Homi Bhabha*, Manantial, Buenos Aires, 2000.

Florescano, Enrique (coord.), *El patrimonio nacional de México*, Conaculta/FCE, México, 1997.

———— (coord.), "El relato histórico acuñado por el Estado posrevolucionario", en *Historia de las historias de la nación mexicana*, Taurus, México, 2002, pp. 337-423.

Foix, Pere, *Cárdenas*, Trillas, México, 1947.

————, *Cárdenas. Su actuación, su país*, Fronda, México, 1947.

Freeman, Joseph, Luis Chávez Orozco y Enrique Gutmann, *Lázaro Cárdenas visto por 3 hombres*, Masas, México, 1937.

Friedrich, Paul, *The Princes of Naranja*, Texas University Press, Austin, 1986.

Fuentes Díaz, Vicente, *Los partidos políticos en México*, t. II, *De Carranza a Ruiz Cortines*, s. e., México, 1956.

Fujigaki Cruz, Esperanza, *La agricultura, siglos XVI al XX*, UNAM/Océano, México, 2004 (Historia Económica de México, 9).

Gall, Olivia, *Trotski en México y la vida política en el periodo de Cárdenas, 1937-1940*, Era, México, 1991.

Gall, Olivia, "Cardenismo y democracia: los hombres, las ideas, las leyes, las posibilidades, los límites", en Marcos Tonatiuh Águila M. y Alberto Enríquez Perea (coords.), *Perspectivas sobre el cardenismo. Ensayos sobre economía, trabajo, política y cultura en los años treinta*, UAM-A, México, 1996, pp. 227-262.

Gamio, Manuel, *Forjando patria*, Porrúa, México, 1960.

García Cantú, Gastón, "Significación del cardenismo", *Problemas agrícolas e industriales de México*, vol. VII, núm. 3 (1955).

———, *El pensamiento de la reacción mexicana*, Empresas Editoriales, México, 1965.

———, "El país al que aspiró Lázaro Cárdenas", en *Acción y pensamiento vivos de Lázaro Cárdenas*, Federación Editorial Mexicana, México, 1973.

———, *Vicente Lombardo Toledano y la Revolución mexicana, 1921-1967*, t. I, INEHRM, México, 1988.

———, *Idea de México: Contrarrevolución*, vol. VII, FCE, México, 2003.

García Téllez, Ignacio, *Socialización de la cultura*, La Impresora, México, 1935.

Garciadiego, Javier, "La oposición conservadora y de las clases medias al cardenismo", *Istor*, año VI, núm. 25 (2006), pp. 30-49.

———, *Cultura y política en el México posrevolucionario*, cap. III, INEHRM, México, 2007.

Garrido, Luis Javier, *El partido de la revolución institucionalizada. La formación del nuevo Estado en México (1928-1945)*, Siglo XXI, México, 1982.

Gilly, Adolfo, *El cardenismo, una utopía mexicana*, Cal y Arena, México, 1994.

Glantz, Susana, *El ejido colectivo de Nueva Italia*, INAH, México, 1974.

Gledhill, John, *Casi Nada. A Study of Agrarian Reform in the Homeland of Cardenismo*, University of Texas Press, Austin, 1991.

Gojman de Backal, Alicia, *Camisas, escudos y desfiles militares. Los Dorados y el antisemitismo en México (1934-1940)*, FCE/UNAM, México, 2000.

Gómez, Marte R., *Vida política contemporánea. Cartas de Marte R. Gómez*, t. I, FCE, México, 1994 [1978].

Gómez Jara, Francisco A., *El movimiento campesino en México*, Secretaría de la Reforma Agraria/Centro de Estudios Históricos del Agrarismo en México, México, 1981.

Gómez Mont, María Teresa, *Manuel Gómez Morin, 1915-1939. La raíz y la simiente de un proyecto nacional*, FCE, México, 2008.

Gómez Morin, Manuel, *Constructor de instituciones*, FCE, México, 1997.

González Casanova, Pablo, *El Estado y los partidos políticos en México*, Era, México, 1983.

González del Rivero, Leticia E., *Disidencia, Estados Unidos y las elecciones de 1940*, tesis de maestría, UIM, 1994.

González Ibarra, Juan de Dios, *Interpretaciones del cardenismo*, Difusión Cultural, UAM, México, 1988.

———, *La circunstancia franquista y el florecimiento español en México*, UAEM/Fontamara, México, 2006.

González Marín, Silvia, *Prensa y poder político. La elección presidencial de 1940 en la prensa mexicana*, Siglo XXI/UNAM, México, 2006.

González Navarro, Moisés, *La Confederación Nacional Campesina. Un grupo de presión en la reforma agraria mexicana*, UNAM, México, 1977.

González y Contreras, G., *Cárdenas, un hombre de la Revolución*, Talleres de F. Verdugo, La Habana, Cuba, 1934.

González y González, Luis, *Los artífices del cardenismo*, vol. 14, *Historia de la Revolución Mexicana 1934-1940*, Colmex, México, 1981.

———, *Los días del presidente Cárdenas*, vol. 15, *Historia de la Revolución Mexicana 1934-1940*, Colmex, México, 1981 y 1988.

Goodspeed, Stephen, "El papel del Jefe del Ejecutivo en México", *Problemas Agrícolas e Industriales de México*, vol. VII, núm. 1 (enero-marzo de 1955), pp. 13-208.

Granados, Otto, *Las organizaciones campesinas*, Océano, México, 1988.

Guillén, Diana, "Intereses políticos *versus* intereses económicos: el

Congreso de los Estados Unidos de América y la expropiación petrolera en México, 1938-1942", en Ana Rosa Suárez Argüello (coord.), *Pragmatismo y principios. La relación conflictiva entre México y Estados Unidos, 1810-1942*, Instituto Mora, México, 1998.

Guillén, Fedro, *Fabela y su tiempo. España, Cárdenas y Roosevelt*, UNAM, México, 1989.

Gutelman, Michel, *Capitalismo y reforma agraria en México*, Era, México, 1974 (Col. Problemas de México).

Gutiérrez, Citlalli, *Jaime Torres Bodet: escritor y diplomático. Su función como secretario de Relaciones Exteriores. Conferencias de Quintandiha y Bogotá*, tesis de licenciatura, UNAM, México, 2004.

Haber, Stephen H., *Industry and Underdevelopment. The Industrialization of Mexico, 1890-1940*, Stanford University Press, Stanford, 1989.

———, "El derrumbamiento, 1926-1932", en Enrique Cárdenas (comp.), *Historia económica de México*, FCE, México, 1994, pp. 34-57 (Lecturas de El Trimestre Económico, 64, vol. V).

Hamilton, Nora, *México: Los límites de la autonomía del Estado*, Era, México, 1983 (Col. Problemas de México).

Hartch, Todd, *Missionaries of the State, The Summer Institute of Linguistics, State Formation, and Indigenous Mexico, 1935-1985*, University of Alabama Press, Tuscaloosa, 2006.

Heath, Shirley Brice, *La política del lenguaje en México: de la Colonia a la Nación*, INI, México, 1977, pp. 127-184 (Col. INI, núm. 13).

Hernández, Luis, y Pilar López, "Campesinos y poder: 1934-1940", en *Historia de la cuestión agraria mexicana*, t. 5, *El cardenismo: un parteaguas histórico en el proceso agrario nacional 1934-1940* (segunda parte), Siglo XXI/Centro de Estudios Históricos del Agrarismo en México, México, 1990, pp. 483-571.

Hernández, Manuel Diego, *La Confederación Revolucionaria Michoacana del Trabajo*, Centro de Estudios de la Revolución Mexicana Lázaro Cárdenas, Jiquilpan de Juárez, Michoacán, 1982.

Hernández Chávez, Alicia, *La mecánica cardenista*, Colmex, México, 1979 (Historia de la Revolución Mexicana, 1934-1940, núm. 16).

Hernández Chávez, Alicia, "La parábola del presidencialismo mexicano", en Alicia Hernández (coord.), *Presidencialismo y sistema político. México y los Estados Unidos*, FCE/Colmex, México, 1994, pp. 17-39.

————, "Mexican Presidentialism: A Historical and Institutional Overview", *Mexican Studies/Estudios Mexicanos*, vol. 10, núm. 1 (enero de 1994), pp. 217-225.

Hernández Enríquez, Abel Gustavo, y Armando Rojas Trujillo, *Manuel Ávila Camacho. Biografía de un revolucionario con historia*, 2 vols., Gobierno del Estado de Puebla, México, 1986.

Hernández García de León, Héctor, *Historia política del sinarquismo*, UIM/Porrúa, México, 2004.

Higham, Charles, *Trading with the Enemy. The Nazi-American Money Plot 1933-1949*, Barnes & Noble, Nueva York, 1995.

Hinojosa Ortiz, Manuel, "Cárdenas y la Reforma Agraria", en *Acción y pensamiento vivos de Lázaro Cárdenas*, Conferencias al cumplirse un año de su muerte en la Sociedad Mexicana de Geografía y Estadística, Federación Editorial Mexicana, México, 1973, pp. 33-67.

Historia Documental del Partido de la Revolución, vol. 3, PNR-PRM, *1934-1938*, Instituto de Capacitación Política, México, 1981.

Ianni, Octavio, *El Estado capitalista en la época de Cárdenas*, Era, México, 1983 (Serie Popular Era, núm. 51).

INI 30 años después, revisión crítica, México indígena, órgano de difusión del INI, México, 1978 (número especial de aniversario).

Iturriaga de la Fuente, José, *Anecdotario de viajeros en México*, t. II, FCE, México, 1993 [1989].

Jiménez, Arturo, "Rinden homenaje al diplomático Gilberto Bosques en el Museo del Holocausto", *La Jornada* (8 de julio 2007), en página web: http://www.jornada.unam.mx/2007/07/08/index.php?section=cultura&article=a06n1cul (consultado el 5 de agosto de 2008).

Juárez González, Leticia, *La organización empresarial en México du-*

rante el cardenismo: implicaciones internas e internacionales, tesis de licenciatura, UNAM, 1983.

Katz, Friedrich, *Nuevos ensayos mexicanos*, Paloma Villegas y Amalia Torreblanca (trads.), Era, México, 2006.

Kirshner, Alan, *Tomás Garrido Canabal y el movimiento de los Camisas Rojas*, SEP, México, 1976 (SepSetentas, núm. 267).

Knight, Alan, *US-Mexican Relations, 1910-1940: An Interpretation*, San Diego University Press, San Diego, 1987.

————, "Cardenismo: Juggernaut or Jalopy", *Journal of Latin American History*, núm. 26 (1994), pp. 73-107.

————, "Popular Culture and Revolutionary State in México, 1910-1940", *Hispanic American Historical Review*, núm. 74/3, (1994), pp. 393-444.

————, "México, c. 1930-1946", en Leslie Bethell (ed.), *Historia de América Latina*, vol. 13, *México y el Caribe desde 1930*, Jordi Beltrán (trad.), Crítica/Cambridge University Press, Barcelona, 1998, pp. 13-83 [1990].

————, "La última fase de la Revolución: Cárdenas", en Anna Timothy *et al.*, *Historia de México*, Crítica, Barcelona, 2001, pp. 250-320.

————, "Lázaro Cárdenas", en Will Fowler (coord.), *Presidentes mexicanos*, t. II (1911-2000), INEHRM, México, 2005, pp. 177-213.

Krauze, Enrique, *Caudillos culturales en la revolución mexicana*, Siglo XXI, México, 1976.

————, "Michoacán, ensayo de un gobierno", en *General misionero, Lázaro Cárdenas*, FCE, México, 1987, pp. 33-77 (Biografía del poder, núm. 8).

————, *La presidencia imperial. Ascenso y caída del sistema político mexicano (1940-1996)*, Tusquets, México, 1997.

La guerra nacional revolucionaria en España, en la página web: http://www.45-rpm.net/palante/gnr02.htm (consultado el 1º de agosto de 2008).

Labastida, Horacio, *Lázaro Cárdenas: La Revolución mexicana y el proyecto nacional*, UNAM, México, 1983.

Laborde, Hernán, *Portes Gil y su libro Quince años de política mexicana*, Ed. Noviembre, México, 1950.

Lajous, Alejandra, *Los orígenes del partido único en México*, UNAM, México, 1981.

——, *Los partidos políticos en México*, Premiá, México, 1985.

——, y Susana García Travesí, *Manuel Pérez Treviño*, Senado de la República, LIII Legislatura, México, 1987.

"La Segunda Guerra Mundial, 1933-1939", *El Universal*, México, 1989.

León y González, Samuel, *Clase obrera y cardenismo*, FCPYS, CELA, UNAM, México, 1974. (En este trabajo se publica la versión taquigráfica completa del Congreso de Unificación donde surge la CTM, llevada a cabo del 21 al 25 de febrero de 1936.)

——, "La burocracia sindical mexicana", *El Trimestre Político*, núm. 4 (1976).

——, *Crónica del poder en los recuerdos de un político en el México revolucionario*, FCE, México, 1987.

——, *Obra histórico-cronológica*, 6 vols., Centro de Estudios Filosóficos, Políticos y Sociales Vicente Lombardo Toledano, México, 1995.

——, y G. Pérez, *De fuerzas políticas y partidos políticos*, Plaza y Valdés/UNAM, México, 1988.

——, e Ignacio Marván, *En el cardenismo (1934-1940)*, Siglo XXI/IIS, UNAM, México, 1999 (Col. La Clase Obrera en la Historia de México, núm. 10).

Lerner, Victoria, *La educación socialista*, Colmex, México, 1982 (Historia de la Revolución Mexicana, 1934-1940, vol. 17).

Lida, Clara E., "La España perdida que México ganó", *Letras Libres* (mayo de 2003), en página web: http://www.letraslibres.com/index.php?art=8806 (consultado el 27 de julio de 2008).

Loaeza, Soledad, *Clases medias y política en México*, Colmex, México, 1988.

——, *El Partido Acción Nacional: la larga marcha, 1939-1994: oposición leal y partido de protesta*, FCE, México, 1999.

Lombardo Toledano, Vicente, *Teoría y práctica del movimiento sindical mexicano*, Editorial Magisterio, México, 1961.

————, *El problema del indio*, SEP, México, 1973 (SepSetentas, núm. 114).

————, *La libertad sindical en México*, Universidad Obrera de México, México, 1974.

————, "Geografía de las lenguas de la Sierra de Puebla con algunas observaciones sobre sus primeros y sus actuales pobladores", en *Obra histórico-cronológica*, t. II, *1931*, Centro de Estudios Filosóficos, Políticos y Sociales Vicente Lombardo Toledano, México, 1995, pp. 191-252.

López y Fuentes, Gregorio, *El indio*, Botas, México, 1937.

Los presidentes de México ante la nación, 1821-1966, XXVI Legislatura de la Cámara de Diputados, México, 1966.

Los presidentes de México. Los discursos políticos, 1910-1988, t. III, Presidencia de la República/Colmex, México, pp. 9-167.

Loyo, Martha B., "El Partido Revolucionario Anticomunista en las elecciones de 1940", *Estudios de Historia Moderna y Contemporánea de México*, vol. 23 (2002), pp. 145-178.

Loyola Díaz, Rafael, "1938: el despliegue del corporativismo partidario. La fundación del PRM", en *El partido en el poder. Seis ensayos*, El Día Libros/IEPES, México, 1990, pp. 129-182.

Mac Gregor C., Javier, "Elecciones federales intermedias en la ciudad de México durante el cardenismo", en *Lázaro Cárdenas. Modelo y legado*, INEHRM, México, 2003, pp. 1-27 (en prensa).

Mancisidor, Anselmo, *Heriberto Jara*, Gobierno del Estado de Veracruz, Dirección de Educación Popular, Jalapa, Veracruz, 1978.

Maria y Campos, Armando de, *Múgica. Crónica biográfica*, Compañía de Ediciones Populares, México, 1939.

Marín, Miguel A., "Isidro Fabela", en Ma. Teresa Jarquín Ortega (coord.), *Isidro Fabela. Pensador, político y humanista (1882-1964)*, Instituto Mexiquense de Cultura/Colegio Mexiquense, Toluca, 1996, pp. 57-92.

Markiewics, Dana, "La administración de Cárdenas", en Enrique Cárdenas (comp.), *Historia económica de México*, vol. 5, FCE, México, 1994, pp. 143-162 (Lecturas de El Trimestre Económico, núm. 64).

Martínez Assad, Carlos, *Los rebeldes vencidos, Cedillo contra el estado cardenista*, UNAM/FCE, México, 1990.

Marván Laborde, Ignacio, *¿Y después del presidencialismo? Reflexiones para la formación de un nuevo régimen*, Océano, México, 1997.

Mayayo, Andreu, *Franco a dos bandas,* Red de Aragón 10 de marzo de 2008, en la página web: http://www.nodo50.org unidadcivicaporlarepublica/nuestra%20memoria%202008/franco%20dos%20%20 bandas.htm (consultado el 29 de julio de 2008).

Medin, Tzvi, *Ideología y praxis política de Lázaro Cárdenas*, Siglo XXI, México, 1990 [1973].

Medina, Andrés, "Los grupos étnicos y los sistemas tradicionales de poder en México", *Nueva Antropología*, vol. V, núm. 20 (1983), pp. 5-29.

———, *Recuentos y figuraciones: ensayos de Antropología Mexicana*, IIA, UNAM, México, 1996.

———, "Los ciclos del indigenismo: La política indigenista del siglo XX", en Natividad Gutiérrez Chong *et al.* (coords.), *Indigenismos, reflexiones críticas*, INI, México, 2000, pp. 63-80.

Medina, Luis, "Origen y circunstancia de la Unidad nacional", *Lecturas de política mexicana*, Colmex, México, 1977, pp. 15-42.

———, *Evolución electoral en el México contemporáneo*, Gaceta Informativa de la Comisión Federal Electoral, México, 1978.

Memoria de la Convención Nacional Ordinaria del PNR, edición oficial del PNR, México, 1934.

Mena Brito, Bernardino, *El* PRUN, *Almazán y el desastre final*, Botas, México, 1941.

Mendizábal, Miguel Othón de, *Obras completas*, vols. IV-V, Talleres Gráficos de la Nación, México, 1947.

Mendoza, Salvador, *La Doctrina Cárdenas*, Botas, México, 1939.

Mensaje de Lázaro Cárdenas a la conciencia nacional, Círculo de Economistas del* IPN, México, 1975.

Mentz, Brígida von, *et al.*, *Los empresarios alemanes, el tercer Reich y la oposición de derecha a Cárdenas*, t. I, CIESAS, México, 1988 (Colección Miguel Othón de Mendizábal).

Meyer, Jean, "Los *kulaki* del ejido (los años 30)", *Relaciones. Estudios de historia y sociedad*, núm. 29, vol. VIII (invierno de 1987), pp. 23-43.

―――, *El Sinarquismo, el cardenismo y la iglesia 1937-1947*, Tusquets, México, 2003.

―――, *La cruzada por México. Los católicos de Estados Unidos y la cuestión religiosa en México*, Tusquets, México, 2008.

Meyer, Lorenzo, *México y Estados Unidos en el conflicto petrolero (1917-1942)*, Colmex, México, 1972 [1968].

―――, *El conflicto social y los gobiernos del maximato*, Colmex, México, 1978 (Historia de la Revolución Mexicana, 1928-1934, vol. 13).

―――, y José L. Reyna, "México, el sistema y sus partidos: entre el autoritarismo y la democracia", en *Los sistemas políticos en América Latina*, Siglo XXI/UNU, México, 1989, pp. 305-328.

―――, y Héctor Aguilar Camín, *A la sombra de la Revolución Mexicana*, Cal y Arena, México, 1990.

Michaels, Albert L., "Las elecciones de 1940", *Historia Mexicana*, vol. XXI, núm. 1 (1971), pp. 80-134.

Mijares Palencia, José, *El gobierno mexicano. Su organización y funcionamiento*, Sociedad Mexicana de Publicaciones, México, 1936.

Molina Velázquez, Elizabeth Yolanda, *Exilio, destino: Morelia*, tesis de licenciatura, UNAM, México, 2007.

Montero Caldera, Mercedes, "La acción diplomática de la Segunda República Española en México", *Espacio, Tiempo y Forma. Historia Contemporánea*, serie V, núm. 14 (2001), http://www.e-spacio.uned.es:8080/fedora/get/bibliuned:ETFSerieV/demo:Collection/view (consultado el 4 de agosto de 2008).

Moreno, Daniel, *Los partidos políticos del México contemporáneo*, s. e., México, 1982.

Moreno Toscano, Alejandra, y Samuel León y González (coords.), *75 años de sindicalismo mexicano*, INEHRM, México, 1986.

Nacif, Benito, "La no-reelección consecutiva y la persistencia del partido hegemónico en la Cámara de Diputados de México", en *Los legisladores ante las reformas políticas de México*, Colmex/Cámara de Diputados, México, 2001, pp. 83-128.

Nalda, Enrique, "La Arqueología Mexicana", *Arqueología Mexicana*, 5º aniversario, vol. V, núm. 30 (marzo-abril de 1998), pp. 6-11.

Nathan, Paul, "Cárdenas y el Cardenismo", *Problemas Agrícolas e Industriales de México*, vol. III, núm. 4, México (1951).

——, "México en la época de Cárdenas", *Problemas Agrícolas e Industriales de México*, vol. VII, núm. 3 (julio-septiembre de 1955), pp. 17-176.

Nava, Carmen, *Ideología del Partido de la Revolución Mexicana* (primera parte), Centro de Estudios de la Revolución Mexicana Lázaro Cárdenas, México, 1984.

Nava Hernández, Eduardo, *El cardenismo en Michoacán, 1910-1990*, tesis de doctorado, FCPyS, UNAM, 2004.

Navarro, Aaron W., "La fusión fracasada: Almazán y Amaro en la campaña presidencial de 1940", *Boletín Fideicomiso Archivos Plutarco Elías Calles y Fernando Torreblanca*, núm. 49 (2005).

Niblo, Stephen R., *Allied Policy toward Germans, Italians and Japanese in Mexico During World War II*, La Trobe University, Melbourne, Australia, 1998, en la página web: http://bibliotecavirtual.clacso.org.ar/ar/libros/lasa98/Niblo.pdf (consultado el 27 de julio de 2008).

Novo, Salvador, *La vida en México en el periodo de Lázaro Cárdenas*, INAH/Conaculta, México, 1994.

Ochoa Serrano, Álvaro, y Gerardo Sánchez Díaz, "Los días y las obras de Cárdenas", en *Breve historia de Michoacán*, Colmex/FCE, México, 2003, pp. 226-230 (Fidecomiso Historia de las Américas, Serie Breves Historias de los Estados de la República Mexicana).

Odena, Lina, y Ricardo Pérez Monfort, *Por la patria y por la raza, tres movimientos nacionalistas, 1930-1940*, CIESAS, México, 1982 (Cuadernos de la Casa Chata, núm. 54).

Ojeda Revah, Mario, *México y la guerra civil española*, Turner, Madrid, 2004.

Olimón Nolasco, Manuel, *Hacia un país diferente. El difícil camino hacia un modus vivendi estable, 1935-1938*, IMDOSOC, México, 2008.

Olivé Negrete, Julio César, y Francisco González Rul, "Instituto Nacional de Antropología e Historia", en Carlos García Mora (coord.), *La antropología en México, panorama histórico*, t. 7, *Las instituciones*, INAH, México, 1988, pp. 206-229 (Colección Biblioteca INAH).

Ortiz Rubio, Pascual, *Memorias*, Universidad Michoacana de San Nicolás de Hidalgo, Morelia, Michoacán, 1981.

Osorio Marbán, Miguel, *El Partido de la Revolución Mexicana (Ensayo)*, 3 t., Talleres de Artes Gráficas, México, 1982.

Pani, Alberto J., *La historia, agredida*, Polis, México, 1950.

Partido Nacional Revolucionario, "Primer Plan Sexenal 1934-1940", en Enrique Cárdenas (comp.), *Historia económica de México*, vol. 5, FCE, México, 1994, pp. 58-109 (Lecturas de El Trimestre Económico, núm. 64).

Payrón, Armando R., *Cárdenas ante el mundo*, La Prensa, México, 1973.

Peláez Ramos, Gerardo, *El sindicalismo magisterial, 1935-1943*, SNTE, México, 1994.

Peña, Sergio de la, y Teresa Aguirre, *De la Revolución a la industrialización*, UNAM/Océano, México, 2006 (Historia Económica de México, 4).

Pérez Monfort, Ricardo, "Cárdenas y la oposición secular, 1934-1940", en Brígida von Mentz *et al.*, *Los empresarios alemanes, el Tercer Reich y la oposición de la derecha a Cárdenas*, vol. 2, CIESAS, México, 1988.

———, *Hispanismo y falange. Los sueños imperiales de la derecha española*, FCE, México, 1992.

———, *Por la patria y por la raza. La derecha secular en el sexenio de Lázaro Cárdenas*, UNAM, México, 1993.

Pombo, Ma. Dolores París, "El indigenismo cardenista y la renovación de la clase política chiapaneca (1936-1940)", *Revista Pueblos y Fronteras digital Tierra y Población en el Chiapas Decimonónico*, núm. 3 (2007), en la página web: http://www.pueblosyfronteras. unam.mx (consultado el 21 de junio de 2008).

Portes Gil, Emilio, *Quince años de política mexicana*, Botas, México, 1954.

————, *La crisis política de la Revolución*, Botas, México, 1957.

————, *Autobiografía de la Revolución mexicana*, Instituto Mexicano de Cultura, México, 1964.

————, *Historia vivida de la Revolución mexicana*, Cultura y Ciencia Política, México, 1976.

Puig Casauranc, José Manuel, *Galatea rebelde a varios pigmaleones. De Obregón a Cárdenas* (antecedentes del *fenómeno mexicano actual*), Impresores Unidos, México, 1938.

Quiroz Martínez, Roberto, *Vida y obra de Abelardo L. Rodríguez*, s. e. hasta 1934, México, 1934.

Remolina Roqueñí, Felipe (ed.), *El derecho burocrático en México*, 2 t., Segob/Tribunal Federal de Conciliación y Arbitraje, México, 2006.

Reseña Gráfica de la Campaña Presidente General de División Lázaro Cárdenas, Empresa Editora Revolucionaria, México, 1935.

Revueltas, José, "Ensayos sobre México", en *Obras completas*, vol. XIX, Era, México, 1985.

Riguzzi, Paolo, *¿Reciprocidad imposible? La política del comercio entre México y Estados Unidos, 1857-1938*, El Colegio Mexiquense/Instituto Mora, México, 2003.

Rivera Castro, José, "El PRM: de la movilización social al corporativismo autoritario", *Sólo Historia*, año 2, núm. 13 (julio-septiembre de 2001), pp. 56-65.

Rivera Marín, Guadalupe, *El mercado de trabajo; relaciones obrero patronales*, FCE, México, 1955.

Robles Berlanga, Rosario, "Acumulación capitalista y agricultura en México", *Teoría y Política*, núm. 14 (enero-junio de 1986).

Rodríguez, Abelardo L., *Autobiografía*, Novaro, México, 1962.

Rodríguez, Luis I.,*Veinte discursos de Luis I. Rodríguez*, México Nuevo, México, 1936.

————, *Misión de Luis I. Rodríguez en Francia. La protección de los refugiados españoles, julio a diciembre de 1940*, Colmex/Conacyt/SRE, México, 2000.

Roger, Louis, "Los imperios coloniales europeos", en Michael Howard y
    W. Roger Louis, *Historia Oxford del siglo xx*, Cristina Pagés y Víc-
    tor Alba (trads.), Planeta, Barcelona, 1999 [1998].

Romero, Laura Patricia, *El Partido Nacional Revolucionario en Jalisco*,
    Universidad de Guadalajara, México, 1995.

Rout, Leslie B., Jr., y John F. Bratzel, *The Shadow War. German Espio-
    nage and United States Counterespionage in Latin America during
    World War II*, University Publications of America, Inc., Lanham,
    1986.

Rus, Jan, "La comunidad revolucionaria institucional: la subversión del
    gobierno indígena en los altos de Chiapas, 1936-1968", en Juan Pe-
    dro Viqueira y Mario Humberto Ruz (eds.), *Chiapas, los rumbos de
    otra historia*, UNAM/CIESAS, México, 2004, pp. 251-277.

————, y Robert Wasserstom, "Evangelización y control político: el
    Instituto Lingüístico de Verano (ILV) en México", *Revista Mexi-
    cana de Ciencias Políticas y Sociales*, "Las nacionalidades indíge-
    nas en México", núm. 97 (julio-septiembre de 1979), pp. 141-157.

Sáenz, Moisés, *Carapán*, Talleres Linotipográficos del Gobierno del Es-
    tado, Morelia, Michoacán, 1966.

Sáinz, Luis Ignacio (coord.), *México frente al Anschluss*, SRE, México, 1988.

Salmerón Sanginés, Pedro, "El partido de la unidad nacional (1938-
    1945)", en Miguel González Compeán y Leonardo Lomelí (coords.),
    El partido de la Revolución. Institución y conflicto (1928-1999),
    FCE, México, 2000, pp. 150-199.

————, *Aarón Sáenz Garza. Militar, diplomático, político, empresario*,
    Porrúa, México, 2001.

Sánchez, Leandro, *Así asesinaron a Trotski*, Editora de Periódicos,
    México, 1955.

Santos, Gonzalo N., *Mis memorias*, Grijalbo, México, 1986.

Sariego Rodríguez, Juan Luis, *El indigenismo en la Tarahumara. Identi-
    dad, comunidad, relaciones interétnicas y desarrollo en la Sierra de
    Chihuahua*, INI/Conaculta/INAH, México, 2002.

Schuler, Friedrich, *Mexico between Hitler and Roosevelt: Mexican fo-

reign relations in the age of Lázaro Cárdenas, University of New Mexico Press, Albuquerque, 1998.

Sela Polo, Marilú, Patricia Torres Mejía y Arturo Warman, *Materiales para la historia de las relaciones interétnicas en México*, mecanografiado, México, s. a.

Selassie, Haile I, "El León de Judah en México", en página web: Black King, www.geocities.com/leondejudah/him_mexico.htm (consultado el 15 de julio de 2008).

Semblanza del Lic. Ignacio García Téllez, PRI, México, 1988 (Serie Semblanzas y Perfiles).

Serrano Álvarez, Pablo, *La batalla del espíritu: el movimiento sinarquista en el Bajío, 1932-1951*, Conaculta, México, 1992.

Serrano Migallón, Fernando, "La política internacional del presidente Cárdenas", en Ma. Teresa Jarquín Ortega (coord.), *Isidro Fabela. Pensador, político y humanista*, Instituto Mexiquense de Cultura/ Colegio Mexiquense, 1996, pp. 199-227.

Servín, Elisa, *La oposición política*, CIDE/FCE, México, 2006 (Serie Herramientas para la Historia).

Shulgovski, Anatol, *México en la encrucijada de su historia (La lucha liberadora y antiimperialista del pueblo mexicano en los años treinta y la alternativa de México ante el camino de su desarrollo)*, Ediciones de Cultura Popular, México, 1972.

————, *México en la encrucijada de su historia*, Ediciones de Cultura Popular, México, 1977 y 1980.

Sierra Kobeh, María de Lourdes, *La doctrina mexicana ante el derecho internacional Isidro Fabela, Manuel J. Sierra, Narciso Bassols*, tesis de licenciatura, UNAM, 1972.

Silva Herzog, Jesús, *El agrarismo mexicano y la reforma agraria. Exposición y crítica*, FCE, México, 1959.

————, *La expropiación del petróleo. 1936-1938. El álbum fotográfico*, Miguel V. Casasola (fotografías), FCE, México, 1981.

————, *Lázaro Cárdenas. Su pensamiento económico, social y político*, Nuestro Tiempo, México, 1988.

Simón, Ada, y Emilio Calle, *Los barcos del exilio*, Oberon, Madrid, 2005.

Singer, Martha, "Partidos políticos, estabilidad y democracia, 1900-1982", en *México: estabilidad y luchas por la democracia*, CIDE, México, 1988, pp. 315-428.

Sociedad Mexicana de Geografía y Estadística, *Legado revolucionario de Lázaro Cárdenas*, Costa-Amic, México, 1971.

————, *Acción y pensamiento vivos de Lázaro Cárdenas. La personalidad de Lázaro Cárdenas*, Federación Editorial Mexicana, México, 1973.

Solórzano de Cárdenas, Amalia, *Era otra cosa la vida*, Nueva Imagen, México, 1994.

Sosa, Raquel, *Los códigos ocultos del cardenismo*, Plaza y Valdés/UNAM, México, 1996.

Spenser, Daniela, *"Unidad a toda costa": la Tercera Internacional en México durante la presidencia de Lázaro Cárdenas*, CIESAS, México, 2007.

Suárez, Eduardo, *Comentarios y recuerdos (1926-1946)*, Porrúa, México 1977.

Suárez, Luis, *Lázaro Cárdenas: retrato inédito*, Grijalbo, México, 1986.

Suárez Argüello, Ana Rosa (coord.), *Pragmatismo y principios. La relación conflictiva entre México y Estados Unidos, 1810-1942*, Instituto Mora, México, 1998.

Tannenbaum, Frank, *Peace by Revolution: Mexico after 1910*, Columbia University Press, Nueva York, 1933.

Taracena, Alfonso, *La revolución desvirtuada*, vol. II, Costa Amic, México, 1966.

Tavira Urióstegui, Martín, *Vicente Lombardo Toledano. Acción y pensamiento*, FCE, México, 1999. (Aquí se encuentra una amplia bibliografía de la obra escrita de Vicente Lombardo Toledano.)

Thayer Mahoney, Harry, y Marjorie Locke Mahoney, *El espionaje en México en el siglo XX*, Eliane Casenave (trad.), Promexa, México, 2000.

Tobler, Hans Werner, *La Revolución Mexicana. Transformación social y cambio político, 1876-1940*, Alianza, México, 1994.

Torres Ordóñez, Luis, "Comentarios: reflexiones sobre Cárdenas y el indio", en *Acción y pensamiento vivos de Lázaro Cárdenas*, Conferencias al cumplirse un año de su muerte en la Sociedad Mexicana de Geografía y Estadística, Federación Editorial Mexicana, México, 1973, pp. 161-168.

Townsend, William Cameron, *Lázaro Cárdenas, demócrata mexicano*, Grijalbo, México, 1954.

———, *Lázaro Cárdenas, demócrata mexicano*, Biografías Gandesa, México, 1959.

Trotski, León, *Stalin*, cap. I, en página web: http://www.librodot. com (consultado el 12 de septiembre de 2008).

Ulloa, Berta, "Isidro Fabela, 1882-1964", en Ma. Teresa Jarquín Ortega (coord.), *Isidro Fabela. Pensador, político y humanista (1882-1964)*, Instituto Mexiquense de Cultura/Colegio Mexiquense, Toluca, 1996.

Vaughan, Mary Kay, y Stephen E. Lewis (eds.), *The Eagle and the Virgin. Nation and Cultural Revolution in México*, Duke University Press, Durham y Londres, 2006.

Vázquez, Josefina Zoraida, y Lorenzo Meyer, *México frente a Estados Unidos. Un ensayo histórico*, Colmex, México, 1982.

Velasco, Miguel Ángel, *El Partido Comunista durante la época de Lázaro Cárdenas*, FCPyS, CELA, UNAM, México, 1973.

———, "El Partido Comunista durante el periodo de Cárdenas", en *Lázaro Cárdenas*, FCE, México, 1975.

Vicente Lombardo Toledano y el movimiento obrero, s. e., México, 1974 (mimeo).

Villamil, Marcelo Antonio, *El visionario y el hombre. La personalidad de Lázaro Cárdenas*, La Nación, México, 1934.

Villaseñor, Víctor Manuel, *Memorias de un hombre de izquierda. Del Porfiriato al cardenismo*, Grijalbo, México, 1976.

Warman, Arturo, *Los indios mexicanos en el umbral del milenio*, FCE, México, 2003.

———, *El campo mexicano en el siglo XX*, FCE, México, 2004.

Wasserman, Mark, *Persistent oligarchs. Elites and Politics in Chihua-hua, México 1910-1940*, Duke University Press, Durham, 1993.

Waugh, Evelyn, *Robo al amparo de la ley*, Conaculta, México, 1996.

Weldon, Jeffrey, "Las estrategias presidenciales con gobierno dividido en México, 1917-1937", en *Gobernar sin mayoría. México, 1867-1997*, CIDE/Taurus, México, 2002, pp. 265-292.

Wendell, Karl, y Gordon Schaffer, "La Administración pública mexica-na", *Problemas Agrícolas e Industriales de México*, vol. 7, núm. 1 (1955), p. 280.

Weyl, Nathaniel y Silvia, "La reconquista de México (Los días de Lázaro Cárdenas)", *Problemas Agrícolas e Industriales de México*, vol. VII, núm. 4 (octubre-diciembre de 1955), pp. 117-360.

Whetten, Nathan L., "La educación y la Escuela Rural" y "Las misiones culturales rurales", *Problemas Agrícolas e Industriales de México*, vol. V, núm. 2 (1953), pp. 271-302.

Wilkie, James W., y Edna Monzon Wilkie, "Luis Chávez Orozco", en *Frente a la Revolución Mexicana, 17 protagonistas de la etapa cons-tructiva*, vol. 1, UAM, México, 1995, pp. 1-119.

Zazueta, César, y Ricardo de la Peña, *La estructura del Congreso del Trabajo. Estado, trabajo y capital en México: Un acercamiento al tema*, FCE, México, 1984.

Periódicos

El Universal, México, D. F.

Excélsior, México, D. F.

La Prensa, San Antonio, Texas.

Archivos

Archivo General de la Nación.

Archivo Histórico de la Secretaria de la Defensa Nacional.

Archivo Joaquín Amaro.

Archivo Plutarco Elías Calles y Fernando Torreblanca.

El cardenismo, 1932-1940, coordinado por Samuel
León y González, se terminó de imprimir y en-
cuadernar en octubre de 2010 en Impresora y
Encuadernadora Progreso, S. A. de C. V. (IEPSA),
Calzada San Lorenzo, 244; 09830 México, D. F.
La edición consta de 3 000 ejemplares.